我
思

敢于运用你的理智

隐喻的身体

梅洛-庞蒂身体现象学研究（修订版）

张尧均　著

長江出版傳媒｜崇文書局

图书在版编目（C I P）数据

隐喻的身体 ： 梅洛 - 庞蒂身体现象学研究 ： 修订版 / 张尧均著． -- 武汉 ： 崇文书局， 2023.7（2024.5 重印）
（崇文学术文库・西方哲学）
ISBN 978-7-5403-7303-0

Ⅰ．①隐… Ⅱ．①张… Ⅲ．①梅劳・庞蒂（Merleau・Ponty 1908-1961）—身体—现象学—研究 Ⅳ．①B089 ②B565.59

中国国家版本馆 CIP 数据核字（2023）第 063118 号

隐喻的身体
YINYU DE SHENTI

出版人 韩 敏
出 品 崇文书局人文学术编辑部・我思
策划人 梅文辉(mwh902@163.com)
责任编辑 黄显深(bithxs@qq.com) 鲁兴刚
责任校对 李堂芳
装帧设计 甘淑媛
出版发行 长江出版传媒 崇文书局
地 址 武汉市雄楚大街 268 号 C 座 11 层
电 话 (027)87677133 邮政编码 430070
印 刷 湖北新华印务有限公司
开 本 880mm×1230mm 1/32
印 张 16
字 数 384 千
版 次 2023 年 7 月第 1 版
印 次 2024 年 5 月第 2 次印刷
定 价 118.00 元

我思
敢于运用你的理智

（读者服务电话：027—87679738）

目　录

引　言
眼与心

一

两个天使轻盈地飘翔在城市的上空。这是一个灰白的城市。灰白，是因为天使没有肉眼，也许他们能用精神来感知。但是，精神能感知到色彩吗?

他们悄无声息地穿行在城市的每一个角落，倾听每一个人的梦想和忧虑。倾听（entendre）？他们能听到吗?他们听到了什么?他们能理解（entendre）吗?

天使，据说是城市的守护神。然而，有无数的战争、苦难、哀泣、死亡，像轻烟般地在它们的"眼"前闪过。这一切，在他们的"心"中留下了什么?他们对此能有何作为?

这是从德国著名导演文德斯（Wim Wenders）的电影《欲望之翼》(*Wings of Desire*，又译"柏林苍穹下"，1987）中所引出的问题。里面有一个镜头给我的印象特别深刻：一位悲痛欲绝的青年人无望地坐在屋檐上，天使伸出"手"（main）想要去"抓住"（maintenir）他。但"手"从虚空中滑过，而那青年已纵身跳下。天使竟是如此的无力，而这只因为他是一个纯粹的精神，纯粹的灵！

这就是说，天使没有身体，没有“手”（main），所以它无法“挽留”（re-main）。它无法“保持”（garder）某物，也就意味着它没有“注视”（re-garder）和“看见”的能力，“因为看见（voir），就是一种有距离的拥有（avoir）”[①]；而只有“看见”了，我们才能“知道”（savoir），只有听到了（entendre），才能理解（entendre）。

最终说来，天使既不能“观看”，也不能“拥有”，更无法“理解”。所以，天使的世界才是灰白的，轻飘的，死寂的。反过来，天使也不能被人“理解”，因为它不能被人“看见”，被人“听到”，它不能被人“拥有”，因为它没有身体。[②]纯粹的“精神”、纯粹的“灵”意味着死亡：“身体”的死亡。也只有“身体”才有“死亡”，反过来，也只有“身体”才有“生命”。而“色彩”和“声音”，只是“身体”和“生命”的表征。[③]

---

① Merleau-Ponty, *L'Œil et l'Esprit*, p.27, Gallimard, 2011.

② “看者只有当他被可见者所拥有，只有当他属于可见者，只有当看者根据目光和事物之关联的规定，原则上也是可见者之一，并能通过一种独特的转身而看到他也属于其中之一的可见者时，它才能拥有可见者。”（Merleau-Ponty, *Le visible et l'invisible*, pp.177–178, Gallimard,1964）

③ “颜色的这种法宝，可见者的这种特性是什么——它使持立在目光尾端的可见者远不只是我的目光的一个关联物，而是作为其至高存在的延伸而强加给我的东西？”（Merleau-Ponty, *Le visible et l'invisible*, p.173）“在颜色与所谓的可见者之间，我们将发现复合它们、支撑它们、滋养它们的织体（tissu），但这个织体不是某个事物，而是万物之可能性，

因此，为了复活精神，精神必须下坠，拥有一个身体和一双眼睛。这就是电影的结尾，其中一个天使自愿被“贬”下尘，当他坠落在地的那一刹那，他的头碰出了“鲜红的”血，他感到了“痛”。他有了生命，他活了。

二

让我们从这里开始我们的论述。众所周知，近代以来的哲学是一种认识论的哲学。认识，就是从我们的身体出发去抵达事物本身。然而，这种从身体出发的认识为什么最后反过来导致了对身体本身的遗忘呢？这就是梅洛－庞蒂的问题。

对身体的贬低和抑制早在古希腊就已经出现。毕达哥拉斯说，身体是灵魂的坟墓；而柏拉图则以他的“洞穴比喻”更明确地指出，通过被束缚在洞穴中的身体所得到的知识只是意见或偏见，只有摆脱身体的束缚，认识并净化灵魂，才能走出“洞穴”，重见真理的光明，而最根本的、与生俱来的“洞穴”恰恰就是身体本身，所以，哲学家不应沉迷于他的身体及与之相关的事情，而应“尽其所能地远离身体，转向灵魂”。①

然而，自古希腊就已开始的身心区分②只是到了近代才真

潜在性和肉。”（Merleau-Ponty, *Le visible et l'invisible*, p.175）

①《斐多》64e，见刘小枫编译《柏拉图四书》，第 422 页，三联书店，2015 年。

② 此处对于“灵魂”“心灵”“精神”或“意识”等概念没有作严格的区分，尤其是“灵魂”和“心灵”这两个概念，它们在此只是对法语词 âme（英语中的 soul）的不同翻译，有时也简写为“心”，尤其是在与

正导致了一种对身体的遗忘或对身体的扭曲。希腊哲人尽管贬抑身体，身体却总还是存在着，总还是如其所是地在起作用。[①]事实上，正是由于他们意识到了身体的本性（nature），意识到身体自身的某种不足，意识到身体中有某种超逾身体的更高的东西（灵魂），他们才要求把注意力从身体中转移开去，而关注身体处于其中并使它得以可能的那个更大的整体，以及身体的活动所要遵循并使之得以可能的那种更高的秩序。换言之，正如身体不可避免地超逾自身，那超逾身体的东西也反过来成全和成就了身体。[②]所以，那走出“洞穴”（身体）的哲学家（灵魂）

“身”或“物”对举时。其实，这里的关键差别只在于对这些概念究竟是作实体性的理解还是作功能性的理解。

① 正如我们下面将看到的，梅洛－庞蒂对于身心关系的思考其实具有明显的亚里士多德主义色彩，即他在很大程度上把心灵看作身体的一种实现，或者说是身体－质料构型所自然呈现的形式。至于柏拉图，尽管他明确地采取了一种身心二元论的观点，并有意地引导我们忽视身体而转向灵魂，但这种转向毋宁说是基于一种生存论上的实践目的或践行目的，也就是说，它恰恰是为了更好地安顿身体的世间存在。

② 在这个意义上，我们可以把柏拉图对话录中的灵魂神话看作是关于身体的一种“说辞”（logos）：“一个人若要过上美好的一生，得信靠某种关于人生的美好‘说法’（或‘道理’），若什么‘说法’（或‘道理’）都不信，生命就没有依靠。”（刘小枫编译《柏拉图四书》，第483页注4“译按”）灵魂不灭或灵魂转世就是这样一种关于人生“美好”的“说法”或“道理”，它是基于人们身体性地向世而在的某种“相信”或信念而构想出来的一种超越论的幻象，其目的恰恰是为了更好地安排在世间的身体实存，使之有一种更健康、更合理或更和谐的生活。

最后要重新回到洞穴，重新关注人的身体。[①]然而，恰恰是身体所具有的这种根本的自身超越的特征在近代哲学中被遗忘或被忽视了，由此也就导致了对身体本身的遗忘和忽视。这种遗忘和忽视完全是出于对身体之本质的不同理解，或者说是出于对身体之特性的误解，身体不再与意识或灵魂相关，而是与物体相关。身体由此不再被看作身体，而被看作了物体，成了物中之一物。这种误解始于笛卡尔，这位近代哲学的创始人或奠基人。

三

因此，让我们从笛卡尔开始，这也是梅洛－庞蒂最常回到的一位哲学家[②]。因为正是笛卡尔通过其独特而彻底的思想实验，开启了一种现代意义上的心身二元论或心物二元论，进而奠立了一种不可毁灭的现代思维主体。这个思想实验的

① 在这一点上，《圣经》的观点似乎没有什么根本性的不同。尽管沉重的肉身是堕落之源，但人的身体毕竟是上帝所赐，在其起源中就隐含着上帝自身的形象，更因与上帝所赐的灵气相结合，而是一个“有灵的活人”（《创世纪》2：7）。只有当身体遗忘了这一神圣的形象，只有当它与上帝所赐的灵相分离，而被困于“邪情私欲”之中时，身体才堕落。而作为一个基督徒（正如保罗所教导的）就是重建这种灵肉之间的关联，使身体成为“圣灵的殿”，在“身子上荣耀神”（《哥林多前书》6：19–20）。这就是说，可见的身体原本是向着不可见的超验之维敞开的，只是由于堕落，由于欲望的干扰，这一向着超验敞开的豁口才被遗忘甚至封闭了，信仰则是重新恢复身体之超验性的途径。

② 1961年5月3日，梅洛－庞蒂因突发性的冠状动脉血栓症而在家中猝然去世，而在离世前正在阅读的就是笛卡尔的《屈光学》。

独特性在于，它自称是出于认识而非实践的目的进行的[①]，最后却引出了一种全新的“实践哲学”；而这一点之所以可能，则是由于笛卡尔找到了一种有效的方法，它不但为他的认识确立了一个稳固而不可动摇的阿基米德支点，也为他的认识所要企及的真理树立了“清楚明晰”（clarté et distinction）的标准[②]。这最终使灵魂与身体的彻底分离得以可能。灵魂作为一个纯粹的思维主体成了一个像上帝一样的超然观察者，而身体及其所处的世界则完全被对象化了，由此就导致了身体的物化及世界的祛魅，身体如同其他自然物体一样遵循着物理和化学规律，身体遂随之成为科学研究的对象，而一种关于身体的客观科学（如医学、生理学等）亦随同各种自然科学一道得以可能。正是借助这些科学，人们才得以摆脱偶然机运的影响，才能谋求自己的健康和福利，并最终“成为自然的主人和掌控者”。[③]这就是笛卡尔通过认识论的革新所

① 参笛卡尔在《第一哲学沉思集》中的话：“眼下手头的工作并不关乎行动，仅仅涉及获取知识。”（《笛卡尔主要哲学著作选》，第 79 页，李琍译，华东师范大学出版社，2022 年）

② 在笛卡尔看来，清楚明晰性之所以能成为真理的标准，其依据在于上帝本身。在《谈谈方法》中，他这样说：“我刚才将‘凡是我清楚明晰地领会到的都是真的’当作一条规则，该规则获得确信的唯一理由是，上帝存在或实存，祂是一个完满的存在者，我们里面的一切都来自祂。由此推出，我们的观念或概念，只要是实在的东西并且来自上帝，就不可能不是真实的，就它们都是清楚明晰的而言。”（《笛卡尔主要哲学著作选》，第 29 页）就此而言，当笛卡尔确立“清楚明晰性”这个标准时，他实际上已经站到了上帝的位置上。

③《笛卡尔主要哲学著作选》，第 46 页，李琍译，华东师范大学出

策动的现代性进程。

在笛卡尔筹划的认识论革命中，灵魂和身体之间的分离是最关键的一环。笛卡尔当然切身地体验到身体与灵魂之间的紧密关系，① 但这种体验却似乎无法为反思所确切地把握。正如他所说："我并不认为，人类精神能够完全明晰地既设想心灵与身体之间的区分又设想它们的联合，因为为此需要把它们设想为一种单一的东西，同时又把它们设想为两个东西，而这是自相矛盾的。" ② 因此，为了达到认识上的清楚明晰性，必须放弃体验所获得的那种关于心身统一的"生命的认识"，转而接受反思告诉我们的理性认识，即心灵和身体是两个不同的东西，只有前者才具有"形而上学的确定性" ③,而后者则缺乏这种确定性，它无法达到理性认识所具有的那种清楚明晰的纯度。就经验而

版社，2022 年。

① 如《第一哲学沉思集》中说："这个身体比其他东西更应该属于我。因为我从未能够与之分离，像我与其他形体分离那样"（《笛卡尔主要哲学著作选》，第 129 页），"我不仅仅像个水手出现在船上那样待在我的身体里，而且我与身体非常紧密地连接，并且可以说与之熔合在一起，以至于我和身体如同一体。"（《笛卡尔主要哲学著作选》，第 134 页）。这两处的"我"都明显地指"心灵"而言。又如《灵魂的激情》第 30 节："灵魂其实是与整个整体相连，并且人们实际上不能说它位于身体的某一部分而排除其他部分，因为身体是一个整体，在某种意义上是不可分的"（《笛卡尔主要哲学著作选》，第 236 页）。

②《致依莉莎白的信》，1643 年 6 月 28 日，AT 版《笛卡尔全集》第三卷，转引自 Merleau-Ponty, *Phénoménologie de la perception*, p.52, note 3.

③《笛卡尔主要哲学著作选》，第 28 页。

言，身体感受往往缺乏其确定性。比如，一个失去一条腿或一条胳膊的人仍会时不时地感觉到那已失去的肢体的疼痛；我明明感觉到身上的某一部位在痛，却不能明确地指出到底是哪个地方在痛。[①]身体是一个含混暧昧的存在物，正是这种含混性妨碍了它为反思所通达；与此相反，我的思维却可以假装自己“没有身体，没有世界地”存在，即使我想要怀疑它、否定它，这种怀疑和否定本身却证明了它的存在。在这个意义上，我就是思维或心灵本身：“这个‘我’——也即我成为我所是者所凭借的灵魂——完全不同于身体，其实比身体更容易认识，而且不会停止成为其所是者，即使身体不存在了。”[②]因此，笛卡尔对于心灵与身体的不同态度，最终涉及对于含混性或暧昧性（ambiguïté）的看法，而梅洛－庞蒂的整个哲学，恰恰是要重新回到笛卡尔所否定地超越的这个基点。

四

与他对于身体的贬抑相应，笛卡尔也精心设计了一种心灵的观看，从而使视觉摆脱对身体的依赖得以可能，使一种所谓的精神直观得以可能。

在《屈光学》中，笛卡尔明确地说：“是灵魂在看，而不是眼睛在看。”[③]为什么这样说呢？这是因为眼睛的看总是被一些

①《笛卡尔主要哲学著作选》，第 130 页。

②《笛卡尔主要哲学著作选》，第 25 页。

③ 笛卡尔《屈光学》，第六论，转引自 Merleau-Ponty, *La structure*

“幽灵”似的幻觉，被“所有那些通过空气飞来飞去的微小映像”[①]所缠绕。一棵树倒映在水中，这棵树的映像看起来和实在的树同样清晰，它们同样真实地作用于我们的眼睛。但这个映像事实上是欺骗性的，因为它“引起了一种没有对象的知觉”[②]。眼睛的视看不可能摆脱这种无对象的幻觉，这种幽灵般的阴影。只有在心灵的澄澈明净的凝视／沉思（contemplation）中，我们才能区分实在事物与它们的反射映像，这就是笛卡尔构造其视觉理论的出发点。

笛卡尔注意到，事物之所以有它的映像，是因为有光线在起作用，或者说，事物的映像就是由反射光线形成的。“在世界中，存在着事物本身，而在事物之外同时还存在着这种别的东西，它就是反射光，它与事物构成了一种有规律的对应，因此，它们是通过因果关系外在地联系起来的两个个体。就事物与它的镜像而言，它们的相似只不过是一种外在的名称，这种相似性从属于思想。”[③]最终说来，看就是一种关于看的思想。

我们的眼睛也同样只是起到一种反射装置的效果，因为“眼睛不是精神，它是一个物质器官”[④]。眼睛中的映像就像光线在水中形成的映像一样，它与外面的实在事物相似，但仍是一种“没有对象的感知”。因此，为了同时看到我的视网膜中的映像和外

---

du comportement, p.207, Presses Universitaires de France, 1942.

① Merleau-Ponty, *La structure du comportement*, p.205.

② Merleau-Ponty, *L'Œil et l'Esprit*, p.38.

③ Merleau-Ponty, *L'Œil et l'Esprit*, p.38.

④ Merleau-Ponty, *Phénoménologie de la perception*, p.356, note.4, Gallimard, 1945.

界的实在事物，笛卡尔认为我们必须设想在我们的眼睛后面有一个“小人”。[①] 正是这个小人在比较我们的视网膜映像与实在事物的关系，并作出解释和判断。在这个意义上，看只是一种思维活动的过程，所以，它属于心灵而不属于眼睛。

这样，当笛卡尔或一个笛卡尔主义者对着镜子看自己的时候，他看到的就只是一个“假人”，一个“外观”，他也完全有理由认为其他人也是这样看他的。这个“镜中之像”，无论对他自己还是对其他人来说，都不是一个“血肉之躯”（chair），而只是由于事物的机械作用所造成的一种效果。如果他在这个镜像中认出了自己，如果他觉得它像他自己，那么，这也是他的“思想”（一个隐藏在人之中的“小人”）结成了这种联系，但镜中映像实际上却“不是他的任何东西”。[②] 经过这样一番努力，笛卡尔最终获得了他的纯粹之看，他躲进了他的思想小屋，隐“身”成了一个在眼睛之后的“小人”。当他偶尔抬起头朝外看时：

> 可是我从窗口看见了什么呢？无非是一些帽子和大衣，而帽子和大衣遮盖下的可能是一些幽灵或者一些伪装的人，只用弹簧才能移动，不过我判断这是一些真实的人，这样，单凭我的判断能力我就了解了我以为是由我的眼睛看见的东西。[③]

这就是笛卡尔式的视觉，这种视觉深深地影响了此后的哲

---

① Merleau-Ponty, *Le visible et l'invisible*, p.263, Gallimard, 1964.

② Merleau-Ponty, *L'Œil et l'Esprit*, pp. 38–39.

③ 笛卡尔《第一哲学沉思录》，第 31 页，庞景仁译，商务印书馆，1996 年；另可参《笛卡尔主要哲学著作选》，第 87–88 页。

学家。[1]在此，我们只举萨特为例，因为在梅洛－庞蒂的时代里，他或许是最典型的一位笛卡尔主义者。

五

乍看起来，从海德格尔的“在世存在”出发的萨特与假设自己“没有身体、没有世界”地进行思考的笛卡尔可谓截然相反。但至少在以下两点上，萨特是个不折不扣的笛卡尔主义者。首先，如同笛卡尔那样，萨特坚持一种本体性的二元论立场：自在存在与自为存在，前者始终是其所是，是绝对的肯定，实心而不透明，惰性而无生气，是完全的“纯然之物”；与此相反，后者则是空无的，透明的，它永远是其所不是且不是其所是，永远处于变化、过渡和超越之中，它就是意识本身。如萨特所说，这是“两种类型的存在”[2]。这两种异质性的二元本体就体现在

① 就认识是把某物“看作”（as）某物，赋予其关于某物的意义而言，整个近代以来的认识论哲学（包括胡塞尔的现象学）都是基于这种笛卡尔式的视觉之上的。梅洛－庞蒂大致是在如下两种意义上来理解这种笛卡尔式的视觉的：一是由反思分析所导致的先验意识，它对世界采取一种凌空俯视（survoler）的态度，其最著名的代表人物是康德。二是一种“精神直观”（intuitus mentis）意义上的看。它建立在与普通视觉相类比的基础上，但被理解为对于“一种不可分割的视觉对象的思想”（Merleau-Ponty, *Le visible et l'invisible*, p.327），在这个意义上，看到某物就是拥有关于某物的思想。但梅洛－庞蒂对这种笛卡尔式的精神直观作了改造，参 Merleau-Ponty, *Le visible et l'invisible*, pp.191, 203，本书最后一章将对此有所论述。

② 萨特《存在与虚无》，第 27 页，陈宣良等译，三联书店，1997 年。

《存在与虚无》一书的书名上,这个书名几乎可以直接理解为"物(body,物体/身体)与意识"。其次,如同笛卡尔坚持意识的"清楚明晰性"特征那样,萨特也强调了意识所具有的虚无化、透明化的效果。他们都有一种对于纯粹性的追求;正是这一点,使他们坚持思维－广延、心灵－身体、自为－自在之间绝对明确的两极区分,而不愿承认居于这两者之间的暧昧含混的模糊地带。

回到身心问题上,萨特放弃了笛卡尔那种实体性的灵魂,甚至可以说走到了他的反面。如果说对笛卡尔来说,意识是某种不可消尽、不可否定之"有"(il y a)(在这个意义上,它就是实体),那么对萨特来说,意识却始终是一个有待存在之"无"(néant),是乌有(rien)。但它虽是乌有,却又是一个"不能化约的事实",而且正因为它是乌有,正因为它什么都不是,所以它总想要成为什么,总想要"是"什么,但这种想要"是"的企图又一再地以失败而告终。正因为意识是虚无,它才要依托存在,或者说,它只有依托了某一特定的存在(即身体)才是虚无(意识)。"虚无就是存在的这一洞孔,是自在向着自为藉以被确立的自我的堕落。但这个虚无只有当它借来的实存与存在的一种虚无化活动相关联时才可能'被存在'。"[①]虚无所"借来的实存"就是身体,而既然这个身体是"借来的",它对于意识来说终究是不同的另一物;[②]它是虚无的"此之在"(être-là),

① 萨特《存在与虚无》,第118页,译文略有改动。

② 梅洛－庞蒂在《眼与心》中指出:"身体被赋予生命不是由于它的各部分组合在一起,也不是由于一个精神从某个地方降临到一个木偶

是意识的载体，是自为行动的“工具和目的”[①]。但无论是工具还是目的，都表明身体是不同于意识的，而萨特尤其是从“工具”的角度来论述身体的[②]。身体是意识藉以立足的支点（“身体－视点”），借此才与外部事物形成一种对象性的关系；同时，身体也是意识得心应手的使用工具，只有通过身体，意识才能更进一步地投向事物，操控事物。[③]凡此皆表明身体是被动的，惰性的，是物性化的存在，身体完全从属于意识。但尽管如此，仍不能把身体理解为对象。在某种程度上，身体是不能被对象化，不能为意识自身所把握的，之所以如此，是因为它已经为意识所征用，已经处于虚无化的运动之中，以致可以说，身体就是意识，而意识“没有内部，它只是它自己的外面”[④]。只有在某些反常的状态中（如在反思中，或在疼痛中），身体才对象性地显现出来，但这已经是另一层次的身体，“心理的身体”，而不再是原本地与意识融为一体、作为视点本身的身体。即使在疼

身上；这仍然假定了身体本身是没有内部或没有自我的。”（p.21）其中第二个“由于”似乎就隐含了对萨特的批判。

① 萨特《存在与虚无》，第408页。

② 作为“目的”的身体似乎主要是从反思的角度来讲的，正是在反思中，“意识使它的身体实存（exister）”，萨特在此特别强调了“exister”作为及物动词的用法，参萨特《存在与虚无》，第419页。

③ 萨特强调身体作为“元－工具”的特征，是为了弥补海德格尔那在操劳中展开一个因缘关联的器具世界的“此在”所欠缺的身体性前提。

④ 萨特《胡塞尔现象学的一个基本概念：意向性》，刘国英译，收入倪梁康主编《面对实事本身》第645–648页，所引文字见第647页，东方出版社，2000年。

痛中，疼痛看似使身体突现出来，或者说，疼痛就是身体，但萨特认为，这依然只是一种非反思的观点，“对反思的意识来说疼痛不同于身体，它有其固有的形式，它来临又离去”[①]。因此，疼痛同样属于意识，而不属于身体。那被动地承受着疼痛并为之提供给养的身体，则仍然是不能被把握的。

不过，正由于身体被意识虚无化，所以，要使身体作为身体显现出来，就只能在意识面临着被从身体中剥离出来的危险之际。这不是指身体的死亡（身体的死亡同时也是意识的死亡），而是指当居有身体的意识面临另一个意识的注视时，当同样作为虚无化中心的他人在我的世界中涌现出来时。

六

在思考他人问题时，萨特明确地延续了笛卡尔的我思思路，但是由于他一开始就接受了海德格尔的在世存在学说，所以，他在从笛卡尔的我思出发时，又以他人取代了笛卡尔的上帝，以此筹划一种无神论的哲学。正如笛卡尔在其内心深处发现了上帝，萨特则在那里发现了他人：“我应该在我本身的更深处发现的，不是相信有他人的理由，而是不是我的他人本身。”[②]不过，说是自身的深处，实则却是世界的深处，因为把身体虚无化、以之为视点的意识－我思实际上是向着世界爆开，并要把整个世界都据为己有的。而正是在世界深处，它遭到了他人意识的

① 萨特《存在与虚无》，第 428 页。

② 萨特《存在与虚无》，第 327 页。

抵抗和反制。

他人是作为注视出现的，而注视与其说是一种与眼睛有关的视觉活动，不如说是与意识相关的思维活动。“眼睛首先不是被当作视觉的感觉器官，而是被当作注视的支撑物。”[1] 正是因此，萨特才如此断然地说：“决不是眼睛在注视我们，而是作为主体的他人在注视我们。”[2] 这里再次可以看到一种笛卡尔式的思维：正如躲在小屋里的笛卡尔透过窗户凝视街上的可疑形体那样，萨特的意识也是“透过眼睛的洞孔，从我的不可见的隐蔽深处”向外凝视暴露在他面前的“全景”的。[3] 笛卡尔的对外注视遭到了其内在的“人中小人”的反注视，但最终通过上帝，这两种注视统一起来了：之所以视觉是一种关于视觉的思想，是因为有上帝在后面作保障。而对于无神论的萨特来说，却已不再有这种保障。意识向着世界爆开，这使得它不再像笛卡尔的视觉那样是隐蔽的或超然的。注视者本身也逃避不了被他人或别的意识注视的命运；而且被注视的可能性要远远大于注视的可能性，因为注视者只能从一个特定的视角出发去注视，但他在任何时候都全方位地暴露在来自世界各处的形形色色的目光中：

> 最经常地表露一种注视的东西，就是两个眼球会聚到我身上。但是它也完全可以因树枝的沙沙声，寂静中的脚步声，百叶窗的微缝，窗帘的轻微晃动而表现出来。在军

① 萨特《存在与虚无》，第 334 页。

② 萨特《存在与虚无》，第 357 页。

③ Merleau-Ponty, *Le visible et l'invisible*, pp.105–106.

事突袭时，在灌木丛中匍匐前进的人们要逃避的注视，不是两眼，而是对着天空映现的、在丘陵之上的白色村舍。[①]

他人的目光无处不在，这使得萨特的注视者只能采取一种偷偷“窥视”的方式[②]，再要么就是直接同他人争夺对于注视的支配权，由此就导致了两个意识之间的“冲突”。在他人的目光下，我被他人占有。“他人的注视对我赤裸裸的身体进行加工，它使我的身体诞生、它雕琢我的身体、把我的身体制造为如其所是的东西，并且把它看作我将永远看不见的东西。他人掌握了一个秘密：我所是的东西的秘密。他使我存在，并且正是因此占有了我，并且这种占有不是别的，只是意识到占有了我。”[③]然而，一旦我意识到我的“对象性”存在，我就想要收回它，并反过来通过注视同化他人。由此就展开了两个意识之间的争夺。这种争夺会在双方之间产生一系列的关系：爱、恨、欲求、冷漠、施虐、受虐等。但每一种关系都无法避免最后的冲突，即使是其中一方完全顺服于另一方的施虐和受虐，也无法掩盖其冲突的必然性，而冲突的最后总是显示出一种类似于黑格尔的主奴辩证法的倒转。事实上，萨特也给出了一个极具黑格尔色彩的断言：“冲突是为他的存在的原始意义。”[④]

不过，这种目光或意识之间的冲突具有某种程度的虚假性，因为它事实上没有胜负成败可言，而且它也不会给冲突的双方

---

① 萨特《存在与虚无》，第 334 页。

② 参萨特对“窥视”所作的经典分析，《存在与虚无》，第 336 页以下。

③ 萨特《存在与虚无》，第 458–459 页。

④ 萨特《存在与虚无》，第 458 页。

带来什么实质性的改变（可比较黑格尔的主奴关系辩证法），在冲突性的遭遇之后，我依然是同一个我，他人也依然是同一个他人。帷幕落下，曾经发生过的那些看起来惊心动魄的冲突最终却只是舞台上的一场表演秀而已。

七

因此，梅洛–庞蒂说，尽管萨特承认我与他人的关系是一个事实，而且如果没有这个事实，则我将不是我，他人将不是他人，但实际上，“如同‘存在存在’没有在‘虚无不存在’上增加任何东西，承认存在的绝对充实性和肯定性也丝毫不会改变对虚无的负直觉一样，一下子就将我定格的他人的目光也不会给我的世界增加任何新的维度，它只是向我证实了我从内部所知的一种在存在中的内含（une inclusion dans l’être）”[①]。萨特的这种作为乌有的意识本质上具有唯我论的特征。我是一个乌有，这个乌有需要一个存在，它还要通过这个存在去占有一个处境，就此而言，我是独自成为我的。在我之所是的乌有、我所占有的处境和我所看见的存在者之间构成了一个封闭的领域。当然这种封闭只是相对的，他人的目光随时可以闯入我的领地，扰乱我的世界的稳定性，甚至使我那虚无化的意识感到威胁；但尽管如此，它并没有改变我与事物的关系，也没有增加或损伤我的明证性。就此而言，他人没有使我摆脱唯我论，反而将我更深地带入唯我论，一种先验的唯我论：他人存在，

① Merleau-Ponty, *Le visible et l’invisible*, p.101.

令人厌烦，他像一个幽灵那样出没于我的世界之中，或像一个顽念那样萦绕在我的乌有上，无法摆脱，也无法驱除，但也仅此而已。“在我确实是乌有的整个范围内，他人只能这样向我显现，即作为某道目光来自于其中、而我独自感受到它对我之身体的冲击的超世界（l’ultra monde）；在我是一种思想、一个意识的整个范围内，我只有被迫通过它才能进入世界，其他的意识、其他的思想永远只能是我的思想的副本或我的姊妹。我永远只经历我的生命，他人永远只是其他的自我。”①

从这种唯我论出发，他人的注视就更像是一种想象性的注视②。如果说笛卡尔是站在他的小屋里，从窗口向外判别他人，那么萨特则是躲在他的私人领地里想象他人。这不是说他人的注视不存在，而是说，它的意义是由遭受它的我所赋予给它的，或者说，它在某种程度上只是我自己投向外部、投向他人的目光的反射。“他人的目光不是从空间的一个点上出发的，他人通过某种蘖生或分身的方式诞生于我的身边，像《创世纪》中说的那样，第一位他人是由亚当身体中的一块东西做成的。”③他人是我的分身，他人的目光像我的目光一样，是从某个不可见的隐秘深处透射出来的。在他人的目光与我的目光之间没有交汇，没有缠绕，而只有碰撞，或平行地穿插而过。“无论如何，在唯我论中像在异化中那样，我们如何才能在我们的目光的末

---

① Merleau-Ponty, *Le visible et l’invisible*, p.101.

② 想象是萨特赋予意识的最重要、最本质性的特征，这一点我们只要看看他就想象这一主题所写的两部专著（《想象》[*L’imagination*], 1936；《想象物》[*L’imaginaire*], 1940）就可以明白。

③ Merleau-Ponty, *Le visible et l’invisible*, p.86.

端发现一个精神，一种不可见者呢？或者，如果他人也是一个纯粹视觉，那么我们如何才能看到他的视觉呢？”[①]因此，实际上并没有他人的目光与我的目光的区别，实际上只有一种目光，这就是萨特本人的目光。

在梅洛－庞蒂看来，萨特所描述的这种注视是对存在与虚无关系的一种展现，但这种展现是抽象的，甚至有些人为的造作。存在和虚无就其定义而言是完全对立，互相排斥的，它们既然是两种完全不同类型的东西，那在原则上是不可能结合在一起的，因而它们的结合就只能建立在“某个神秘的超存在”中。[②]如同笛卡尔在思维与广延的背后设想了上帝的存在那样，在萨特这里也有这样一个类似的存在，那就是萨特本人，他就是那最终使存在与虚无统一在一起的“神秘的超存在”！[③]“对存在和虚无进行分析的，是这样一位看者，他忘记了他有一个身体，忘记了他之所见始终在其所见之下，他试图通过把自己置于纯粹视觉中而开辟通向纯粹存在和纯粹虚无的道路，他使自己成为幻视的……”[④]质言之，他忽视了他的具身性在场。

在梅洛－庞蒂看来，这样一种“全景式”的凝视只能是一种纯粹视觉的幻象，只能是一种“疯狂”的视看，因为为了把“世

① Merleau-Ponty, *Le visible et l'invisible*, p.109.

② Merleau-Ponty, *Le visible et l'invisible*, p.105.

③ “不言而喻的是，这本书从头到尾谈论的都是同一个虚无，同一个存在，而唯一的旁观者是发展过程的见证者，这个旁观者本身不在这个运动中，在这个意义上，这个运动是虚幻的。”（Merleau-Ponty, *Le visible et l'invisible*, p.99）

④ Merleau-Ponty, *Le visible et l'invisible*, p.108.

界”变成关于“世界的视看”，看者必须忘掉甚至抛弃他那沉重的肉身，竭力使自己从世界中挣脱出来；而当他最终以这样一种方式俯视世界时，他也就不再会遇到他人，因为这是一种只能支配事物、操控事物的目光，即使当它落在他人身上，它也随即就把他变成了一个提线“木偶”。[①]最后，当世界的一切以一种绝对的明证性被置于他的目光之下时，也就意味着他已经不再有任何要看的东西，他也就不再有“看”；这也就意味着他不再有任何体验（vécu），不再有他的生命。所以，绝对的明证就是绝对的荒诞！应该想起我们开头谈到的那部电影，应该恢复精神与眼睛之间的本然联系，应该看到“层面的厚度、深度、多样性和背景世界”[②]。这也相应地意味着需要一种新的哲学，而梅洛－庞蒂终身穷思竭虑、孜孜以求的也正是这种新的哲学。

八

笛卡尔和萨特，是纠缠在梅洛－庞蒂思想中的两个结。在某种程度上我们可以说，梅洛－庞蒂的终身努力都是为了解开由这两个人所凝成的结。在这两者中，笛卡尔无疑是更根本的，因为正是从他开始，才出现了一种新的思维方式，或者说出现了一种哲学的现代性。因此，梅洛－庞蒂回到笛卡尔，也就是回到现代性的起点，回到宇宙的平衡尚未被打破，心身的世界

① Merleau-Ponty, *Le visible et l'invisible*, p.109.

② Merleau-Ponty, *Le visible et l'invisible*, p.97.

没有缝隙的源头。从那里出发，他试图将自笛卡尔以来彼此割裂、相互外在的各部分重新整合起来。[①] 而另一方面，萨特则可以说是最后一个“笛卡尔主义者”，他也是在现实生活中对梅洛－庞蒂最有影响的一个“他人”。正是因此，梅洛－庞蒂几乎没有哪一本书不提到萨特或引用萨特，他的哲学的所有基本主题，如自由、语言、他人、历史、意义等等，都在有意无意地回应萨特，纠正萨特。[②] 正是在与笛卡尔和萨特的持续不断的对话中，梅洛－庞蒂发展了他的新哲学，并恢复了一种更加自然、更加原初的视看，在这种视看中，目光与事物、心灵与身体、真实与想象、自我与他人、本质与实存、可见者与不可见者不可分割地交织在一起；而在此过程中，为梅洛－庞蒂的思想提供了最大助力的则是胡塞尔的现象学。

---

① 詹姆斯·施密特《梅洛－庞蒂：现象学与结构主义之间》，第 22 页，尚新建、杜丽燕译，台北桂冠图书公司，1992 年。

② 詹姆斯·施密特《梅洛－庞蒂：现象学与结构主义之间》，第 90、133 页。

第一章
向世而在的身体

一、哲学家与在世

人是“在世界中的存在”，人与世界的关系先于一切认识，相反，认识倒是人在世界中存在的一种方式。这是海德格尔在《存在与时间》中提出的观点。比梅尔认为，这样一个观点是一种使“海德格尔的同代人目瞪口呆或欢欣鼓舞的‘思想方式的变革’”[①]。但在梅洛－庞蒂看来，“整部《存在与时间》都来自于胡塞尔的一个提示，说到底不过是对晚年的胡塞尔视作现象学第一主题的‘natürlichen Weltbegriff’（自然的世界概念）和‘Lebenwelt’（生活世界）的一种阐发”[②]。这话不免有些偏颇，却也让人心生疑惑。因为海德格尔的在世存在思想虽然受到胡塞尔的“生活世界”观念的影响，却是朝着与胡塞尔全然不同

① 比梅尔《海德格尔》，第 43 页，刘鑫、刘英译，商务印书馆，1996 年。

② Merleau-Ponty, *Phénoménologie de la perception*, p.i, Gallimard, 1945.

的方向展开的，梅洛－庞蒂为什么要把海德格尔的思想往胡塞尔那里靠拢呢？在《知觉现象学》的“前言”中，梅洛－庞蒂进一步指出：“现象学的还原决不像人们所以为的那样是一种观念论哲学的表达，而是一种实存哲学的表达：海德格尔的‘In-der-Welt-Sein’（在世界之中存在）只有在现象学还原的基础上才能显现。”[①]

“在世界之中存在”也是梅洛－庞蒂思想的出发点，但他对这一表述作了微妙的改动：在他的原文中，他很少直接使用“在世界之中存在”（être dans le monde）这一海德格尔式的表达[②]，他最常使用的是“向着世界存在”（être au monde）这样的表述。人们一般认为，梅洛－庞蒂是直接从海德格尔那里接受了“在世存在”这个思想的。但是，上面所引的这段话以及他对“在世存在”这一表述的有意改动却不免让我们心生怀疑：他真的是直接照搬了海德格尔的思想吗？这种表达上的细微差异，是否体现了两种不同的在世观呢？梅洛－庞蒂被誉为胡塞尔思想的最好解释者，我们是否也有必要来重新考察一下他的“向着世界存在”（以下简写为“向世而在”）与胡塞尔的“生活世界”思想的关联呢？

1. 现象学的还原

海德格尔的在世存在必须要以胡塞尔的现象学还原为基

① Merleau-Ponty, *Phénoménologie de la perception*, p.ix.

② 萨特用的就是这一表述。

础，当梅洛－庞蒂这样强调时，隐含着他对海德格尔的一种批判，即后者的在世存在缺乏一种现象学还原的基础。这其实也是胡塞尔的看法。在胡塞尔为《观念》所写的“后记”中，有这样一段话：“由于人们不理解‘现象学还原’原则上的新颖性，从而不理解从世界性主体（人）向‘先验主体’的提升；人们仍然滞留于一种或者是经验主义的或者是先验的人类学中，而按照我的学说，后者尚未获得专门哲学的基础。”[①] 按施皮格伯格的说法，这段话主要是针对海德格尔说的。[②] 因此，这里的问题就是：海德格尔所揭示的在世存在是否真的没有经历过现象学的还原？

海德格尔自己显然不会这样认为。他在讲授现象学的方法时，同样强调了还原。在1927年夏季的马堡讲座《现象学的基本问题》中，他就专门提到了“还原”这种方法。“对我们来说，现象学的还原意味着把现象学的目光从对某种存在者（a being）的理解——不管这种理解有何特征——引回到对这种存在者之存在的把握上去。”[③] 也就是说，对海德格尔来说，还原意味着对存在者之存在或存在之意义的领会。因此，他是在完全不同的层面上谈论还原的。对他来说，还原不再只是一种认识方法，而更主要地是一种生存态度的转变。所以，

① 胡塞尔《纯粹现象学通论》，第448页，李幼蒸译，商务印书馆，1995年。

② 施皮格伯格《现象学运动》，第485–486页，王炳文、张金言译，商务印书馆，1995年。

③ Martin Heidegger, *The Basic Problems of Phenomenology*, p.21, trans. Albert Hofstadter, Indiana University Press, 1982.

海德格尔说，他从胡塞尔现象学那里借用的只是这个概念的“字面意思”，而不是它的“实质内容”[①]。在《存在与时间》中，海德格尔进一步展开了这种还原的过程。对存在之意义的领会与一种特殊的存在者即此在相关。但是，在日常存在中，此在首先和通常是沉陷于周围世界之中的，它总是消散于诸现成存在的事物之中，把自己交由无个性的常人来统治。它总是逃避且遗忘着自己的存在，也就是说，存在的意义对此在来说，首先和通常是遮蔽不明的。只有在某种出乎寻常的例外状态中，比如说在面临死亡威胁的时刻，存在才切身地与人照面，此在才悚然意识到自己的在世。海德格尔把这样一种在特殊情景下的返身而在称作“向死存在”。

由此可以看出，“向死存在”对海德格尔来说，实际上相当于一种现象学的还原。在自然态度中，此在原本是以遗却自身的方式非本真地沉沦于世的，但在经历了向死而在的转折后，此在领会了存在之意义，转而以一种本真的态度担当起自身之在，并面向将来之可能性而展开自由筹划。因此，对此在来说，向死存在意味着一种生存态度或生存方式的转变，我们不妨称之为一种“生存论的还原”。经由此种还原，在世的整体结构才本真地向此在显露出来。在这个意义上，我们同样可以说，海德格尔的“在世”也是基于还原才出现的，只是这种还原已经不同于胡塞尔的现象学还原了。胡塞尔的还原是指从自然态度向先验态度的提升，经由这种提升，“我在理论上不再被当成是人自我，不再是在把我当成存在者的世界内的实在客体，而是

---

① Martin Heidegger, *The Basic Problems of Phenomenology*, p.21.

只被设定为对此世界的主体”，另一方面，世界本身也失去了它的客观实在性，“以致它的存在确定性本身也属于‘现象’”。[①] 由于对还原的不同理解，海德格尔直接导向了对此在在世的生存论描述，而胡塞尔依然停留于认识如何可能的认识论领域。

那么，梅洛－庞蒂又是如何理解“现象学还原”的呢？梅洛－庞蒂在某种程度上把还原视作现象学最重要的概念。[②] 在《知觉现象学》“前言”中，梅洛－庞蒂一共考察了五个基本的现象学概念：描述、还原、本质、意向性和世界，而还原的重要性可以从它与其他几个现象学基本概念的关系中看出来。尽管就次序而言，还原排在第二位，但只要稍加考察，我们就不难发现，它实际上构成了其他四个概念的前提。首先看“描述”，梅洛－庞蒂差不多把描述等同于现象学的基本宗旨“回到（或面对）事物本身”。但为了回到事物本身，其首要的前提就是“从科学中撤回”，返回一种“属己的视点或从一种对世界的经验出发”[③]，而这正是还原所要做的事。其次，“本质”同样是在还原中显现出来的，在胡塞尔那里，本质直观与本质还原几乎是同一回事。至于意向性，尽管“它通常作为现象学的最主要发现

---

① 胡塞尔《纯粹现象学通论》，第 453 页，李幼蒸译，商务印书馆，1995 年。

② 这与萨特形成了对照：在萨特看来，胡塞尔现象学的最重要概念无疑是“意向性”（参前引萨特《胡塞尔现象学的一个基本概念：意向性》一文），这似乎也是胡塞尔本人的看法，他把意向性看作现象学“不可或缺的起点概念和基本概念”，参倪梁康《胡塞尔现象学概念通释》中“意向性”词条，第 249 页，三联书店，1999 年。

③ Merleau-Ponty, *Phénoménologie de la perception*, p.ii.

而被引述，但它同样只有通过还原才是可理解的”[①]；而且，在梅洛－庞蒂看来，关于“任何意识都是对于某物的意识”这个观念并不新颖，康德早就表述过类似的观点了。最后，作为“现象学最重要的收获”的“世界”概念离开了还原也是不可思议的，因为，“正是由于我们彻头彻尾地与世界关联在一起，所以对我们来说察觉我们自身的唯一方式就是悬置这一活动，拒绝我们与它的默契（如胡塞尔常常说的，ohne mitzumachen[不介入地]观察这种活动），或者说，使这种活动不再起作用”[②]，这就是说，世界之为世界的世界性或世界的意义是在还原中显现的。由此，我们就可以看到，还原构成了所有这些现象学概念的基础，它是现象学的起点；没有还原，我们就无从进入现象学的大门。

尽管还原是进入现象学的必由之路，梅洛－庞蒂对于它的界定却显得曲折多致。从我们刚刚所引的话中可以看出，梅洛－庞蒂首先接受了胡塞尔的观点，即还原是一种悬置，却又作了改动。在胡塞尔那里，悬置是对自然态度的中断，尤其是要取消自然态度所不言而喻地包含着的存在信仰，通过排除关于世界的自然主义设定，以便导向一种先验性的观点。但梅洛－庞蒂却否定了这个意义上的悬置，他认为悬置“不是要放弃常识或自然态度的确定性”——这是无法放弃的——而是“唤醒它们”“使它们显现”[③]，换言之，作为悬置的还原是重新发现自然态，并揭示在自然态度下人与世界之一体性的手段。接着，梅洛－

① Merleau-Ponty, *Phénoménologie de la perception*, p.xii.

② Merleau-Ponty, *Phénoménologie de la perception*, p.viii.

③ Merleau-Ponty, *Phénoménologie de la perception*, p.viii.

庞蒂又借用欧根·芬克(Eugen Fink)的表达，说还原是人面对世界的一种“惊异”[①]。这种说法在某种程度上把我们带回了哲学的源发性处境，因为按照古希腊人的一个著名说法，哲学正起源于惊异，所以惊异是一种原初的哲学情绪，它意味着人与世界的一种全新遭遇，在此遭遇中，人们像第一次睁眼看世界那样，看到世界是“陌生的和悖离的”。但如此理解的还原多少是被动的，它似乎不是主体主动的一种操作，于是，梅洛-庞蒂又引入了他用来描述还原的第三个词语：反思。还原是一种反思，但“反思不是从世界中撤回，转向作为世界之基础的意识的统一性，它之撤退是为了看到超越性的涌现，它松开了那把我们与世界联系在一起的诸意向之线,以便使它们显现。”[②]关于还原的前两种说法就在反思中统一起来了，还原是人的一种主动操作，旨在使人与世界的一体性关系得以显露，同时又不割裂这两者之间的原初联系。在自然态度或自然的知觉中，我们因过于紧密地与世界粘连在一起，以致世界对我们来说因过于熟悉而在某种程度上封闭了自身，只有通过悬置式的还原，通过有意地与之拉开距离，世界才有可能向我们重新敞开；还原在此就相当于一种疏离化作用，它造成了世界于我的一种陌生化效应,并反过来引起了我的“惊异”。或如梅洛-庞蒂所说：“‘在自然直观中有一种我们必须打断它以便通达现象的隐性机制’，甚或还有一种知觉藉以向自己掩饰自己的辩证法。”[③]还原

① Merleau-Ponty, *Phénoménologie de la perception*, p.viii.

② Merleau-Ponty, *Phénoménologie de la perception*, p.viii.

③ Merleau-Ponty, *Phénoménologie de la perception*, p.71.

首先是这样一种“打断”，是一种施加于自然态度或自然知觉之上的“暴力”，在此暴力式地中断后才重新向我显现出一个全新的、可惊异的世界。它之所以值得“惊异”，是因为它既取决于我，又超越于我，并反过来承载和包围了我；值得“惊异”的是在世界与我之间的这一“间距”，这一居间的关系，这一不可见的“枢轴”，而这一切都只有在反思中才得以呈现：“彻底的反思就在于意识到它自身对于一种未经反思的生活的依赖，这种未经反思的生活是它的源初的、一贯的和最终的处境。”[①] 这也表明，尽管我们向来已在这个世界中存在，却仍有待于一再地重新进入这个世界，尽管世界向来已是我们所熟悉者，却仍有待于我们去重新熟悉它、再次熟悉它。就此而言，还原所表达的就是“我们向着世界而在”这一根本性的生存论事态：在世既不是一个无可逃避的命定事实（所谓的“被抛”入世），也不是一种现成存在的客观处境（就像水在杯中，舵手在船中那样）[②]，而始终是一种需要我们不断地向着世界敞开，并在这种敞开中一再地构成世界、更新世界的过程；人与世界不是一种面面相觑的静态对立的关系，而始终是一个在互动的交往中不断地调整，不断地改变，一再地缔结新关系的过程。“向世而在”的“向”（à）在此意味着一种开放性和超越性，而这种开放和超越尤其是与

① Merleau-Ponty, *Phénoménologie de la perception*, p.ix.

② 海德格尔在阐释“在世界之中存在”的“在之中”结构时尽管一再强调它不是客观事物之间的一种外在空间关系，而具有一种“依寓”“居而寓于……，同……相熟悉”的生存论建构关系（参《存在与时间》第63-64页，陈嘉映、王庆节译，三联书店，1999年），但该词在日常语言中的惯常用法却很难不使人从一种外在空间关系的角度去理解。

一种挺身走向世界的身体性的动姿相关的。

由此我们也可以看出，梅洛－庞蒂的还原已经与胡塞尔的还原有了很大的不同。一方面，他极大地简化了还原，比如说他没有像胡塞尔那样区分本质还原和先验还原，当他把还原理解为一种反思时，他也褪去了笼罩在还原之上的某种特殊的甚至神秘的色彩；另一方面，他也拓宽了还原的内涵，还原不仅是一种认识论上的悬置和本质直观的方法，还具有生存论的色彩，它是对世界和处境的重新发现。就作为认识方法而言，他在某种程度上认为还原是诸人文学科所共有的一种方法，而不是专属于现象学的一种方法。他认为，心理学的反思如果贯彻到底，就会超越自身，变成一种类似于现象学还原的东西，“现象场就成了先验场”，所以，先验的态度已经包含在心理学家的描述中。[①] 同样，与现象学的本质直观联系在一起的想象变更法亦与人们通常所谓的“归纳思维”有着内在相通之处，它们都是借助事例来通达本质的方法。本质直观并不是现象学家的独门秘诀，归纳认识亦不是与本质直观截然相异的认识方法，它与本质认识密不可分，最多只有程度上的差别。[②] 这些都使得他对于还原的理解显得平易化、甚至通俗化了。

梅洛－庞蒂对于还原的另一个著名的观点是：“关于还原的

---

① Merleau-Ponty, *Phénoménologie de la perception*, p.73.

② 参梅洛－庞蒂《诸人文科学与现象学》(Les sciences de l'homme et la phénoménologie)一文，载 Merleau-Ponty, *Parcours Deux 1951–1961*, pp.49–128，Éditions Verdier, 2000，英译文见“Phenomenology and the Science of Man”, in Merleau-Ponty, *The Primacy of Perception*, pp.43–95, Northwestern University Press, 1964.

最重要的教训是一种完全还原的不可能性。”[①] 这同样隐含着对胡塞尔的批评，这里涉及的是先验还原的可能性问题。尽管胡塞尔一再地探索还原的可能性，但他总的目标是想要实现一种先验还原，并通过先验还原来达到一种先验意识。但在梅洛-庞蒂看来，胡塞尔的先验意识存在着某种歧义性，一方面，胡塞尔承认任何反思都应该通过重新回到对生活世界的描述而开始；另一方面，他又认为，通过先验还原，生活世界的结构应该反过来被重新纳入一种普遍构造的先验之流中。然而，这两种结果只能选择其中之一：“要么构造使世界变得透明，但这样一来，我们就不明白为什么反思还需要通过生活世界来进行，要么构造保留生活世界的某种东西，而不可能祛除其不透明性。”[②] 梅洛-庞蒂认为，胡塞尔后期思想的整体趋势是朝着后一种结果（即承认生活世界的某种不透明性）发展的，但在有些地方仍还保留着以先验意识来构造生活世界的迹象。这个意义上的先验意识类似于笛卡尔的“人中的小人”，它最明显地体现在胡塞尔在其《巴黎讲演》的末尾所引用的圣奥古斯丁的那句话中：“*Noli foras ire, in te redi, in interiore homine habitat Veritas.*”（莫向外寻求，回到你自身中，真理寓于内在之人中）。[③] 在《知觉现象学》“前言”中，梅洛-庞蒂就引用了这句话，但他随即就否定了它：“真理不仅仅‘寓居’于‘内在之人’中，

① Merleau-Ponty, *Phénoménologie de la perception*, p.viii.

② Merleau-Ponty, *Phénoménologie de la perception*, p.419, note 1.

③ 参胡塞尔《笛卡尔沉思与巴黎讲演》，第 37 页，张宪译，人民出版社，2008 年。

或不如说，没有内在之人，人向着世界而在，正是在世界中，他才认识自己。当我从常识的独断论或科学的独断论出发而回到自我时，我发现的不是内在真理的一个源头，而是投身于世界的一个主体。”[①] 因此，没有隐退内在的意识，意识本就向着世界而在，更确切地说，没有纯粹的意识，意识始终依托身体和世界而在。正是这一点注定了一种完全的还原是不可能的。正如梅洛-庞蒂所说，如果我是绝对精神，或者如果我能将自己的意识与身体相分离，使自己变成纯粹的意识（先验意识），那还原就不成问题；但既然我们无法做到这一点，那么，完全的还原就是不可能的。这种不可能只是反过来表明了意识与身体、人与世界是一个交错缠结、不可分割的整体，不可能把它化约为其中的任何一极。另一方面，尽管还原不可能彻底，但它又不可或缺，因为对这一整体性的揭示本身就是还原的功效，只有通过还原才能表明在我们与世界之间存在着一种原始的同谋关系，一种“原初的契约”[②]。还原是“向世而在”或“在世存在”得以显现的前提。

---

① Merleau-Ponty, *Phénoménologie de la perception*, p.v.

② Merleau-Ponty, *Phénoménologie de la perception*, p.251. 我们前面讲到还原差不多等同于反思，不过在这里还是可以看出两者之间的一点细微差别：还原侧重于意识与对象、人与世界的整体性关系，而反思则侧重于主观性一极。所以，梅洛-庞蒂说，完全的还原是不可能的，因为整体不可缩减为其中的部分；相反，彻底的反思却是可能的：“彻底的反思就在于意识到它对于一种未经反思的生活的依赖，这种未经反思的生活是其原初的、一贯的和最终的处境。”（Merleau-Ponty, *Phénoménologie de la perception*, p.ix.）

综上所述可以得出：就还原是在世的前提这一点而言，梅洛-庞蒂与胡塞尔和海德格尔是一致的，但是对“在世”的具体理解上，三人则各有区别。对海德格尔来说，还原导向的是一种本真的此在在世。对胡塞尔来说，还原则使一种对世界的认识获得了有保障的根据：世界的根据在于先给意识，本质真理（现象学的真理）先于事实真理（实证科学的真理）。[①] 梅洛-庞蒂的情况最为特殊。虽然他更接近胡塞尔，认为还原把我们的认识目光从直向地指向对象的世界收拢回来，转而考察这种“目光”、这种“看”本身的结构，但他不赞成把世界本身的合理性奠基于这种“看”。他认为，奠基应该是相互的，在意识与世界之间无法确定哪个更优先，哪个更本源。[②] 本质不是目的，

---

① 根据梅洛-庞蒂的理解，这主要指早期的胡塞尔，晚年的胡塞尔其实已有所改变，他对于还原、本质、先验意识和世界的思考也已经朝着上面所揭示的那种变化方向发展。比如说，在《欧洲科学的危机与超越论的现象学》（以下简称《危机》）中，他这样说：“事实上在心理学与超越论哲学之间，存在着一种不可分割的内在联系。……一定有一条通过具体阐明的心理学而达到超越论哲学的道路。”他还说，“在心理学的内在分析中”也能重新找到“我‘具有’世界的那种超越论的成就”。（第248页，王炳文译，商务印书馆，2001年）关于本质与事实的新关系，在《形式的与先验的逻辑》中，胡塞尔说：“任何本质的洞见都包含‘某种程度的素朴性’——即是说，无意识。”转引自 Merleau-Ponty, *The Primacy of Perception*, p.94, Northwestern University Press, 1964.

② Merleau-Ponty, *Phénoménologie de la perception*, p.451：“理性与事实、永恒与时间的关系，就如同反思与未经反思者、思想与语言或思想与知觉的关系，是现象学称之为奠基（Fundierung）的这种双重意义上的关系：在被奠基者作为对奠基者的一种规定或一种说明被给出这

而是“一种手段”，它只是敞开了一个理念性的场域，以便使实存性的事实获得一种光照，而且它最终需要重新回到世界的“所有活生生的关系”中接受检验。[①] 这也是梅洛－庞蒂说“完全还原之不可能”的原因。这一点同样不同于海德格尔。因为海德格尔和胡塞尔一样认为完全的还原是可能的。对他来说，还原（向死存在）最终导向的就是一种本真的生存态度，而本真态度与非本真态度的区分是截然分明的。但梅洛－庞蒂对此提出了质疑：这两种态度之间真的存在着本质的区别吗？在他看来这并非如此显然。本真态度固然置身于对存在之意义的切身领会之中，但非本真态度同样预先领会到了存在的意义，因为没有这种预先的领会（即使它是一种变样了的或含混不清的领会），就不会有逃避和沉沦，也就无所谓从非本真态度向本真态度的转变。既然两者都同样领会着存在的意义，那么它们之间就只有一种程度上的差别，而不可能有本质性的差别。再者，什么样的存在领会才是最本己的呢？海德格尔认为是面向死亡的存在领会，即向死存在。然而，经由向死存在的领会而获得的本真态度能一劳永逸地保持下去吗？对存在的领会来自作为死亡的将来，而我们的实存则基于现在和过去，两者之间会没有冲突吗？如果向死而在的生存领会不可能一蹴而就，那么本真的态度将不可避免地与非本真的态度混杂在一起。只要人在

一意义上，奠基者（时间，未经反思者，事实，语言，知觉）是首要的，这阻止了被奠基者完全地被吸收到奠基者中；然而奠基者并非在经验主义的意义上是首要的，被奠基者也并不简单地是从中派生的，因为奠基者正是透过被奠基者才得以显现出来。”

① Merleau-Ponty, *Phénoménologie de la perception*, p.x.

世存在，就不可能有完全纯粹、完全本真的生存态度和生活方式。据此，梅洛－庞蒂认为，海德格尔的生存论还原暗中“采用了一种武断的规范”，即他假定了“一种无条件的哲学直观”。[①]

2. 哲学家的视点

这种“无条件的哲学直观”显然是对哲学家而言的。在这里，我们进一步被引向了另一个问题，即实施还原的主体是谁？对梅洛－庞蒂（当然还有胡塞尔）来说，现象学还原只是一种特殊的认识目光的转变，它始终是哲学家们有意采取的一种立场和态度。但对海德格尔来说，作为还原的“向死存在”是此在的一种生存方式的改变，而此在一开始就处在世界中，因此执行这种生存论还原的自然也是此在。由此而来的问题是：哲学家与此在及存在的关系如何？进而言之，哲学家与世界的关系又如何？初看起来，答案似乎很明显。海德格尔致力于描述人类在世存在的境况，他自然也是实际地在世的；而梅洛－庞蒂和胡塞尔，由于他们依然采取一种认识论式的态度，显然是与世界保持着距离的。

但事实并非如此。海德格尔一方面把还原归属于此在的一种生存属性或能力，由此似乎抹消了在哲学家与普通人之间的距离；另一方面，哲学家又是这样一种特殊的此在，他能对一般此在的存在意义和存在领会加以描绘并作出判断，这又意味

---

① Merleau-Ponty, *The Primacy of Perception*, p.94, Northwestern University Press, 1964.

着哲学家超出一般此在。海德格尔显然也是这样认为的。比如在《存在与时间》中，他在哲学与其他学科（如人类学、心理学和生物学等）之间作出了严格的划分，认为“此在的生存论分析工作所处的地位先于任何心理学、人类学，更不消说生物学了”[①]，而且此在的生存论分析唯有哲学家才能担当；这里的哲学家严格而言只是海德格尔本人，因为他接着明确地宣称，其他的哲学家，不管是狄尔泰、柏格森之类的生命哲学家，还是胡塞尔、舍勒等现象学家，均“不曾进入此在的存在问题这一维度”。[②] 换言之，这意味着只有作为哲学家的海德格尔本人才完全处于存在之无蔽的立场之中。正因此，他已经不再与被抛入世的一般此在、芸芸众生一道在世了。正因此，此在在世的整个过程才能像一幅图画似地平摊在海德格尔的面前，他才能对之作出细致入微的描绘，其精彩处堪比一部浮世绘式的小说。

但是，当海德格尔作这样的描绘时，他本人其实已经从他所描绘中的世界中消失了。他已经成了一个超越世界、凌空蹈虚、俯视苍生的局外旁观者，一个把世界作为一个由我掌握其全部构成规律的对象展现在我面前的先验主体；而在胡塞尔看来，这恰恰是一种自然主义的态度。在《观念》“后记”中，他这样说：“先验主体共同体因此是这样一种东西，在其中实在世界是作为客观的，作为对‘人人’都存在的东西被构成的。实在世界具有这种意义，不论我们是否对其有明确的知识。但是，在现象学还原之前，我们怎能知道具有了这种知识，正是这种

① 海德格尔《存在与时间》，第 53 页。

② 海德格尔《存在与时间》，第 55 页。

还原首先把作为普遍绝对存在的先验主体带入了经验的目光之内？”[①] 后面这句责问，仿佛就是针对海德格尔的。在胡塞尔看来，此在在世的这种图景，只有在认识者执行了还原后，才能向他显现出来；而作为哲学家的海德格尔本人缺乏这一严格的还原前提，因此，他对此在在世的全部描述，就仍然带有某种自然主义的独断论嫌疑。梅洛－庞蒂也有类似的询问：“如果我真的置身于世并被处境化，我能意识到我置身于世并被处境化吗？”[②] 这本来是针对康德式的批判哲学的反思分析而言的。但在这里，我们把它用于对海德格尔的批判同样合适。梅洛－庞蒂的意思很明确：哲学家，如果他是真的处于世界之中的话，就不可能对在世有明晰的意识；即使是进行了现象学还原的哲学家，也依然是在他的具体处境中，通过一定的视点和视角看世界的，还原只不过是把这种视点和视角本身带入他对世界的“看”之中，并把它对于“看”的构造性作用呈现出来。因此，像海德格尔这样对此在在世作普全式描绘的生存论分析隐含的只能是一个置身于世界之外的全知全能的哲学家－上帝的视点。对此，梅洛－庞蒂评论说，海德格尔“毫无困难地”假定了“一种无条件的哲学直观”，他“不承认对哲学思维之绝对能力的任何限制就规定了哲学家的态度”[③]。梅洛－庞蒂还举了一个例子：“在《存在与时间》的开始，他说哲学的任务就是通过我们对之具有的原初经验，独立于科学地去探索世界的自然概念。他补

① 胡塞尔《纯粹现象学通论》，第 469 页。

② Merleau-Ponty, *Phénoménologie de la perception*, p.47.

③ Merleau-Ponty, *The Primacy of Perception*, p.94.

充说：为了确定这一自然世界的结构，求助于任何的人类学或心理学研究都是根本不必要的。这些原则假定了一种自然世界的哲学认识，人们从来就不能通过归纳法从事实找到这样的原则，它能使我们去规整心理学和人类学的事实。为了做到这一点，精神本身必须首先拥有该原则。"[①] 也就是说，已经处于存在之无蔽状态中的哲学家在他冷静的旁观中，不但区分了本真与非本真的态度，而且还区分了哲学与非哲学（诸人文学科和其他实证科学），存在论层次（ontological）与存在者层次（ontic），并强调了前者相对于后者的绝对优先地位。[②] 在梅洛－庞蒂看来，这样一种观念是"武断的"。

梅洛－庞蒂还比较了海德格尔和胡塞尔。在他看来，胡塞尔在他的早期甚至中期，也是持一种沉思而无偏向的局外旁观者的态度的。在这种态度中，哲学家"把自己显现为一个'不偏不倚的'、纯粹的'认知者'，以便毫无遗留地掌握一切，把所有事物都平摊在他眼前，'客观化'它们，以对之获得一种理智性的拥有"。[③] 如此一来，进行本质直观的哲学家就能超越各种实际处境，预先把握本质，这与海德格尔的态度基本上是一

---

① Merleau-Ponty, *The Primacy of Perception*, p.94.

② 列奥·施特劳斯对海德格尔提出了类似的批评：他认为海德格尔是完全站在存在之去蔽的立场上审视人类，而这种立场又是通过完全抛弃常识意见而达成的，但事实上，"存在的终极真理只有通过其在常识意见之中的暗示才可通达"。参梅耶斯《施特劳斯与海德格尔——古希腊与现代性的意义》，载刘小枫主编《施特劳斯与古典政治哲学》，引文见该书第 494 页，上海三联书店，2002 年。

③ Merleau-Ponty, *Signes*, p.205, Gallimard, 1960.

致的。但梅洛-庞蒂认为，胡塞尔后来重新认识到了本质与实存之间的相互包含关系，从而使经验探讨服从于本质科学的早期尝试开始为一种“从事实到观念，又从观念到事实的往返运动”[①]所取代。与此相应，哲学返回到了历史中：“哲学式地思考，成为一个哲学家，不再是从生存跳到本质，不再是为了拥有理念而脱离实际性。哲学式地思考，成为一个哲学家，就是在与过去的关系中（比如说）通过在过去与我们之间的内在关系去理解这种过去。理解由此就成为一种在历史中的共存，它不仅扩展到我们的同时代人，而且也扩展到柏拉图，扩展到在我们后面的一切和在我们前面和远距离的一切。”[②]这就是说，哲学家不离开他的世界，而是置身于他的处境中。这就是晚年胡塞尔特别强调“生活世界”的原因。“胡塞尔像所有的哲学家那样开始，即他试图达到一种彻底的反思，他试图反思他之所是的那种思维能力，这种彻底的反思最终在它自身之下发现了作为它的可能性条件的未经反思者，没有这种未经反思者，反思将无任何意义。”[③]由此，梅洛-庞蒂说：“把哲学规定为对我们的世界肯定的一种悬搁的胡塞尔，比致力于研究在世界中存在的海德格尔更明晰地认识到哲学家在世界中的实际存在。”[④]

我们可以这样来总结以上的论述：在海德格尔那里，此在

① Merleau-Ponty, *Signes*, p.124.

② Merleau-Ponty, *The Primacy of Perception*, p.89.

③ Merleau-Ponty, *The Primacy of Perception*, p.92.

④ Merleau-Ponty, *The Primacy of Perception*, p.94.

在世的生存论态度背后隐含的是哲学家非在世的认识论态度；相反，在胡塞尔那严格执行现象学还原的认识论态度下面，显露的却是从事还原的哲学家的实际处境；也就是说，当进行认识的认识者把自身的处境也带入到认识中时，认识论同时就成了生存论。在这一点上，梅洛－庞蒂更多地是继承或发展了胡塞尔而非海德格尔的思想。因为海德格尔忽视了哲学家自身与世界之间的依存关系，而梅洛－庞蒂则与胡塞尔一样明确地强调了哲学家自身的处境：反思要以未经反思的生活为基础。"彻底的反思就在于意识到它对于一种未经反思的生活的依赖，这种未经反思的生活是其原初的、一贯的和最终的处境。"[①]这种未经反思的生活说到底乃是我们共同生活于其上的这个世界。就此而言，尽管梅洛－庞蒂和海德格尔一样谈论在世存在，但他与其说是直接接受了海德格尔的思想，不如说是从胡塞尔的思想，尤其是他的晚期思想出发的。因此，正如海德格尔说他的还原与胡塞尔的还原之间只有字面上的联系，而无实质内容的联系一样，梅洛－庞蒂也只是从表面上借用了海德格尔的在世存在思想，而在实质内容中，则已与海德格尔迥异其趣了——或许因此，他有意改变了海德格尔的表述，用"向世而在"取代了"在世存在"，通过这一改变，他更强调了人之在世的"身体性"维度，强调了人面对世界敞开自己并挺"身"走向世界的超越性动姿。

---

① Merleau-Ponty, *Phénoménologie de la perception*, p.ix.

3. 身体性

梅洛－庞蒂的哲学常被人称作“含混性哲学”（philosophie de l’ambiguïté），而这种含混性的根源就在于“身体性”。最早对梅洛－庞蒂思想之含混性予以肯定性评价的比利时研究者瓦朗斯（Alphonse de Waelhens）在《一种含混的哲学》（该文后来被梅洛－庞蒂收入《行为的结构》一书作序言）一文的开头就说：“各种当代学说乐于反复提及人是由‘在世存在’来定义的——如果定义的观念适用于人的话。但这一论题显然要求我们超出自为和自在的选择来设想人的生存本身。如果人是事物或纯粹意识，那么，他就不再是向世而在的。因为此一事物总是与其他事物共同实存的，既然它没有视域，它也就不会超越于它们。……相反，纯粹意识不过是一种目光，它不带隐义，没有障碍或毫不含混地展示它面前的一切，因而，这一概念拒绝那种于我们而言构成为关于实在之典型经验的抵抗或介入的观念本身。”① 要理解人之在世的“抵抗或介入”，就离不开身体这一基础。

海德格尔的失“手”

我们在前面提到，海德格尔的此在需要一种在世界之外的意识才能显现；这就是说，海德格尔同样陷入了自在与自为的二者择一。正如瓦朗斯说：“完全可以说那些最坚决地把生存等

① Alphonse de Waelhens, “Une philosophie de l’ambiguïté”, in Merleau-Ponty, *La structure du comportement*, p.v, Presses Universitaires de France, 1967.

同于向世而在的作者，最经常地忽视了或者回避了向我们描述人的意识之所是的这一混合物。”[①] 这一自在与自为的混合物就是身体。尽管瓦朗斯随后说海德格尔“始终处在一个复杂的层次上”，但他在此显然是把海德格尔也包括在所谓的“忽视或回避”者之内的。因为“在世存在”或“向世而在”这一难题只有在以身体为基础的“知觉和感性阶段”才能“获得其决定性的处理”[②]，“然而，在《存在与时间》中，我们找不出三十行探讨知觉问题的文字，找不出十行探讨身体问题的文字”[③]。

香港学者刘国英则更具体地指出，在《存在与时间》中，海德格尔几乎已经遭遇到了肉身问题，但最终却仍与之错“手”而过。[④] 这种遭遇主要体现在 das Zuhandene（上手之物）和 das Vorhandensein（在手之物或现成存在之物）这两个词上。世内的所有其他存在者，对此在来说，都“或则呈现为‘上手的存在者’(das Zuhandene),或则呈现为‘在手边的存在者’(das Vorhandene)”。从字面上就可以看出，它们“直接指涉到此在的手。因此，‘手’中介了世间里的存在者与此在之间的存在论关系”。刘国英在此询问道:“如此明显地突出手的位置与作用，岂不已设定了此在是有手的，因而此在也有一肉身，亦即此在是一肉身存在？”然而，这看似垂“手”可得的结论，海德格

---

① Merleau-Ponty, *La structure du comportement*, p.v

② Merleau-Ponty, *La structure du comportement*, p.v

③ Merleau-Ponty, *La structure du comportement*, p.vi.

④ 刘国英：《肉身、空间性与基础存在论：海德格尔〈存在与时间〉中肉身主体的地位问题及其引起的困难》，载《中国现象学与哲学评论》第四辑，上海译文出版社，2001 年。

尔却错“手”而过了。这是偶然的吗？刘国英对之没有作具体的说明，而且对海德格尔为何“没有正面处理肉身问题”也没有提供一个令人满意的答案。但是，基于我们上面的论述和瓦朗斯的提示，我们可以明白，海德格尔之所以对此在的描述主要“停留于纯粹形式的层面”，最根本的原因在于，作为描述者的哲学家本人并没有把“自身”置于在世的处境中。而只有从其身体性的处境出发，他才能占据一具体而有限的视点，他才会注意到我们活生生的身体和知觉与世界之间的纠缠莫名的感性联系，但海德格尔却依然是从一种无处境的纯粹意识或存在本身出发，俯视此在被抛的这个世界的，由此他就忽略了这个身体对我们向世而在的原初重要性。所以，在《存在与时间》中即使间接涉及对“手”的肯定，他也只是把它看作世内存在者借以“分环勾连”的指引和线索，而根本就没有对“手”之为“手”的肉感性作出任何的描述。其实海德格尔也并非不知道肉身，只是当他以一种纯粹的目光看待世界时，肉身也“只是被视为一空间性的物体”，而不具有一“独特的存在论地位”。①

---

① 海德格尔对于把人视作“肉体、灵魂、精神的统一”的传统观点不屑一顾，他说：“但若我们问的是人的存在，那么却不可能把肉体、灵魂、精神的存在方式加在一起就算出这种存在来；何况上述各种存在方式本身还有待规定。”（《存在与时间》，第 57 页）他说不能把人的存在看作是“肉体、灵魂、精神”的简单外在的相加，这当然是对的；但他也没有对“还有待规定”的这些“存在方式”进一步加以规定。在讨论此在的“在之中”生存论结构时，他又一次否定了从肉身性的角度出发进行探讨的路径。他不认为人的“空间性”是其“肉体性的一种属性”，并“同时总是通过身体性‘奠定根基’”，因为这样一来，“人们见到的又是一个具有

因此可以说，海德格尔对身体性的忽视是必然的结果，而并非偶然的错失。

胡塞尔的“身影”

如果说海德格尔忽视了身体，那么，胡塞尔又如何呢？众所周知，胡塞尔的现象学是一种意识哲学，甚至是一种最彻底的“普遍唯心论”和“唯我论”（如胡塞尔自己所承认的）。它的彻底性就在于，在严格执行了先验还原之后，不但周围世界中一切实在的人和物，而且连同我自己的实在的身体和心灵也被加以悬置，而失去了其有效性。在这样一种哲学中，梅洛－庞蒂能找到他的身体性哲学的源泉吗？

答案是肯定的。在一篇专门探讨胡塞尔《观念 II》一书的文章中，梅洛－庞蒂写道：“哲学家背负着他的阴影，这阴影不仅仅是将要来临的光线的实际缺乏。”[①] 而这篇文章的题目赫然

如此这般属性的精神物同一个身体物的共同现成存在，而这个如此这般合成的存在者本身的存在却依然晦暗莫测”。（《存在与时间》，第 66 页）海德格尔似乎始终认为对身体与心灵之关系的探讨只可能是一种外在的探讨，身体或心灵这些概念亦只是一种现成存在般的概念。但这种态度本身似乎就表明了一种外在的态度。当然，海德格尔之忽视身体，也与他对此在之特殊性的认识有关：“按照它本来的存在方式，此在一向已经‘在外’，一向滞留于属于已被揭示的世界的、前来照面的存在者。”（同上，第 73 页）也就是说，此在只有通过忽视其身体，才能超越地在世界中操劳。但即使是在世存在的这种操劳结构，也是以身体为前提的，后来萨特通过强调身体的“元－工具性”特征，正是要补充海德格尔的在世结构中缺失的环节，梅洛－庞蒂的工作亦是如此。

① Merleau-Ponty, *Signes*, p.225.

就是《哲学家及其身影》(le philosophe et son ombre)。[①]

当胡塞尔在《观念 I》中说，反思就是对一有距离的非反思项的揭示时，梅洛－庞蒂认为，身体或肉身就是这样一种属于非反思项的内容之一。[②] 而在胡塞尔一生持续不断地向开端、向自身回归的过程中，“身体性”也正是他的最大发现之一。全面探讨胡塞尔的身体性思想不是这里的主旨，下面，我们仅限于胡塞尔思想中与梅洛－庞蒂的身体哲学关系密切的内容加以讨论，尤其是关于“感知”或“知觉”的思想。

胡塞尔在对意识行为所作的考古学式发掘中，最后开掘到的是起着奠基性作用的直观行为。整个直观行为又可分为感知和想象两部分，或称当下行为与当下化行为；而想象又奠基于感知。因此，感知可以说是具有最终奠基性的意识行为。[③]“在感性感知和其他意向体验之间存在着一种单向的‘奠基关系’：其他的意向体验没有感知是不可能的，而反过来则是可能的”；与此同时，物质自然则是感知体验之“根本性的对象区域”。由

---

① 这篇文章完成于 1960 年，其时梅洛－庞蒂的思想已由早期的生存论转入了后期的存在论，对人与世界之关系的论述也与他早期有所不同。但是在这里我们未作区分，因为这里所涉及的主要是胡塞尔本人的身体观与梅洛－庞蒂思想之间的关联。这种关联具有一贯性。梅洛－庞蒂本人前后期思想的变化可参看后面章节的相关内容，尤其是第四章。梅洛－庞蒂在发表这篇文章后的第二年就去世了。因此，从这篇文章我们可以看出，梅洛－庞蒂的确一生都在追随胡塞尔的思想前进，尽管在许多地方他已经远远地超出或偏离了胡塞尔的思路。

② Merleau-Ponty, *Signes*, p.204.

③ 参倪梁康《现象学及其效应》，第 54–56 页，三联书店，1994 年。

此，“感知作为对现存之物的确定，与在感知中被给予的对象一同构成了世界经验的构造中的基础层次”[①]。德国哲学家黑尔德认为，这整个理论在后来受到了海德格尔和舍勒的坚决反驳。前者在《存在与时间》中对日常人类实践进行了阐述，认为人们在实践中直接加以使用的上手之物才是第一性的被给予物；而舍勒则通过对同情关系与爱之关系的分析表明，人与物之间的情感关系先于认知关系。[②]当黑尔德这样认为时，他似乎是把这种感知行为当作发生在意识领域中的一种纯粹认知活动，所以才会认为实践活动和情感关系要先于感知活动。但这种看法是值得商榷的。梅洛－庞蒂就提出了相反的观点：“知觉不是关于世界的一种科学，它甚至不是一种行为，一种有意的立场选择，它是所有的行为得以在其上展现的地基，它被所有这些行为预设为前提。”[③]这里的“行为”(acte)既指一切认知性的意识活动，也指与物打交道的实践性活动，在梅洛－庞蒂看来，所有这些活动都要在知觉的基础上才得以展开。

那么，是不是胡塞尔的“感知”不同于梅洛－庞蒂的“知觉”呢？也不是。据倪梁康的解释，“感知”的德文词“Wahrnehmen”，其字面意思为“认知为真”，确实带有对存在或真理进行有意设定的特征；但是，为了使感知概念能够免除这种色彩，胡塞尔常常使用拉丁文的“perceptio”来代替。[④]而法文和英文的“知觉”

① 胡塞尔《生活世界的现象学》，第 8 页，黑尔德编，倪梁康、张廷国译，上海译文出版社，2002 年。

② 胡塞尔《生活世界的现象学》，第 8 页。

③ Merleau-Ponty, *Phénoménologie de la perception*, p.v.

④ 倪梁康《现象学及其效应》，第 60 页注 1，三联书店，1994 年。

（Perception）一词就是从这个拉丁词发展而来的。因此，胡塞尔所采用的“感知”概念和梅洛－庞蒂的“知觉”概念在其基本意义上是完全一致的。不过，胡塞尔把“感知”定义为一种“原本意识”[①]，并且把它归属于纯粹意识的行为领域，在这一点上，他似乎仍没有摆脱认识论色彩。这大概也是黑尔德认为它遭到海德格尔和舍勒反对的原因。但要注意的是，胡塞尔对感知还有另一个定义：“感知是一种存在意识，是关于存在着的对象的意识，并且是关于现在存在着……这里存在着的对象的意识。”[②]在这个意义上的感知同时是一种“感知信仰”或“存在信仰”，它已经摆脱了意识有意设定的认识论意味，而带有了前认识、前主题层次上的生存论意味。感知或知觉的这双层涵义表明，知觉和活动其实是分不开的。[③]只有在抽象反思中，知觉和活动才是两回事情，认识的态度和实践的态度才成为截然不同的两种态度；而在实际的生存现象中，这两者是统一在一起的。这正是梅洛－庞蒂想要进一步加以阐发的主题之一。

一旦胡塞尔把感知看作“存在信仰”，“感知”的含义就超出了单纯认知性的意识领域，也就不可避免地把身体性因素引

---

① 胡塞尔《生活世界的现象学》，第 47 页。

② 胡塞尔《想象、图像意识、回忆》，转引自倪梁康《胡塞尔现象学概念通释》，第 494 页，三联书店，1999 年。

③ 海德格尔指出，拉丁文 perceptio（知觉）同时具有动词 percipere（知觉活动）和名词 perceptum（被知觉者）这双重意思，即“带到自身面前”与“被带到自身面前的”，并且在最宽广意义上变得“显而易见的”东西，参海德格尔《尼采》（下卷），第 782 页，孙周兴译，商务印书馆，2002 年。

入其中了。在1925—1926年所作的一个关于“感知分析”的讲座中，胡塞尔就明确地提到了身体在感知中所起到的作用：“现象学的进程与身体所做的运动可以说是手拉手进行的。……（在感知行为中）身体始终作为感知器官在共同发挥着作用，并且它自身又是由各个相互协调的感知器官所组成的一个完整的系统。身体自身的特征在于它是感知的身体。我们把它纯粹看作是一个运动的并且是在感知行为中主观运动着的身体。”① 因此，感知不是一种单纯的意识行为，而是一种身体活动，知觉和动觉（Kinästhese，又译作“动感”）是相互伴随、自发协调地进行的。人是通过自己的身体性活动，如转动双眼，摆动脑袋，来回走动等等，获得最起码的知觉现象的。“假如我生下来只听见一种声音，我就听不到任何声音；假如我生下来就不能转身，只看见那棵树，我也就看不到那是一棵树。”② 此外，胡塞尔还指出，感知不是一种单向的活动：并非我们的身体被动地遭受周围物体的刺激，从而在身上留下感觉印象；也不是我们的意识完全主动地出击，给予对象以人为的“修饰”。相反，在感知活动中，我们和被感知物处于一种双向互动的关系中。一方面，我可以自由地对我的感知行为作出引导和规划：我可以选择目光的方向和路线，我可以有意地调节自己的目光，使自己专注于某物，我也可以中止自己进一步去感知，等等；另一

① 胡塞尔《生活世界的现象学》，第57-58页，括号内的话由引者所补。

② 胡塞尔《经验与判断》，“中译者前言”，第7页，邓晓芒、张廷国译，三联书店，1999年。

方面，从某一角度显示给我们的被感知物也会影响我们的情绪，它有时“诱惑着”我们，“向我们呼唤”；有时又干扰我们，强迫我们接受它，使我们产生某种反面情绪。[①]因此，在感知者和对象之间可能存在别扭、争执，可能产生感知“失实”。但无论如何，这里始终存在着一种相互敞开、感发互动的交流性活动。最后，在感知的“充实”中，我认出了对象，而显现之物也“作为超越的感觉对象构造出自身，并且是作为这样一个对象被构造出来，这个对象比我们正在感知到的东西要更多，这个对象可以从我的感知中完全消失，但却能持续地维持下去”[②]。用梅洛－庞蒂的话来说，双方开始相互“占有”，我理解了对象，而对象则借助我的身体宣告了自己的存在。我们可以看到，梅洛－庞蒂对于知觉的论述，也正是从胡塞尔的这些与身体性有关的基本言述出发的。感知可以说是意识和身体最含混莫名、纠缠不清的交织面，它是胡塞尔意识考古学的终点，却也是梅洛－庞蒂建构其身体和知觉理论的起点。

一旦涉及身体问题，也就不可避免地要面对身心关系和身体与世界的关系问题。事实上，“动觉”概念的引入就已经使感知摆脱了它因附属于意识而具有的静态认知的特性，而使传统上身体与意识这两个相互对立的要素统一起来了。在《观念III》中，胡塞尔明确地说：“心灵的实在性奠基于肉身性的物质之上，而不是后者奠基于心灵之上。更一般地说，在我们称之为自然（Natur）的整个客观世界中，物质世界是一封闭于自身

---

① 参胡塞尔《经验与判断》，第96–97页。

② 胡塞尔《生活世界的现象学》，第59页。

的、特殊的世界，并不需要任何其他的实在性支撑。相反，精神性实在以及一真实的精神世界的实存，则维系于一个第一性意义下的自然即物质性自然的实存上，而且这种联系并非出于偶然的原因，而是出于原则性的理由。”[①] 类似的话也出现在《欧洲人的危机与哲学》（该文附于《危机》后面）这篇文章中：“人的精神毕竟是建立在人的身体之上的；每一种个别的人的心灵生活都是以身体为基础的，因此每一种共同体也都是以作为该共同体成员的个别人的身体为基础的。”[②] 梅洛－庞蒂认为，这些话否定了那些认为胡塞尔“肯定自然具有相对性，而精神则具有非相对性，且取消自然的自足性和自然态度的真理性”的人的观点。因此，现象学“既不是一种唯物论，也不是一种精神哲学，它自身的任务是要揭示前理论的层次”。[③]

与此相应，“世界”或“生活世界”这一观念，作为一种最富意义的前理论层次，也就成了胡塞尔思想的一个重心。我们知道，胡塞尔区分了自然态度与现象学态度。自然态度包含着一个一般的“世界设定”（Weltthesis），在胡塞尔看来，这一设定仍然是素朴的，无根基的，所以他要求对之加以悬置，使其失去作用，并由此转变成一种现象学的态度。[④] 但在梅洛－庞蒂看来，自然态度的世界设定是一种“最初信仰”或“最初信念”，

① 转引自 Merleau-Ponty, *Signes*, pp.207–208。

② 胡塞尔《欧洲科学的危机与超越论的现象学》，第 369 页，王炳文译，商务印书馆，2001 年。

③ Merleau-Ponty, *Signes*, p.208.

④ 关于自然态度的世界设定及其悬置，参《纯粹现象学通论》，第 30 节。

它比任何设定、任何观点都更加古老。它提供给我们的不是一种关于世界的表象，而就是世界本身，它是一种“对世界本身的敞开”。现象学的反思并不能逾越这一敞开，除非它利用来自这一敞开本身的潜能。最终说来，“在自然态度中有一种对现象学的准备，是自然态度通过重拾它自身的步伐而跨入了现象学中，是自然态度本身逾越自身而进入了现象学——但也因此它并没有逾越自身。”① 在这个意义上，我们可以再一次理解梅洛-庞蒂关于“完全还原之不可能性”的观点。不过，梅洛-庞蒂还是较多地利用了胡塞尔关于世界的肯定性论述。如在《危机》中，胡塞尔这样说：“世界存在着，总是预先就存在着，一种观点（不论是经验的观点还是其它的观点）的任何修正，是以已经存在着的世界为前提的，也就是说，是以在当时毋庸置疑地存在着的有效东西的地平线……为前提的，这个事实的不言而喻性先于一切科学思想和一切哲学的提问。”② 在一篇题为《哥白尼学说对于流俗世界观阐释的变革：源始奠基的地球是不动的》的文章中，胡塞尔进一步把这个世界与地球联系起来。他认为，现象学的最终目的是要揭示或返回到我们所有认识活动的基底，而这一最终的基地或渊源则是我们居于其上的“地球”（Earth，或可译为“大地”）。我们即使将来可能迁移到其他星球上去，但这也只意味着我们“将我们的故土扩大

---

① Merleau-Ponty, *Signes*, p.207. 芬克也对胡塞尔从自然态度到现象学态度的彻底过渡是否可能提出了怀疑，他的观点与梅洛-庞蒂比较相近。可参看《对胡塞尔现象学还原的反思》一文，靳希平译，收入倪梁康主编《面对实事本身》，第569–587页，东方出版社，2000年。

② 胡塞尔《欧洲科学的危机与超越论的现象学》，第135页。

了”，而并不能摆脱或消除大地，我们新踏其上的任何其他土地都只是成了地球的一个新的行省。因此，地球是独一无二的，它“是我们的时间和空间的母体：任何由时间构成的观念，都预设了我们作为肉质存在共呈在一个单一世界中的原型－历史（protohistoire）。对可能世界的任何联想都返回到我们世界的视景（Welt-anschauung，世界观）。任何可能性都是我们的实在性的变体，都是有效实在性的可能性（Möglichkeit an Wirklichkeit）”[①]。在梅洛－庞蒂看来，胡塞尔把“世界”概念和“地球”概念作为人类生存的原始基础，正是“向世而在”这一思想的最基本写照。从根本上说，我们既无法脱离身体，也无法脱离世界，正是这个作为根基的共同世界最终保证了我们人际间的联系和价值上的统一性。

从以上的论述可以看出，梅洛－庞蒂在构造他的身体现象学时，充分利用了胡塞尔的思想资源。但是，在利用的同时，我们也可以看到，他在许多地方其实已经偏离了胡塞尔的思想。比如说在有关身体与世界的问题上，对胡塞尔来说，无论是我的实在的身体还是实在的世界，都应该在现象学的还原中加以悬置，最后出现的只是一个现象的身体和现象的世界，它受到先验意识的保证，因而具有绝对的可靠性和必然性。梅洛－庞蒂同样要求回到现象的身体和现象的世界，但这其实只是回到知觉，而知觉又是和身体一而二、二而一的事情——又一种完全还原的不可能性！而且，在他看来，现象的身体和现象的世

① 转引自 Merleau-Ponty, *Signes*, pp.227–228.

界最终仍是偶然的或“神秘的”，“这种神秘规定了它们”[①]——这一点倒又与海德格尔一致起来了。（参本章第三节）

“考古学”的下降

在《哲学家及其身影》这篇文章中，梅洛－庞蒂还提到，胡塞尔现象学的意向分析可以引向两个相反的方向：一个是向上的方向，引向人格和精神的世界；另一个是向下的方向，返回更源始、更本源地呈现的自然。[②]胡塞尔走的就是前一条路，但更有代表性的是舍勒，他把人最终引向了超越地趋向上帝的动姿生存中。海德格尔可归入第二条路，但是这种下降的路向不是很明显。梅洛－庞蒂则是很明确地选择了这条下行之路，他首先把胡塞尔的先验意识拉回到活生生的身体中，又把身体放入具体的世界中。而在后期，他更进一步把这一“身体－世界”系统置放到作为“荒蛮的自然”、作为“野性的存在”的“世界之肉”的基础上。胡塞尔曾自称他的哲学为“意识考古学”，但是这种考古学进展到“感知”这一层面就结束了。梅洛－庞蒂接过了胡塞尔的考古学工作（连同他的思想工具），而其深挖考掘的层面则已经远远超出胡塞尔的视野了。

对此，梅洛－庞蒂也并非没有意识，他如此询问自己：

> 这一在我们的各种论题和理论之前的底层结构，隐秘中的隐秘，如何能够反过来建立在绝对意识的行为之上？这种向我们的“考古学”领域的下降，是否会无损于我们

① Merleau-Ponty, *Phénoménologie de la perception*, p.xvi.

② Merleau-Ponty, *Signes*, p.224.

> 的分析工具？难道它没有导致我们关于意向行为、意向相关项、意向性等概念，在我们的存在论中发生变化吗？经过了这样一番下降之后，我们是否仍有理由在一种（意识）行为分析中寻找我们的生命和世界的最终支柱？我们知道胡塞尔从未对这些问题作过明晰的说明，只有片言只语遗留下来作为指引着问题的线索——它标示着一项仍有待去思的未思之项。①

因此，梅洛－庞蒂知道自己已经与胡塞尔拉开了距离。他由追随胡塞尔开始，但很快他就走上了自己的道路。这条路会通向何方呢？且让我们追随他的踪迹，循他而去……

二、行为和知觉

通过把海德格尔的“在世存在”向胡塞尔的“现象学还原”靠拢，梅洛－庞蒂最终确立了一种身体性地向世而在的思想。这里的“身体性”（corporéité/Leiblichkeit）是个非常含混的概念，它不单指支撑着我们行动的可见的和可触的躯体（Körper），也包括我们的意识和心灵，甚至包括我们的身体置身其上的环境。因此，“身体性”是一个整体的概念，它对立于任何身体/心灵、身体/物体、身体/世界、内在/外在、自为/自在、经验/先验等二元论的概念，而是把所有这些对立的二元全都整合并包含于内。这种综合的特性尤其体现在身体的两种最基本的活动：即“行为”（Comportement）和“知觉”（Perception）

① Merleau-Ponty, *Signes*, p.208.

中，而这两者可以说分别是梅洛－庞蒂最早的两部著作《行为的结构》和《知觉现象学》的主题，尽管它们事实上又常常是不可分割地交织在一起的。下面我们就以这两本书为主探讨这两种最基本的身体性活动，以便揭示身体向世而在的基本特征。

在《行为的结构》一开头，梅洛－庞蒂就说："我们的目标是要理解意识与自然之间的各种关系——有机的、心理的、甚至社会的关系。"[①] 这也可以说是梅洛－庞蒂整个哲学的目的：即重新思考意识与自然、观念与物质、主观与客观、内在与外在等传统的各种二元关系。长期以来，经验论和唯理论这两种对立的观点占据了西方思想的主流。尽管它们对于这些二元关系的解释各不相同，但其共同点是，它们都把这些关系看作是客观上既定的两项之间的外在因果关系；而在梅洛－庞蒂看来，所有这些理论都遗忘了我们置身于其中的现象世界。为了探讨两者间的关系，需要超越意识与自然、主观与客观之间的二元对立，从一种既非意识也非自然，或者说既是意识又是自然的第三层面入手，这就是"身体性"层面。而在《行为的结构》和《知觉现象学》这两本书中，梅洛－庞蒂则分别选择了两个不同的角度以进入身体性这一维度。这即是"行为"和"知觉"。

1. 行为与结构

梅洛－庞蒂之所以选择"行为"作为他的出发点，是因为

---

① Merleau-Ponty, *La structure du comportement*, p.1, Presses Universitaires de France, 1942.

这个概念“相对于心理的和生理的各种古典区分来说是中性的，因此可以给我们提供重新界定这些区分的契机”[①]。但是，在《行为的结构》一书中其实并没有对“行为”这一概念作过精确的界定。它既指严格意义上的人类行为（comportements），也指动物机体对于环境所作出的各种反应（réponses），有时也在隐喻的意义上指物理世界中的各种作用（actions）和反作用（réactions）[②]。这也许可以理解梅洛－庞蒂为什么在该书第三章专门提到了物理秩序。在某种程度上，我们也可以说，各种具体科学只是分别针对不同层次的行为进行研究而已。如物理学研究的就是隐喻意义上的“行为”：物理世界内部的平衡与失衡；生理学研究的是处于外部环境中的机体组织及其各部分的功能活动；心理学研究的则是机体内部的心理或意识活动。近代以来，由于物理学在认识世界方面取得了巨大的成功，它的方法也就相应地被运用到了生理学和心理学的研究之中。现代生理学的产生就“始于把它的对象设定在世界中，并把它看作广延的一个片断，这样，行为就被反射（即对刺激的加工和成形），被一种神经功能的纵向理论掩盖了——依据这种理论，反应的每一要素原则上对应环境的一个要素”[③]。心理学则更多地受到了批判思维的影响，但它同样没有摆脱实在论和因果思维。它只是

① Merleau-Ponty, *La structure du comportement*, p.2.

② 在《行为的结构》一书“导论”的一个注释中说：“我们可以说一个人或一个动物有某种行为，而说一种迷幻药、一个电子、一块石头或一片云有某种行为则不过是一种隐喻。”（Merleau-Ponty, *La structure du comportement*, p.2, note 2）

③ Merleau-Ponty, *Phénoménologie de la perception*, p.13.

把“心理”领域看作是实在世界的一个特殊区域，看作是与外部的物理世界相对的第二层次的实在，而行为则被看作是一种认识，“它是被思考之物，而非自在之物”[①]。换言之，行为只是“一个观念”，或者至多是某种意向的达成。

这样，梅洛－庞蒂一开始面对的就是这样两种对立的派别：一派是经验主义的生理学、心理学和行为主义等具体科学对行为所作的分析，它主要把行为看作自然界的实在事件，并对之采取一种在“刺激与反应”之间点对点对应的原子主义解释；一派是从反思角度出发的批判哲学，它把行为看作“各种关系”的构成物，由此也忽略了对行为之独特性的关注。与此相应，传统上还把行为区分为低级行为（如反射活动）和高级行为（如学习这样一种活动）。前者被看作是机体的一种纯粹被动反应，就像物理事件一样，它受先行条件的促发和制约，并因此在客观的空间和时间中展开，属于自在秩序。如在反射理论看来，反射行为的产生只是由于“某一确定的物理或化学动因作用于某一局部确定的感受器，后者又通过某一确定的通道引发了某一确定的反应”[②]。与此相反，高级行为则被视为机体的自决活动，它不再取决于物理意义上的刺激，而是机体主动地领会情景的意义，而行为只是对这种意义的阐释或展开，由此，这种行为就不再属于自在秩序，而是属于自为秩序。这样，当一只蜘蛛朝落在网上正在挣扎的一只苍蝇跑过去时，蜘蛛的这种反应活动就被解释为它已经预先认出了这是一只苍蝇；但事实上，

① Merleau-Ponty, *La structure du comportement*, p.138.

② Merleau-Ponty, *La structure du comportement*, p.7.

让蜘蛛对之作出反应的并不是这只苍蝇，而是某种一般的振动，如果我们把一个音叉放入蜘蛛网的中央也能引起同样的反应。

在梅洛－庞蒂看来，无论是把行为归之于自在秩序还是自为秩序，都是对行为采取了一种实在论的设定，都把行为看作是某种现成的、“透明的”秩序：“前者对于物理学思维而言并且作为外部秩序（各种事件在这一秩序中外在地相互制约）是透明的；后者对于反思思维而言并且作为内在秩序（一切东西的发生在这一秩序中总是取决于一种意向）是透明的。”[①] 与此相反，梅洛－庞蒂则把行为看作一种“形式”。这是一个从格式塔心理学那里借用来的概念，它的意思与梅洛－庞蒂经常使用的另外两个概念“结构”（structure）或“格式塔”（Gestalt）基本相同。说行为是一种形式或结构，就是说，行为本身是对环境的一种敞开，在行为出现的地方，环境不再是由各种外在地并置的部分组成的自在总体，而成了一个富有意义的情景场。行为是机体和环境之间的一种辩证法，它把这两者共同纳入一个互动的结构化过程（structuration）之中。这样，即使在最基本的反射行为中，机体和环境也已经构成了一个整体。当我们的眼睛追随一只逃跑的动物时，在刺激和反应的交替中要说出“哪一个先开始”是不可能的。虽然我们可以说，如果没有刺激（“逃跑的动物”）的出现，我们的眼睛就不会去注意它，在这个意义上可以说行为是环境的某种结果；但反过来，如果我们不首先置身于环境，把我们的感官向刺激敞开，如果我们的机体不首先根据其感受器的本性，根据其神经中枢的阈限，根据其

① Merleau-Ponty, *La structure du comportement*, p.136.

组织的运动来选择物理世界中的刺激，则刺激同样不可能对我们起作用。在这个意义上，我们也可以说，“行为是全部刺激的首要原因”，或者说“刺激物的形式是由机体本身、由它自己呈现给外部作用的固有方式创造的”。[①] 对于机体的反应来说，外在的各种刺激与其说是起着原因的作用，不如说是起着“契机”的作用；引发机体反应的与其说是刺激本身所具有的物质属性，不如说是它们相对于机体所隐含的生命含义。因此，“在行为实际依赖的各种变量与这一行为本身之间，呈现出一种意义关联，一种本质的关系。我们无法确定世界作用于机体的那一时刻，因为这种‘作用’的结果本身表现了机体的内在规律”[②]。总之，刺激和反应是一种辩证的、“循环因果性”的关系，两者通过参与共同的行为结构而被内在地连接起来。

行为是一种结构，而传统的有关“低级”行为和“高级”行为的区分并不能有效地说明行为的特质。由此，梅洛－庞蒂提出了他自己的划分法。依据行为的结构是被淹没在周围环境的具体内容中还是相反地作为活动的独立主题从内容中独立出来，梅洛－庞蒂更为细致地区分了三种形式的行为，即混沌形式、可变动的形式和象征形式。在这里，混沌形式的行为对应于传统区分中的低级行为，而可变动形式的行为和象征形式的行为则相当于传统区分中的高级行为。但需要注意的是，这三类行为并不对应于三类动物，“不存在其行为从来没有超出过混沌层

① Merleau-Ponty, *La structure du comportement*, p.11.

② Merleau-Ponty, *La structure du comportement*, p.174.

次，或从来没有降低到象征层次之下的动物种类”[①]。对人类来说，则可能同时具有这三个层次的行为形式。

这三种形式的行为也可以说揭示了三种“对待世界的、‘在世界中存在’或‘去实存’的方式”[②]。混沌形式的行为类似于本能性的反应活动，它最接近于简单的刺激－反应模式的行为类型。在这个层次上，机体与环境完全粘连在一起，“行为完全被束缚于其自然条件的范围之内”[③]，因此，学习是不可能的。在可变动形式的行为中，机体已经具有相对的独立性，行为的结构也已经作为一个主题呈现出来，机体一旦把握这种结构，就能够把它运用到类似的情景中去。这使得学习成为可能。比如说，当儿童成功地区分并正确地命名了红色和绿色这两种颜色后，他就掌握了一种“比较和区分全部颜色的一般能力”，在此基础上他就能进一步区分所有其他的颜色。最后是象征形式的行为，这是人类独具的一种行为。人类不但能适应环境，应对环境的变化，而且能在此基础上创造一个属人的世界，一个语言和文化的世界。关在笼子里面的黑猩猩能借助于一根树枝来获取外面的水果。但在这种情况下，这根树枝对它来说就不再是树枝，而成了一根木棒，一种工具；但对人来说，“那根成了木棒的树枝理所当然地还是一根成了木棒的树枝，是具有两种不同功能的、从多种视角‘为他’所见的同一‘事物’”[④]。换言之，人具

① Merleau-Ponty, *La structure du comportement*, pp.113–114.

② Merleau-Ponty, *La structure du comportement*, p.136.

③ Merleau-Ponty, *La structure du comportement*, p.114.

④ Merleau-Ponty, *La structure du comportement*, p.190.

有从多种角度观看同一物体的能力，而动物则没有。不但如此，人还能把自己的身体也看作一个对象或目标（objet），也就是说，他具有一种反身能力，这是我们的意识和思维得以形成的前提。在同一个实验中，人们把水果放在一个框笼里，框笼的开口背对着黑猩猩，黑猩猩只有先把水果朝远离自己的方向推，使它从框笼的开口滚出来才能取到它。但黑猩猩却做不到这一步。反之，如果让它走出笼子，它就能轻易地绕过框笼的障碍而取到水果。梅洛－庞蒂认为，这里其实涉及了两种不同层次的行为：一种是通过移动自己的身体绕过障碍物而获取目标物（水果），这仍然只是一种可变动形式的行为，它说明动物还局限于实际经验的空间结构中；相反，身体不动，而能借助木棒使目标物绕过障碍来到自己的身体旁，这才是一种象征形式的行为，它涉及了一种在潜在空间中的操作活动。它要求机体能在想象中把自己身体所在的位置与目标物的位置互换，从而像移动身体那样移动目标物；也就是说，它要求动物能通过它的身体姿势来构想当它处于目标物这一位置时应该做出的动作。但这已经大大超出了动物的能力。只有人类的身体才能既处于现实的空间中，又栖息于潜在的想象空间中。它可以随时随地、随心所欲地在这两种不同的空间中穿越变换。它有一种“象征化的能力”，一种“把自己引导到与可能、与间接相关，而不是与某一限定的环境相关的能力”。[①] 这正是人的身体不同于动物机体的原因所在。[②] 动物的行为总是粘附于当下的实际处境，尽管在

① Merleau-Ponty, *La structure du comportement*, p.190.

② 卡西尔曾区分了机体的“反应”（reaction）行为与人的“应对”

它长期栖居的熟悉的自然环境中，它也会表现出令人惊叹的生存技巧，但一旦把它从其熟悉的环境中转移出来，它就会表现出某种笨拙而僵化的行为模式（就像落入一个玻璃罩中的苍蝇盲目而机械地乱飞乱撞寻找出路一样）。只有在人的行为中，才体现出灵活自由的创造性和不断越出常规、赋予事物以新意义的超越精神："那些严格意义上的人类行为，如言说的行为，劳动的行为，穿衣的行为，并不具有固定的含义；它们只有通过参照生命的意向才能得到理解：服装是一种人造的毛发，乐器取代了喉舌，语言是适应'无机实在物'的一种手段。"[①] 所以人才能改造物理的自然和生命的自然，为自己创造出一个完全属人的世界，一个文化和精神的世界。

在区分这三类行为的基础之上，梅洛－庞蒂进一步提出了三层秩序。首先是物理秩序，它指的是物体在给定的条件下实现的平衡；然后是生命秩序，它包括混沌形式和可变动的形式这两种行为范畴。它是指机体通过自身的努力，挣脱外部环境的压力，并对外产生作用，以便为自己构造一种适合的环境。而人类行为由于其具有象征化的能力，又从生命秩序中独立出来，构成了一种独特的人类秩序。这三种秩序形成了一个由低

（response）行为，前者是一种信号活动，后者才是一种符号活动。他由此把人定义为"符号的动物"（参卡西尔《人论》第二、三章，甘阳译，上海译文出版社，1985 年）。梅洛－庞蒂的观点与之相近，可变动形式的行为其实就是一种信号行为，而象征形式的行为则是一种符号行为（参 Merleau-Ponty, *La structure du comportement*, pp.115, 130）。只是在梅洛－庞蒂的分析中还多了一种更原始的行为：混沌形式的行为。

① Merleau-Ponty, *La structure du comportement*, p.176.

到高的等级序列，但又相互依赖，构成一个整体。每一较低秩序对更高秩序的关系都是部分对整体的关系。如果没有高级秩序，也就无所谓低级秩序。但高级秩序又奠基于低级秩序，并且不能脱离低级秩序，高级秩序一旦建立，就把低级秩序包含在内，并赋予它们一种新的意义。

这样，在人类秩序中就同时整合了物理秩序和生命秩序。人类的行为又只有在物理秩序（“物理场”，我们置身于其中的自然环境）和生命秩序（“生物场”，不仅包括植物、动物所构成的生命圈，也包括我们的生理身体及其先天的生理机制）的基础上才能展开，并创造出新的环境和意义（“精神场”，包括我们的整个文化世界）。没有纯粹的人类行为，任何行为都是依存于特定的背景，并与之形成一个浑沌的结构；任何行为都是特定的观念与特定的存在的结合。“我们甚至无法确定，在行为中是什么东西依赖于单独被考虑的每一种内在或外在条件，因为这些条件的变化在这里是通过一种整体的、不可分割的效应而体现出来的。”[①] 即使像胡塞尔所说的那种先验意识活动，也只有在一个肉身性及与之相应的身体场的基础之上才有可能。意识本身其实只是在我们的身体中形成的一种特殊“结构”。藉此，梅洛－庞蒂否定了意识或精神的独立性。不存在一种超越世界的孤立的精神。“精神并不是一种新的存在类型，而是一种新的统一形式，它不能取决于它自身。”[②] 意识仍然是在世界中的存在，按黑格尔的说法，它只是“存在中的洞孔（trou）”，

---

① Merleau-Ponty, *La structure du comportement*, p.141.

② Merleau-Ponty, *La structure du comportement*, p.196.

或更确切地说，是存在中的一个“凹陷”（creux）[①]。但是，意识一旦出现，它就改变了行为的层次和意义；只有相对于意识而言，我们才能说行为是一种形式或结构，才能说行为在物理世界和在某个有机体中的诞生。事实上，“我们称之为自然的东西已经是一种自然意识，我们称之为生命的东西已经是一种生命意识，我们称之为心理的东西仍然是意识面前的一种对象”[②]。因此，在这里出现了一种“视角的颠倒”：尽管意识只有在下层秩序的基础之上，通过漫长的历史发展才逐渐形成，但是，意识一旦确立自身，意识由之而来的整个历史反过来就成了“意识所给出的一个场景”[③]，并要求在意识那里获得其确证。

2. 从行为到知觉

这样，我们就从行为进展到了意识，也从《行为的结构》

---

① Merleau-Ponty, *La structure du comportement*, p.136. 梅洛－庞蒂其实始终强调意识只是存在的一个“凹陷”，而非存在中的“洞孔”，因为洞孔意味着与“存在”完全不同的“虚无”。在此，“虚无”与“存在”是截然不同的两物，这正是萨特的二元论本体论哲学的基本框架。在这二元中，虚无在某种程度上比存在更根本，借用科耶夫的一个说法（萨特的观点在很大程度上来自于科耶夫），使“金戒指”成其为金戒指（精神）的，恰恰是它中间的那个“洞”（意识），而非“金子”（自然）（参科耶夫《黑格尔导读》，第580页注，姜志辉译，译林出版社，2005年）。与此相反，梅洛－庞蒂所坚持的“凹陷”则是依托于存在的一种构型，它属于存在，而非与存在截然相异的另一个东西。

② Merleau-Ponty, *La structure du comportement*, p.199.

③ Merleau-Ponty, *La structure du comportement*, p.222.

过渡到了《知觉现象学》。为了理解行为，梅洛－庞蒂从格式塔心理学那里引进了“形式”这一概念。形式不是一种实在存在，而是“一种知觉对象”,“一个被知觉的整体”。[①] 这一点使梅洛－庞蒂与格式塔心理学区别开来，因为后者仍没有摆脱“心理学的那些实在论公设”[②]，它仍然把有意义的“形式”看作像事物那样实存于自在的自然之中。形式也不是一种由康德或胡塞尔式的先验意识构成的观念，从这种先验意识的角度来看，形式就只是意识把内在于自身中的某种东西投射到外部对象上而已。在梅洛－庞蒂看来，“形式”既不是一种事物（自在），也不是一个观念（自为），而是“一个观念与一种存在的难以觉察的结合，是质料借以在我们面前开始拥有一个意义的偶然安排，是处于诞生状态中的可知性”[③]。因此，它对于纯粹思维来说是不透明的，它只能属于一种具有同样的模糊性和不透明性的意识，这就是知觉。所以，经由行为，梅洛－庞蒂最终返回的是一种知觉意识。

从行为到知觉，按日本学者鹫田清一的说法，这一转变“可以有各种不同的解读方法”。[④] 就我们的理解而言，这种转变完全是出于理论深化的必然。正如阿尔封斯·德·瓦朗斯在《行为的结构》一书的“序言”中所说,《行为的结构》主要致力于考察“科学的经验层次”，并由此证明这一经验本身是“无法从

① Merleau-Ponty, *La structure du comportement*, p.155.

② Merleau-Ponty, *La structure du comportement*, p.143.

③ Merleau-Ponty, *La structure du comportement*, p.223.

④ 鹫田清一《梅洛－庞蒂：可逆性》，第 43 页，刘绩生译，河北教育出版社，2001 年。

科学自发地采纳的各种本体论解释得到理解的”，科学经验只有返回到知觉经验中去，并作为对知觉经验的一种负有责任的说明才有其意义。[①] 也是在这个意义上，鹫田清一把《行为的结构》看作《知觉现象学》的“前奏”，并称之为一种“潜在的现象学”。[②]

但其实，我们可以更恰当地把这种转变看作一种现象学还原的操作过程。梅洛－庞蒂自己就是这样理解的。在《行为的结构》中，梅洛－庞蒂这样说：“对认知行为的分析导向这样一种关于构造的或源生的思维（une pensée constituante ou naturante）的观念，它内在地充当诸对象之典型结构的基础。为了既突出诸对象与主体的亲密关系，又突出在诸对象中使之与各种显象区分开来的那些牢固结构的在场，我们把这些对象称作‘现象’，而哲学在它把自己限定于这一主题的范围之内，就变成为一种现象学，也就是对作为世界之中心（milieu）的意识的清点。”[③] 在此他已经指出，各种具体科学的行为研究需要现象学的奠基和指导。不过，此处的“意识”概念意义尚不明晰，就字面上来看，它作为一种“构造的或源生的思维”，似乎与胡塞尔的先验意识没什么区别。但是，在另一个地方，梅洛－庞蒂明确地告诉我们，他所谓的意识是知觉意识，而非胡塞尔的先验意识。因为知觉意识才是最原初的意识，所以我们“要像返回一种原初经验——实在世界正是在这种原初经验的特殊

---

① Alphonse de Waelhens, “Une philosophie de l’ambiguïté”, in Merleau-Ponty, *La structure du comportement*, p.xiii.

② 鹫田清一《梅洛－庞蒂：可逆性》，第 49 页。

③ Merleau-Ponty, *La structure du comportement*, p.215.

性中被构成的——那样返回知觉。”在对这句话的注释中，梅洛－庞蒂说：“我们在这里是按胡塞尔晚期哲学所给予的意义来界定‘现象学还原’的。”[①] 由此可见，返回知觉正是梅洛－庞蒂所理解的现象学还原。鉴于诸实证科学对行为的研究都不加反思地采取了一种实在论的态度，而这种行为所具有的“形式”或“结构”特性实际上只有在知觉的世界中或相对于一种知觉意识才能呈现，所以梅洛－庞蒂认为，只有进一步对行为得以在其中显现的这一基础层加以描述，对行为的研究才不会导致客观主义的谬误。知觉经验是最原初的经验，是一切科学和认识的基础：“全部科学都被置于一个‘完全’而实在的世界中，却没有察觉到，就这一世界而言，知觉经验才是其构成要素。”[②] 其实在《行为的结构》一开始就已经提出了视知觉问题，从第三章起则正式转入了知觉问题（尤其是儿童的初始知觉），而到第四章则已开始了对“知觉经验”（主要是身心关系）的描述和分析，这一部分就可以说是《知觉现象学》的预告了。

因此，从行为到知觉，从《行为的结构》到《知觉现象学》，看似转移了主题，但其实是内在贯联的。无论是描述人的行为还是对于事物的知觉，都是致力于同样的目标，这就是努力去“寻求恢复这个知觉世界”[③]。区别只在于这两本书走向“知觉世界”的途径上。《知觉现象学》可以说一开始就直接进入了对这一知觉世界的描述（当然，即使这种描述也是在对种种科学经验的

---

① Merleau-Ponty, *La structure du comportement*, p.236.

② Merleau-Ponty, *La structure du comportement*, p.235.

③ Merleau-Ponty, *The Primacy of Perception*, p.3.

不断批判中展开的），而《行为的结构》则经历了一番迂回曲折的过程才进入到知觉世界中。然而，它们最终的主旨仍是一致的。

3. 知觉场

尽管在《行为的结构》中，梅洛－庞蒂已反复提到了知觉和知觉经验，而在《知觉现象学》中，对此的描述更是成了中心，但要一下子说出“知觉”是什么，还是件不容易的事。正如对于“行为”是什么，梅洛－庞蒂没下过肯定性的定义，对于“知觉”也是一样，以致一位研究者发出了这样的疑问：在梅洛－庞蒂的哲学中，“存在着一种知觉理论吗？”[①] 说不存在一种知觉理论，这当然不是实情。之所以没有对知觉下一个确切的定义，是因为定义往往是一种规定，一种限制，肯定即否定，而对于像知觉这样一种本就充满含混性和不确定性的原初经验来说，定义就更是不可能的。事实上，在梅洛－庞蒂的著作中，几乎所有的重要概念其含义都是不确定的、多义性的，因而常常只能通过否定性或多义性的表达来描述它们。如行为：“行为不是一个事物，但它更不是一个观念，它并不是某一纯粹意识的外壳。”[②] 如机体：“机体是一种有歧义的表达。有被看作物质的一个片断的机体，有被看作在空间中并置且彼此外在的一些

---

① Madison, “Did Merleau-Ponty Have a Theory of Perception?” In Thomas W. Busch and Shaun Gallagher (ed.), *Merleau-Ponty, Hermeneutics and Postmodernism*, State University of New York Press, 1992.

② Merleau-Ponty, *La structure du comportement*, p.138.

实在部分的组合的机体，还有被看作物理和化学作用的总和的机体。”[①] 又如身体：“身体绝没有哪一部分是纯粹的事物，也没有哪一部分是纯粹的观念。”[②] 如此等等，而对于知觉的描述也同样如此。

在《知觉现象学》中，梅洛－庞蒂对于知觉的描述首先是通过对“传统的偏见”，亦即经验主义和理智主义这两种观点的批判来展开的。经验主义通常用“感觉”来说明知觉，知觉就是感觉的总和。但何谓感觉？对此的定义主要有两种。感觉首先被看作是主体主观体验到的各种印象。比如说，看到红色，就是有一种“红”的体验。这种体验是属于主体的，而不属于对象。传统哲学正是据此而区分了第一性的质与第二性的质，只有事物的那些客观可测量的性质才是实在的第一性的质，如形状、大小、位置等，而像颜色、味道、气味等则是完全主观的，因而属于第二性的质。“然而，使颜色成为纯粹主观的，也就是使它们不再是可区分的，因为分化就要求在主体方面有一种距离化，也即对象化作用。”[③] 因此，“主观的”意味着一种使我与被感觉者完全相契、融为一体的“纯粹感觉”：“纯粹感觉是对一种未分化的、转瞬即逝的点状‘冲击’的体验。”[④] 但在梅洛－庞蒂看来，这样一种纯粹感觉根本就不符合我们的实际感知经验，因为即使在最简单的“斑点”知觉中，也是呈现出

---

① Merleau-Ponty, *La structure du comportement*, p.164.

② Merleau-Ponty, *La structure du comportement*, p.223.

③ Monika M.Langer, *Merleau-Ponty's Phenomenology of Perception: A Guide and Commentary*, p.4, Macmillan Press, 1989.

④ Merleau-Ponty, *Phénoménologie de la perception*, p.9.

一种“图形”和“背景”的格式塔结构的。一种完全混融、未分化的“纯粹感觉等于感觉不到任何东西，因此就等于根本不感觉”[①]。这种悖谬显然是不能接受的，于是经验主义就放弃了印象的定义，转而把感觉界定为一种性质。但性质不属于主体，而属于物体，于是，“红”就不再是主体的一种感受，而是外在于主体的对象的一种属性。这其实是从一个极端跳到了另一个极端。但问题仍在于如何认识这种性质，它是如何呈现给主体的。在梅洛－庞蒂看来，性质其实“并没有为我们提供一种界定感觉的单纯手段，它与对象或整个知觉场一样丰富，一样模糊”[②]。因为，首先，性质作为一种可感者，它同样离不开它得以显现的背景场，只要构成背景场的因素有所改变，作为可感者的性质本身也同样要随之改变。如我在地毯上看到的一个红色斑点，其实是在横穿它的阴影及相关的光影活动的综合作用下才显现为这样一种特定的红色的，因此它只作为“一种空间构型的元素”才存在；其次，性质要作为一种确定的含义被人把握，还离不开语言，而一旦当我用词语如“红色斑点”来把握我在地毯上看到的这个特定光斑时，我就超越了这个光斑在真实知觉中所具有的那种含混性和不确定性，我其实是用词语建构了性质，用“一整类的知识”覆盖或代替了我对于性质的真实感觉；或者说，我一开始就在意识中“预设了某些我们知道存在于事物之中的东西”[③]。

---

① Merleau-Ponty, *Phénoménologie de la perception*, p.11.

② Merleau-Ponty, *Phénoménologie de la perception*, p.10.

③ Merleau-Ponty, *Phénoménologie de la perception*, p.11.

无论是把感觉作为印象还是作为性质来把握，都是借助感觉的结果来界定感觉，还有第三种方法则是从原因的角度来界定感觉：感觉是刺激的直接后果。这其实是一种常识的所见。常识认为，感觉就是利用我们的感官去把握可感物；而经验主义的心理学和生理学只是对感官的生理构造作了更详尽的研究。由此，感觉就被还原为一种因果过程，它是一种刺激的直接结果，而感知者（感官系统）则是承受物理化学刺激并对之作出反应的物理系统。这样，“在原则上就形成了在刺激和基本知觉之间的一种点状对应和一种恒常性的联系”[①]。但这种分析显然不能有效地说明我们实际的知觉体验。比如说错觉现象：客观上相等的两条线，由于在线端上添加了不同开口的辅助线，看起来就不相等了（缪勒－莱耶错觉）；又如当红色和绿色摆在一起时，其呈现的混合结果却是灰色；当一个声音的刺激过强、超出了我们的感知阈限时反而使它听不到了（“大音希声，大象无形”）；还有我们的心理记忆有时也会影响我们对当前事物的感知。凡此种种都表明，感觉给予物不能被简单地定义为外部刺激的直接结果。

总之，在梅洛－庞蒂看来，古典的感觉概念是一种建构的结果，“它为我们建构出排除掉任何模糊性的纯粹而绝对的客体，这些客体与其说是认识的实际主题，不如说是认识的理想”。[②]这种感觉理论只适合后来才出现的高级的意识结构，而不是对

① Merleau-Ponty, *Phénoménologie de la perception*, p.14.

② Merleau-Ponty, *Phénoménologie de la perception*, p.18.

一种原初真实的感知体验的把握。[1]

由于从这样一种确定的感觉理论出发，经验主义也就无法说明有关部分－整体和对象间关系的现象。比如我们为何会把天上零散的星星看作一个个具有特定形象的星座？画在纸上的一段圆弧如何会被看作某个圆的一部分？经验主义在此引入了联想和回忆功能。之所以零散的星星能向我们呈现出某种图形的轮廓（如“熊”“仙女”“猎夫”等等），是因为我们对诸孤立的印象实现了一种综合。“一个轮廓不外乎诸局部视觉之和，而对一个轮廓的意识则是一种集合的存在。”[2]但在梅洛－庞蒂看来，对诸点印象进行外在相加的综合，这已经隐含着一种主体的构造(这表明经验主义和理智主义其实只是一体两面的现象)，而在这种构造中，主体又借助邻近性和相似性的原则，诉诸既往的经验进行联想，但这种联想只能恢复对象的一种外在的、任意的联系。由此，“被知觉者的含义不过是没有理由地开始显

① 大概也是因此，梅洛－庞蒂才要发展一种“知觉”哲学，而非“感觉”哲学。相较于“知觉”这个概念，“感觉”一词负载了太多的理论前设。就这两者所表示的实际机能而言，“感觉”（sensation）亦如其词根所示，与感官（sens）之间有着更紧密的联系，并因不同的感官而呈现出更分化的特征，这是一种更晚出、更成熟、更具确定性的机能；而知觉似乎更浑融，更含混，更不确定或更具整体性。正如梅洛－庞蒂所说：“知觉这个词与其说指出了一种原始的机能，不如说指示了一个方向。……知觉在其成熟阶段比在其早先阶段更严格地与局部刺激相联系，在成人那里比在儿童那里更符合感觉理论。它就如同一张其网结越来越明晰地显现出来的网。”（Merleau-Ponty, *Phénoménologie de la perception*, p.19）

② Merleau-Ponty, *Phénoménologie de la perception*, p.21.

现的形象群。最简单的形象或感觉最终说来是有待在词语中被理解的东西，而概念则是指称它们的一种复杂方式；由于它们本身就是难以描述的印象，所以理解就是一种欺骗或幻觉"[①]。经验主义没有看到任何被知觉的对象一开始就已经处于一种敞开的意义视域之中了，当它把这一原初的意义指引当作一种结果来建构时，它就反而遮蔽了我们原初的意义领会，并使得我们对于现象的理解越来越远了。

经验主义对知觉经验的种种徒劳的解释引起了理智主义的不满和反动。但是，在梅洛-庞蒂看来，"理智主义的反题和经验主义如出一辙。"[②]经验主义只能把握感觉材料之间的外在联系，而理智主义则通过"注意"和"判断"赋予了这些感觉材料以一种结构。"既然我在注意中体会到了对客体的一种澄清，所以被感知的客体中应该已经包含了注意所离析出的可理解结构。"[③]这样，我之所以说这个碗碟是圆的，只是因为我的意识把圆这个观念放到了它上面。这也是理智主义引进判断这个概念的原因。"判断通常是作为感觉所缺少的为使一种知觉成为可能的东西而被引入的。"[④]正像笛卡尔坐在屋子里，从窗口凝视街上走过的人，他看到的只是一些被帽子和大衣所遮挡的形象，而他之所以说他们是真实的人，只是因为他对他们下了"判断"。然而，这样一来，我们也就不再有感觉了。"'看''听''感觉'

① Merleau-Ponty, *Phénoménologie de la perception*, p.22.

② Merleau-Ponty, *Phénoménologie de la perception*, p.34.

③ Merleau-Ponty, *Phénoménologie de la perception*, p.35.

④ Merleau-Ponty, *Phénoménologie de la perception*, p.40.

这些词就失去了全部含义，因为最微不足道的视觉都逾出纯粹印象，并因此而归在‘判断’的一般名目之下。”[①] 由此，理智主义就取消了知觉和判断之间的界限，知觉成了理智的一个变种。然而，理智主义的知觉观念不能解释我们的幻觉或错觉，也不能解释我们为什么会弄错，比如说当我们把一幅风景画倒过来时就不能认出这是什么地方。

梅洛－庞蒂认为，经验主义和理智主义看似相互对立，其实却都是从共同的错误前提出发的，即两者都预先假定了一个客观自在的世界，它们都遗忘了我们的知觉主体，更重要的是，它们都忽视了在实际的知觉经验中呈现出的暧昧含混的意义区域，因而“两者都不能表达出知觉意识构造其对象的特殊方式，两者都与知觉保持距离，而不是贴近知觉。”[②]

如何才是“知觉意识构造其对象的特殊方式”呢？这就必须回到现象世界，回到我们实际的知觉体验中。比如说，我们看白纸上的一个红点，这个红点是在白色的背景中显现出来的。如果脱离这个背景，或者如果是在不同背景（如红纸）中的红点，那我们就不再能看到它。因此，梅洛－庞蒂说：“在背景上的图形是我们所能获得的最简单的感性材料。”[③] 这一图形－背景结构就已经是一个不可化约的最小的意义整体了，它不能再被还原为知觉者与某一印象或某一性质之间的外在吻合，否则就会导致经验主义的悖谬。也正因为这一整体具有内在不可化

① Merleau-Ponty, *Phénoménologie de la perception*, p.43.

② Merleau-Ponty, *Phénoménologie de la perception*, p.34.

③ Merleau-Ponty, *Phénoménologie de la perception*, p.10.

约的意义，我们才能经由它所呈现的意义索引进行某种联想或唤起某种回忆，换言之，联想和回忆都是一种在先的意义指引关系的结果而非前提；同样，注意亦只是对这一在先的但尚不确定的意义关系的主题化和充实，由此就导致了意识的一种觉醒，以及随意识觉醒而来的整个意识场结构的一种重组：“加以注意，这不仅仅是更进一步照亮那些预先实存的材料，而且是通过把它们看作图形而在它们那里实现一种新的联结。这些材料只是作为视域被预构出来，它们真正地构成为整体世界中的新区域。”[①] 正是注意的这种特征说明了意识所具有的学习性和创造性的特征。以儿童对颜色的掌握为例：儿童最初对颜色只有暖色和冷色或有色和无色的区分，随后他们在这一基础上建立起新的视觉连接，最后就掌握了一整个丰富而确定的颜色世界。最后，我们对于“判断”的理解也必须基于这种原初的意义领会。知觉对象本身就已经呈现出一种内在于自身的意义，而判断不过是对这种先在意义的确认和借助符号而进行的表达和揭示而已，就此而言，判断以知觉为基础，如果没有知觉所预先提供的某种东西,判断是不可能的。“在（判断予以确立的）客观关系之前，已经有一种根据其本有的规则而获得陈述的知觉句法：旧关系的破裂和新关系的建立（即判断）表达的只不过是这一深层运作的结果，并是其最后的记录。”[②]

知觉的图形－背景结构表明，任何一个被知觉物体都只有在某个背景中才能显现出来，背景场构成了被知觉物的一个界

① Merleau-Ponty, *Phénoménologie de la perception*, p.38.

② Merleau-Ponty, *Phénoménologie de la perception*, pp.45–46.

域。但与此同时，图形－背景作为一个整体的结构又是在人的知觉意识中呈现出来的，它只有相对于人才有意义；换言之，只有基于人的身体性在场，才有与之相关的图形－背景结构。就此而言，“本己的身体是图形和背景结构中始终不言而喻的第三项，任何图形都是在外部空间和身体空间的双重界域中显现出来的”[①]。这样，身体－对象物－背景实际上构成了一个更大的整体,这就是梅洛－庞蒂所谓的现象场,也称知觉场或呈现场。

梅洛－庞蒂认为，我们的任何一种感知活动都只能在一个现象场中发生。“每一种感觉都属于一个特定的场。”[②]当我看时，我就有一个视觉场，我之所以能看到事物，是因为这个视觉场内的可见物早已“按照一种原始的契约并通过一种自然的赠予”而与我的目光结成了一种意义关联。因此，看既不是我对外界刺激的被动反应，也不是我对事物的一种单向赋义，而是我与事物之间的一种相互敞开和相互交流。这种意义交流甚至先于我对它的明确意识。在这个意义上，梅洛－庞蒂说：“视觉是前个人的。”[③]“感觉主体是与某个生存环境共同诞生或与之同步发展的一种潜能。”[④]感觉者与可感者的关系类似于睡眠者与其睡觉的关系。睡眠其实是我的身体与周围环境进入一种一体化的状态。当我睡得不是很沉的时候，常常只要一点轻微的动静，我就会惊醒，因为那种和谐的氛围被破坏了。而为了进入这种

① Merleau-Ponty, *Phénoménologie de la perception*, p.117.

② Merleau-Ponty, *Phénoménologie de la perception*, p.250.

③ Merleau-Ponty, *Phénoménologie de la perception*, p.251.

④ Merleau-Ponty, *Phénoménologie de la perception*, p.245.

和谐状态，我要首先“卸下”自己，把自己完全交给场景，融入其氛围之中。当然这一切都不是在一种有意识的状态下完成的，而是我的身体自然地朝向睡眠，进入那种临睡的状态，最后，睡眠悄然降临，就好像它根本不是我所实现的一种结果，而是像希腊诗人所说的由神把睡眠撒上我的眼帘。梅洛－庞蒂也在类似的意义上谈论感知。他说：“感觉是一种圣事意义上的领受（communion）。”[①]“communion”是个借自宗教学的词，它的基本含义是领圣体，获得与神相通的能力，由此引申出“交流”“相通”的意思。梅洛－庞蒂用在这里，主要是为了强调感觉就是我们的身体与场景相沟通的能力，但由此似乎也表明这种能力、这种相通性单凭我们的意识其实是无法完全得到说明的。感觉自身就有其超验性，它仿佛是神的赐予和馈赠，而我只是把它领受过来而已。正是因此，梅洛－庞蒂又说：“如果我想准确地表达这种知觉体验，那我就应该说，是某人（on）在我之中感知，而不是我在感知。”[②]这里看起来有些玄奥，但这个“某人”指的其实还是一种前个人的、匿名的身体状态。在这个匿名的身体中蕴含着个体和社会的历史积淀，正是这种积淀在暗中支持并推动着我的感知。梅洛－庞蒂是这样说的：“被感知的景观不属于纯粹的存在。严格地像我所看到它的那样来看待它，它是我个人历史的一个环节，既然感觉是一种重构，它就假定了在我之中有一种预先构成的沉淀；作为能感的主体，我整个充

① Merleau-Ponty, *Phénoménologie de la perception*, p.246.

② Merleau-Ponty, *Phénoménologie de la perception*, p.249.

满了自然的能力，我是最早对这种能力感到惊讶的人。”[①] 因此，感觉的“馈赠”严格说来并不是来自超自然的神灵，而是来自我们置身于其中的社会、历史和文化。这意味着，感觉有其纵深的厚度，它是从一个“垂直的”世界中涌现出来的，它携带着特定的文化和传统的信息。感觉或知觉是由文化所造就的，它们是文化的感觉或知觉。[②]

---

① Merleau-Ponty, *Phénoménologie de la perception*, p.249.

② 这是否意味着没有自然的感觉或知觉呢？梅洛－庞蒂提出了这个问题：“人们如何才能从这种被文化塑造的知觉回到‘原始的’或‘野性的’知觉？塑形体现在哪里？人们通过何种行动以取消这种塑形（回到现象，回到‘垂直的’世界，回到体验）？”（Merleau-Ponty, *Le visible et l'invisible*, p.265, Gallimard, 1964）这里的关键或许在于理解知觉的本质，知觉就是对某物的知觉，而这个某物首先是人类活动及相应的使用物和文化物，正如对儿童的初生知觉的研究所表明的（参 Merleau-Ponty, *La structure du comportement*, p.179 及以下诸页）。儿童一开始就从围绕着他的那些人类活动和物品中发现了“它们作为其明显见证的意向”，而知觉就是通过把握体现在这些活动和物品中的“含义意向”（intention significative）而参与到一种活的生命辩证法的整体结构中去。这是覆盖于“自然之上的原初层面”，它确立了“向世界的知觉开放（logos endiathetos，沉默的对话）与向文化世界的开放之间的连续性”（Merleau-Ponty, *Le visible et l'invisible*, p.266），这使知觉一开始就具有了文化塑形的意义，同时也使得一种想要回到“自然知觉”的还原企图再次受挫（“完全还原的不可能性”！）。但还原仍是必要的，因为只有通过还原，才能在显现知觉所知觉到的“某物”之外，同时也显现出“对……的知觉”。如果有一种自然的知觉或“原始的”“野性的”知觉，那就是一种作为活动意义上的知觉，即“瞄向……”“向……敞开”。如梅洛－庞蒂所说：“关键在于这样一种观念，即知觉作为野性的知觉就是

知觉的这种匿名性还可以从它的透视结构中体现出来。我看一个对象，在任何时候，我只能看到它朝向我的一面或几面，我知道，它还有未被我看到的背面和内面，我也感到，在我实际看到的东西之外还有其他的存在者，不仅有那些可见的存在者，还有那可听闻或可触摸的存在者；不仅有可感的存在者，还有那不可感的存在者，有一种“任何感官的摄取都不能穷尽的对象的深度”[①]。说到底，我的感知始终是局部的、边缘性的，它浮现于事物的表面；在它之下，有一个无比深沉、无比广阔的超越性的基底，向着无尽头的深处和远处伸展。这就是世界本身。我们的知觉场正是在世界本身中浮现出来的，就好像是幽幽暗夜中的一个光场，有它的明亮中心，有围绕着这一中心向外扩散的晕圈，有渐次黯淡下去最终与无边的幽暗融为一体的边缘域；相对于这无际无垠的世界来说，我们的知觉场只是其中之一隅，但同时却也是世界之中心，我们每一个人正是从他所处的这一中心走向整个世界，甚至于占有整个世界的。

回到我们的知觉场本身。即使在这里，由于知觉本身的透视结构，知觉场也不可避免地呈现出一种内在性与超越性之间的“奇特分裂”：我看着眼前的这张桌子，我只能看到它的一部分外观，然而我还是一下子就把它把握为一张桌子。这一现象曾令胡塞尔感到惊奇，在原本的、直观的感知中有一种“非

自身忽视自身，就是非知觉，它自身倾向于把自己看作行为，倾向于忘记自己是潜在的意向性，是向……而在。”（Merleau-Ponty, *Le visible et l'invisible*, pp.266–267）

① Merleau-Ponty, *Phénoménologie de la perception*, p.250.

直观的超越指向”，它使我们“不把（我所直接感知到的）这个面当作是这个事物，而是将某种超越出这个面的东西意识为被感知的东西”。[①] 在有限的感知材料中把握或构造相对完整的对象意义，这是知觉生活的最根本奥秘；梅洛－庞蒂把这种现象称作“内在性与超越性的悖论”：所谓内在性，是指被知觉物不可能外在于知觉者，它总是被把握为“为我”；所谓超越性，是指被知觉物始终有一些超出我当前所感知东西的内涵，它始终有一种超脱我的目光把握的“自在性”。不过，这两者严格说来并不矛盾。“因为如果我们反思这一透视性的概念，如果我们在思想中重现这一知觉经验，我们就会看到，对被知觉之物的这一明证性，这一‘某物’的显现，它既要求这种在场，又要求这种不在场。”[②] 此处的“在场”指的是事物当前向我呈现的部分，“不在场”则是指它背离我的其他诸面及围绕着它、处于背景场中的周围事物，广而言之，则是指世界本身及积淀在这个世界之上的文化和传统的意义层，一个“垂直的世界”。这种内在－超越、在场－不在场的结构说到底仍是一种“图形－背景”结构，任何处于知觉场核心，构成我的目光焦点的东西，就是作为图形显现出来的在场的内核，但要使这一内核作为内核显现，就需要围绕着它的其他东西让出其中心的位置，退入背景之中。知觉场本身就是一种显隐二重性的运作结构。

处于这一知觉场核心的是我的身体。但我的身体始终处于

---

① 参胡塞尔《生活世界的现象学》，第 48 页。

② Merleau-Ponty, *The Primacy of Perception*, p.16.

退隐状态，正是身体的淡出，才使以对象为焦点中心的整个知觉场在我面前显现，并随同我的身体的运作而不断地展开。因此，知觉场所具有那种“内在性和超越性的悖论”其实只是我的身体性向世而在的结果。一方面，知觉场围绕在我的周围，它是随着我的身体运动而展开的。我的感知把一切可能的客体都纳入现象场中，在这个意义上，甚至连“关于世界的知觉也不过是我的呈现场的扩大”[①]。但另一方面，我的身体和知觉场毕竟都是有限的，而世界远在成为我的明确活动的对象之前就已经存在，在我的一切感知活动终结之后仍将存在，它一直延伸到我的可感性和可知性的极限。在这里，内在性的一面反映了知觉者与知觉对象、知觉场景之间的和谐统一，而超越性的一面则又显示出两者间的紧张和冲突。但也正是这后一方面，使得我们的生命和活动充满了种种的可能性和不确定性，使得物体和世界呈现出一种不可穷尽的丰富性，甚至具有某种不可消除的神秘性。正如梅洛－庞蒂所说：“只要我们不局限于物体和世界的客观表象，只要我们把它们放回主体性的环境中，事物和世界就是神秘的，它们甚至是一种绝对的神秘。”[②]

由于内在性与超越性之间的辩证关系，我们的现象场也不是凝滞不变的，而是始终处于故故不留、新新相起的迁流变化之中。我们不断地从一个事物过渡到另一个事物，由一种现象进入到另一种现象，生生不息，绵绵不绝。现象的过渡和转换并没有导致混乱和无序，相反，在被引起的现象和能引起的现

① Merleau-Ponty, *Phénoménologie de la perception*, p.351.

② Merleau-Ponty, *Phénoménologie de la perception*, p.384.

象之间有一种内在的联系："一个现象引发另一个现象，不是通过那种就像把诸自然事件联系起来的客观有效性，而是通过它所提供的意义——有一种引导着诸现象的流动却没有明确地在它们任何一个中被设定的存在理由，一种起作用的理由（raison opérante）……随着被促发的现象获得实现，它与起促发作用的现象的内在关系显现了，前者并非只是继后者而来，而是说明后者并使之获得理解，以致它似乎已经以其自身的动机预先实存着。"① 这种现象间的有序指引联系其实就是一种身体意向性能力的体现，因为是我的身体在移动，是我的目光在悄无声息地建立并指引这些现象间的联系。对这种指引联系的最好说明是梅洛－庞蒂所举的关于足球运动员的例子：

> 对运动中的球员来说，足球场并不是一个"对象"，即不是一个能产生无定限数量的视点，并在其各种明显变化下面仍保持不变的理想的界限。球场遍布着各种力线（如"边线"，那些限定"罚球区"的线），由众多区域关联而成（如竞争双方之间的那些"漏洞"）：这些区域要求特定的活动方式，它们似乎在球员不知情的情况下推动和引导着这种活动。场地对于球员来说并不是给定的，而只是呈现为他的各种实践意向的内在界线；球员与球场融为一体，比如他感受"目标"的方位，就如同感受他自己的身体的垂直与水平位一样直接。说意识寓居于这个环境中是不够的。此时此刻，意识除了是环境与活动的辩证法之外不会是别的什么。球员做出的每一动作都改变着场地的外

① Merleau-Ponty, *Phénoménologie de la perception*, p.61.

> 观，并力图在这里建立起新的力线——活动反过来也在重新改变现象场的同时得以展开，获得实现。[①]

梅洛－庞蒂的“现象场”这个观念对后来的社会学影响颇深。比如说布迪厄就是在“现象场”这个概念的基础上提出他的“场域”(field)概念的。梅洛－庞蒂曾说：“内部世界和外部世界是不可分的。世界整个就在我的里面，我整个就在我的外面。”[②]而布迪厄的观点完全与他如出一辙：“身体处于社会世界之中，而社会世界又处于身体之中。”[③]布迪厄的研究专家华康德这样说：“布迪厄是梅洛－庞蒂在社会学领域的继承者，虽然无论就这位现象学家著作中的精神还是词句而言，布迪厄都与之不相一致。”[④]以上面这个足球运动员的例子为例，他认为两人的不同主要体现在，在梅洛－庞蒂那里，不存在客观的要素，足球场地只是一种纯粹的现象感受形式，完全是从行动中的行动者的立场加以把握的。正是因此，梅洛－庞蒂无法去观察运动员的主观理解与所进行比赛的潜在的客观构型与规则之间的相互作用关系，他也未能论及足球比赛的主观结构与客观结构之间的双向社会生成过程，而这些方面正是布迪厄所要解决的中心。[⑤]说梅洛－庞蒂那里不存在客观的要素，这显然是一种误解。不过在对“客观”的理解上，他们之间倒可能真的存在

---

① Merleau-Ponty, *La structure du comportement*, pp.182–183.

② Merleau-Ponty, *Phénoménologie de la perception*, pp.466–467.

③ 布迪厄、华康德《实践与反思》，第 71 页，李猛、李康译，中央编译出版社，1998 年。

④ 布迪厄、华康德《实践与反思》，第 72 页。

⑤ 布迪厄、华康德《实践与反思》，第 23–24 页。

着差异。事实上，这里涉及的是两种不同的研究层次上的差异，现象学的维度与社会学的维度显然不在同一层次上，因此严格来说它们不具有可比性，但这并不否定它们之间具有一种影响和传承关系，或者说是一种奠基与被奠基的关系。

三、身体与世界

无论是行为还是知觉，都不是纯粹的意识活动，也不是孤立的身体动作，毋宁说，它们敞开了一个世界，揭示了事物和他人的存在，同时也“使意识扎根在存在之中”，展现某种“向世而在”的特定方式。因此，这两者都反映了身体与世界的一种原初统一。在这一节中，我们将进一步表明，统一是一种多层次的统一，既有作为生理身体（Körper）的官能统一，也有作为生理－心理身体（Leib）之整体的心身统一，还有作为向世而在的身体与世界间的统一。对这多层次的统一的阐明，将有助于我们理解梅洛－庞蒂的向世而在的独特含义，同时也进一步把握他的现象学思考的基本路向。

1. 诸官能间的统一

身体的统一首先是一种诸官能之间的统一，它主要体现在身体的感知－运动的统一和不同感觉之间的统一上。

感知－运动的统一，身体图式

我们在前面指出，胡塞尔已经初步论述了感知和运动、知觉和动觉的统一性。而梅洛－庞蒂则进一步把这种统一性奠基在我们的身体中。在这里，梅洛－庞蒂利用了病理学和心理学方面的许多研究成果。比如说，有一个在战斗中被弹片损伤了大脑枕叶的病人（施耐德），他能够顺利地进行在具体情境中有具体意义的身体运动，但一涉及超越具体情境之外的抽象运动，他却无能为力了。例如，当一只蚊子叮在他的鼻尖上时，他能自然地用手赶走蚊子。但如果医生叫他用手指出他的鼻子的位置，他却不能立刻做到。只有当他先用手摸到鼻子后，才能指出鼻子。在这里，病人显然并不缺乏运动的机能，也不缺乏思维，但这两者之间似乎断了联系，或者说，他的思维跟不上运动了。相反，在正常人那里，"每一个动作不可分割地既是动作，又是对动作的意识"[①]。正常的人类行为是"一种渐进的、不连续的结构化和重新构造运动"，它不断地从一种姿态过渡到另一种姿态，每一后来的姿态都整合了先前的姿态，取消其孤立的"位置或意义"，但是所有的姿态都完美地连贯起来，构成了一个环环相扣、缺一不可且富有旋律的整体。[②]它是一种时间和空间的统一。每一动作的展开都需要对下一个动作的空间和时间分布有一种"预料或把握"，也就是说要有一种"运动筹划"或"运动意向性"[③]，而病人受到损伤的正是这种机能。梅洛－庞蒂形象地把这种机能称作"意向弧"（arc intentionnel）。"意识的生活——认识的生活、欲望的生活或知觉的生活——是由意向弧所支撑的，这一意向弧向我们的周围投射我们的过去，我们的

---

① Merleau-Ponty, *Phénoménologie de la perception*, p.128.

② Merleau-Ponty, *La structure du comportement*, p.192.

③ Merleau-Ponty, *Phénoménologie de la perception*, p.128.

将来，我们的人类环境，我们的物理处境，我们的意识形态处境，我们的道德处境，或毋宁说，它使我们置身于所有这些关系中。"[①]正常的、健康的生命就像一把拉开的弓，始终指向外部，指向未来，指向某个可能的目标；而在病人中，正是这把弓的弓弦，即意向弧变得松驰了。

意向弧的投射反映了正常的身体所具有的一种"身体图式"（schéma corporel）的功能。"身体图式"是人们用来描述人的身体的经验统一性的一个概念。[②]在做出任何一个行动时，我们不需要看我们的肢体就知道它们在哪里，并能根据周围的情景而自发地调整我们的身体姿态，作出相应的动作，如在走路时，

---

① Merleau-Ponty, *Phénoménologie de la perception*, p.158.

② 从哲学上来讲，"图式"一词来自康德，它原本指的是知性和感性之间的一种沟通协调功能，借助于它，知性才能把范畴运用到直观所获得的杂多材料中去，进而获得对外部对象的认识。因此，图式既是主体内部各部分（感性和知性）贯通的媒介，也是主体与外部世界发生联系的一个必要条件。梅洛－庞蒂的身体图式也有同样的功能，而且比起康德的图式来说，它处于一个更加原初、更加基本的层次上。康德的图式概念是为了解决感性和知性之间的人为机械割裂而事后引入的一个补救性概念，本不是作为"知性和感性的原初母体"而存在，因此，这一套解释性的学说显得极不自然，并由之产生了一系列无法解答的问题；现代以来的一些哲学家开始将康德的思路颠倒过来，即不是把图式作为抽象化的感性和知性的单纯媒介，而是作为这两者的原初母体，不是把图式理解为意识活动的一种功能，而是把它视作更感性的一种活动，如生命冲动、情绪或情感等。（参杨祖陶、邓晓芒《康德〈纯粹理性批判〉指要》，第 182–184 页，湖南教育出版社，1996 年）梅洛－庞蒂的身体图式概念也可看作是这种改造的努力之一。

看到头上或旁边有树枝伸出，我们会自发地低头或闪身；路上有凸起的石块时，我们的脚会自发地抬高步伐，以避免绊倒；站着或坐着时，我们的身体亦会自发地作出调整，以采取一种最省力和最舒适的姿态，这些都是“身体图式”的功能。生理学家把身体图式看作是一个形象中心，它是人们从童年时期起，就伴随着外界刺激与身体运动之间的反复经验而形成的一种习惯性的形象联合，从而在身体的触觉、运动觉和关节觉等内容与视觉内容之间形成某种一贯的联系。但生理学家的这种“身体图式”没法解释像感觉左右倒错这样的现象。心理学家就在这种机械论式的身体图式中引入了一种“总体意图”，从而使“身体图式”不再是一般机体觉的习惯性残余，而是反过来成了其“构成原则”，进而使得空间和时间的统一，身体的感觉间统一和感觉－运动间的统一成为一种“原则的统一”，而不再是一种偶然的或习惯的统一。这个意义上的身体图式就等同于格式塔心理学所说的“完形”，即身体是一种在其中整体先于部分的现象。①

梅洛－庞蒂则进一步从生存论的角度充实了心理学意义上的“身体图式”概念。他认为应把完形理解为一种“新的生存类型”，我的身体之所以是一种整体先于部分的现象，是因为它总是向我“呈现为面向某个实际的或可能的任务的姿态”，而身体图式正是“按照身体各部分对于机体的筹划所具有的价值而主动地把它们整合在一起的”。② 在这个意义上，“身体图式”就不再是对于身体统一性的一种静态表达，而是在具体的处境

① Merleau-Ponty, *Phénoménologie de la perception*, pp.115-116.

② Merleau-Ponty, *Phénoménologie de la perception*, p.116.

中，面对处境的要求、通过各种可能的筹划而对于这种统一性的一种动态实现。简单地说，身体图式是一种身体性地面向世界的筹划，是一种身体意向性的具身显现，由此，它就在我们身体的各部分与外部空间之间形成了一个相互蕴涵的实践系统。它不仅是我的身体在当前实际情境中所采取的位置和姿态的系统，而且还能作为同一系统之无限变换的等价系统而应用到其他可能的情境中。由于有这种身体图式，所以一个司机可以不用测量和比较就能直接看出他的车是否能通过某一路口，一个头戴高耸的羽饰帽子的妇人不用计算就知道如何避免可能会碰落其羽毛的障碍，一个熟练的管风琴演奏者则能很快地适应一架他所不熟悉的全新的管风琴。“身体图式恰恰就是这一诸等值者的系统，是各种不同的运动任务藉以自发地变调的这种直接被给予的不变式。也就是说，它不仅是我的身体的一种经验，而且也是我的在世界中的身体的一种经验。”[①] 借助这个向不同的情境开放并能应时应地地作出变换的不变式，各种不同的行为结构就有了等值变换和同化的可能性，这既是习惯得以建立的前提，也是学习得以可能的前提，由此也才使空间成为一个客观的系统，让所有人的经验都能汇入其中，进而形成一种传统、一种文化。对个人来说，只有当这种图式在身体中确立时，我们才可以说他有了身体，有了一个能在现实的和可能的世界之间“进行移位、建立等值关系并予以同化的第一样式”。[②] 而

① Merleau-Ponty, *Phénoménologie de la perception*, p.165.

② Merleau-Ponty, *Phénoménologie de la perception*, p.166，另参鹫田清一《梅洛－庞蒂：可逆性》，第 81 页。

在病人施耐德那里受到损伤的也正是这种身体图式，它已经不再完整了，因而就导致了在运动和意识之间的断裂或脱节。

感觉间的统一

身体图式不但是感知－运动统一性的保证，也促成了感觉间的统一性。

让我们先从一个简单的现象开始。我们有两只眼睛，一个单一物体在我们的双眼视网膜上投下了两个映像，可为什么我们只看到一个单一物体的形象？[①] 当我的目光聚焦于无限远的时候，我对近处的物体有一个恍惚的双重映象，当我再注视近处物体时，我看到两个映像向着一个单一物体合拢，最后在该物体中合二为一。这种综合的过程是如何发生的？理智主义把这种综合看作是精神的综合，但如果是精神的综合，那么我应该立即就看到这两个映象的同一性，而无需这样一个逐渐合拢的过程。经验主义则假定在神经系统中存在着某种先天装置，它自动地把视网膜的两个映像合而为一。当然，这种综合离不开大脑视觉中枢的作用。但视觉中枢的存在对于正常视觉来说只是必要条件，而非充分条件，因为在视觉中枢存在的情况下

① 笛卡尔就已经注意到这个现象，他看到，我们大脑的各部分都是成双成对的，我们有两只眼睛、两只耳朵，所有的外感官也是左右对称的，可为什么我们在任一时刻对一个特定对象都只拥有一个单一的观念呢？他认为这必是灵魂的作用，为此他就设想了灵魂在大脑中的居室，即松果腺，灵魂正是在那里将来自外界的双重图像或双重信息综合、统一为一个表象的，参《灵魂的激情》第32节，《笛卡尔主要哲学著作选》第237–238页。

仍会产生复视。因此，我们需要超越这两种传统的解释来重新理解双眼视觉的综合问题。

梅洛－庞蒂认为，我们应“通过视觉器官的功能和心理物体主体对它的使用”来解释正常视觉中的复视和单一物体。经验主义的错误在于，它首先把我的一对眼睛作为两只孤立的眼睛来使用，然后再设想一种综合。梅洛－庞蒂则认为，我的两只眼睛一开始就是作为某个单一器官、作为我的身体的部分而起作用的。因此，在观看时，不只是我的眼睛在观看，还有我的整个身体也参与了其中。“进行综合的不是认识论的主体，而是身体本身，它摆脱其离散状态，聚集自身，尽一切手段趋向其运动的一个单一极，并通过协同现象而使一种单一意向在它之中孕育。”[①] 因此，观看是我的身体意向性、而非精神意向性的实现。在我们看一个对象时，目光的聚焦本身就是一种“预期活动”，对一个单一物象的视觉不是聚焦的单纯结果，而是在聚焦活动中“被预料到的”；之所以有时会出现复视现象，是因为我的身体与物体之间的综合还没有完成，还处于一种不平衡的状态，所以说复视是一种“不平衡或不完善的视觉”，而正常的“看到”则是对这种紧张状态的消除，是视觉的完善。[②] 最终说来，双眼视觉的统一只是我们的“身体图式”的体现，它说明身体先天就具有一种协调统一的能力。

双眼视觉的统一只是身体图式的一种特殊情形，身体图式更恒常地体现在不同感官感觉之间的统一中。

---

① Merleau-Ponty, *Phénoménologie de la perception*, p.269.

② Merleau-Ponty, *Phénoménologie de la perception*, p.268.

人禀五官，赋各不同，每一种感官都有与之相应的一种独特感觉，这看起来是最不言而喻的。然而，梅洛－庞蒂认为，这种明确的感觉区分其实只是科学建构的结果。科学告诉我们，视觉仅仅给予我们颜色、光线，以及作为颜色轮廓的形状和作为颜色点的位置变化的运动等性质。同样，听觉也只给予我们客观的声音大小及振动等听觉性质。如果有人说，他听到了一种颜色或看到了一种声音，那么，科学就会把这斥之为一种感觉混乱的谵妄。然而，梅洛－庞蒂说，在现象的世界中，“声音的视觉和颜色的听觉”完全是一种正常的现象，因为人们不仅仅是“同时得到一种声音和一种颜色，而是在颜色形成的地方看到了声音本身”。[①] 视觉和听觉是联系在一起的，没有纯粹的视觉和听觉。当我们看电影时，如果突然没有了声音，只有纯粹的动作画面，那我们就会感到特别的缓慢和沉闷，甚至有一种荒诞的感觉。相反，声音的介入能改变颜色的连续映像：“强音使影像强化，声音的中断使影像颤动，低音则使蓝色更暗或更深。”[②] 现在大脑解剖学也告诉我们，视网膜上每一点的空间价值，并不对应于大脑视觉中枢的某一固定装置；相反，一种大脑损伤，即使只是局部的，如眼部损伤，它也会影响大脑整体的结构功能，从而引起涉及行为整体的各种功能障碍。如上文提到的施耐德这个病人，他只是被炮弹片损伤了大脑皮层，但这种损伤所致的结果却扩展到了整个大脑结构，人们在他那里同时发现了涉及视知觉、视识别和视回忆，触觉材料的空间

---

① Merleau-Ponty, *Phénoménologie de la perception*, p.264.

② Merleau-Ponty, *Phénoménologie de la perception*, p.263.

性和触觉识别、运动机能，最后还有记忆、智力和语言等方面的多种障碍。“要确定大脑的视觉区域和听觉区域分别提供的东西是不可能的：两者都只能同中枢一起运作，整体化的思想使假设的‘视觉内容’和‘听觉内容’变样到难以辨认出来的程度；同样，这些区域的某一个的改变将通过某种确定的缺陷在思维中表现出来：正是对这些同时整体的直觉或者连续整体的直觉变得不可能了。这样，视觉和听觉区域在一种功能全体中的整合——尽管它使相应的‘内容’负载了一种新的意义——并没有取消各个区域的特性，它利用这种特性并使之升华。”[①] 因此，在正常状态下，纯粹视觉是不存在的，只有在病理状态中，当机体的整合功能失效时，才有可能出现所谓的纯粹视觉，但这个意义上的“视觉”一词已经与正常“视觉”的意义完全不同了。[②] 就此而言，胡塞尔所谓的先验意识的“纯粹目光”也只能是一种隐喻的表达。

因此，正常的视觉是一种联觉（synesthésies，或译“通感”），进一步说，每一种正常的感觉都是一种联觉。“联觉式的知觉是

① Merleau-Ponty, *La structure du comportement*, pp.223–224.

② Merleau-Ponty, *Phénoménologie de la perception*, p.138：“这意味着研究正常人的纯粹触觉是不可能的，只有疾病才给出了一幅被还原到它自身的触觉经验可能是什么的图画。……这个结论等于说，‘触摸’一词被用于正常被试和病人那里时并不具有相同的意义；‘纯粹触觉’是一种病理现象，它并不作为构成成分进入正常的经验；疾病在破坏视觉功能时并没有揭示触觉的纯粹本质；它改变了病人的整个经验，或不如说，在正常被试那里并不存在一种触觉经验和一种视觉经验，而只存在一种整合的经验，不可能在其中测定诸不同感官的贡献值。”

通则，如果说我们没有察觉到这一点，这是因为科学知识转移了经验，为了从我们的身体结构和从物理学家构想的世界中推断出我们应该看到、听到和感觉到的东西，我们已经失去了看、听的能力，失去了一般的感知能力。”[①] 梅洛－庞蒂还说，这种联觉体验在儿童身上比在成人那里更为明显，这是因为，“知觉在其成熟阶段比在其早先阶段更严格地与局部刺激相联系，在成人那里比在儿童那里更符合感觉理论。它就如同一张其网结越来越清晰地显现出来的网”[②]。但即使成年人的任何一种感觉，也已经综合了其他的感觉，也已经是一种联觉了，只是我们对此“习焉而不察”罢了。但在日常语言中，尤其是在文人墨客的诗文中我们还是能找到大量通感式的描述。[③] 梅洛－庞蒂也

---

① Merleau-Ponty, *Phénoménologie de la perception*, p.265.

② Merleau-Ponty, *Phénoménologie de la perception*, p.19.

③ 钱锺书在他的《通感》一文（载《七缀集》第 62–76 页，三联书店，2004 年）中就指出：“在日常经验中，视觉、听觉、触觉、嗅觉、味觉往往可以彼此打通或交通，眼、耳、舌、鼻、身各个官能的领域可以不分界限。颜色似乎会有温度，声音似乎会有形象，冷暖似乎会有重量，气味似乎会有体质。”（第 64 页）他据此罗列了古今中外无数关于通感体验的表达，兹略引数例：如日常语言中的“响亮”一词就是把“形容光辉的‘亮’字转移到声响上去”，正如西语中常说的“黑暗的嗓音”（vox fusca）、“皎白的嗓音”（voce bianca）那样；又如“热闹”和“冷静”也表示“‘热’和‘闹’、‘冷’和‘静’在感觉上有通同一气之处”（第 64 页）。至于诗文中的通感现象就更多了，较为人熟悉的如钱锺书一开始提到的宋祁的名句“红杏枝头春意闹”，一个“闹”字“把事物无声的姿态说成好像有声音的波动，仿佛在视觉里获得了听觉的感受”（第 63 页）。另外如“小星闹若沸”（苏轼）、“大弦嘈嘈如急雨，小弦切切如私语。

对日常生活中的这种联觉体验作了精彩的描述：

> 各种感官在向事物的结构敞开之际也在彼此之间进行交流。我们看到了玻璃的刚性和易碎，当它伴随着一声脆响碎裂时，这个声音是被包含在可见的玻璃之中的。我们看到了钢的弹性，烧红的钢的延展性，刨子的刀刃的坚硬，刨花的柔软。物体的形状并不是物体的几何轮廓：它与其自身的性质有某种关系，它在向视觉诉说的同时，也在向我们的所有感官诉说。亚麻织品或棉织品中的皱褶状使我们看到了纤维的柔顺或干燥，质料的沁凉或温暖。最后，可见物的运动不是与视觉场中的物体相应的颜色点的单纯移位。从鸟儿刚刚飞离的树枝的摇动中，我们得知树枝的柔韧或弹性，由此还能立刻区分出苹果树的树枝和桦树的树枝。我们看到深陷在沙中的铸铁的重量，水的流动性，糖浆的粘稠。同样，我从一辆汽车的噪音中听到了路面的硬度和不平整，我们有理由谈论"柔软的"、"干瘪的"或"生硬的"声音。即使人们怀疑听觉能否给予我们真正的东西，至少可以肯定，除了空间中的声音外，它也能为我们提供某种"窸窣作响的"东西，它也借此与其它感官进

嘈嘈切切错杂弹，大珠小珠落玉盘。间关莺语花底滑，幽咽泉流冰下难"（白居易）、"促织声尖尖似针"（贾岛）、"莺声圆滑堪清耳"（丁谓）等等。亚里士多德讲到，声音有"尖锐"（sharp）和"钝重"（heavy）之分，这是"比拟着触觉而来"，而培根则在谈到音乐时说，"音乐的声调摇曳"完全同于"光芒在水面荡漾"，"那不仅是比方（similitudes），而是大自然在不同事物上所印下的相同的脚迹"，这些都可以说是哲学家对通感的巧妙解释（第 65 页）。

行交流。最后，如果我闭着眼睛弯一根钢丝和一根椴树树枝，那么我就在我的两只手之间感知到了钢丝和树枝的最隐秘结构。因此，如果“不同感官的材料”被当作不可类比的性质属于诸孤立的世界——它们中的每一个就其特殊的本质而言都是调制事物的一种方式——那么它们就将全都通过其意义的内核进行交流。①

联觉的存在表明，不同的感官是相通的，进而言之，身体的各个部分都是相互包涵的，身体并不是各种器官的外在汇集，而且一个全息的统一体。

当然，感官感觉间的统一性并不是否认不同感官感觉间的区分。梅洛－庞蒂承认：“感官各不相同，也有别于智力活动，因为每一种感官本身都带有一种不可完全转换的存在结构。”②这就是说，我们通过不同的感官接触同一个物体，所得到的感觉是不一样的。尽管每一种感觉都是某种综合因素的结果，但每一种感官感觉都以它自己的方式询问物体。③一个盲人能与正常人交流各自的经验，但在对一些词语意义的理解上肯定与正常人有别。比如说，盲人几乎不能对颜色词有所体验。一个通过手术后能睁眼看世界的盲人惊奇地发现一棵树和一个人的身体之间竟有“如此大的差异”；在他原来的触觉体验中，他尽管能

① Merleau-Ponty, *Phénoménologie de la perception*, pp.265–266.

② Merleau-Ponty, *Phénoménologie de la perception*, p.260.

③ Merleau-Ponty, *Le visible et l'invisible*, p.271：“每一个感官都是一个世界，亦即，对所有其他感官来说都是不可交流的，可是通过建构某物，而这个某物由于它的结构从一开始就是向其他的感官世界开放的，它就与它们一起构成一个唯一的存在。”

区分什么是树叶和树枝，什么是手臂和手指，但对它们之间只有程度或数量上的区别，而感受不到某种结构性的差异。[①] 每一种感官都是通向世界的开口，都有属于自己的独特空间，这些空间是各不相同甚至互相冲突的。比如说，当我闭上眼睛聆听音乐时，我完全沉浸在一个听觉的音乐空间中，这个空间无限广阔，它从四面八方包围着我。但这时我如果突然睁开眼睛，空间就仿佛突然缩小了，视觉空间侵入了听觉空间，原本包围着我的音乐元素像是被挤到一角，离我远去了。因此，“每一种感官的空间对其他的感官来说都是一绝对的不可知领域，并相应地限制了它们的空间性”[②]。然而，诸感觉空间的区别并没有危及感官间的统一性。事实上，视觉空间和听觉空间“只有在一个共同世界的基础上才能相互区别，只是由于它们对整个存在享有同样的要求才相互竞争，它们恰是在发生冲突的时刻结合在一起”[③]。我们可以看到，在对这种感官感觉间关系的描述中，已经蕴含着梅洛－庞蒂有关人与世界、自我与他关系的基本思想。

2. 心身的统一

根据身体图式实现的感官间的统一，还只是一种“横向实现”的活动，然而，身体的统一还有一个纵向的层面，这首先体现在心身关系上。

---

① Merleau-Ponty, *Phénoménologie de la perception*, p.259.

② Merleau-Ponty, *Phénoménologie de la perception*, p.257.

③ Merleau-Ponty, *Phénoménologie de la perception*, p.260.

整个现代思想都受到笛卡尔的怀疑所导致的二元论思维的侵扰，这种二元论最根本的体现就是把心灵和身体看作两种独立的实体，由此而区分出主体和客体，主观和客观，意识和物体，内在和外在等等二元关系。笛卡尔之后的思想家为解释或解决这种二元关系作了种种努力，但其解决的办法仍不外乎两种：或者是坚持二元论（如马勒伯朗士），或者是把其中的一元归并到另一元中去，这又有两条途径：一是把精神看作身体的机能（唯物论，如费尔巴哈），一是把身体看作精神的外化（唯心论或唯灵论，如黑格尔）。但它们的共同点仍是坚持实体主义，坚持一种外在的因果解释原则。

这种二元论的思维进一步影响了有关人的科学研究。如在机械生理学看来，人的身体只是一个类似于物体的机器。人的感知只是对事物性质的单纯感受，情感体验只是环境刺激在神经器官中留下的印象，身体的运动意向被转化为客观的运动，行为的执行则可以通过神经力学来解释。“被如此改造的活的身体不再是我的身体，一个具体的自我的可见表达，而成了所有其他物体中的一个物体。与此相应，他人的身体也不能向我显现为另一个自我的外壳。这只是一架机器……因此，当活的身体变成一个没有内部的外部时，主体性就成了一个没有外部的内部，一个不偏不倚的旁观者。”①

心身辩证法

当梅洛－庞蒂从这些有关人的科学出发研究行为的特质时，

① Merleau-Ponty, *Phénoménologie de la perception*, p.68.

他也对传统的身心关系提出了质疑。因为对行为的分析已经表明，正常的身体是一个身心统一的身体。我们的各种身势和姿态都表现出某种特定的结构，某种内在的意义，“一个人的面部表情、笔迹、思想、声音、身势都呈现出某些内在的相似”，以至于我们能够指认出与一个声音相应的侧面，与某一面部表情相应的笔迹。[①] 我们也能根据一个人走路的姿态、说话的语气等来判断这个人的性格、脾气和爱好。这里根本不存在内在和外在的区别，每一个动作既是动作，也是对动作的意识，这两者是不可分割的。

但是，这种统一是一种什么样的统一呢？是否仍然是像传统那样的还原主义的统一呢？

我们在前面提到，梅洛－庞蒂描述了宇宙中存在的三层秩序：物理秩序、生命秩序和人类秩序。它们分别对应着三类存在物：物理存在（自然物）、生命存在（除人类之外的动物和植物）和心理存在（人）。不过梅洛－庞蒂也指出，他用“物理”“生命”和“心理”这三个概念，并不是为了代表三种“存在能力”，而是代表三种“辩证法”。[②] 这三层秩序是逐层提升的，每一下级秩序对于更高秩序的关系都是部分对整体的关系。高级秩序奠基于低级秩序，但又反过来包涵它，赋予了它一种新的意义。因此在人类身上，就同时包含了“物理”、“生命”和“心理”这三种辩证法。正常的人类身体及其行为适用的是“心理”辩证法。当然，任何辩证法总包含着相对的两项：在心理

① Merleau-Ponty, *La structure du comportement*, p.170.

② Merleau-Ponty, *La structure du comportement*, p.199.

辩证法中就是心理和生理之间的关系。当这两者处于一种和谐的整合关系时，从这种生理－心理结构中就呈现出一种新的意义，这即是心灵，而这种生理－心理结构的统一体就是身体。因此，心灵是不能脱离身体而存在的。但同样，当心灵不存在时，身体也就不再是一个正常的身体，生理－心理的统一就分裂了。这时，心理辩证法就失效了，取而代之的是生命辩证法，而在这里，又会形成另一种身心关系。这样，由于人类身体中存在多种不同的辩证法，也就相应地存在多个层次的心身关系：

> 存在着作为一堆相互作用的化学化合物的身体，存在着作为有生命之物和它的生物环境的辩证法的身体，存在着作为社会主体与他的群体的辩证法的身体，并且，甚至我们的全部习惯对于每一瞬间的自我来说都是一种触摸不着的身体。这些等级中的每一等级相对于它的前一等级是心灵，相对于后一等级是身体。一般意义上的身体是已经开辟出来的一些道路、已经组织起来的一些力量的整体，是既有辩证法的土壤——在这一土壤上，某种高级形式的安置发生了，而心灵是由此而建立起来的意义。①

由此可以看出，心灵和身体只是两个相对的概念，它们决不是两种实体。在任何时候，我们身体中辩证的两项总是处于

---

① Merleau-Ponty, *La structure du comportement*, p.227. 人们常常用“肉体”（或“躯体”）和“身体”（或“肉身”）来对译德文中的 Körper 和 Leib 这两个词，但事实上，即使在西文中这种严格的区分恐怕也只有德语才有。而在梅洛－庞蒂这里，由于存在着多层次意义上的身体性，这种严格的词义区分就更不适用了。所以，本文中一般都用“身体”（body/corps）一词来笼统地表示各个层次的身体性现象。

某种“构型”（configuration）关系中，只要我们不停止存在，这两项就永远不会绝对地区分开来。一个丧失意识的植物人，相对于正常人来说当然是心身分离的，但相对于一个已经死了的人来说则依然活着，依然具有一种生命的意义，依然是一个心身统一体。一个身体有缺陷的人，如梅洛－庞蒂提到的画家格列柯（Greco），他有视力偏差症，正常人眼中所看到的景物，在他眼里全都发生变形了。但就是这种身体性缺陷，在他“艺术家的默思”中，却获得了一种普遍的、形而上的意义，并成为他洞烛人类生存之某一侧面的契机。这就是说，他把他个体生命中偶然的东西，一切属于部分的、独立的辩证法，都吸收并统摄进了他的整体生命中，并赋予它们一种新的意义，由此，他就是一个完整的人。[①] 与之相反，一个健全的人，如果不能把某一偶然事件整合到他的行为整体中，那他就是个不完整的人，就可以说他是个心身分裂的人。弗洛伊德在其精神分析中所发现的那类病人亦是此种心身分裂的人，他们的生命老是停留于因童年时期的某种创伤而产生的“情结”之中，而不能让后来的行为，后来的时间去弥合它，超越它。[②] 在实际生活中，即使是一个完全健康的正常人，在特定时刻也有可能发生行为场的紊乱，而且这样的例子其实很多。比如说在失眠时，身体的

---

① Merleau-Ponty, *La structure du comportement*, p.219.

② Merleau-Ponty, *La structure du comportement*, pp.192–195. 总体而言，梅洛－庞蒂对弗洛伊德的观点是持批评态度的。他认为“弗洛伊德的作品不是一幅有关人类生存的图景，而是一幅有关各种非常频繁地出现的反常现象的图集”（Merleau-Ponty, *La structure du comportement*, p.194）。在正常人看来，这只能是一些“趣闻逸事”。

困倦与精神的亢奋形成了一种鲜明的对比，身体越是想要放松下来，却越是受到意识那异己力量的拨弄，后者漠视身体的需求，在黑夜那空旷的舞台上无休止地进行着唯我论的独白表演。某些表情也呈现出身体结构瓦解的现象，比如说“脸红”，我意识到自己脸红，我告诉自己要放松，但我越是想要放松脸就越红。在这种行为解体的情形中，“心灵和身体是明显相区别的，而这就是二元论的真理”[①]。正是因此，梅洛－庞蒂也说，身心之间的整合从来都不是完全的，总是存在着出现在这一层次或那一层次上的某种二元性。当然，完全的行为解体也只有在死亡时才会产生。只要我们不停止存在，身体和心灵就多多少少处于某一层次的统一性之中，正是因此，“人永远都不会成为一只动物：他的生命总是或多或少地比一只动物的生命更加完整”[②]。在任何一种心身统一的情形下，二元论就消失了，但这里仍然存在着一种被结构的整合所包含的辩证的二元性。

梅洛－庞蒂对于心身关系的论述即使放在整个西方思想史上也是比较独特的[③]，而在现象学传统中，他的观点更是独树一

---

① Merleau-Ponty, *La structure du comportement*, p.226.

② Merleau-Ponty, *La structure du comportement*, p.196.

③ 独特当然不等于唯一。事实上，在梅洛－庞蒂的心身观中有着很明显的亚里士多德的特征：心灵与身体的关系是一种类似于或不如说就是形式与质料的关系，但奇怪的是，梅洛－庞蒂在他的书中几乎没怎么提到亚里士多德的名字，正如他也没怎么提及其他古典哲学家的名字一样。梅洛－庞蒂是直接从格式塔心理学那里借鉴了“形式”概念，但它的亚里士多德渊源似乎是毋庸置疑的。与梅洛－庞蒂有所不同的是，亚里士多德主要是从“灵魂”的角度来考察心身之间的统一的，他把灵魂

帜。我们知道，在胡塞尔那里，心身关系从来没有成为他的思

定义为“潜在具有生命的自然身体的形式”（《论灵魂》412a20–21），是对作为质料的身体的实现，是使身体“是其所是”的实体。有不同层次的灵魂，如植物性灵魂、动物性灵魂和人的灵魂，因而也就有不同层次的生命，处于每一层次的每一个生命体都是作为形式的灵魂与作为质料的躯体的统一；甚至无生命的工具（如一把斧头）也是形式与质料的统一，使斧头成其为斧头的就是斧头的形式或实体，也就是它的灵魂，只是在它这里，形式是由匠人外在地加到质料上的，亦即它是可与质料分离的，所以它才不是一个生命体（《论灵魂》412b10–16）；相反，在活的机体那里，形式和质料是密不可分地内在结合在一起的，分离即意味着死亡。不同层次的灵魂具有不同的功能，它们构成了一个等级系统，较高层次的灵魂就同时涵摄了较低层次的灵魂。植物性灵魂的功能在于营养、生长和繁殖，动物性灵魂则又多了感觉、运动等能力，人的灵魂同时涵摄了植物性灵魂和动物性灵魂，但使人成其为人的，却是人的灵魂中更高层次的那个部分，它使人可以进行实践和理论的推理。不过，灵魂的这些机能有其潜能与现实之别。人有沉思的高级机能，但并不是所有的人都能过一种沉思的生活（在亚里士多德看来，甚至绝大多数的人都不能进行沉思），就此而言，它就只是潜能。只要一个人没有通过实际的沉思来激活这种潜能，真正实现它，他就依然没有达到一种最高层次的统一（亚里士多德把这种统一看作至善，一种神性的幸福）。不过，或许正是在沉思这种机能上，梅洛－庞蒂与亚里士多德有着最根本的区别。亚里士多德把沉思这种能力称作“努斯”（nous），与灵魂的其他机能（如感觉）不同，努斯在人的身体中并没有与之相应的器官（《论灵魂》429a29–b5），但也因此，它是一种最纯粹的能力或形式，不受任何物质性东西的干扰和妨碍，问题只在于如何去激活它；由于努斯在一个人实际思考之前不是任何现实的东西，所以对绝大多数的人来说，它也就如同不存在那样。亚里士多德甚至设想了努斯与身体相分离而独立存在的可能性，他认为这个分离后的努斯将只是“它自身”，它是“不死的和永恒的”（《论

考焦点。尽管我们前面提到，胡塞尔也承认心灵在身体中的奠基，但他最终所持的仍是一种先验唯心论的态度，即把实在的身体和心灵的有效性都归之于先验意识的构造，从而使身心最终统一在先验意识中。但这一解决并不令人满意，胡塞尔的后继者几乎都背弃了这一道路。在《存在与时间》中，海德格尔通过把人界定为在世界中的存在，实际上是在一种完全经验的层面上统一了心身关系；但奇怪的是，他几乎没有对这种心身的统一作过任何直接的论述。萨特对身体现象作了细致而深入的研究，但遗憾的是，他对身体的描述仍囿于笛卡尔主义的身心二元论传统。在现象学运动的经典大家中，在心身关系上唯一能与梅洛－庞蒂相媲美的或许是舍勒，他也是最早对心身关系进行认真清理的现象学家。因此，我们在这里不妨对这两人的观点作一番简略的比较。

舍勒论心身关系

在《人在宇宙中的地位》[①]这本小书中，舍勒系统地论述了

灵魂》430a17–22），正是努斯所具有的这种可分离的纯粹性，确保了它所实现的沉思生活类似于神的生活。显然，这个观点是梅洛－庞蒂所不能接受的，我们从他对舍勒的“精神”概念的批判中就可见一斑（参下文）。舍勒的“精神”概念在某种程度上类似于亚里士多德的努斯。努斯的这种可独立性最终似乎可以追溯到“形式”的独立性，亚里士多德赋予了“形式”一种实体性的、客观化的独立存在或力量，而梅洛－庞蒂则在一开始从格式塔心理学那里接受“形式”之际就批判了它的实体性和客观性的特征。

① 舍勒《人在宇宙中的地位》，李伯杰译，贵州人民出版社，2000年。

他对心身关系的看法。

舍勒此书的目的是为了说明“人是什么？人在存在中的地位是什么？”这个问题。人是什么呢？舍勒认为，人这个概念，“包含着一种扑朔迷离而且不易察觉的二重意义”。[①] 从第一层意义上来讲，人作为脊椎－哺乳动物纲的一个亚类，他从属于动物的概念；然而，人之为人，又恰恰在于他还具有另一种完全超出动物的本质性含义，这就是“精神”。正是精神，标明了人在宇宙中的突出地位。而在论述精神时，舍勒就碰到了身体与意识、精神与物质的关系。

舍勒认为，精神并不是一开始就存在的。相反，它是在自然的进化——舍勒用的是“升华”一词——中实现的一种“高级的存在形式”；而且“人的生成和精神的生成必须视为迄今自然的最后一个升华过程”，这一最后升华的产物就是大脑皮层。[②] “人的大脑皮层保存并浓缩了有机体的全部生活史和有机

这本书与梅洛－庞蒂的《行为的结构》有诸多可参照之处。比如说，它们的目的都是为了论述人，论述人在宇宙中的地位。从著作本身的重要性来说，《人在宇宙中的地位》是舍勒逝世前所作的一次思想讲演录，虽然篇幅不大，却是对他一生所关注的主要问题的“一个提纲挈领的总结”（见该书“前言”，第 1 页），其重要性也就可想而知。而《行为的结构》则是梅洛－庞蒂的第一本书，在这本书中，“已经正式宣告了作为梅洛－庞蒂思想之核心的立场”（Merleau-Ponty, *La structure du comportement*, p.xii）。就我们所关注的心身问题来说，他们两人的观点，也正是在这两本书中，分别得到了系统而集中的探讨。我们以下的比较，就主要集中在这两本书中。

① 舍勒《人在宇宙中的地位》，第 2 页。

② 舍勒《人在宇宙中的地位》，第 54 页。

体的史前史。”因此，它对人来说便有着关乎生死存亡的意义。“脑是死亡器官。”[①] 动物（如狗和马）切除了大脑还能“进行大量工作”，而人在同等状态下则无法完成这些工作。在这个意义上，我们完全可以说，人体大脑是精神的物质载体，更宽泛地说，身体或生命是精神的依托。精神正是在自然和生命的“升华”中产生出来的。因此，并不像基督教和古希腊思想所说的那样“精神和理念拥有一种原始的力”。[②] 相反，精神原本是天生没有自己的能量的，它只能依托生命，由生命本能赋予其力量。然而，悖异的是，随着精神的逐渐发展，精神和生命之间的这一自然关系却开始出现了一种“原始关系的逐步逆转”[③]。也就是说，“精神的意向斩断了生命的时间过程”，它昂首高瞻，最后趋向一个“超世俗的、无限的和绝对的存在”的上帝，并因此反过来开始“引导并控制”机体生命的发展。[④] 由此，在人身上出现了一个独特的矛盾，这就是“生命与精神的矛盾”。对舍勒来说，所谓的身心关系，其实就是生命与精神的关系。

当然，生命自身也显现为两个方面，一是生理过程，一是心理过程。而传统上正是把这两个方面的对立视为身心关系，但在舍勒看来，这“两者只是在现象上有所不同，而在结构规则和它们流逝的节拍中，从现象看去是完全同一的”[⑤]。人的生命是一个心理－生理的统一体，而且，只有在超越于生命之上

---

① 舍勒《人在宇宙中的地位》，第 65 页。

② 舍勒《人在宇宙中的地位》，第 50 页。

③ 舍勒《人在宇宙中的地位》，第 56 页。

④ 舍勒《人在宇宙中的地位》，第 66 页。

⑤ 舍勒《人在宇宙中的地位》，第 60-61 页。

的精神层次才能观察到这两个方面的差异和统一，因此，精神本身必定高于生理和心理中的任何一方面。精神是与作为心理生理之整体的生命发生关联的。这两者尽管有差异和矛盾，但实际上却是相互依托、相辅相成的："精神把生命观念化；而只有生命才有能力把精神投入到行动中，并把精神变成现实，无论是从最简单的行为刺激起，还是一直到完成一种我们认为具有精神意蕴的产品上，都是如此。"①

由此，我们可以说在舍勒那里主要包含着两个层次的身心关系：首先是生理和心理之间的关系，两者统一为生命；其次是生命和精神之间的关系，生命实现了精神，而精神又提升了生命，两者也是统一的。

舍勒与梅洛－庞蒂身心关系观之比较

参照舍勒对于身心关系的看法，我们可以看到梅洛－庞蒂与之有许多的相似之处。比如说，他们都把人放在一个更为宏大的宇宙自然环境中进行论述，舍勒具体描绘了从植物的感觉欲求，到动物的本能、联想记忆、实践理智，再到人的精神，最后趋向上帝这样一个逐级发展提升的存在次序；而梅洛－庞蒂则描绘了在物理秩序、生命秩序，以及人类秩序这些不同"秩序"之间的辩证关系。与舍勒一样，梅洛－庞蒂认为，精神是一种最高的存在"形式"，是一种最高的辩证法，尽管它只有在它的那些从属环节，从属辩证法的基础上才能显现。但正是由于精神，人类秩序才"不会呈现为叠加于其他两种秩序之上

① 舍勒《人在宇宙中的地位》，第 67 页。

的第三种秩序，而是它们的可能性条件和基础。”[①] 与舍勒一样，梅洛-庞蒂认为，精神一旦出现，就会产生一种“视角的颠倒”，即原先为精神之形成所作的一切历史准备（无论是生理的、心理的还是社会的）都只有相对于精神才有意义，只有借助于精神才能被认识。这就是康德和胡塞尔的先验哲学的价值所在。与舍勒一样，梅洛-庞蒂认为，精神和生命是统一在一起的。精神是在心理-生理的统一结构中形成的；在精神中包蕴着那些已经逝去的生命环节，那些从属的辩证法——“从物理系统与其地形学条件的辩证法直至机体与其环境的辩证法”。[②] 但是，在正常情况下，这些从属环节不会从整体中孤立地显现出来，因为正常的人是“整体的人”。“在正常人那里，肉体过程并不孤立地展开，而是被纳入到了一个更加广阔的活动圈子中。”[③] 只是在大脑损伤或机体解体的情况下，从属的辩证法才会单独显现，心理和肉体之间的区分才有其地位。因此，与舍勒一样，梅洛-庞蒂认为，心身之间的统一并不是单层次的。依据人类秩序中不同的辩证关系，也就相应地呈现出不同层次的心身关系。

这种相合使我们有理由说梅洛-庞蒂从舍勒那里借鉴了许多。[④] 但是，我们是否可以说，梅洛-庞蒂对舍勒的借鉴只是

---

① Merleau-Ponty, *La structure du comportement*, p.218.

② Merleau-Ponty, *La structure du comportement*, p.224.

③ Merleau-Ponty, *La structure du comportement*, p.195.

④ 梅洛-庞蒂在他的书中多次引用舍勒的著作，而直接引用《人在宇宙中的地位》一书的也有一处（Merleau-Ponty, *La structure du comportement*, p.191 note 1）；甚至连《行为的结构》这个书名，似乎

毫无批判的照搬，只在某些细节上加以深化和扩充而已呢？显然不能，更为细致的阅读使我们发现，在梅洛－庞蒂与舍勒之间出现了一种根本性的断裂，这就是在对“精神”的理解上。

舍勒对“精神”所作的第一界定便是“自由”：“精神本质的基本规定便是它的存在的无限制、自由——或者说它的存在中心的——与魔力、压力，与对有机物的依赖性的分离性，与生命乃至一切属于生命的东西，即也与它自己的冲动理智的可分离性。”[①] 既然精神可以脱离自然和生命，那么它也就具有了一种“不仅是超空间的，而且还是超时间的”独立性。这也意味着精神在某种意义上已接近于神性。舍勒并不否认这一点，他说，精神不仅是世界意识和自我意识，而且还是一种上帝意识，更确切地说：“世界意识、自我意识和上帝意识，构成一个不可分割的结构统一体。”[②] 这个意义上的精神严格说来比胡塞尔的先验意识还要纯粹。胡塞尔几乎花了一辈子的精力来还原他的“意识”，以便获得一种纯而又纯的先验意识，但最后还是不能令人完全满意，而他后期走向生活世界，走向一种历史哲学恐怕也与此有关。舍勒却通过对人在自然界的演化序列和宇宙界的价值秩序中的地位描述，举重若轻地拈出了“精神”一词，比之胡塞尔来说，真是轻捷有效多了。这种精神的独立性和纯粹性尤其体现在它对“本质”的直观中：“精神的感受活动，

也与舍勒书中的某一段话直接有关：“精神的中心，即人本身，既不是对象也不是物的存在，而只是一个时刻在自己身上产生着的（本质规定的）行为的秩序结构。”（《人在宇宙中的地位》，第 35 页）

① 舍勒《人在宇宙中的地位》，第 26 页。

② 舍勒《人在宇宙中的地位》，第 78 页。

它的偏好与偏恶，它的爱与恨具有自己的先验内涵，这些内涵与纯粹思维规律一样独立于归纳经验。在精神的感受活动这里和在纯粹思维那里一样，都存在着对行为及其质料的本质直观，存在着对它们的奠基和联系的本质直观。"[①] 刘小枫说，舍勒对"本质直观"的描述，就连"善于哲学之精强技艺和设计规则的胡塞尔大师也逊一筹"。[②] 显然，这种对于"本质直观"的"天赋"，是与舍勒所描述的"精神"的本质分不开的。

但是，梅洛－庞蒂却不赞同舍勒对精神的这种界定。他更强调的是精神的"依附性"和"暧昧性"。精神作为一种特殊的、最高的辩证法，是在心理－生理这一结构中形成的，它"不能够在它得以实现的具体情景之外被设想"。[③] 因此，没有纯粹的精神。另一方面，正如上面所说，身体的辩证结构是不稳定的，因而精神也不是一成不变的，不是一劳永逸地获得的。"人不是一种理性动物。……我们并不是与孤立的精神打交道。"[④] 所以，梅洛－庞蒂在谈到人类时，不用"精神秩序"或"心理秩序"这些概念，而用"人类秩序"这样一个含义更为宽泛的词。

由于梅洛－庞蒂不认同舍勒对精神的界定，他也就对这种精神所拥有的本质直观能力表示怀疑。在他看来，舍勒完全割断了形式与质料、本质与实存之间的联系。但事实上，这种联系是无法割断的，恰恰是存在在影响着本质。"如果我在十年后

---

① 舍勒《先验与形式》，载刘小枫选编《舍勒选集》卷上，第 28 页，上海三联书店，1999 年。

②《舍勒选集》卷上，"编者导言"，第 9 页。

③ Merleau-Ponty, *La structure du comportement*, p.196.

④ Merleau-Ponty, *La structure du comportement*, p.196.

去思考那在十年前就已为我存在的一种本质洞见，那么，我将感到，我并不处在事物本身的在场中，有许多随机的因素，如我的支配性偏见，我的生存的特殊方式，已经进入了这种所谓的明证性中。”① 对这种完全意义上的本质直观的否定也就是否定了能够无偏见地直观到本质的精神。

合理性问题

然而，当梅洛－庞蒂否认精神的独立性时，另一个更大的问题突现出来了：如果说精神没有独立性，那么，合理性的根据又何在呢？舍勒强调精神的独立性，强调它与上帝的联系，目的是想为合理性问题（认识的合理性、价值的合理性，或者如舍勒所说的，人“对于自己的本质的认识”）寻找一个最终的根基。在舍勒看来，当人把自己从自然整体中提升出来后，他就会惊恐地发现自身存在根据的偶然性和虚无性，由此产生了一种精神探寻绝对、寻求拯救的活动，所以，“人是超越的意向和姿态，是祈祷的、寻求上帝的本质”②。只有当人把自身和世界的终极关系奠基于一个“通过自身而存在的存在”，即上帝之位格上，人才能真正地成为人之所是，才能确定它在宇宙价值序列中的地位。

梅洛－庞蒂其实也看到了以精神的超越性作为合理性根基的价值所在。在《行为的结构》中，他以批判哲学的绝对意识——就这种绝对意识超越于世界，并为世界提供新的说明这一功能

---

① Merleau-Ponty, *The Primacy of Perception*, pp.93–94.

② 舍勒《人在宇宙中的地位》，中译本序，第 13 页。

而言，它与舍勒的精神是一致的——为例，认为：这种从“绝对意识、世界中心”出发的观点一方面消除了心身、心物二元论，使这两者最后都统一于意识，另一方面也回应了形形色色的心理、社会和历史决定论，回应了独断地假设外部世界存在的经验实在论。但尽管如此，他仍然认为，这一以精神或纯粹意识为奠基的做法不彻底，因为先验哲学的这一意识概念只是“反思的第一阶段的一种确定性的收获”[1]。而意识本身却是在身体和世界中实现的：“我们认识到的每一个意识都是通过作为它们的透视外表的一个身体而呈现出来的。”[2]先验意识、对自我的充分意识并非现成存在的，“它有待于被构成，也就是说有待于在生存中获得实现”[3]。对于舍勒的“精神”概念，梅洛－庞蒂也许同样会说，精神必须奠基于身体，而且它不可能脱离开身体和知觉。然而，问题是，每一个人的身体和知觉不都是主观相对、言人人殊的吗？何来主体间的价值，何来合理性的根基？

梅洛－庞蒂讲的当然不是这个意思，从先验意识返回到身体知觉，也就是要把反思真正贯彻到底，就是对未经反思的生活的发现；而这种生活是反思意识的“原初的、一贯的和最终的处境”[4]。所谓先验意识有待于在生存中获得实现，也就是要把纯粹超然的认识论的态度拉回到生存论的维度上，使意识返

---

① Merleau-Ponty, *La structure du comportement*, p.232.

② Merleau-Ponty, *La structure du comportement*, p.232.

③ Merleau-Ponty, *La structure du comportement*, p.238.

④ Merleau-Ponty, *Phénoménologie de la perception*, p.ix.

回到身体性的向世而在中。因此，合理性的根据不在先验意识，而在于“世界”，因为意识本身也是内在于世界中的。当然这里的世界并不是客观的世界，而是现象的世界。这就是在《知觉现象学》的“前言”中，梅洛－庞蒂把“世界”概念和“合理性”概念并举的原因。[①] 而在另一个地方，梅洛－庞蒂则更是明确地提到：世界是“每一种合理性的祖国”[②]。

因此，需要理解的是“世界”这个概念。

3. 身体与世界的蕴涵结构

“世界”一直是现象学的重要概念，德国现象学家黑尔德甚至认为“世界”就是现象学所要面对的“实事”本身。[③] 但是，在每个现象学家那里，对世界的理解都不尽相同。胡塞尔把世界作为一种普全视域来看待，它是在我的意识目光的意向性的指引联系中展现出来的，因此就是我的意识的相关项，在这个意义上也可以说它是由我的绝对意识保证的。又由于目光的指引联系在原则上是不可锁闭的，所以在胡塞尔看来，世界也是无限的。

不过，胡塞尔的先验意识仍是一种具有较强主体性倾向的“我能”，所以，作为意识构造之产物的世界也免不了沦为意识

---

① Merleau-Ponty, *Phénoménologie de la perception*, p.xv：“现象学最重要的收获无疑是在其世界概念或在合理性概念中把极端的主观主义与极端的客观主义结合起来。”

② Merleau-Ponty, *Phénoménologie de la perception*, p.492.

③ 黑尔德《世界现象学》，第 97 页，倪梁康等译，三联书店，2003 年。

之对象的危险，据此，黑尔德认为，在胡塞尔那里的世界“仍然与客观主义精神密切相连”[①]。这一点在海德格尔那里得到了克服。海德格尔不再把世界看作是意识构造的产物。相反，为了能够与事物和他人打交道，世界必须总是预先在“此”，此在必须先已被抛入世界，抛入某一境域[②]。此在在有意识地采取意向行为之前，世界先已向它敞开，先已准备了某种基本情调，此在正是应答着这一情调而作出它的行为的，它因此而“让自身被指引到某个确定的方向上”，因此而“把自身系缚于现实地构成我们的视界的特殊世界”。[③]所以，海德格尔谈论的世界首先就是这样一个此在置身其中的、前意向地具有基本情调的世界，它始终不可消除地是偶然的且有限的；也因为它是有限和偶然的，胡塞尔意义上的作为“我能”的意识才能由之引发无限可能的指引联系，进而构成一个世界视域。所以，黑尔德说：“在海德格尔意义上理解的世界的有限性使得胡塞尔意义上的世界的无限性成为可能。”[④]黑尔德的这一番解说差不多就是我们上面分析梅洛－庞蒂为何要从先验意识返回到身体知觉这一点时所要说的意思了。

要从生存论的维度来理解世界，在这一点上，梅洛－庞蒂和海德格尔走到一块儿来了。不过在对“世界”概念的理解上，

---

① 黑尔德《世界现象学》，第113页。

② “视域”和“境域”在英文中是同一个单词horizon，但在这里笔者对它有所区分，用于胡塞尔时用的是“视域”，强调意识目光的主动性；用于海德格尔时则用“境域”，强调它相对于此在的先在性。

③ 黑尔德《世界现象学》，第109页。

④ 黑尔德《世界现象学》，第98页。

梅洛-庞蒂仍与之有别。海德格尔主要是在“周围世界”或“境域”的意义上来谈论世界的，[①] 而梅洛-庞蒂对于世界的理解要宽泛得多。他说，世界大致可定义为“全部可知觉物的总体和所有物的物”[②]。因此，他既在“境域”或“处境”这一层面上谈论世界，也在“自然世界”和“社会世界”这一宏大范围内谈论世界。所以他的世界观念不可能是有限的。在这一点上，他与胡塞尔一致。按黑尔德的理解，海德格尔用以规定世界有限性的原因是，在作为境域的世界中，“人并没有处于一种意向关系中，而不如说，作为境域的世界首先向人开放出来，使之获得一切意向上的对象兴趣。”[③] 正是这种特殊的对象兴趣支配了此在，使它放弃了对其他可能性的把握，并因此而限制了它的视界。与此相反，胡塞尔则把这种“前意向性的无关系的世界性重新解释为一种意向性的与世界的关系”[④]，由此，世界成了普遍的指引联系，也就是无限的了。黑尔德在这里主要是通过“意向性”来解释世界的限度问题的。然而，如果我们比照梅洛-庞蒂的思想，那么，黑尔德的观点似乎就有待商榷了。因为梅洛-庞蒂区分了两种意向性[⑤]，一种是“行为意向性”（l’intentionnalité

① 这里我们只关注《存在与时间》一书，可参看该书第 14 节。

② Merleau-Ponty, *The Primacy of Perception*, p.16.

③ 黑尔德《世界现象学》，第 105 页。

④ 黑尔德《世界现象学》，第 105 页。

⑤ 据梅洛-庞蒂自己说，这两种意向性是胡塞尔自己区分的（Merleau-Ponty, *Phénoménologie de la perception*, p.xiii），但在国内学者对此问题的研究中，似乎还没有人专门提到过这种区分。在倪梁康先生所著的《胡塞尔现象学概念通释》一书中，也没有区分出这两种意向性。不过，据

d'acte)，它指的是我们在下判断或有意识地采取立场时的意向

胡塞尔《笛卡尔式的沉思》一书的德文编者伊丽莎白·施特洛克的介绍，意向性问题在20世纪二十年代越来越对胡塞尔表现为一个谜，而他在这一时期"最具决定性的结论之一，就是揭示出了这种意向性是一种能发生作用的意向性，它在'促创意义的作用'中构造起各种对象性"；换言之，"意识并不简单地'拥有'它的对象，而是'构成'对象，也就是说，对象是作为意义构成物（Sinngebilde）而在本源的意义促创作用的基础上建立起来的"（胡塞尔《笛卡尔式的沉思》"编者导言"第10–11页，张廷国译，中国城市出版社，2002年）。这里提到的那种"能发生作用的意向性"其实就是梅洛－庞蒂的"运作意向性"，只是按施特洛克的理解，这种意向性具有强意义的"构造"作用，如此一来，它就与梅洛－庞蒂提到的另一种意向性即"行为意向性"没有本质的区别了。实际上，梅洛－庞蒂对这两种意向性的区别内在于对"意向性"概念的不同理解上。"意向性"按其字面意思来讲就是指"意识是对某物的意识"，但问题是，"对某物的意识"可以有两种不同的理解：意识朝向某物或意识构成某物。（参倪梁康《现象学的始基：胡塞尔〈逻辑研究〉释要》第116页，中国人民大学出版社，2009年）梅洛－庞蒂讲的"运作意向性"相当于前者，"行为意向性"则相当于后者，前者是一种非客体化的行为，后者是一种客体化的行为。在胡塞尔那里，任何非客体化的行为都奠基于客体化的行为之上（参倪梁康《现象学的始基》第117页，亦参《现象学及其效应》第54页），这样一来，行为意向性就处在比运作意向性更源基的层次上了（除非像施特洛克那样对运作意向性同样作强意义上的构造来理解），而这恰与梅洛－庞蒂指出的相反。梅洛－庞蒂对于"运作意向性"（实即"身体意向性"）的有意强调，正可见出他对于胡塞尔现象学的突破。事实上，如果从梅洛－庞蒂的角度来看，则更适合于将"意识是对某物的意识"这一意向性关系界定为一种"遭受"和"发生"，身体是这一遭受或遭遇的场所，在这一遭受处，一个场所被敞开了，而某一事件正在其中发生。

性，也是黑尔德所理解的意向性。但还有另一种意向性，即“运作意向性”（l’intentionnalité opérante），我们也可以称之为“身体意向性”（intentionalité corporelle），它是一种前意识地起作用的意向性，“它构成了世界与我们的生命的自然的和前述谓的统一性，它在我们的愿望、评价和面貌中比在客观的认识中更明确地显现出来，它提供了我们的认识力图以精确的语言予以转述的本文。”[①] 如我们上面提到的“运动意向性”，它指的就是我们在执行任何一个动作时都前意识地具有的对我们的身体与外部环境间关系的基本领会和把握。就这一层意向性来说，我们在任何时候都不可能与世界处于一种非意向性关系或“前意向性”关系中。[②] 黑尔德说，在境域中，是世界首先向人开放。然而，在梅洛－庞蒂看来，如果人不同时也对世界具有某种意向关系的话，世界的开放就是不可理解的。在这一点上，梅洛－庞蒂与海德格尔相互区分开来了。在海德格尔那里，世界之先行向人敞开，既然不是人的意向所致，就只能归之于存在本身的运作了。不过这一点在《存在与时间》中尚不明显，只是在

① Merleau-Ponty, *Phénoménologie de la perception*, p.xiii.

② 利科把胡塞尔的意向性概念与现象学的还原联系起来，对意向性另有一说：“意向性可以在现象学还原之前和之后被描述：在还原之前时，它是一种交遇，在还原之后时，它是一种构成。它始终是前现象学心理学和先验现象学的共同主题。”（胡塞尔《纯粹现象学通论》，第 476 页，李幼蒸译，商务印书馆，1995 年）这表明无论在还原之前还是还原之后，人与世界的意向性关系始终存在。但能把还原之前那种“交遇”式的意向性等同于运作意向性，而把还原之后那种“构成”性的意向性等同于行为意向性吗？至少从梅洛－庞蒂的角度来看并不能这样。

他后来的著作中，比如说《艺术作品的本源》，他才明确地把世界看作是存在之游戏性运作的结果。当然，这里的世界也已经不是“境域”意义上的世界了，而是与大地相对的一个敞开性的生成域。就此而言，把海德格尔的世界看作完全偶然的显然不太确切。只有相对于此在的被抛性来说，世界或境域才是偶然的。但就世界本身的敞开性而言，它却是必然的。换言之，只是在生存论维度上，我们才可以说世界是偶然的，而在存在论维度上，世界却是必然的。[①]

与之相反，在梅洛－庞蒂早期的哲学中，事实上并不存在存在论与生存论的区别，它就是一种生存论或生存主义哲学。正是因此，梅洛－庞蒂认为世界的存在，无论是自然世界还是社会世界，整个就是偶然的，而世界的偶然性也规定了人的偶然性。无论何时何地，我们都可以问一个莱布尼茨式的问题：为什么我在这个世界而不在另外一个世界？梅洛－庞蒂说：“对这个问题的回答原则上在我们的把握之外，因为我们被封闭在我们的心理生理构造之中，这是与我们的脸的形状或我们的牙齿数目同样理由的一个单纯事实。”[②]所以，世界本身的偶然性，是根本的偶然性，是存在论 / 本体论上的偶然性。然而，梅洛－庞蒂又说：“世界的偶然性不应被理解为一种微不足道的存在，在必然存在的织体中的一种缺陷，对合理性的一种威胁，也不

---

① 海德格尔的哲学一开始就是一种存在论哲学，而生存论则不过是其中的一个环节，正是在这个意义上，我们可以理解海德格尔为什么不承认自己是个生存主义者。

② Merleau-Ponty, *Phénoménologie de la perception*, p.455.

应被理解为应通过发现某种更深刻的必然性来尽可能早地解决的一个问题。”相反，它“是那种一劳永逸地奠基了我们的真理观念的东西。”[①]

然而，这样一个完全偶然的世界如何能作为真理观念的基础，如何能作为合理性的保证?

需要注意的是，无论是自然世界还是社会世界，它们最后都被归入了一个共同的“被知觉的世界”之中，也就是说，它们是与“我”，与某个感知者分不开的。“正如贝克莱所说，即使是一片从来无人到访的沙漠也至少有一个旁观者，当我们想到它的时候，亦即当我们进行感知它的心理实验时，我们自己就是这样一个旁观者。”[②]在这个意义上，不存在自在的世界，世界总是我所感知的世界，而这个我所感知的世界是统一的。

世界的统一性是一种风格的统一性。何谓风格?梅洛-庞蒂说:“风格是我在一个个体或一位作家身上所辨认出或理解到的某种对待处境的特定方式，我能借助某种模仿占有这种风格，虽然我不能界定它，对它的界定即使十分正确，也不可能提供精确的相似者，而且它只对那些已对它有所体验的人来说才有兴趣。”[③]因此，严格说来，风格是一个不可定义的前概念的东西。说世界有一种风格类似于说世界是一个个体，这不完全是一种隐喻的表达，因为接下去我们就可以看到，在世界与个体

① Merleau-Ponty, *Phénoménologie de la perception*, p.456.

② Merleau-Ponty, *Phénoménologie de la perception*, p.370.

③ Merleau-Ponty, *Phénoménologie de la perception*, p.378.

之间有一种隐秘的同构关系。不过，这两者也很显然地有所区别，我们都知道，个体是有限的，我们一眼就能看到他，而世界是无限的，我们如何能从中辨认出一种统一的风格呢？

在这里，梅洛－庞蒂向胡塞尔借用了“过渡综合”（synthèse de transition）这一概念。事实上，即使对于个体，我们也不可能看透他。我们总是要通过一段时间来观察他，熟悉他，才能认清他的“面目”，把握他的风格，而这就需要一种过渡综合，这是一种时间性的过渡综合。而在世界中，我所进行的主要是一种空间性的过渡综合（当然这里同样也有时间综合在内）。我置“身”于世界中，我看到世界的种种景象，这些景象并非漠不相关，各自孤立的，而是不停地从一种景象过渡到另一种景象，各种景象彼此关联整合起来。这种视域的过渡和扩展永远不会结束，但是它们全都融入了同一个世界中，就像当我的手指不再压住我的眼球时，双重映象就在一个物体中合二为一。在这个意义上，世界是所有视域的视域，是胡塞尔所谓的普全视域。但这个普全视域不是像胡塞尔那样通过先验意识的“构造”获得的，而是一种知觉体验的产物。所谓世界的风格，正是我通过知觉综合而对世界的一种把握。这里同样体现出了我们前面所说的“内在性与超越性的悖论”，我不需要面面俱到地观察这张桌子，就确认了这是一张桌子；或者就像一个人，在我能明确地描述他的性格之前，我就已经在一种不容置疑的明证中把握到他的统一性；又像进入一间屋子，我们不需要说出什么东西放错了地方，就先已经有了一种零乱的感觉。同样，世界的统一性也是这样一种前认识、前客观的知觉统一性。即使我对世界的新的认识反过来修正或改变了我原来的印象，这种改变也不会否定世界的存在。在我的一生中，对世界的认识可能会有各种各样的修正，但世界仍是同一个世界，它不会因为我对它的修正活动而在其统一性方面受到影响。这就是世界之不容置疑的明证性，如同胡塞尔在提到“自然态度的世界设定”时所说:“原则上说，我们可能在每个事物上发生错觉，但对整个的联系我们是不会有错觉的。……每个具体的形式变化活动，都‘嵌在’支撑着它的不发生变形的确定性的特性中。对于包围着我们的对象的素朴的依赖构成了在经验过程中时常发生的各种干扰和‘故障’的基础。如果确实如此的话，那么发生于个别事物上的那种形式变化就不会发生在经验的整体风格上。”[①] 在梅洛－庞蒂看来,这就是我们向世而在的“最初信仰”和“最初信念”。

因此，世界的统一性是由我们的知觉信念产生的，但这种统一性反过来也反映了我们自身的统一性，我们与世界之关系的统一性。只有正常的身体才有正常的世界，像施耐德这样的病人是不会有世界统一性的感觉的；他完全“粘附”在一个当前实际的处境中，而不会向外投射或筹划一个可能的世界，想象的世界，因此，他的世界是残缺的。反过来，对世界统一性的感知又使我们意识到自身的统一性。正如梅洛－庞蒂所说:“我们只是在事物的统一性中才理解我们身体的统一性，正是从事物出发，我们的手，我们的眼睛，我们的所有感觉器官才显现

---

① 芬克《对胡塞尔现象学还原的反思》，见《面对实事本身》，第573–574页，另参胡塞尔《纯粹现象学通论》，第93–94页。

为如许多的可替代的工具。”[①] 一张桌子，无论我们用眼睛去看，还是用手去摸，尽管会有感觉上的差异，但它们都能认出这是一张桌子，而且这两种感觉最终会在我们的身体中统一起来，形成“同一张桌子”的观念。正是这种“同一感”反映了我们身体的统一性。这也有助于主体间的关系，这个对我来说是“桌子”的物体在另一个人眼中也不可能不是“桌子”，而通过对“这是一张桌子”的共同认识，我和他人之间就具有了一种共同的可交流的意义，这也是一个公共的社会文化世界得以形成的基础。但是在这个文化世界中，我们可以通过词语反过来赋予我们的被知觉世界一种“理智结构”，而“我们主体间的对照只能支撑在关于被知觉世界的理智结构之上。”[②] 在这个意义上，我们就可以理解梅洛－庞蒂说世界是“合理性的祖国”的缘由了。

最终说来，身体与世界是不可分离的，在它们之间有一种神秘的调谐，有一种原始的“同谋关系”。我们是贯穿的与世界的关系，我们身体的每一下震颤都揭示着世界的性质。进而言之，世界是由我的身体投射的世界，是在我的身体的超越性运动中显现其结构与关联的世界，而我的身体则是世界的一个视点，一种能力或一种“筹划”。世界在我的身体中实现了它自己，我就是世界本身的表达。世界通过我的身体而看，而听，而思想，我就是世界的眼睛、耳朵和意识。正如梅洛－庞蒂所说，画家

---

① Merleau-Ponty, *Phénoménologie de la perception*, p.372.

② Merleau-Ponty, *La structure du comportement*, p.211.

正是在把他的身体借用给世界的时候，世界才变成了绘画。[①] 因此，我与世界是原始地共属一“体”的。世界的统一性就是我的统一性，就是世界与我的统一性。我与世界的关系犹如身体与心灵的关系。心灵并非寓于身体之一隅，而是整个地弥透于机体之全身，身体并非外在地被添加了一个叫心灵的东西，而是整个地充满灵气，透出精神。与此相似，世界与我也是一种有机的蕴涵关系。“本己的身体在世界中，就像心脏在机体中：它持续地将可见的景观维系于生命中，赋予其生机，并从内部滋养它，它与之形成一个系统。”[②] 或者说，“内部和外部是不可分的。世界整个就在我的里面，我整个就在我的外面。”[③] 我们在上面讲到，正常的身体有一种身体图式，它能在身体空间和外部空间之间形成一个相互蕴涵的实践系统，而身体与世界之间的统一性正是身体图式功能的进一步体现。

这样，所谓的向世而在，在最根本的意义上，指的就是身体与世界的这种先天统一性。海德格尔最早把“在世界之中存在”当作一个整体的生存论结构来加以描述，但他主要是通过一种行动的指引联系和情绪性的生存领会来揭示这种结构的，而梅洛-庞蒂则更进一步把这种统一性落实到身体与世界的蕴涵结构中。正因为有这种蕴涵结构，才能发生海德格尔所谓的行动的指引联系，怕和畏的生存情绪，沉沦逃避的在世情状，等等。在梅洛-庞蒂看来，这种蕴涵结构更是时时处处地体现在我们

---

① Merleau-Ponty, *L'Œil et l'Esprit*, p.16, Gallimard, 1964.

② Merleau-Ponty, *Phénoménologie de la perception*, p.235.

③ Merleau-Ponty, *Phénoménologie de la perception*, pp.466–467.

日常生活的习惯性行为中。比如说，一个学会游泳的人即使多年没下水，他一到水里也立刻能舒畅自如地游起来。一个驾驶员不需要比较道路宽度和车身宽度就知道他是否能通过。对盲人来说，他的手杖不再是一件物体，而成了他的手的延长，手杖的尖端对他来说已成为同样有感觉能力的区域。人们常常提到"身体记忆"这个词，而它指的就是身体和环境之间的这种相互蕴涵结构，身体已经把这种结构作为身体图式烙在内中了。

当然，正如身体和心灵的统一从来不是完全的一样，身体和世界之间的蕴涵关系也不是稳定的，它总是摇摆不定。小孩要比大人蕴涵得好一些，在悠闲的乡村要比在紧张的城市蕴涵得好一些；在健康的时候好一些，在疲劳或生病的时候差一些；在热闹狂欢的时候好一些，在孤独无味的时候差一些。有我抛弃世界的时候，比如说在海德格尔所谓的个人直面死亡之际，周围世界就陷落了；也有我被世界抛弃的时候，如在加谬所描写的那种荒诞感里，人类的呼喊与世界无理的沉默之间形成了巨大的张力。但即使在这里，主体也不是完全与世界脱离，而只是进入了另一个不同层面的世界，因为正如我们的身体依据其功能整合的程度而有不同的层面，相应地，世界也呈现为多层面的世界：

> 身体是我们拥有一个世界的一般手段。有时，它局限于生命的保存所必需的动作，并相应地在我们周围设定一个生物的世界；有时，它利用这些最初的动作，并从它们的本义过渡到一种转义，透过它们显示出一个新的含义内核：像舞蹈这样的运动习惯就是这种情况。最后，被瞄向的含义有时不能通过身体的自然手段达到；这时，身体就

> 必须为自己建构一件工具，并在自己的周围投射一个文化世界。①

总之，世界的统一性是与我们身体的统一性密切相关的。只有当我实现我的身体功能，我才能挺身走向世界。“身体是我们拥有一个世界的一般手段”，或者也可以说，作为心身统一体的本己身体就是我们最原初的世界②，其他的诸世界都是围绕着我们的身体世界而展开的。

4. 身体的双层性

从以上的论述我们可以看出，在梅洛－庞蒂那里，心灵（或意识、精神）、身体和世界（自然世界和文化世界）这三者自上而下构成了一个不可分割且相互蕴含的垂直系统。它们的关系有些类似于我们在上一节中提到的物理秩序、生命秩序和人类秩序之间的关系。不过这是一个关系更紧密的系统。它们中的每一项都不可能脱离其他两项而单独起作用，只有在这一整体内，它们中的每一项才能获得其存在的理由和保证。因此，我们可以更恰当地把这种关系称作一种“循环的因果关系”③。这样，当我们谈到心灵或意识的时候，它指的是有视点的意识，

---

① Merleau-Ponty, *Phénoménologie de la perception*, p.171.

② 当然，这需要转变视角，从一个更微观的角度来看待身体，比如，把身体本身看作是由不同的细胞组织，由栖居在人体中并反过来与身体组织构成一种共生关系的无数微生物，包括病毒、细菌等构成的一个共同体。

③ Merleau-Ponty, *La structure du comportement*, p.13.

在世界中的意识；当我们谈到身体的时候，它指的是一灵化的身体，同时也是一个处境中的身体。而世界，也不再是实在论意义上的客观世界或由先验意识所构造的含义世界，而是一个被知觉的世界或现象的世界，亦即主体间的世界。也只有这个世界,才能“把极端的主观主义和极端的客观主义结合在一起”，并成为“每一种合理性的祖国”。不过，在这三者中，我们还是可以说，身体是枢纽或中介，因为是它贯穿了其余两者，只有借助身体，意识与世界的联系才得以可能。因此，如果我们从本体论上来看，那么，在这三者中，身体似乎处于一个更本源的位置上。

对身体的本源性还可以作更深入的分析。事实上，在正常状态下，身体总是逃离我们。比如说当我们观看时，我们几乎从来没有意识到眨眼睛的动作在我们所看的事物中造成的短暂的断裂；同样，在走路时，我们也不会察觉由于走动所带来的周围场景的晃动。在这些情况下，本己身体的状态似乎并不为我们所注意，或者说身体是自行隐匿的，但这种“隐身”却导致了世界在意识中的自然显现:“由于我的身体观看和触摸世界，所以它本身既不能被看到，也不能被触摸。使我的身体不是对象，不是‘完全被构成的’东西正是对象由之而存在的东西。就我的身体是在观看和在触摸的东西来看，它既不是可触摸的，也不是可见的。”[①] 在这里，身体与对象物、世界构成了格式塔意义上的“图形－背景”关系。反之，如果某一天隐匿的身体突然从幕后窜到前台，并粗暴地打断了外部世界在我

① Merleau-Ponty, *Phénoménologie de la perception*, p.108.

们面前的自发显现，甚至扰乱着意识的自主活动，这通常是本己身体在提醒我们它出现了问题，比如说疲劳了或生病了等等。当我的牙痛发作时，那一痛感部位就自行撑开了一个空间，并不由分说地把我强行拉入其中，占据我的注意中心，它以某种震颤的频率，不断地向外散播其受苦的消息，在这种情况下，外界的任何奇异美景都不再可能提起我的兴趣；同样，当我的视力下降时，在我和事物之间就仿佛隔了一层薄膜，我由此被迫返回自身，就像被世界抛弃、不再能应和它的召唤那样，并且感觉到了这一沉重肉身的负担。在这个时候，身体与意识、世界的原初统一就被打断了，身体成了孤零零的“被抛的存在”。

显然，从这些自然的现象中似乎可以很容易地区分出两种身体：正常的身体与反常的身体，并进而引出对待身体的两种不同态度。由于前者总是喜欢隐藏自身，因而免不了遭人忽视乃至遗忘；反之，后者却又在任何时候都突兀地凸现出来，对抗我们的意识，这时身体仿佛成了一个异己的存在，它脱离了我们的驾驭，变成了一个对象，一个物。从这种反常的身体中就很容易产生一种对象化地看待身体的态度，身体不再是我的身体，而成了病理学的身体，解剖学的身体，成了一个对象化的、物化的身体。这也是我们的身体在思想史上的一贯命运：或者被遗忘，或者遭扭曲。在这种情况下，我们该如何来面对身体呢？如何使本己的身体不受伤害地、自然地显现出来的？

但首先必须指出，上述两种身体的区分是有误导性的，好像存在着两种不同的身体似的，好像在正常的身体之外另有一种与之有别或与之对立的反常的身体。事实上，只有一种身体，即正常的身体，反常的身体只是正常身体的特殊状态，极端状态，是其常态功能的紊乱，是其蕴涵结构的失灵，是身体图式的瓦解，是意向弧的松懈。我们前面讲过，身体有不同的层次，反常的身体只是相对于其惯常身体的一种降级，因此，它不再处于正常身体的那一层面。在梅洛－庞蒂看来，正常的身体才是本己的、本源的身体，因为只有当我们源初地是自身统一并与世界统一的人时，才有可能从世界中挣脱出来，才有可能身心分离。正如海德格尔所说："人必须本质上是一个明眼人，他才可能是盲者。"[①] 但反常的身体始终作为一种可能性被包含在正常的身体之内的，就像死亡被生命所包含那样。这表明反常性属于身体的一种本质可能性。通过某种偏离或无能（inability），身体就"反常性地"显露出来。比如在我们前面提到的脸红的例子中，又如走路时突然绊了一跤，身体想要停住，却还是不由自主地跌倒了。对于青春期的少年来说，身体总是明显地表现出不由他控制的异常倾向。但是，不管怎样，在正常的身体中，这些反常性始终还是受身体图式的协调和统摄的，它们只是暂时的、例外的情形，我们最终能使自己恢复常态，而不像陷入精神分裂的病人那样被情结所困，无法自拔——这就成了一种更低层次的身体了，我们在此所谓的反常身体也是在这个意义上说的。这种反常可能性的存在只是意味着正常的本己的身体是一种既能隐又能显的独特存在，或者说，它是一种双层的存在，而且这一双层是暗通款曲，互相逆转的，用梅洛－庞蒂后来的概念说，

---

① 海德格尔《……人诗意地栖居……》，载孙周兴选编《海德格尔选集》上卷，第 478 页，上海三联书店，1996 年。

它们是“可逆的”，“交错的”。与此相对，反常的身体之所以不同于正常的身体，就在于它不再能隐退自身，原先那种双向可逆的结构被破坏了，它成了一个“单面”的身体。因此，双层性属于正常身体或本己身体的本质结构，就像在海德格尔那里，遮蔽和去蔽同属于存在，是存在真理之二重性的体现那样。

正是这种双面性使人的身体区别于动物的身体。我们前面讲过，人能使一个水果绕过障碍物而获得它，黑猩猩却不能，其原因就在于人既能把自己的身体看作为一个身体，又能把它看作为一个物体。相反，“在动物的行为中，外界对象并不是在本己身体是一个事物的意义上的事物，也就是说，它不是一个能够进入多种多样的关系而不在其中丧失自身的具体统一体。”[①] 身体在其作为身体的同时也能成为一个物体，这正表明身体与世界的源初统一性属于身体自身的本质结构，这也是反思得以可能的前提，因为反思就是把自己（包括身体）作为物或对象来摆在自己面前的那种能力。

由此我们可以来比较梅洛－庞蒂与萨特的不同。我们知道，萨特在他的《存在与虚无》中也对身体性现象作了详细的阐述，而且他事实上也描述了身体的“隐和显”这一原初的身体现象。隐的身体即是他所说的“作为自为存在”的身体，也即作为我的感知和体验的身体，我对它具有一种非正题的意识。在这个时候，我作为自为，“本身就是与世界的关系”，“它使得一个世界存在”，在此，我对我自己的身体是无意识、前反思的，我不能认识我的身体，“它在此处被超越……它就是自我虚无化的东

① Merleau-Ponty, *La structure du comportement*, p.128.

西”[①]，也可以说它是隐而不显的。身体的显现是在第二个层次上，即作为“为他的身体”时才出现，这实际上相当于“他人的身体”，因为“我的为他存在的结构是与他人的为我存在的结构同一的”[②]。而在这样一种角度上所看到的他人的身体“一开始就对我显现为我能在其中获得一种观点的观点，一种我能用别的工具来使用的工具”[③]。如果说作为自为存在的身体像是一个“不能被认识的认识者”，那么为他的身体则类似于一个“只能从外在的立场被认识”的物体，这两者之间的矛盾几乎是不可和解的。尽管萨特还描述了第三个维度的身体，即我经由反思而认识的我的身体，并把它理解为“被身为身体的他人认识的东西而为我地存在”[④]，这看起来像是为上面两种分离的身体提供了一个综合或一个共同的基础，但是，它却永远也不能说明这种统一是如何可能的，此外，想要“认识我所体验的身体”或“体验我所认识的身体”也是不可能的。[⑤]

在梅洛－庞蒂和萨特之间的关键差别在于，对梅洛－庞蒂来说，正常身体所具有的不同的两层是处于同一层次的本质结构的体现，因此它们是可逆的，相互交错的；而在萨特那里，它们却被分配在不同的层次上，并且相互之间不具有可逆性，

---

① 萨特《存在与虚无》，第 395 页。

② 萨特《存在与虚无》，第 430 页。

③ 萨特《存在与虚无》，第 432 页。

④ 萨特《存在与虚无》，第 445 页。

⑤ Martin C. Dillon, “Sartre on the phenomenal body and Merleau-Ponty’s critique”, in Jon Stewart (ed.), *The Debate Between Sartre and Merleau-Ponty*, p.132, Northwestern University Press, 1998.

也就是说，身体要么是主体，但在这个时候它无法认识自己，要么是客体，但在这个时候它又排除了自我意识，而成为工具性的存在物，这两方面不可能被共同包含入同一个结构之中。因此，萨特的身体观呈现出强烈的二元论倾向。

我们试举一例来更具体地阐明这种区别。萨特和梅洛－庞蒂都描述过手的“触摸”现象。萨特认为，触摸与被触摸属于本质上不同的两种实在秩序：“触摸和被触摸，人们能触摸的感觉和被触摸的感觉，是两类现象，人们徒劳地试图在双重感觉的名称下把它们统一起来，事实上，它们是根本不同的。而且它们是在两个互不相关的层次上存在着的。”[①] 这样，它们就不可能在同一层面的同一结构中被统一起来。与此相反，梅洛－庞蒂则在这种触摸与被触摸之间发现了一种“暧昧的结构”：“当我的两只手相互按压时，涉及的并不是我一块儿体验到的两种感觉（就像人们感知到两个并置的对象那样），而是两只手能在‘触摸’和‘被触摸’的功能之间转换的一种含混构造。人们通过谈论‘双重感觉’想说的是，在功能的转换中，我能认出被触摸的手是马上就要成为触摸者的同一只手——在我的右手对于左手之所是的这团骨头和肌肉中，我立即认出了我们为了探索对象而伸向它们的这另一只灵活的、充满活力的右手的外形或具身。身体在进行一种认知功能时突然从外面发现了自己，它试图触摸到自己在触摸，它开始了‘一种反思’，而这一点足以使它和对象区分开来。”[②] 通过揭示触摸与被触摸关系的逆转，

① 萨特《存在与虚无》，第 389 页。

② Merleau-Ponty, *Phénoménologie de la perception*, p.109.

梅洛－庞蒂试图表明，身体既是能触摸的又是被触摸的，既是主动的又是被动的，既是主体又是客体，这种含混性和可逆性是身体的最基本特征，它也成了梅洛－庞蒂哲学的最基本观念之一。

最后，对本己身体之结构的不同理解也导致了两人的向世存在观念的差别。萨特由于坚持自为与自在、为我的身体与为他的身体之间的本质区别，最终导向了人与世界、我与他人之间的一种对抗关系，而非如梅洛－庞蒂所强调的那样一种和谐共存。因此，萨特的在世存在严格说来是一种“在世界之上的存在”（being over the world），而非“在世界之中的存在”（being in the world）。[①] 正如瓦朗斯所说：“（萨特的）意识并不处于世界之中，因为它并不介入到它所感知到的东西之中，它并不与它的知觉合作。然而，正是这一合作和这一介入，赋予感性认识以某种持久、内在的未完成的外表，赋予它以某种透视性的、形成某种视点的必要性，赋予它以某种萨特的现象学已经完全看到但其形而上学未能予以证明的全部特性。”[②] 意识向着世界而在，意识与其知觉的合作，知觉在事物中的介入以及与事物的合作，这些正是梅洛－庞蒂想要探讨的重点，这些关系同时也是人与社会、自我与他人关系的缩微体现；盘桓于这些关系的居间隐微之处，展示其幽深曲折的奥秘，这正是梅洛－庞蒂的哲学较之萨特的哲学在细微处更丰沃、更耐人寻味的地方。

---

① Marjorie Grene, “The Aesthetic Dialogue of Sartre and Merleau-Ponty”, in James M. Edie (ed.), *The Merleau-Ponty Aesthetics Reader: Philosopy and Painting*, Northwestern University Press , 1993.

② Alphonse de Waelhens, “Une philosophie de l’ambiguïté”, in Merleau-Ponty, *La structure du comportement*, p.viii.

第二章
身体主体，身体诸维

一、重建主体性

上一章的内容已经有助于我们进入梅洛－庞蒂的身体主体概念了。不过在这里，我们还是先需要对“主体”这个概念略加阐述。

1.“主体性的发现”

这个标题来自于梅洛－庞蒂自己一篇文章中的一个小标题。[①] 耐人寻味之处在于,他为什么用“发现”而不是“诞生”“出现”之类的字眼？这是否意味着“主体性”原本就存在，只是因一直处于黑暗中或处于被遮蔽状态（被什么遮蔽，如何被遮蔽呢？）而未被人所知，而只有当它被发现之际，人才成其为

---

①《无处不在与无处可寻》(partout et nulle part)，收入《符号》一书。该文的第五节的小标题即为“主体性的发现”。

主体？但这种主体性又是什么呢，是一种东西（实体）、一种性质还是一种能力？无论如何，主体性界定了主体，而如果这种主体性确实原本就存在的话，它也应该存在于人自身之内，这样，对它的发现，也就意味着对人本身的一种重新勘探，重新体验。

我们都知道，“主体”这个概念是到近代哲学才出现的，换言之，在古典思想中并不存在有关主体的思想。就此而言，主体或主体性的观念本身就标志着一个新的时代，即 modern 的来临，因此，主体或主体性观念的出现也就意味着现代或现代性的出现。尽管人们对于现代性的界定林林总总，不胜枚举，但从哲学上来看，我们完全可以说，现代性问题是伴随着主体观念的诞生而出现的。因为正是随着主体的出现，才出现了一种所谓的现代体验和现代秩序，并随之与传统世界或传统的秩序断裂开来。这里最根本的一点就是人对其自身的体验和认识发生了根本性的变化。全面探讨古今两种秩序的差别并非我们的任务，在此我们只想借用列奥·施特劳斯的观点来作一简单的提示。施特劳斯曾深刻地指出，古典精神的一个根本前提在于，“存在”（to be）既意味着“永远存在”（to be always），又意味着这种存在是“可以理知的”（to be intelligible）；而现代思想则拒绝了这一前提，进而认为存在维系于人，没有人的地方也就不会有任何存在，因此，存在就是去生存（exist），即按照人之所是（is）的方式去存在。[①] 说“存在维系于人”正是人之主体性凸现的结果。在传统世界中，人始终处于一种整体的宇

① 参施特劳斯《古典政治理性主义的重生》，第 83 页，郭振华等译，华夏出版社，2011 年。

宙秩序或存在秩序中，他占据着这一整体之内的某一特定位置，一个相当崇高的位置，而且他是依据他的自然本性而占有其位置的，因而，他不会试图去僭越自己的位置。尽管可以说人是万物的尺度，或者说人是一个小宇宙，但人所具有的依然只是秩序中的位置，他自身并未创造这个秩序，这也使他无法与这一更大的整体相分离。只是随着现代主体的出现，人才从宇宙万物中摆脱出来，他宣称自己是独立的主体，而其他一切只是作为他的对象而存在。单一的宇宙秩序由此而分裂为二元的平行序列，对于事物和世界的体验也随之发生了一种根本性的变化。作为主体的人不再安于宇宙秩序或世界秩序之一隅，不再安于与自然万物和谐共处，而是力图去认识它们，掌握它们，甚至统治它们。由此，近代以来的哲学才成为所谓的认识论哲学，与此相伴随的是产生了现代意义上的各种科学技术。

当然，这仍然是一种过于简单化的描述。即使近代哲学是一种主体性哲学，即使现代思想始终与主体观念相关联，这个主体也不是个单一的、一成不变的东西，它始终想“按照它之所是的方式去存在”，由此也就有了各种各样的主体性。梅洛－庞蒂对此作了这样的描绘和质询：

> 我们归纳在主体性的标签之下，散布在三个世纪里的这些哲学之间，有什么共同之处？有蒙田最爱、帕斯卡尔却憎恶之的自我（Moi），人们日复一日地记录它，指出它的大胆、逃避、间断、迂回，并把它当作无名者加以试探和检验。有笛卡尔和帕斯卡尔的思维之我（Je），它只是有时才返回自身，但在那一刻，它整个处在其显现中，完全成为它所认为是的东西，而不是别的，它向一切敞开，

> 从不固定，除了这种透明本身之外，没有别的隐秘。有英国哲学家的主观序列，这是在一种沉默的接触中，通过自然属性而自我认识的各种观念。有卢梭的自我，一个罪恶和无辜的渊薮，它自己策划了它感到要陷入其中的“阴谋”，但在面对这种命运时仍有充分理由要求恢复其不会变质的善良。有康德主义的先验主体，它如同接近内心深处（l’intimité psychologique）一样接近世界，甚至更接近世界，它在构造它们之后又沉思它们，然而它也意识到它自己也是世界的“居民”。有比朗的主体，它不仅仅知道自己在世界中，而且它就是在世界中，如果它没有一个可移动的身体，它甚至就不可能是主体。最后，有在克尔凯廓尔意义上的主体性，它不再是一个存在区域（une région de l’être），而是使自己与存在相联系的唯一根本的方式，它使我们成为某物，而不是在一种“客观的”思维中俯视一切，这种客观的思维最终其实什么也没有思考。为什么把这些并不一致的“主体性”当作一种单一发现的诸环节？[①]

这些形形色色的主体性的共同要素是什么呢？梅洛-庞蒂认为是意识，正是意识规定了主体之为主体。一旦“取消主体性中的意识，就是取消主体性的存在”[②]。“一旦反思突然产生，一旦‘我思’被宣布，存在之思就成为了我们的存在。”[③]这亦是上面施特劳斯所说的意思，海德格尔也说，从哲学家们在自

① Merleau-Ponty, *Signes*, pp.191–192.

② Merleau-Ponty, *Signes*, p.192.

③ Merleau-Ponty, *Signes*, p.192.

我意识的基础之上确立存在的时候开始，他们就遗忘了存在，人不再安于存在的命运，而是力图去掌握存在本身，把存在作为存在者来研究，从而导致了这种存在之遗忘，而对于存在的遗忘其实也就是对人自身的遗忘，因为人之本质恰恰系于存在之本质。而从梅洛－庞蒂的视角出发，我们则可以进一步说，对人的遗忘又表现为对身体的遗忘。现代思想一开始，就从整体的人之中，从整体的宇宙秩序之中抽取出一个叫心灵或意识的东西，并单独地以之来规定人，进而规定整个世界。人是因其意识到自己而成为自己的，意识就是自己的主人，就是主体；意识可以没有身体地存在（如笛卡尔的思维冒险所宣告的），而剥离了意识的身体就只是物体，只是被意识所意识、所规定的客体。“实存一词有两种意义且只有两种意义：一个人要么作为事物实存，要么作为意识实存”，而“物体彻头彻尾地是物体，意识彻头彻尾地是意识”。[①] 整个宇宙间只有物体和意识，一边是物体，一边是意识，界限分明，清清楚楚。这当然已是最极端的一种情况了。

然而，我们都知道，灵魂或心灵的观念在古希腊就早已出现，关于身体和心灵之间的区分也一直是从毕达哥拉斯到亚里士多德，甚至其后的怀疑派和斯多葛派哲学的一个基本主题。其中最著名的自然是柏拉图的观点了，他以神话式的叙事说，灵魂是属天的，身体是属地的，当属天的灵魂落入身体中，就被身体所困，如明珠蒙尘，被遮蔽了灵明，在这种情况下，哲学家的唯一事情就是为死亡作准备，也就是关注如何尽可能地

① Merleau-Ponty, *Phénoménologie de la perception*, p.231.

把他的注意力从其身体引开，转向他的灵魂。但即使在这里，身心之间的区分也不同于现代意义上的身心二元观。因为它涉及的不是把身体等同于物体，对之作一种科学式的观察和研究，而只是想使身体和灵魂这两者区分开来，因为它们本质上分属于宇宙秩序中不同的品级或阶层："灵魂最像神，最像不死的东西，最像有智性的东西，形相单一的东西，不会分解的东西，总保持自己这个样子的东西；身体则最像世人，最像会死的东西，最像形相多样的东西，无智性的东西，会分解的东西。"[①] 因而区分就是使这两者各安其位，不致颠倒或失序，否则就会使灵魂蒙蔽，或使灵魂中的低级因僭越高级因素，导致灵魂的癫狂。柏拉图区分身心，甚至更进一步分别灵魂的层级（如《理想国》中提到的欲望、血气和理性三层次），最终都是服务于修养身心的实践目的，而非像近代笛卡尔以来所做的那样，出于通过认识支配世界（包括人自身）的目的。正是因此，即使对于身体，他也要求保持洁净，如此才能"与洁净的东西结合"，并"认识纯粹的东西"。[②] 亚里士多德的观点看起来要比柏拉图更温和一些，他并不把身体视作恶，而认为身体也属于善的事物之一。但是，他同样明确地指出，灵魂高于身体："善的事物已被分为三类：一些被称为外在的善，另外的被称为灵魂的善和身体的善。在这三类善的事物中，我们说，灵魂的善是最恰当意义上

---

① 柏拉图《斐多》80b，见刘小枫编译《柏拉图四书》，第 461 页，三联书店，2015 年。

②《斐多》67a1–b1，见《柏拉图四书》，第 426 页。

的、最真实的善。”[①] 因为“我们所寻求的是人的善和人的幸福，人的善我们指的是灵魂的而不是身体的善，人的幸福我们指的是灵魂的一种活动”[②]。这同样是着眼于德性培养的实践目的而作出的区分与比较。总之，在古典世界中，灵魂与身体的区分反映的是人的自然构成的等级秩序，正是这一点决定了它与现代的身体二元论的本质差异。

梅洛－庞蒂也注意到了希腊思想与现代思想之间的根本性区别。他说：“确实，主体哲学的一些因素已经出现在古希腊哲学中：它已经谈到‘人是万物的尺度’，它已经在灵魂中认识到了这一独特的力量，即通过佯称知其所不知来漠视它之所知，一种与其真理能力联系在一起的难以理喻的犯错能力，一种在灵魂中与存在的关系同样根本的与非存在的关系。此外，它还构想了一种只关乎自我之思想的思想（亚里士多德将其置于世界的顶点）和一种超越我们之潜能的所有等级的根本自由。它因此认识到了既作为黑夜又作为光明的主体性。”[③] 也正是因此，海德格尔认为，对存在的遗忘在柏拉图和亚里士多德那里就已经开始了。但是，就主体观念而言，梅洛－庞蒂仍然说，无论如何，“对希腊人来说，主体的存在或灵魂的存在从来就不是存在的典范形式，对于他们来说，否定从来没有处于哲学的中心，也从来没有担负使肯定出现、接受肯定并转化肯定的责任。”[④]

---

① 亚里士多德《尼各马可伦理学》1098b12–15，第 21–22 页，廖申白译，商务印书馆，2003 年。

②《尼各马可伦理学》1102a15，第 32 页。

③ Merleau-Ponty, *Signes*, p.193.

④ Merleau-Ponty, *Signes*, p.193.

只是到了现代，灵魂才成为“存在的绝对形式”，才成为主体的唯一规定。这就是说，现代人对灵魂的看法有了一个决定性的变化，即不再把灵魂的本质看作肯定性的，而是看作否定性的。这正与希腊人相反。在后者那里，身体才是否定性的，身体拘役着灵魂，污染、败坏着灵魂，而现在却反过来，是灵魂（意识）开始否定身体，灵魂（意识）把身体规定为物体和对象，同时把自己规定为主体。否定性成了灵魂（意识）的本质性规定，而意识又成了主体的本质性规定，一个意识主体就这样出现了。但是，这种出现并不是无中生有，而是对原本就已存在但并非作为“典范形式”的存在要素加以重新确认，重新安排，使之成为绝对的存在形式。正是在这个意义上，梅洛-庞蒂才谈及“主体性的发现”，而不是“主体性的出现”或“诞生”。所谓的“发现”，说到底只是对灵魂本质的重新确认和重新安排。“发现”一词也表明，尽管人生来就已经是人，但它仍有待于通过发现而成为人，正如人向来就已经在世界中存在，但它仍有待于通过发现（即还原）而向世存在。

2. 笛卡尔与蒙田

对于主体性（即意识性）之“发现”最重要的一步是在笛卡尔那里完成的。众所周知，笛卡尔以自己的身体做试验，进行了一种近乎癫狂式的怀疑，最后终于找到了他无法再怀疑的东西，那就是他的怀疑本身，就是他的意识，他的灵魂。正是这个通过怀疑而发现的否定性的意识才是主体的基石。我们后来在哲学层面上讲到的主体概念一般也是与这一意识特性相关的。正是自笛卡尔开始，才有了哲学上的二元论，有了主、客体的对立，有了经验与先验的区分。总而言之，有了一种笛卡尔主义传统。后来的马勒伯朗士、斯宾诺莎、莱布尼茨、康德，甚至胡塞尔、萨特等，都可以归入这一传统中去。那么梅洛－庞蒂呢？

梅洛－庞蒂对这种二元论的笛卡尔主义基本上是持一种批判的态度的，这一点我们在上面已经提到过。不过，对于笛卡尔本人，梅洛－庞蒂还是最大可能地挖掘出了其思想中可资利用或"改造"的资源。他认为，在笛卡尔所处的17世纪，外部世界和内部世界依然处于一种和谐的统一中，尽管对外部世界与内部世界的认识有所不同，但它们与存在的关系并没有完全断裂，因此，它们最终还是有一个"唯一的起源"。不连续的、局部的和残缺的感性世界最终也将通过我们的身体组织而得到理解。在笛卡尔的体系中，科学、哲学与神学互相支持，"人们仍然处在三条路的入口处"①。在这个意义上，我们可以说笛卡尔是洞悉哲学与科学之间"平衡的奥秘"的最后一个人，在后来的几代人中，这种平衡就失去了，既不能完全恢复它，也没有完全忘记它。②在身心关系上，梅洛－庞蒂也发现了笛卡尔思想的内在张力。笛卡尔其实已经察觉到在日常生活中被体验的身体与通过知性被反思的身体之间的分裂，在前者中身心是统一的，在后者中才出现了两者的区别。当笛卡尔说，知性自

---

① Merleau-Ponty, *Signes*, p.189.

② 詹姆斯·施密特《梅洛－庞蒂：现象学与结构主义之间》，第22页，尚新建、杜丽燕译，台北桂冠图书公司，1992年。

知不能认识灵魂和身体的结合而留给生命去认识它时，梅洛-庞蒂认为他已经接近了“对未经反思者进行反思”的思想，他离知觉现象学已经只有一步之遥了。[①]但可惜，笛卡尔最终不是把他的反思分析建立在未被反思的身体和处境上，而是求助于上帝，求助于一种绝对自我拥有的思维。这样，他的反思分析依然整个地建立在“一种关于存在的独断观念之上”[②]，同时，他也使我们的体验身体从属于通过观念的中介而得到的关于身体的知识。而在笛卡尔之后的笛卡尔主义传统中，这种反思的态度进一步“纯化了身体的普通观念和灵魂的观念”，从而“把身体定义为没有内在性的各部分之和，把灵魂定义为无间距地向自身呈现的存在”。[③]身体和灵魂被彻底地分离了，身体和物体之间的区别亦随之消失，身体完完全全地是作为诸物体中的一个物体而出现在各种科学的研究中。这就是身体的被遗忘或被扭曲状态，而追根究底，我们可以说笛卡尔就是其始作俑者。

笛卡尔用他的反思破坏了身体与心灵的自然结合，从而产生了一个透明的意识，一个绝对的主体。但是，这并不是唯一的一种主体性。笛卡尔也不是最早发现主体性的人，尽管我们的哲学史教材几乎已把这一点当作定论。从上面引用的梅洛-庞蒂描述多种主体性的那段话中，我们可以看到，在笛卡尔的主体性之前，还有蒙田的主体性。

---

① Merleau-Ponty, *Phénoménologie de la perception*, pp.52–53, 231–232.

② Merleau-Ponty, *Phénoménologie de la perception*, p.55.

③ Merleau-Ponty, *Phénoménologie de la perception*, p.231.

几乎没有哪一部哲学史著作中写到过蒙田，人们基本上是把他当作一个作家、一个文体学家（据说他发明了“随笔”这样一种文体）或一个怀疑论的道德学家来看待的。但在梅洛－庞蒂看来，在笛卡尔之前，蒙田就已经在试图寻找那种“既反讽又严肃，既自由又忠诚的存在的奥秘，而且他可能已经找到了”。[①] 这种存在的奥秘是什么呢？

在《读蒙田》这篇文章开始之前，梅洛－庞蒂引用了蒙田的两句话作为题辞，一句是“我难以介入。”另一句是：“应该生活在人们中间。”这两句相互冲突的话揭示了蒙田的基本观点：“任何真理都自相矛盾，也许应该通过承认矛盾即真理而告终。”[②] 但就是在这种矛盾中，蒙田找到了他的“暧昧的自我”，“在这个他从来没有停止探索的暧昧的、向一切敞开的自我中，他也许最终找到了所有难解之谜的纽结，所有神秘之中的神秘，以及某种作为终极真理的东西。”[③]

与笛卡尔一样，蒙田坚持自我意识，并且认为，自我意识是“所有学说的尺度”。与笛卡尔一样，蒙田也体验到了“有意识存在的悖论”。然而，笛卡尔通过使意识成为像上帝那样的精神而克服了这个悖论，从而获得了知性之“自我拥有”的透彻和宁静。而“蒙田的意识一开始就不是精神，它既是受束缚的，又是自由的，它以一种独一无二的含混行为向外部物体开放，

---

① Merleau-Ponty, *Signes*, p.266.

② Merleau-Ponty, *Signes*, p.250.

③ Merleau-Ponty, *Signes*, p.251.

却又体验到自己是与它们格格不入的。”[1]意识因其是一无所有的匮乏，所以对一切都感兴趣，它像个贪婪的不知餍足的饕餮之徒那样，想把一切都抓住，但最后又什么都没有抓住：“它是对所有事物的意识，因为它什么也不是，它要掌握一切却又不系于任何东西。”[2]这样，“我们既不能停留在自身中，也不能栖息在事物中，我们从事物返回自身，又从自身投向事物。”[3]总之，这个意识无法脱离世界，脱离物体，却又不会固执于某处：“成为有意识的，就是进入其他的事物，心系别处。”[4]

这样一个暧昧的意识自然无法脱离身体。笛卡尔只是简单地提到了灵魂和身体的统一，他更喜欢把它们看作是分裂的，因为这样它们对于知性来说才是清楚明晰的。而蒙田则认为：“如果我们想要通过把精神和身体归属于不同的原则而将它们分离开来，那么，我们就会失去有待理解的东西——‘怪物’，‘奇迹’，人。”[5]“古怪”“荒唐”“怪物”“奇迹”这些都是蒙田常常用来形容人的字眼，在他看来，人就是这样一个暧昧莫名的混合物，既是怪物，也是奇迹。因此，“灵魂和身体的‘混合’是属于蒙田的范畴。”[6]在蒙田看来，内在和外在是不能分开的，一个人的性格常常透过一些看起来微不足道的外在细节透露出来，一些习惯性的和无意识的动作往往能够泄露一个人的内在

---

① Merleau-Ponty, *Signes*, p.251.

② Merleau-Ponty, *Signes*, p.252.

③ Merleau-Ponty, *Signes*, p.251.

④ Merleau-Ponty, *Signes*, p.253.

⑤ Merleau-Ponty, *Signes*, p.255.

⑥ Merleau-Ponty, *Signes*, p.254.

秘密。他说："我们的身体很容易不知不觉地显示出内在的自然倾向，……凯撒常常用手指挠头，这是碰上难题时的形体动作；西塞罗皱皱鼻子，那是一种嘲弄天性的表现。"[①]一个人正是通过他所无意识地表现出来的言说和行为方式而成其为特定的这样一个人的。因此，他不能取消他的任何东西，他不可能从头开始再活一次，所以，就要像蒙田说的那样："我整个儿我行我素地做我所做的事，并坦坦荡荡地行走于世。"[②]

身体是一个整体，我们既不能把身体与意识（或灵魂）相分离，也不能把身体的某一部分（如性器官）从身体中孤立出来。蒙田说，如果我们只着眼于身体，那么性器官和身体的其他官能一样，只能产生一种特定的快乐，但由于意识催化的作用，我们把身体的这个部分神化了，由此反过来强化或固化了我们对它的体验，并导致了许多怪诞的行为，这是否就是一种遗忘或扭曲身体的征兆，而这种征兆在人自身中有其根源？但如果我们以一种自然的态度（亦即以一种类似于还原的态度）来看待性器官，那么它的神秘就不过是身体自身之神秘的体现，或者至多只是身体之神秘的一个特例而已。蒙田希望我们以一种自然的态度来看待性器官，看待性的快乐、身体的快乐，以及与此相对的身体的痛苦乃至死亡。死亡只是反证了我们肉身性的存在。蒙田不只是思考死亡，而是像一个感到随时都有可能辞世的斯多葛主义者那样切身地去感受死亡，为死亡做准备。在旅途中，每当他落脚一处旅店，都要想想他是否会在此生病

---

① 博克《蒙田》，第 82 页，孙乃修译，工人出版社，1986 年。

② Merleau-Ponty, *Signes*, p.256.

或坦然死去。“我感到死亡总是掐住我的喉咙或腰部……”[①]因此，他驳斥那些关于死亡的抽象冥思。它们歪曲了死亡，逃避着死亡，因为它涉及的是遥远的死亡而不是当下的死亡，是与我们无关的他人的死亡而不是切己的死亡。死亡不在前方，也不是躲在不可知的某处，它就内含在我们的生命之中，甚至是萦绕着它的某种气息，是笼罩着它的某种氛围。死亡是“一个人独自（担当）的行为”，“它从存在的混沌块团中划出这片我们所属的特殊区域，它把种种意见、梦想和激情的源泉放入独一无二的明证中，这一取之不尽的源泉已悄然地赋予了世界的景观以活力；因此它比生命的任何插曲都更好地告诉了我们那种使我们出现和使我们消失的根本的偶然性。”[②]这些混杂着梅洛－庞蒂评论的蒙田的观点说的几乎就是海德格尔的“向死存在”的思想，然而，我们知道，就连海德格尔的死亡之思也没有专门地与身体性联系起来。

无论如何，对蒙田的阅读给梅洛－庞蒂上了新的一课，也使他找到了一种新的思想支柱。笛卡尔更关注思想的生命，观念的生命，但这样一种生命只能是“高翔于云天之上的思想”；蒙田则把人拉回到活生生的世界中，在这里，我们发现了一个“暧昧的自我”，一种“不透明的存在”，带着“偶然性和未完成性”的生命，而这就是我们实际在世的身体。它沉重、凝滞、犹豫不决，无休止地对自己感好惊奇，同时又开放、不确定，充满着种种可能性。“凭心而论，重要的不在于解决人的问题，而

① Merleau-Ponty, *Signes*, p.254.

② Merleau-Ponty, *Signes*, p.255.

在于把人描述为有问题的人。由此而形成无发现的研究、无捕获的狩猎的观念，这一观念不是业余爱好者的毛病，而是在涉及人的描述时唯一恰当的方法。”[①] 这是蒙田的立场，也是梅洛－庞蒂的立场："要描述，不要说明和分析。"

3. 身体主体

“哲学家们以多种方式建构和创制了主体性，而且他们已经构成的东西也可能有待于被解构。”[②] 尽管已经存在着那么多的主体性，但梅洛－庞蒂看来依然想从事一番解构的工作。当然，解构也就是建构。从笛卡尔返回蒙田，也就是从观念的身体返回实际体验的身体，返回一种为反思提供非反思的基础的行动的身体。简言之，就是从意识主体回到身体主体。

我们前面的论述已经为这个身体主体的重建提供了基本的思想基础，已经能使我们看到身体主体与意识主体的种种区别了。比如说，相较于意识主体的透明性，身体主体是含混的、不透明的；相较于意识主体的先验性，身体主体是介入的、境域化的；相较于意识主体的构造性，身体主体是生成的、开放的；相较于意识主体的必然性，身体主体是偶然的、终有一死的；相较于意识主体的普遍性，身体主体是个体的、具身化的；等等。在这里，我们不再进行这种无止境的比较，只打算描述与这一身体主体最密切相关的两个概念：沉默的我思和身体意向性。

---

① Merleau-Ponty, *Signes*, p.255.

② Merleau-Ponty, *Signes*, p.193.

我们都知道，传统的意识主体用来规定意识和意识活动的基本概念为“我思”。但何谓我思呢？这个概念在不同人那里的理解其实并不是完全相同的。梅洛－庞蒂仔细区分了三种我思。

第一种是心理学意义上的我思，它相当于我们日常生活中说的“我想”，但又不管我所想的是什么。它强调的只是我即时的心理感受，某一片刻的心理活动，正是通过这一“想”的行为带出了一个正在“想”、正在“起作用”的我。它隐含着这样一个观念，即在每一个意识的瞬间都必然存在着一种有意识的东西，一个“思维的东西”（res cogitans）。① 这可以说是一种

---

① 参笛卡尔《第一哲学沉思集》中的第二个沉思，另参《谈谈方法》的第四部分：“我决心要假装所有曾经闯进我心灵中的东西，都不比我梦中的幻象更真实，但是，我立即注意到，在我试图这样把一切都认作假的时候，正在这样思考的我，却必然是某种东西。注意到‘我思考，于是我存在’这条真理是如此稳固确实，……我决定，我可以毫无疑虑地将它当作我正在寻找的哲学的首要原理。接下来我小心检查我是什么。我看到，虽然我可以假装我没有身体（corps），并假设没有世界（monde）以及我所待的地方，但我根本不能假装我不存在。相反，我看见，仅仅根据我想到怀疑其他事物的真实性这个事实，就可以非常明确而确定地推出我存在；另一方面，如果我仅仅停止思考，即使我曾经想象过的其他一切都是真实的，我应该也没有理由相信我存在。由此，我知道我是一个实体（substance），其完整的本质或本性仅仅是思考，且不需要任何位置，也不会为了存在而依赖任何物质性的东西。相应地，这个‘我’——也即我成为我所是者所凭借的灵魂——完全不同于身体，其实比身体更容易认识，而且不会停止成为其所是者，即使身体不存在了。”（《笛卡尔主要哲学著作选》第 24–25 页）笛卡尔在此尽管将“我思”看作是一种实体性的东西，但它就像亚里士多德的“努斯”那样，只有在活动时才

最纯粹的、完全赤裸的我思，但是它不能抵御时间的威胁。因为它只在“想”或“思考”的时候才存在，才起作用；它就是“想”或“思”本身，一种纯粹的现时，但如果我不思不想呢（比如说，在我睡着的时候），那还有这样一个“我”、一个“思维的东西”存在吗？对笛卡尔来说，这是个问题：“现在我觉得思维是属于我的一个属性，只有它不能跟我分开。有我，我存在这是靠得住的；可是，多长时间？我思维多长时间，就存在多长时间；因为假如我停止思维，也许很可能我就同时停止了存在。”[①] 笛卡尔最终只能借助上帝来保证。我们可以发现，类似的问题其实也存在于康德那里，因为感觉的经验自我只拥有瞬间的杂多表象，它们如何能统一连贯起来呢？康德选择的当然不再是上帝，而是他所构想的一个超时间的先验自我。

梅洛－庞蒂分析的第二种我思应该就是胡塞尔意义上的“我思”。它不仅包括“我思”这一活动，也包括这一活动所指向的对象，即我思对象（cogitatum）。两者同样确定，且不可分割，它们包含着一种“理念的明证性”。[②] 由此确立的意识就是胡塞尔的先验意识，一个“普遍的我思者”。在此，时间不再外在于意识，相反，意识就是时间性，所以也就不再存在笛卡尔的时间威胁问题。不过梅洛－庞蒂也指出，笛卡尔也曾偶尔达到过

算是真正存在，而且（不同于亚里士多德）这种活动是即时性或瞬时性的，亦即它是间歇的、片断的，缺乏绵延的持续、厚度和深度，所以它无法抵御时间的威胁。

① 笛卡尔《第一哲学沉思集》，第 25–26 页，庞景仁译，商务印书馆，1996 年。

② Merleau-Ponty, *The Primacy of Perception*, p.22.

这一层次的我思。比如在《指导心智的规则》一书中，当他将个体的生存置入一种最单纯的明证性时，“这就意味着主体对它自身而言已是完全透明的，就如一种本质那样，并且它是与想要直达本质的极端怀疑观念不相容的。”[①] 这种明证就是意识自身的明证性，就是意识对自身的拥有。

不过，按照德国学者洛塔·艾雷的分析，在胡塞尔那里的“我思”其实也是具有双重性的。就我思是对对象（现象）的规定而言，它是一种“符合性（或相即性）的明证性”，它与由它规定的东西是共同在场的；但是，在对这个对象作出规定之前，我思必须先对作为被规定对象的意义有一种“前理解”，随后的规定只是基于这一“前理解”才作出的。这一前理解层次的我思虽然也有一种“无可置疑的明证性”，但它“仍然是匿名的”。[②] 因此，“我思以自身为前提。但正是这个自身前提不让自我被知悉；毋宁说，它作为意义的意义而在重述着。它是意识首先并多半使对象得到规定的可能性条件，是使规定性的视域停留在背景中的可能性条件，也就是说，是意识规定现象的可能性条件。我思之所以是不能被深入到背后的，是因为我思与它自己是同一的。但是，它正是作为这种同一性同时又是不同一的，因为它的确是通过它自己的‘先前’（Voraus）而得到自己的被规定性的。”[③] 艾雷据此认为，在“我思和前理解”之间存在着一种“循

---

① Merleau-Ponty, *The Primacy of Perception*, p.22.

② 洛塔·艾雷《现象学与语言哲学》，载胡塞尔《经验与判断》，第465页，邓晓芒、张廷国译，三联书店，1999年。

③ 洛塔·艾雷《现象学与语言哲学》，载胡塞尔《经验与判断》，第466页。

环关系”。

这种作为“前理解”的、“匿名的”而又“无可置疑的”我思其实相当于梅洛－庞蒂所谓的第三种我思，他称之为“沉默的我思”[①]。不过，与洛塔·艾雷的理解有所不同，梅洛－庞蒂所谓的沉默的我思更多地是从意识与身体的关联层面来讲的，在沉默的我思与第二种我思（即洛塔·艾雷所谓的“符合性的明证性”）之间也不存在一种循环关系。艾雷对这两种我思的分析其实是基于海德格尔所谓的“解释学循环”的。海德格尔认为，任何解释都具有它的“‘先’结构”，即有对所要解释对象之意义的预先领会。但是，这种领会本身又是以一种“作为”结构出现的，即是说，它已经是一种语言性的解释活动了。解释和领会因此在这里陷入了一种解释学的循环。[②]而梅洛－庞蒂则认为，在第二种我思与沉默的我思之间是一种奠基关系而非循环关系。前者如果没有后者的依托与支持，就不可能存在。沉默的我思就是萨特所说的“非正题意识”，一种反思前的我思，亦即人的“实存本身”。它是“自我对自我的体验”，“自身对自自身的在场”[③]，是在言说之前与我自己的生活、自己的思想的联系。但我的实存不是孤立的，我对我自己的体验也不是一种完全内在的活动，它受到一整个“生存场”或“文化场”的支撑，或者说，它就是萦绕着我的这种具有历史积淀之厚度的意义氛围。

① Merleau-Ponty, *Phénoménologie de la perception*, p.461.

② 参海德格尔《存在与时间》，第 175–179 页，陈嘉映、王庆节译，三联书店，1999 年。

③ Merleau-Ponty, *Phénoménologie de la perception*, p.462.

只有当我尝试着去表达，尝试着从我自身的角度说出我对于我所体验到的这种生存和文化的意义的理解时，沉默的我思才转变成为一种被说的我思。之所以说它是沉默的，是因为它还是这种体验活动本身，是正把“所有可能的经验内容投入到问题中去”的思维本身，是“在其自己的思维运作中把握自身因而不再怀疑自身”的生存运作本身。[①]它还处于单纯的意义领会状态，正行走于苦苦寻求语言临现的途中，就像在阴云厚积之时期待暴风雨的到来那样。因此，可以把沉默的我思看作一种介于无意识和意识之间的身体临界状态，在此状态中，主体并非没有意识到它的存在，只是它尚未在一种明确的意识状态下拥有自身。梅洛－庞蒂甚至认为，沉默的我思只有“在受到威胁的极限处境中”才能被认识：比如在对死亡的焦虑中或者在面对他人注视的焦虑中，它就像是“第一次呼吸的儿童或将要淹死、拼命挣扎的人的意识”那样。[②]这就是说，这种意义的揭示需要被促发，但更需要自我的决断。总之，“这个沉默的我思只有当它已经表达自身时才成为我思。”[③]开始写作《沉思集》的笛卡尔实现的就是这种转变：“笛卡尔在撰写《沉思集》时瞄向的正是这一沉默的我思，它赋予全部的表达活动以生气并且引导着它们——这些表达活动就定义而言总是缺乏其目标，因为它们在笛卡尔的实存和他对这一实存的认识之间置入了各种文化习得物的全部厚度，但如果笛卡尔不首先对他的实存有一种看法，

① Merleau-Ponty, *The Primacy of Perception*, p.22.

② Merleau-Ponty, *Phénoménologie de la perception*, pp.462–463.

③ Merleau-Ponty, *Phénoménologie de la perception*, p.463.

这些表达活动甚至不会被尝试。”[①]通过说出“我思”，笛卡尔的沉思就对其所属的文化实施了一次决定性的激活，不但赋予了它以新的活力，甚至还对它的发展进行了新的定向；这同时也是对他自身及对他所属的人类本身的一次决定性的重塑，通过说出“我思”，他实现了对“主体性的发现”。从此以后，所有的后来者都无法回避由他说出的这个“我思”所投下的意义之光，他们就生活在这一新的光照之下，即使他们不喜欢它，想要逃避它，也只有通过一番类似于笛卡尔本人的努力才可能摆脱出来。对他们来说，笛卡尔的“我思”已成为一种新的“沉默的我思”，它逐渐与笛卡尔本人最初努力想要从中挣脱出来的那一传统的文化场融为一体，或构成了其中较新的一个意义积淀层。每一个后来者，当他置身于其中时，它就构成了他自身中的一部分，即使他并没有完全理解它。理解，就是去表达，就是重新说出它，或以新的方式说出它，由此，沉默的我思就变成了我思。与我思相比，沉默的我思是更为源基的一个层次，是“主体还不知道其秘密的各种潜能”[②]。因此，沉默的我思并不是意识的功能，而是与我们的身体图式、与我们的知觉相关，同时也与一种在我们的身体中积淀下来的文化意义相关。正由于有这种沉默的我思，梅洛-庞蒂有时也把身体主体称作“匿名的主体”“前个人或前人称的主体”或“无性、数、格变化的主体”(subjet indéclinable)。

与身体主体相关的另一个重要概念是身体意向性，我们在

---

① Merleau-Ponty, *Phénoménologie de la perception*, p.461.

② Merleau-Ponty, *Phénoménologie de la perception*, p.463.

前面已经几次提到过它。不过梅洛－庞蒂本人很少直接用这个名称[①]，他用得更多的是胡塞尔所说的“运作意向性”，而在不同的场合他也用其他的名称来称呼它，如“运动意向性”“生存意向性”或“原初意向性”等等。

按梅洛－庞蒂的理解，胡塞尔本人区分了两种意向性，即“行为意向性”和“运作意向性”，如同我思与沉默的我思之间的关系那样，行为意向性是奠基于运作意向性之上的。后一种意向性其实就是我们的向世存在，亦即生存本身，它体现在我们的身体性活动的方方面面，如运动、表达、性欲、对时间和空间的感知等等，因此也可以称它为一种潜在意向性或“全面意向性。”[②]在接下来的章节中，我们将进一步阐述这种意向性在身体之各个维度中的具体呈现，所以在此就不再赘述。

这里还需注意的是“沉默的我思”与“身体意向性”之间的关系。它们都属于身体主体最源基层面的活动能力。不过“沉默的我思”似乎更强调了与意识和我思之间的关联，而身体意向性则侧重于本己身体的潜能及身体与周围环境之间的关系。正是因此，当梅洛－庞蒂后来放弃意识哲学（“知觉现象学”说到底还是一种意识哲学），转向一种关于“肉”的存在论时，他抛弃了“沉默的我思”这个概念[③]，但意向性的概念却依然保留

---

① 直接用到这个概念之处，参 Merleau-Ponty, *Signes*, p.111.

② 杨大春《梅洛－庞蒂》，第 132 页，台北生智出版社，2003 年。

③ 梅洛－庞蒂后来指出，“沉默的我思是不可能的”，因为它依然处于语言层面上，而只要在这一层面上，就不算是真正的沉默，或者说，沉默的我思与一般意义上的我思就没有本质的区别。不过，他还是认为，存在着一个“沉默的世界”，它是知觉的世界，却又是前语言的世

下来了，只是对它作了进一步的改造。他认为胡塞尔的意向性分析被意识哲学所强加给他的框架给束缚住了，而事实上，“思想与其对象、我思与我思对象之间的关系不包含我们与世界交往的全部，甚至不包含与世界交往的重要部分，我们需要把这种关系置于一种与世界的更低沉的关系中，置于对世界的秘仪关系（initiation）中。”① 与世界的这种秘仪关系就是“向世界的开放”，它就体现在比行为意向性更源基的运作意向性中。所以梅洛－庞蒂说：“应该恢复并展开运作意向性或潜在的意向性，这种意向性就是内在于存在者中的意向性。”② 所谓“内在于存在者中的意向性”，就是指人与事物尚未有明确的主客分化，人在事物场中，而事物也进入人之中，人与事物、人与环境浑然自如，交融一体，而只有一种感性的意义在其中自发地涌现流

界，在那里，已经“有许多非语言的含义，但它们并不因此就是实定的”（Merleau-Ponty, *Le visible et l'invisible*, pp.224–225）。这就是说，依然有待于把这些“暗哑无声的经验引向关于其意义的纯粹表达”（胡塞尔语，见 Merleau-Ponty, *Phénoménologie de la perception*, p.x），依然需要实现从沉默到发声的转化。沉默的我思“可以让人明白语言活动（le langage）如何不是不可能的，却不能让人明白它是如何可能的——仍然有知觉的意义向语言的意义、从行为向主题化过渡的问题”，而且，即使“语言活动通过打破沉默实现了沉默所期待却没能得到的东西，沉默仍继续包裹着语言活动”，有一种属于“绝对的语言活动、能思的语言活动的沉默”（*Le visible et l'invisible*, pp.229–230）。这一原初的沉默世界是意义的渊薮，它不停地涌动，期待着语词的生成，但又没有达到我思，还不属于我思，甚至不属于“沉默的我思”。

① Merleau-Ponty, *Le visible et l'invisible*, p.57.

② Merleau-Ponty, *Le visible et l'invisible*, pp.297–298.

淌，形成一个因缘聚合、指引联系的整体。这是知觉的原初状态，是身体性地向世而在的原初状态。事实上，只要身体在场，处于众多的事物之中，它也就成了这些事物之一。“它置于世界的织体之中，它的内聚力就是某一事物的内聚力。但是，既然它看有所见并且自身运动，它就吸引事物在它的周围形成圆圈，这些事物是它自身的一种补充或延伸，它们嵌入它的肉中，成为它的圆满规定性的一部分。”[①] 反过来，从事物的角度来看，也可以说，事物藉身体的知觉而被揭示，“这是一种回到自身中的被陷没的质野存在，是一个自行凹陷的可感者”[②]。简而言之，围绕着身体所展开的这种运作意向性其实就是一个身体场的敞开，一个由诸不同力量的牵引和拉扯而形成的意义漩涡，一个“由开创性的‘有’（il y a）开启的诸结构的等级系统”[③]。

以上我们已经论述了身体主体的基本规定性，也已经从一个纵向的角度探讨了身体与意识，身体与世界之间的垂直关系。然而，身体主体的存在还有多个侧面，多个维度，我们下面将进一步从横向角度来理解这一主体性的丰富内涵。正如梅洛-庞蒂所说：“如果我们要成功地理解主体，就不要在其纯粹的形式中，而要通过在其诸维度的交叉处去寻求它。”[④] 这些维度主要有空间性、时间性、性爱或情感、表达等。身体主体正是透

① Merleau-Ponty, *L'Œil et l'Esprit*, p.19.

② Merleau-Ponty, *Le visible et l'invisible*, p.263.

③ Merleau-Ponty, *Le visible et l'invisible*, p.292.

④ Merleau-Ponty, *Phénoménologie de la perception*, pp.469–470.

过这些不同的维度呈现其丰富的内涵，每一维度都只是显示了主体性内涵的某一侧面、某一特质，但又暗含了或相通于其他的维度。每一维度于对主体来说都是同等重要、不可或缺的，它们之间不存在从属关系，而是彼此渗透，相互交织，共同构成了一个不可分割的整体。正如梅洛－庞蒂所说："实存不可能有外部属性或偶然属性。它如果不整个儿地是空间的、性的、时间的东西，它如果不恢复和接受它的各种'属性'并使它们成为其存在的诸维度（以致对它们中的每一个的一种稍微精确的分析实际上涉及的都是主体性本身），那它就不可能是任何空间的、性的、时间的东西。"①

下面的论述主要从空间性、时间性、性爱和情感、表达这四个方面展开，从"其诸维度的交叉处"来研究身体主体。但与此同时，我们也将逐渐过渡到梅洛－庞蒂的后期思想中，从一种主体之外的视角，即存在论的视角来重新看待这些侧面，从而使梅洛－庞蒂前后期的思想形成一种对照。

二、空间性

在现象学中，"空间性"（spatiality）或"时间性"（temporality）这些概念意指的是空间或时间对人来说何以成为空间或时间，这里面包含着两层含义：其一是主观的空间或时间如何产生，其二是这一主观的空间和时间与客观的空间和时间之间的关系如何。

① Merleau-Ponty, *Phénoménologie de la perception*, p.469.

当然，这种主客观的时空区分只是随着现代主体的出现才产生，在古代世界显然不存在这样的区分。我们在前面讲到，古希腊人对于世界秩序的体验与我们现代人不同，对时空感的体验也是如此。在柏拉图的《蒂迈欧篇》中，柏拉图借蒂迈欧之口以神话的形式讲到了时间和空间的起源。他认为，我们这个世界是造物主（Demiurge）依照一个永不消逝的“完善原本”，一个充满活力的神圣天体而创造出来的。这一神圣天体就像理念世界一样是不生不灭、永恒不变的，但只有像神那样的眼睛才能凝视到它；而根据这个原本创造出来的世界摹本则不可能完全拥有这个理念世界的本性。因此，造物主决定给永恒者创设一个活动的形象，在他把世界安排妥当之后，他就照着那始终如一的永恒天体创造出一个根据数的规则来运动的永恒者的形象，这就是我们所说的“时间”。[①] 换言之，时间是作为理念的永恒天体得以显现为可见世界的“视野”，只有在时间中并通过时间人们才能瞥见永恒性的踪迹。这一点似乎与海德格尔的观点相似，因为海德格尔也把时间看作使存在得以显现的视野，但柏拉图是从永恒的观点着眼的，也就是说，他一开始就设定了永恒之存在；而在海德格尔看来，这其实只是一种概念的设定，因为所谓的永恒不过是一系列的现在[②]，即使对它作不断的

---

① 柏拉图《蒂迈欧篇》37c–e，第 25 页，谢文郁译，上海人民出版社，2005 年。

② 这也是柏拉图自己所认同的，如他在书中所说：“只有‘现在是’才准确描述了永恒者，因而属于它。‘过去是’和‘将来是’是对生成物而言的。它们在时间中，是变化的。但那不变的自我相同者是不会随着时间的流逝而变老或年轻。它不会变，以前不会，将来也不会。”（《蒂迈

分割，现在总还是现在。因此，从永恒的角度来看时间，就是“在一种不可消解的现成事物的视野上看见时间的持续性”，海德格尔把这斥责为“流俗的时间”。[①] 与此相反，在海德格尔那里，时间始终是此在的时间，是属人的时间（通俗地讲即主观的时间），这完全不同于柏拉图的叙事中所提到的那种宇宙层面的上时间。后者是在“理念”向“现实”的降生运动中绽显出来的。因此，时间是相对于永恒而言的，是永恒的投影，同时，它属于世界整体，是世界秩序的动态展现，而非个体的人所专有。在这个意义上，我们大概能对赫拉克里特那些神秘的话语有所领悟：“时间是游戏的孩子。”“世界过去、现在和将来都是一团永恒燃烧的火。”在这些话语中启示的或许就是同一种关于存在运作的真理。

那么空间又是什么呢？首先需要注意的是，在希腊人那里，不存在与现代的“空间”（space）相对应的希腊词。正如海德格尔——他要求我们像希腊人那样去思考——在他一篇阐释亚里士多德的“Physis”概念的文章中所说：“希腊人对于空间既没有一个词语，也没有一个概念。”[②] 这话其实也告诉我们：希腊人没有我们现代意义上的空间观念。在《蒂迈欧篇》中，当蒂迈欧解释世界的创生时，他就用了好几个词来解释这种空间性秩序的形成。[③] 他说，为了创制世界，需要神圣天体中的永恒

欧篇》37e–38b，第 25 页）

① 海德格尔《存在与时间》，第 477–478 页。

② 海德格尔《路标》，第 287 页，孙周兴译，商务印书馆，2000 年。

③ 参柏拉图《蒂迈欧篇》的译者注中的第 38 个注释，第 74 页，亦参该书后面的附录二《载体与理型》一文；此处我们对于柏拉图的空间

理型投射于时间性的形象中，以形成可以被人感知的个体事物，而为了接受这一永恒理型的投影，就需要某个载体。这个载体（chora）就类似于空间的某种原型或原材料，它“不朽而永恒，并作为一切生成物运动变化的场所，感觉无法认识她，而只能靠一种不纯粹的理性推理来认识它”[①]。载体本身是无定形的，它是可以铸成任何形状的材料。从这无形无性的载体中首先通过模仿理型而产生出作为基本元素的各种形体：水、土、火、气，它们让宇宙充实起来，这些基本元素又进一步以理念世界中的原型物为范本，通过组合而产生作为摹本的各种可感事物，每一可感事物本身亦享有一空间（topos，位置），它们通过排列分布而分割了作为母体的载体空间。当摹本（即神圣形象）离开载体空间时，可感物就消失了，空间复归于无形无性的载体。因此，可感物体所呈现的空间（topos，位置），是通过载体空间（chora）接受理型影像的“压印”而形成的。[②]可感物的生成同时也是一种相应的空间秩序或世界秩序形成的过程。

概言之，在柏拉图那里，空间就是我们的世界所寄托的地方。但是它也呈现出某种动态变化的特征：在世界被创制之前，空间是作为无定形的原材料（chora）而存在的（类似于混沌），而随着创世的进行，它体现为世间万物各自所处的位置或场所（topos），最后，它又是已经完成的世界的一种整体秩序

观的简要阐述主要参照了此文。

① 柏拉图《蒂迈欧篇》52b，第 36 页。

② 谢文郁《载体与理型》，附载于柏拉图《蒂迈欧篇》后，见第 116–117 页。

（cosmos）。因此，世界是在空间中成其为世界的，同时世界也是一个空间化的世界。只是这里的“空间”一词不能从现代科学所形成的那种均质化、几何化的抽象空间的角度去理解。对于《蒂迈欧篇》中提到的空间，海德格尔评论说：“某种东西在其中生变的那个东西，指的就是我们称之为‘空间’的那个东西。希腊人没有用来指称‘空间’的语词，这不是个偶然的现象。因为希腊人不是从 extensio（广延）出发来体验空间性的东西，而是从作为 chora（域）的处所（topos）出发来体验的，这个 chora 的意思既不指处所，也不指空间，但它为来此站立者接纳和居有。处所属于事物自身。不同的事物各有各的处所。”[①] 在另一个地方，他还指出，对于希腊人来说，“topos（空间）乃是 pon（地点），是某个物体所属的地方；火性的东西归于上面，土性的东西归于下面。上面和下面（天和地）的位置本身被标示出来，由之而得到规定的是距离和联系，意即我们所谓的‘空间’”[②]。与此相反，“对我们今人来说，并非空间由位置所决定，相反地，作为点位的一切位置都是由无限的、处处相同的、没有一处突出的空间所决定的。”[③] 总之，希腊人的空间是一种更具体化的、随物赋形的空间，但同时它又是立足于更宏大的宇宙论层面而言的，就如同他们的时间观那样。

以上对于希腊世界的时空观的简单描述只是想为我们现代

---

① 海德格尔《形而上学导论》，第 73–74 页，王庆节译，商务印书馆，2018 年。

② 海德格尔《路标》，第 287 页。

③ 海德格尔《路标》，第 288 页。

的时空观及梅洛－庞蒂本人的时空观提供一个基本的参照。无论如何，自现代以来，对于时间、空间的体验已经与希腊人截然不同了。最初把时间从宇宙层面上拉到人自身中来的体验转型是在基督教的信仰中实现的，这一点我们只要提一下奥古斯丁的《忏悔录》就可以了解。也是因此，利奥塔认为，现代性的最初特征在塔尔索的圣保罗和奥古斯丁那里就已经出现了。① 而空间亦至少在中世纪时就已经开始转向主观化了，如梅洛－庞蒂所说，这主要归功于画家们对透视法的发现。空间由此不再是存在游戏的场所，而成了人们加以主观表现的对象。②

不过，相比于时间，空间似乎是更为外在的东西，因为它总是与物体联系在一起。这一点亦在哲学中得到了反映。笛卡尔的主体虽然遭受时间的威胁，但它很快就借助于上帝赋予的理性战胜了它。时间反过来成了我的心灵所产生的一个观念，我可以把它"随心所欲地传递给其他一切东西。"③ 与此相反，空间反而是属于事物的属性，因为事物具有长、宽、高，具有广延。广延和空间，这两者在笛卡尔那里几乎就是同一个意思，也正是从笛卡尔之后，广延成了规定空间性的一个概念，而空间则成了一个广延的空间。④ 我们的身体因其具有广延性，也

① 利奥塔《后现代道德》，第 63 页，莫伟民译，学林出版社，2000 年。

② 马尔罗《无墙的博物馆》，第 7–8 页；Merleau-Ponty, *Signes*, pp.63–64.

③ 笛卡尔《第一哲学沉思集》，第 45 页，庞景仁译，商务印书馆，1996 年。

④ 尽管海德格尔说，从柏拉图哲学把存在解释为 idea（理念）以来，就已经将希腊人作为"处所"（topos）和 chora（域）的空间变成用广延

被归入了物体这一边。因此，心灵与身体、思维与物质的区分，在某种程度上也隐含着时间和空间的区分。也就是说，时间与空间相比，是更为内在自明的，它属于主体这一边，而空间则显然偏向于物体。两者只有在上帝那里才和谐地统一起来。

在此我们已经可以看到康德的影子。康德进一步指出，时间是内感知的先天形式，而空间则是外感知的先天形式。他把这两者都作为主观的先天形式引入主体之中，并在其中获得统一。但由于康德的主体还是个先验的意识主体，所以在看待时间和空间时，他明显地偏向前者。他认为，空间作为一切外直观的纯粹形式是有限制的，因为它只能用作一切外部显现的先天形式，而时间则没有任何限制；既然空间中的一切表象最终说来都属于我们的内部状态，因而也就属于时间。“时间是（我们灵魂的）内部出现的直接条件，从而就是外部出现的间接条件”。[①] 这样，他就把空间性问题化约为时间性问题了。

由此我们就可以进入现象学了。在现象学的两位导师中，在对时空间关系的理解上同样存在着偏差。胡塞尔一生对时间问题最为重视。他说：“在一切本身被认为是存在的被意识的客体的东西和主体的东西所构成的 ABC 之中，它处于 A 的位置。”[②] 而对于空间性问题的论述就相应地处于较次要的位置上

大小来空间的空间了。参《形而上学导论》，第 74–75 页，王庆节译，商务印书馆，2018 年。

① 康德《纯粹理性批判》b51，第 75 页，韦卓民译，华中师范大学出版社，2000 年。

② 胡塞尔《对被动性综合的分析》，转引自李鹏程《胡塞尔传》，第 94 页，河北人民出版社，1998 年。

了[①]。这是否就是因囿于意识而造成的结果呢？

第一个对空间性现象作出专题性的现象学阐释的现象学家是海德格尔。事实上，在著名的“在世界之中存在”的“在……之中”结构中就已本然地包含着一种空间性的含义，只是海德格尔是从依寓、逗留的生存论角度来解释它的，并明确地了否定了“在……之中”所具有的现成空间或客观空间的意味，但通过具体的依寓或逗留方式，它依然展开了一个实践性的周围世界的空间。在《存在与时间》的第 22 至 24 节，海德格尔就颇为详细地阐述了“周围世界的周围性与此在的空间性”问题。海德格尔指出，此在的在世操持本身就是空间性的，这种空间性主要以“去远”和“定向”的方式在此在寻视操劳的实践活动中体现出来。“去远”是指消除与某物的距离，使所操持之物上到手头。“定向”则是在去远活动中确定方向，建立标志，使所操持之物在我的周围世界中各有所属。因此，对海德格尔来说，空间性首先是此在在其日常在世的活动中所属场所的空间性。在这里，“空间的维性还掩藏在上手事物的空间性中，‘上面’就是‘房顶那里’，‘下面’就是‘地板那里’，‘后面’就是‘门

① 胡塞尔其实也很早就意识到空间问题的重要性，在 1906 年 9 月 25 日的一则日记中，他就已经指出，要发展一门空间现象学；并且他也很早（在 1894 年）就已作了各种尝试，但似乎没有获得令他满意的结果（参胡塞尔《内时间意识现象学》“编者引论”第 1–2 页，倪梁康译，商务印书馆，2017 年）。后来，在 1907 年于哥廷根大学的夏季讲座中，胡塞尔结合事物构造问题对空间作了探讨。但关于这方面内容的手稿很晚才以《事物与空间》为题被整理出版（1973 年，收入《胡塞尔全集》第 16 卷），梅洛 – 庞蒂似乎没有参考过胡塞尔关于这一主题的相关手稿。

那边’。一切‘何处’都是由日常交往的步法和途径来揭示的，由寻视来解释的，而不是以测量空间的考察来确定来标识的。”[①]海德格尔明确地指出，所谓的此在空间的先天性，只能是这种生存论意义上的先天性。“先天性在这里说的是凡上手事物从周围世界来照面之际空间（作为场所）就已经照面这种先天性。”[②]只有当这种寻视操劳的实践活动中止，而转变为一种纯粹观望的旁观态度之际，均质、纯粹的自然空间才会显现出来。

但是，奇怪的是，在对这种场所空间性加以论述时，海德格尔却排除了对明显与之相关的身体性的考察。海德格尔说：“此在始终随身携带着（左和右）这些方向，一如其随身携带着它的去远。此在在它的肉体性——这里不准备讨论‘肉体性’本身包含的问题——中的空间化也是依循着这些方向标明的。”[③]这里他似乎把身体的空间性从属于实践活动的空间性（场所空间性），却又奇怪地取消了对身体空间性作进一步讨论的必要性，因此，有关空间性与身体性的关系问题只是更多地给我们留下了疑惑。在另一个地方，海德格尔再一次明确地写道：“接近不是以执着于身体的我这物为准的，而是以操劳在世为准的，这就是说，以在世之际总首先来照面的东西为准的。”[④]这就更明确地取消了身体与远近空间关系的直接关联。

然而，在此在在世的实践活动中，取消身体性的位置，空

---

①《存在与时间》，第 120 页。

②《存在与时间》，第 129 页。

③《存在与时间》，第 126 页。

④《存在与时间》，第 125 页。

间性问题是否能得到恰当的处理？这恐怕是有疑问的。我们可以看到，在海德格尔对空间性问题作进一步的说明时，他同康德一样，把空间性问题化约到时间性问题上去了。海德格尔认为，此在的空间性“在生存论上只有根据时间性才是可能的”，因此，“此在特有的空间性也就必定奠基于时间性”。[①] 此外，他在分析此在的空间性时主要着眼于此在在生存论上的沉沦状态。由于此在向来“消散于事”，操持于当前化的上手事物之中，因而，“时间性本质上沉沦着，于是失落在当前化中”，从而形成了一种假象：“‘首先’只是一个物现成摆在这里，同时也是不确定地摆在一个一般空间中。”[②] 因此，“具有空间性的东西在表述含义与概念之际具有优先地位，其根据不在于空间特具权能，而在于此在的存在方式。”[③] 也就是说，此在的空间性只是由于时间性建制的沉陷才展现出来的一种非本真的生存样式，并且它只有根据绽出视野的时间性才能得到领会。这样，在海德格尔那里，空间性也就从属于时间性，甚至被归结为时间性了。这说到底是由于他在对此在现象学的描述中忽视了此在的身体性及相关的身体现象所致。[④] 这反过来也证明了我们前面提到的一个观点，即海德格尔是站在世界之外、站在存在的无蔽立场上来描述此在在世的。

---

①《存在与时间》，第 416 页。

②《存在与时间》，第 418 页。

③《存在与时间》，第 419 页。

④ 参刘国英《肉身、空间性与基础存在论：海德格尔〈存在与时间〉中肉身主体的地位问题及其引起的困难》，载《中国现象学与哲学评论》第四辑，上海译文出版社，2001 年。

这些讨论也表明，为了使空间性问题有一适当的说明，必须返回身体性的向世而在中，把空间性从时间性的束缚之下解放出来，恢复其独立的地位。这就是梅洛－庞蒂的路向。

1. 身体空间与外部空间

海德格尔轻易地打发了身体的空间性问题，但对梅洛－庞蒂来说，要讨论空间性问题，我们就绝不能避开身体。因为身体就是一最源基的空间结构，空间性是一种属于身体本身的先天性，实践活动所产生的场所的空间性，只有联系身体、放在与身体空间的关系中才能得到理解。

当海德格尔说此在随身携带着方向，如头“上”、脚“下”、“左”手、“右”手等时，梅洛－庞蒂则进一步指出，这种身体方位的建立首先与我们身体的先天机制有关，这里最关键的是直立姿态。“高与低的视觉结构，垂直与水平的协调，是与直立姿势相辅而行的。事实上，儿童在能站立之前并没有获得它们，在没有拥有它们的黑猩猩那里，直立姿势永远不会成为一种自然的姿势。”① 尽管动物在某些实验中也表现出对一定的空间和时间结构的掌握和操纵，但是，梅洛－庞蒂说：“‘空间’和‘时间’这些术语在这里不应该从其人性的意义上来理解——根据这种意义，时间关系可以被空间关系所象征。对于动物而言，这种时－空一致性并不存在。”②

① Merleau-Ponty, *La structure du comportement*, p.130.

② Merleau-Ponty, *La structure du comportement*, p.122.

其实，不单是动物没有人性意义上的空间性，即使是人自身，当某些机能受损时，也会破坏其正常的空间结构。比如说，我们上文提到的病人施耐德，他不能做“抽象”运动，这说明他已经丧失了在一个想象空间中活动的能力，而想象空间正是我们的身体空间的自由投射；而在实际空间中，他也遇到种种障碍，如他不能分辨方位，当他在迷津中遇到死路时，他不能找相反的方向进行尝试。这说明他已不再有完整的客观空间观念，而这些又反过来表明他的身体空间已经遭到破坏。

身体空间是一个怎样的空间呢？我们前面提到，身体是一个统一的整体，它不是各个器官的外在组合，而是其各部分的相互蕴涵。“我在一种不可分割的拥有中持有我的身体，我通过我的所有肢体都包含于其中的身体图式知道它们每一个的位置。”① 我的身体的各个部分都是内在相通的，它们以一种原初的方式彼此关联，一些包含在另一些之中。所以，我身体某一部位的疼痛会向四周扩散，形成一整片氤氲的痛感区域；我的左手受到的刺痛，我在右手的相应部位也能隐隐地感觉到。这正表明了我的身体空间是一个交互相通的蕴含结构，“它包囊它的各个部分，而不是分别地展开它们”②；我们一般不会说我的头在我的肩膀上，我的手在电话机旁边，因为这都是把身体当作物体来看待了。我们甚至不能说身体在空间中，因为我们“身体的轮廓是通常的空间关系不会逾越的界线”③。所以，说是身

① Merleau-Ponty, *Phénoménologie de la perception*, p.114.

② Merleau-Ponty, *Phénoménologie de la perception*, p.117.

③ Merleau-Ponty, *Phénoménologie de la perception*, p.114.

体空间，其实我们不能对它作出明确的划分和定位。比如，身体没有固定的中心。当我站在书桌前，用双手支撑起我的整个身体时，我的双手就作为核心突现出来，而“我的整个身体则像彗星的尾巴那样拖在它们的后面”。[①] 在某种程度上，我甚至不能对我的身体作出头“上”脚“下”的划分，因为这种划分已经隐含地把我的身体呈现为甚至固化为一种外部空间的形式。就此而言，“身体空间”这个概念存在着一定程度的含混性[②]，因为如果我指的是构成身体的各个部分及各种组织之间的关系，那么，我除了对我显露在外的肢体的位置和活动有明确的意识外，对被我的皮肤和骨架包裹着的内部的脏器分布及相应的活动其实并没有多少感受。它对我来说整个儿就显现为一团晦暗

---

① Merleau-Ponty, *Phénoménologie de la perception*, p.116.

② 梅洛－庞蒂对于身体本身的空间性其实论述得并不多，因为他主要是从身体空间与外部空间的关系中来论述它的，这也使他的“身体空间”显得颇为“含混”。当然更本质的原因在于，我们似乎没法单独地谈论身体空间，身体空间与外部空间形成了一个密不可分的实践系统；要了解身体空间，只有在身体所展开的行动中才有可能。后来德国的新现象学家施密茨亦对身体本身的“空间性”作了重点研究，他试图对严格意义上的身体空间作出细致的界定，如他认为身体空间的体验有三种方式：宽度空间、方向空间、位置空间；而且他尤其强调了我们的情感体验本身所具有的空间性力量（参《新现象学》“译者的话”，XVI–XXII及正文21页以下，庞学铨、李张林译，上海译文出版社，1997年）。但严格说来，这些空间同样离不开外部既定的形式化空间的参照；梅洛－庞蒂也描述了一些基本的体验空间和情感空间（参 Merleau-Ponty, *Phénoménologie de la perception*, p.325以下），施密茨只是在此基础上有进一步的发展。

的无法分化的区域，我没法描述这个身体之内的空间。我所能谈论的只是由我明确感受到的身体姿势和肢体活动所构成的这一空间，但这个空间总已经是展露在外部世界之中，并与外界物体处于各种交互的关系之中了。所以身体空间是无法脱离与外部事物的关系来单独谈论的。[①] 我的身体总是根据它所面对的任务而调整姿势，改变其各部分的位置。因此，它的空间性“不像外界物体那样是一种位置的空间性，而是一种处境的空间性”[②]，或者说，它是一个动态的、随时生成又随时变化的空间，是一个可能性的空间。如果说外在的空间总已经处于某种普遍的形式框架中（如康德所说，空间是感性的先天直观形式），那么，身体空间则是一种“内容的空间”，也就是说，它没有固定的或预定的形式，它的形式是在内容中，亦即在身体所面对的处境和它所筹划的任务的要求中相应地呈现出来的，并随时根据这一处境和任务的变化而作出调整，改变它所呈现的形式结构。对于身体空间来说，“形式只有透过内容才是可通达的”[③]。在这个意义上，可以说它是一个零度空间。

不过，尽管身体本身是一个不定的空间，但当它向世而在，进入与事物的关系中时，它就自然地以自身为原点，来投射或

---

① 更重要的是，为了领会身体空间的原初意义，需要以一种反常的身体空间为参照，只有在某种暴力性的打击损害了身体机能的情况下，正常身体空间的独特性才得以显现，这就是梅洛－庞蒂要对施耐德予以特别研究的原因（参 Merleau-Ponty, *Phénoménologie de la perception*, p.119）。可以说，常态无法说明自身，例外却显明了常态。

② Merleau-Ponty, *Phénoménologie de la perception*, p.116.

③ Merleau-Ponty, *Phénoménologie de la perception*, p.118.

筹划一种可见的、形式的空间。身体作为一个具有协同作用的系统，它有着一种最基本的“垂直与水平”的先天结构，这首先与它那种占优势的直立姿态有关，而更重要的是，它能将这种占优势的形式的意义揭示出来，藉此确立上、下、左、右，即垂直与水平的基本方位框架。我们之所以把头所在的地方称为“上”，把脚所在的地方称为“下”，亦正与此相关。当然，身体就其内容本身而言，它的各部分也是相互区别的，“头”无论如何都不会是“脚”，这种内容的不同也就有了“意义”（sens）的不同，而“意义”就是“方向”（sens），身体亦根据这种“意义”的差异而区分出不同的位置和方位。也是在这个意义上，我们才可以说身体自身携带着它自己的“方向”（即“意义”），而且它还将这种“方向”（“意义”）投射到外部世界中，使在那里也产生出一种相对确定的空间形式；而这种空间形式又反过来影响我的身体的内容空间，使“内容可以真的被归入形式之下并作为这一形式的内容呈现出来”①，使原先还不稳定的内容区分定格为一种相对稳定的形式区分，这样我就把跟我的头相对应的区域也称为“上”，把跟我的脚相对应区域也称为“下”了。如果脱离了我的身体，就纯粹形式的“上”和“下”来说，它们是没有任何意义的。

在这里，我们看到了身体空间与外部空间的一种辩证关系。一方面，身体空间在原则上是不可界定的：“一旦我想主题化我的身体空间，或详细阐明其意义，那么我在它那里就只能发现

① Merleau-Ponty, *Phénoménologie de la perception*, p.118.

智性空间。”[①] 而这种概念性的智性空间其实不过是对身体空间的重新解释和定位，想使那非客观化、不可客观化的身体空间客观化而已。另一方面，正是身体空间使这种纯概念性空间得以可能，因为“身体在其独特性中已经包含了把它自身转变为一般空间的辩证因素”[②]，外部的均质的形式空间之所以能解释身体空间的意义，是因为它已经从身体空间中获得了意义。因此，我的身体不但不是空间的一部分，而且是一原－空间，是“景象的明晰所必需的室内黑暗，是姿态及其目标得以在其上清楚地显现的昏暗背景和模糊力量的储备，是那些确定的存在、图形和点能在其面前显现的非存在区域。”[③] 总之，“如果我没有身体的话，对我来说也就根本没有空间。”[④]

身体空间不是一个有确定方位的空间，但它是一个有定向能力的空间，它本身就是作为一个绝对的“这里”而起作用的。[⑤]“这里”是“表示初始坐标的设置”。[⑥] 在一个自在的世界中，

---

① Merleau-Ponty, *Phénoménologie de la perception*, p.118.

② Merleau-Ponty, *Phénoménologie de la perception*, p.118.

③ Merleau-Ponty, *Phénoménologie de la perception*, p.117.

④ Merleau-Ponty, *Phénoménologie de la perception*, p.119.

⑤ 这一点胡塞尔就已经提到了。他说，我对于我的身体，具有一种前对象的意识，身体是某种处在“这里”的东西；在我的身体中我始终存在于“这里”。无论到哪里，这个身体的“这里”可以说是一直随着我流浪，并且因此而构成了我始终无法放弃的、我的空间定位的绝对关系点。在与我的身体－躯体的关系中，任何其他躯体都作为“那里”而与我发生联系。参《生活世界的现象学》，第 29 页。

⑥ Merleau-Ponty, *Phénoménologie de la perception*, p.117.

是没有任何空间形式的，它无所谓这儿也无所谓那儿，既没有高也没有低。一切都处于均质恒等状态中，没有任何物体从其物体中突现出来，甚至也无所谓运动，因为不存在“这儿”和“那儿”的位置区别。然而，一旦我的身体处于其中，立刻就有了相对于我的身体之这里的“那里”，有了远近高低的层次和秩序，有了海德格尔所谓的“指引联系”。后者曾详细描述过人的寻视操劳的实践活动是如何开启出一个生存论的空间的（如“‘上面’就是‘房顶那里’，‘下面’就是‘地板那里’，‘后面’就是‘门那边’”），梅洛－庞蒂对此没有否定，他也说，身体的空间性“是在活动中实现的”[①]，他只是更进一步强调了作为这些寻视操劳的实践活动的身体基础。当我们谈论任何外界物体的空间性时，都已经不言而喻地假定了以我的身体作为基准和原点的原始空间坐标轴，正是因此，身体是物体得以显现的背景或界域，“任何图形都显现在外部空间和身体空间的双重界域中”。[②]

作为原始坐标点的身体并不是固定的。因为我可以移动我的身体，使刚才还处于“那里”的地方变成为“这里”，我也可以身体不动，但在心理上使自己置身于“那里”。“当我说‘一个物体在一张桌子上’时，我总是在思想上将自己置身于这张桌子或这个物体上了。我把原则上适用于我的身体和外部对象的关系的范畴应用于它们。去除这种人类学的含义，‘在……上’这个词就与‘在……下’或‘在……旁’这些词不再有什么区

① Merleau-Ponty, *Phénoménologie de la perception*, p.119.

② Merleau-Ponty, *Phénoménologie de la perception*, p.117.

分了。”[①]这就是说，身体具有投射能力，能把它自身携带的方位和它与物体间的空间关系应用到纯然的物体中去，而这正是客观空间得以形成的基础。这样，我们就可以把立方体定义为“一个由六个相等的面构成，并在这些面之间封闭着一部分空间的特殊形状”，但即使在这样一个看似完全客观的科学定义中，也仍然隐含着我们的体验意义：“如果说‘封闭’和‘在……之间’这些词对我们来说有某种意义，这是因为它们有所假借于我们作为具肉化主体的经验。在空间本身中，在没有一个心理物理主体在场的情况下，不存在任何方向，任何内部和外部。一个空间被‘封闭’在一个立方体的诸面之内，就好像我们被封闭在房间的四周墙之间一样。为了能够思考这个立方体，我们需要在空间中占据位置，或者在其表面，或者在它之中，或者在它之上，如此我们才能从某个视角看到它。”[②]这再次表明，客观空间是以身体空间为基础的。

我的身体空间还可以通过它的活动占有外部空间，从而扩大自己的生存空间，这就是习惯空间的形成。比如说，当我经常打字，对于键盘上的字符键非常熟悉之后，我就不用再看键盘就能在电脑上打出字来，就好像我的手已经和键盘空间融为一体。同样，当我熟悉一个城市后，这个城市的空间就会烙在我的身体空间中。我不需要地图就直接知道学校在哪，书店在哪；也不需要辨别东西南北就知道哪条路通向哪个地方。因为我的身体已通过它的生存运动赋予了每一个地点以意义，并使

① Merleau-Ponty, *Phénoménologie de la perception*, p.118.

② Merleau-Ponty, *Phénoménologie de la perception*, p.236.

之“作为物体在我们的手下、在我们的眼睛下开始实存”[①]。“意义”（sens）就是“方向”，赋予意义的过程也就是创立方向、开辟空间的过程。由此所开创出来的习惯空间或场所空间，也就是我们的身体空间的扩展和延伸。在这个习惯空间里，即使那些身体机能受损的人（如施耐德）也能和正常人一样从事日常熟悉的工作。

身体不但能开辟实际的生存空间，也能在实际空间之外开辟各种可能的或想象的空间。威特海默的一个实验表明[②]，我们的身体即使躺在地上，也能通过一个“潜在的身体”进入一个在镜子里呈现的房间之中；即使那个房间对被试来说是完全陌生的，甚至房间的视垂直方向与他身体的客观方向有一个较大的偏差，但只要他注视它一段时间，设想自己可以在其中生活，他的潜在的身体就“离开了实际的身体”，以致不再感觉到实际所处的世界，也不再感觉到其真实的腿和胳膊，而只“感觉到为了在镜中房间里行走和活动所需要的腿和胳膊”，由此他就栖居于镜中世界了。“这是通过我的身体对世界的某种占有，是我的身体对世界的某种把握。”我的潜在的身体，作为“可能活动的系统”，“它的现象‘位置’是由它的任务和它的情境来确定的，哪里有要做的事情，我的身体就出现在哪里。”[③]

正因为我能向一个可能的甚至虚拟的世界投射这样一个潜在的身体，所以我可以想象一个我从来没有去过的城市的风景，

① Merleau-Ponty, *Phénoménologie de la perception*, p.171.

② Merleau-Ponty, *Phénoménologie de la perception*, p.289.

③ Merleau-Ponty, *Phénoménologie de la perception*, p.289.

甚至想象某个根本不存在的地方,如“马里昂巴德”[①]。柏拉图的洞穴中的囚徒尽管被固定在其位置上而不能自由移动甚至转动身体,却仍能通过投射在墙壁上的影子而使自己的身体获得某种程度的解放;在如今这个影像时代,人们更是有意地通过制作各种影像来投射自己的潜在身体,由此产生了无数完美、精致的,或具有超能力的,甚至永生不朽的身体的幻像,以致地球上的每个角落都被各种各样的身体幻像覆盖了。如果说笛卡尔通过构想一个实体般的心灵来支配甚至取代身体,那我们如今则以我们自己所投射和制作的幻象的身体取代了真实的身体。我们每一个人都或多或少地生活在这样一种关于完美身体的幻像之中。这是否也算是身体异化的一种形式呢?

无论如何,这至少体现了正常的身体所具有的无比巨大的潜能,而只要这种潜能存在,身体就是一个正常的、本己的身体,我们前面提到的病人施耐德受到损害的就是这种潜能,而像黑猩猩这样的动物则更不拥有这种潜能,他们都缺乏把自身的 sens(意义或方向)投射到外部世界的能力。这正是正常身体的独特性所在。身体的这种潜能表明,身体总是超逾身体,或者说,身体总是有待于成为身体,人总是有待于成为人。从这个角度来看,即使将来出现了某种超人的身体,它也依然是以人的正常身体为基础的,并且最终仍要回到正常的身体上来,否则它就只能是非人的怪物了。身体的这种潜能隐秘地贯通于史前的身体、动物的身体,它有着远超其把握的深度和厚度,就此而言,它是一个匿名的、一般的身体,垂直的身体;而

---

① 参阿伦·雷乃的电影《去年在马里昂巴德》。

一种未来的新的身体，如果它是可能的，也将总是以激活这个身体中隐含的机能和蛰伏的意义为前提，正如尼采所说，一棵树长得越高，它的根就扎得越深——往黑暗中扎，甚至往罪恶里扎！

身体还敞开了各种各样的主观体验空间。[①]比如有一种类似于黑夜的神秘空间，它没有形状和轮廓，从四面八方包围着我，就像有某种超自然力（mana）渗透入我的每一个细胞，窒息我的回忆，甚至抹去我的个人同一性，这是一种甚至没有形式区分的混沌空间，但只要远处有一点隐约的声音或一抹光线传来，这个混沌的空间就会被激活，出现某种层次的区分。有一种梦幻的空间，在那里能出现各种各样匪夷所思的景象，就好像身体的潜能得到了最自由最充分的展现，但它同样有涨潮和落潮、上升和坠落的变迁，这是一种“实存的脉搏，是它的收缩和舒张”。还有一种神话的空间，其中的方向和位置是由原始人的感情依托的处所来确定的；在那里，回到宿营地就是回到某种平和喜乐的自然场所。梅洛－庞蒂认为，这些空间虽然要么是基于对我的身体空间的体验而产生的，要么是基于对实际生存空间的体验而产生的，但它们都是原初的，都反映了身体主体在一个具体环境中的扎根。

凡此种种皆表明，身体是一个原初的空间，只有在身体空间的基础上，我们才能设想并开创外部空间。“拥有一个身体，就意味着拥有变换平面和‘理解’空间的能力，就像拥有嗓音

① Merleau-Ponty, *Phénoménologie de la perception*, pp.326–330.

就意味着拥有变调的能力一样。”①

2. 对空间的生存论解释

前面曾指出，客观的形式空间是在身体空间的基础上产生的，但是，客观空间产生后，又常常遗忘了它与身体空间之间的原初关系，由此导致了对空间现象的种种错误解释。在这一节里，我们进一步从生存论的维度对这些常见的空间现象作出解释。

上和下

我们先来看一个视网膜映像不颠倒的实验②。我们知道，在正常情况下，物体经过晶状体投射在视网膜上的映像是颠倒的，而我们看到的物体却是正的。反之，如果我们在实验中让被试戴上使视网膜映像变正的眼镜，那么刚开始时整个景象就是颠倒的，但过了一段时间的调适后，景象却又变正了。如何解释这一现象？

心理学家对此给出的答案是，戴上眼镜后，呈现给被试的视觉世界正好旋转了180度，因而在被试看来是颠倒的。但这时，作为触觉世界的另一个感觉面仍然是正的，它不再与视觉世界一致。这样，被试通过他的身体得到了两个互不协调的表象，一个表象是通过他的触觉世界和他在实验之前保存的视觉世界

① Merleau-Ponty, *Phénoménologie de la perception*, p.291.

② Merleau-Ponty, *Phénoménologie de la perception*, pp.282–285.

呈现给他的，而另一个表象是由当前的视觉表象呈现给他的。这两种表象相互冲突，只有当其中一个表象消失时才会恢复正常。也就是说，被试通过联想，把当前视觉场中的“上”与触觉场中的“下”联系在一起，通过经常性的反复，被试就重新统一了视觉场和触觉场。但梅洛－庞蒂认为，这种解释是难以理解的。如果说被试通过联想重新统一视觉场和触觉场，那么，也有可能出现统一后的空间景象整个都是颠倒的情形；此外，如果说被试戴上眼镜后出现的“上”和“下”景象的颠倒关系，是相对于触觉空间和原先的视觉空间而言的，那么，仍有待于理解这些空间中的“上”和“下”关系是依据什么建立的。显然,作为纯粹空间形式的“上”和“下”是没有什么意义区别的，它们只能依据我的身体空间才能获得其意义。“问题正是在于知道为什么一个物体在我们看来是‘正的’或‘颠倒的’，以及这些词表示什么意思。”[①] 我们之所以把头“上”脚“下”的人感觉为“正的”，是因为我们的身体已经把这样一个方向作为占优势的空间接受下来，我们正是把这样一个“方向”(sens) 的人理解为正常之人的“意义”(sens)。一旦颠倒了其“方向”，也就是剥夺了其“意义”，而被试努力恢复其视觉空间的努力，也就是重新找回“意义”(sens，“方向”) 的过程，是被试的运动意向的结果。同样，“对于能思的主体来说，‘正着’看到的一张脸和‘倒着’看到的同一张脸是没有分别的。但对知觉的主体来说，‘倒着’看的脸却是不可辨认的。”[②] 当我看一张脸时，我

① Merleau-Ponty, *Phénoménologie de la perception*, pp.285–286.

② Merleau-Ponty, *Phénoménologie de la perception*, pp.291–292.

的目光只有顺着脸所固有的某种不可逆的顺序看到脸的细节时，才能认出它,脸及其表情的“意义”必然是与其“方向”相关的。这对于物体来说也是一样，只有从特定的角度，特定的“方向”去看物体，才能发现物体所特有的“意义”。“颠倒一个物体就是剥夺它的意义。”①“既然任何可想象的存在都直接或间接地与被感知的世界有联系，既然被感知的世界只能通过方向来把握，我们就不能把存在和有方向（sens,或有意义）的存在分开。”②因此，“上”和“下”不只是单纯的客观空间里的方位标，它还表示一种体验意义的获得，表示对世界的某种重新占有和把握。

深度

深度也是最基本的空间概念之一。传统哲学把深度视为“从侧面看的宽度”。如贝克莱认为，深度实际上就相当于宽度上的各个点的并列，只是由于我站的位置不对，不能看到深度罢了，如果我换个角度，从侧面来看，我就能看到深度了。理智主义者同样把深度与宽度等同起来，只是进一步把这种等同看作是理智综合的结果。梅洛－庞蒂认为，由于把深度等同于宽度，这两种哲学实际上都取消了深度；而之所以如此，是由于它们都是从一种超视点的局外旁观者的立场出发的。只有在无所不在的上帝看来，宽度才直接等同于深度，“理智主义和经验主义没有给我们提供关于世界的人类经验的说明；它们就世界所说

① Merleau-Ponty, *Phénoménologie de la perception*, p.292.

② Merleau-Ponty, *Phénoménologie de la perception*, p.293.

的东西是上帝可能对之具有的想法。”[①]

从身体向世而在的实际体验出发，梅洛－庞蒂认为，“在所有维度中，深度可以说是最具有‘生存性’特征的，因为……深度不标在对象自己身上，它显然属于透视，而不属于物体”，深度显示的是“事物与我之间的某种不可分割的关系，通过这种关系，我得以处在物体前面”。[②]也就是说，深度既不单独属于物体，也不属于主体的理智综合，而是来自这两者之外的第三维度，是在我和物体之间产生的一种关系，是世界向着我们涌现的一种最源初的经验。可以说，深度比其他空间维度更深切地要求我们摒弃关于世界的偏见，以重新发现世界得以显现的最初体验。

如何体验深度呢？“按照传统的观点，深度经验就在于辨认某些已知事实——双眼的辐合，映象的视大小——并把这些事实放到能解释它们的客观关系的背景中。”[③]这就是说，传统上把双眼辐合和视大小看作是深度的原因或条件，并借助这两者来推算出深度，就像通过三角形的底边和底边的两个角来推算三角形的高度一样。但梅洛－庞蒂指出，“辐合和视大小既不是深度的符号，也不是深度的原因，它们呈现在深度体验中，就像动机……呈现在决断中。”[④]动机是主观的，而辐合和视大小则是一种事实，它们尽管在客观上与深度经验联系在一起，但

① Merleau-Ponty, *Phénoménologie de la perception*, p.296.
② Merleau-Ponty, *Phénoménologie de la perception*, p.296.
③ Merleau-Ponty, *Phénoménologie de la perception*, p.297.
④ Merleau-Ponty, *Phénoménologie de la perception*, p.299.

不足以用来说明我的深度体验。对这三者之间的关系只能从主观的角度来理解。在实际的知觉经验中，双眼的辐合必须以它们朝着远处物体的一个方向为前提，它隐含着我们的一种知觉意向；而一个正在离去的物体的视大小也不是像视网膜映像那样发生变化，而是慢于视网膜上映像的物理变化，这意味着有一种记忆的“滞留”功能在起作用。因此，辐合和视大小是通过它们相对于主体的意义或意向而与深度联系在一起的：“它们不是作为原因奇迹般地显现了深度结构，而是不言明地促成了它，因为它们已经把深度结构包含在它们的意义中，因为它们每一个都是远距离注视的特定方式。”[①] 这样，在同一个情境中，辐合、视大小和深度距离就相互蕴含，相互表示，甚至相互指涉。当一个物体逐渐离我们远去时，我们的目光还在不停地挽留它，把握它（“双眼辐合”），而逐渐增大的距离（“深度”）又意味着物体正在脱离我们目光的把握（“视大小”变化）。这三者中任何一方面的变化都意味着其他两者的变化。因此，从生存论上来说，距离或深度指的就是这种我们把握物体的能力，距离增大意味着我们只能大致接近地把握物体，而当距离减小时，意味着我们能完全或切近地拥有物体。与此相似，当我们说一个物体是大的或小的时，也是“相对于我们的动作的某个‘范围’，相对于现象身体对其周围环境的某种‘把握’而言的”[②]，因此，“大”“小”这些概念也原初地就具有生存论意味。

当然，深度并不等同于距离。如果说距离主要指的是我和

---

① Merleau-Ponty, *Phénoménologie de la perception*, p.300.

② Merleau-Ponty, *Phénoménologie de la perception*, p.308.

物体之间一种平面的、静态的意义关系的话，那么，深度则是一种动态的立体透视的意义关系。比如说，在一个立方体的透视图中，我感受到深度。这是因为，在这里，立方体诸面的结构和意义并不是直接被我看到的，而是通过我而被组织起来的。我从这个透视图的一个基本面出发，沿着它的棱，依次展开它的其他面，并且“通过纠正显现、把锐角或钝角变成直角、把棱形变成正方形的活动”，“使它的各个侧面变成‘从侧面看的正方形’”，而不以其菱形的透视外观来看它们。[①] 通过一种过渡综合，我实现了从一种视角到另一种视角的过渡，由此，相等的六个面和十二条棱才向我共存，并显现为一个立方体。这也是深度形成的过程。从物体方面来看，深度是物体或物体的诸部分得以相互包含的维度，而从主体方面来看，它则体现了一个置身于世界中的主体的可能性。在深度体验中，我们再一次超越了传统的二者择一，说明了主体与客体原初的共在关系。

梅洛－庞蒂认为，除了深度，高度和宽度也同样是具有“生存性”意味的维度，因为高和低、宽和窄，都是相对于我们的身体对物体的把握能力而言的。

运动

正如人们已经习惯于接受现成的客观空间一样，人们也习惯于把运动看作是客观空间中的位移。从这种客观思维出发，运动就被看作是运动物体与周围环境之间的关系，它只有借助于外在的方位标才能被设想。这样，运动就不再是内在于物体

① Merleau-Ponty, *Phénoménologie de la perception*, p.306.

的一种属性，而是被归因于某一方标位，运动和运动物体就被区分开来了。就运动而言，“没有无运动物体的运动，没有无客观方位标的运动，没有绝对的运动”[①]；就运动物体而言，它在运动过程的每一点上又是保持不变的。而为了思考这种“不变性”，我们必须假定在任何一点上，运动物体在某种意义上是不运动的。这就导致了芝诺悖论。所以，“运动是在最符合客观思维对它所下的定义时消失的。”[②]

心理学对这种客观思维提出了反对意见，它要求对运动现象进行描述。在一个频闪运动实验中，如果我们以一定速度向一个被试交替呈现两条光线 A 和 B，被试将看到从 A 到 B，再从 B 到 A，再从 A 到 B 的连续运动。我们知道，在这个实验中，事实上并不存在一个由 A 向 B 运动的物体，但是我们仍“体验”到了这样一个运动物体。因此，心理学家所描述的“运动”是与某个体验的主体相关的。这就把运动带到了现象领域。在这里，运动是绝对的，只要我作为一个实际体验的人存在，知觉就每时每刻都把运动现象呈现给我；而只要有运动，也就有“运动物体被包含在运动中”，即使能证明运动物体并不是实际“可知觉地呈现在其运动轨迹的每一点上（如在从 A 到 B 的运动轨迹上），运动物体也被认为应该出现在那里”。[③]即使在运动中实际并没有一个运动物体（un mobile），“至少也有一个造成运动

① Merleau-Ponty, *Phénoménologie de la perception*, p.310.

② Merleau-Ponty, *Phénoménologie de la perception*, p.312.

③ Merleau-Ponty, *Phénoménologie de la perception*, p.313.

的东西（un mouvant）存在”[①]。正是因此，心理学家假定了在运动现象中运动物体的同一性，而这种同一性的根据就在于“体验它们、扫视它们并综合了它们的我”[②]。

梅洛－庞蒂认为，无论是对运动的客观思维还是主观体验都没有真正地理解运动本身。客观思维把运动物的同一性看作一种明确的同一性，但事实上我们根本无法确定运动中的物体的性质。一块从空中闪过的石头看起来像是一团流星状的物体，我们并不确定它到底是什么。就此而言，心理学家要求从现象层面来思考运动是对的，但为了描述运动现象，他们又“违心地把运动物体放到运动中”[③]。但从频闪运动实验中可以看出：“运动并不必然地以一个运动物，亦即一个由确定的属性整体来界定的物体为前提的，它只需要包含‘某种运动的东西’，至多包含‘某种有色的东西’或‘有光的东西’就行了。”[④]因此，需要把客观思维和心理学家的体验结合起来。运动既需要有一个运动背景，也需要有一个体验运动的知觉者，它们共处在一个运动场中，只不过前者是相对的，后者却是绝对的。静止和运动只是相对于物体与我的身体之间的关系而言的。当我们坐船在河上行驶时，我们可以看到河岸在移动，但我们也可以把河岸看作固定点，而认为是我们的船在移动。因此，运动和静止的意义是由作为知觉者的我们来赋予的。“任何运动都以某种

① Merleau-Ponty, *Phénoménologie de la perception*, p.315.

② Merleau-Ponty, *Phénoménologie de la perception*, p.314.

③ Merleau-Ponty, *Phénoménologie de la perception*, p.315.

④ Merleau-Ponty, *Phénoménologie de la perception*, p.317.

可能会改变的锚定为前提。”[1] 这种“可能会改变的锚定”可以是移动的河岸，也可以是行驶的小船，但归根结底总是我的身体，因为“运动物体和背景的关系要经由我们的身体”[2]。任何一个运动物体都是在我们的视觉场中运动的，而“根据我们是把图形的价值还是背景的价值给予这部分视觉场，它就相应地向我们显现为运动的或静止的。”[3] 在这个意义上，运动是相对的。运动的相对性并不在于不同物体之间的相对性，而要归结为“我们在大千世界内变换范围的能力”[4]。但是一旦我们置身于某一具体的环境中，则运动又是绝对的，我们的知觉每时每刻都向我们呈现着运动，只不过它通常以一种前客观、非主题化的方式存在。这也是固属于现象自身的一种特性，这一现象的运动正体现了时间与空间的一种蕴涵结构，而它说到底又被包含在向世而在的身体图式中，是我们的身体对世界的一种独特把握。

以上我们从几个方面阐明了空间现象，目的是想表明，我们的生存是空间性的，而反过来说，空间也是生存性的。生存和空间是密不可分的。生存在空间中展开亦展开为空间，而一旦空间的方向或意义被人领会、掌握并确定下来，生存的空间就变成了客观的空间。但要记得，在客观的空间、客观的运动

① Merleau-Ponty, *Phénoménologie de la perception*, p.323.

② Merleau-Ponty, *Phénoménologie de la perception*, p.322.

③ Merleau-Ponty, *Phénoménologie de la perception*, p.321.

④ Merleau-Ponty, *Phénoménologie de la perception*, p.324.

之前，始终还有一种非主题化的但已有意义的现象的空间，现象的运动。这个现象层完全是前逻辑的，并且永远是前逻辑的。“我们的世界表象只是部分地由存在组成，应该承认在存在之中的现象，它从各个方面包围了存在。我们不要求逻辑学家考虑在理性看来是无意义的或假意义的体验，我们只是想把在我们看来有意义的东西的范围向外推移，把主题化意义的狭窄区域重新放到包含着它的非主题意义的区域中。”①这正是现象学的目的。

3. 存在空间性

前面我们主要从身体主体这一维度出发对空间性作了现象学式的描述，这完全是一种生存论意义上的空间性，但是，这样一种空间性是终极性的吗？事实上，我们可以发现，在梅洛－庞蒂对空间性的描述中，存在着许多的暧昧之处。首先是身体空间和外部空间，这两者事实上是不可能区分开来的，因为身体向着世界而存在，身体和它的周围环境本来就构成了一个相互蕴涵的结构，正是因此，梅洛－庞蒂也直接把身体空间界定为“处境的空间性”。但另一方面，梅洛－庞蒂又还是把这一本己身体的空间性看作原－空间，“最初的空间平面”或空间的“初始坐标点”，只有根据它，才能产生外部的空间形式和客观的空间形式。但这样一来，身体空间和外部空间之间的关系就变得含混不清了。其次是主观空间和自然空间的关系。梅洛－庞蒂

① Merleau-Ponty, *Phénoménologie de la perception*, p.318.

把黑夜的空间、梦与性的空间和神话的空间都视作主观空间，或称之为“人类空间”，他认为“应该把这些空间当作是最初的”，但是，他又认为“它们是根据一种自然空间构成的”，因为“按照胡塞尔的说法，‘非客体化的行为’是基于‘客体化的行为’之上的”。[①]但如果是这样，那么我们的“身体空间”本身也是一个主观空间，它是否也得根据自然空间来构成呢？[②]最后，在对运动的理解上，梅洛-庞蒂也表现出一种含混的态度。一方面，他认为运动只有通过主体才能得到说明，但另一方面，他又认为并不是“我构成了我所体验到的运动”，而是“运动物本身在移动，从一个瞬间过渡到另一个瞬间或从一个位置过渡到另一个位置”，有一种“不像液体的流动那样散开，而是在主动的意义上自行流逝”的“流”，而我只是被抛掷于其中随波逐流并尽可能地“聚集”它而已。[③]

显然，所有这些论述的暧昧性都可以归结到身体主体本身的暧昧性上，但这种暧昧性究竟是一种“好的暧昧性”还是一种“坏的暧昧性”？我们不得而知。不过，无论如何，主体性并不是最终的根据，相反，它只是存在绽露的结果。因此，我们应该从存在出发来重新思考主体及与之相关的其他问题。这

---

① Merleau-Ponty, *Phénoménologie de la perception*, p.340.

② 后来的德国新现象学家施密茨就没有像梅洛-庞蒂那么复杂，他直接就把梅洛-庞蒂所谓的主观空间，如黑夜的空间、梦和性的空间、神话的空间等包含着情感体验的空间性现象全都归入到身体空间中去，并成为他论述身体空间的一个核心内容，参《新现象学》，“译者的话”，XVII-XIX，庞学铨、李张林译，上海译文出版社，1997 年。

③ Merleau-Ponty, *Phénoménologie de la perception*, p.319, note 1.

正是梅洛－庞蒂后来的思路。这样，他后期关于空间性的思考也就与早期有所不同了，只可惜他对此的论述非常零碎，而且主要是通过对艺术作品的思考带出来的。下面的内容是我们据此归纳出来的一些观点。

首先，梅洛－庞蒂不再单纯地把外部空间看作是由我的身体所开创，并围绕着我的身体而展开的。相反，他提到有一种"预先存在的空间性"[①],"一个前空间的幕后世界"[②]。这个"前空间"既不是我的身体空间，也不是自然空间或客观空间，而是存在空间，是由存在之"肉"的开裂所产生的空间。相对于这一存在的空间，我的身体空间和外部空间同样只是派生的，它们都是存在之运作所产生的皱褶、"漩涡"，一种空间化的构型。与其说是我通过自己的体验和表达来认识空间，毋宁是"空间本身透过我的身体来自我认识"[③]。或者，就像在塞尚的绘画中所表现的那样，空间"围绕着那些不能被明确定位的平面辐射开来：'各个透明的表面彼此重叠'，'那些相互掩映、或前移或后退的颜色平面游移不定地活动着'"。[④] 荷兰画家埃舍尔(Maurits Cornelis Escher) 有一幅名叫"画廊"的版画很好地说明了这种存在空间性：一个青年站在一个画廊里看一幅画，这幅画描绘的是一个港湾城市，其中的一座楼房中有一个妇女正从她的窗户向外看，而她的房间下面正是一个画廊，里面就站着那个

① Merleau-Ponty, *L'Œil et l'Esprit*, p.77.

② Merleau-Ponty, *L'Œil et l'Esprit*, p.72.

③ Merleau-Ponty, *Signes*, pp.210–211.

④ Merleau-Ponty, *L'Œil et l'Esprit*, p.68.

看画的青年。在这幅画里，现实的空间和画面的空间已经不可分地交缠在一起了。青年站在画廊里去看画，但忽然他发现自己所处的空间已经被包含在这幅图画的空间里了。更确切地说，是空间性在自我延伸，它把人的空间与画的空间纠缠在一起，形成了一个“漩涡”结构。

其次，梅洛－庞蒂对于各种空间现象的描述也与先前有所区别。比如说深度，梅洛－庞蒂虽然仍称它为“第一维度”，是在我与事物之间形成的一种特殊关系，但他主要是从存在论的角度对它加以描述的。深度首先是一种“存在的爆裂”，是“原促创”（Urstiftung），它使原本分开的其他诸维（如高度、宽度、距离等）得以贯通起来，使它们同时在场，甚至可以相互表示，产生一种关于“诸维度之可逆性的经验”，一种关于事物之“容积度”的经验，或一种“总体所在（localité）”的经验。[①] 正是在深度中，诸事物才既相互区别，各处其位，又相互卷裹，悄悄溜进对方之中；就此而言，深度体现的是诸事物、诸维度得以共存的一种“同时性维度”。海德格尔在他的后期思想中专门思考过事物的“自持”（Insichruhen），他把这种自持看作是世界和大地相互争执，或天地神人四重运动的结果。[②] 梅洛－庞蒂用“深度”这个概念所要表达的也是事物的这种自持和争执，只是这种争执主要是在物与物、物与人之间展开的。他认为，只是由于深度的存在，事物才是其所是，“才具有一种肉，

---

① Merleau-Ponty, *L'Œil et l'Esprit*, p.65.

② 参海德格尔《艺术作品的本源》《物》等文章，收入孙周兴选编《海德格尔选集》（上下两卷）。

也就是说，深度对抗着我对各种障碍的审视，它是一种抵制，而这种抵制恰恰是事物的实在性和开放性，是它们的全部同时性（Totum simul）。因此，我们的目光并不能克服深度，而是绕着深度转。”[①]梅洛－庞蒂也把事物对我的抵制看作一种否定性，只是这种否定性不是像萨特那样出于意识的自为活动，而是源自深度的作用。深度就是否定性，而基于这种否定性的作用就产生了可见者与不可见者的分化。不可见者（l'invisible）不是非可见者（non-visible），而是“可见者的‘后面’、是内在的或卓越的可见性，它像另一个维度那样，是作为原呈现者（Urprasentier）的非原呈现者（Nichturprasentiebar）”。[②]可见者与不可见者的分化可以说是存在之显隐二重化运作的结果，而深度就同时体现了这一点，就此而言，它就是一个存在空间。

存在空间不只是表现为深度，也表现为明暗、光影、颜色、线条等特征。在这方面，画家是最有经验的导师，因为他们正是通过对这些的探索来揭示空间的。对画家来说，颜色可以说就是空间的内容，即“那个从其自身到自身创造出各种同一和差异，创造出某种结构，某一物性，某种东西的维度”，正是由于颜色在空无中鼓胀、涌动，就促使某个形状、某种形态、某个东西从空－间中绽显出来了。所以保罗·克利说，返回颜色在某种程度上具有接近“事物核心”的功效。[③]在郭熙的名作《早春图》中，画家“使用逐渐淡化的颜色来描绘逐渐远去的景物……

① Merleau-Ponty, *Le visible et l'invisible*, p.273.

② Merleau-Ponty, *Le visible et l'invisible*,p.281.

③ Merleau-Ponty, *L'Œil et l'Esprit*, p.67.

以制造幻觉上的空间和距离感”[①],由此营造了一种弥散的气氛,当我们看画时，这种氛围仿佛正渐渐自画中景物的底部泛起，并弥漫于我们与画作之间。印象派画家对色彩尤为重视，在莫奈的名作《日出印象》中，他完全凭借各种颜色自身的搭配而呈现出一种旭日初升、渔舟轻泛、小河上薄雾缭绕的朦胧景致。正如太阳的涌升使世界得以呈现一样，颜色也具有开启空间，创造世界的效果。

除颜色外，线条也是画家构画空间的基本手段。正如达芬奇所说:“素描的秘密在于，在每一物体中发现……作为其发生轴的某条曲线借以穿越该物体的全部广延的特殊方式。”[②]正是这条特殊的“曲线”给出了“整体的关键”。这条曲线不属于事物本身，却被事物所暗示，所召唤，所要求；它标示了事物得以栖身的范围，事物在其中自行形成，并呈现为可见者。因此，线条是事物得以创生的框架，画家正是通过线条的运动来谋画布局，划分层次，勾勒轮廓，让事物从中显现，并藉此带出位置、场所和空间。线条的触角自我伸展，进入一个“预先存在的空间”，而这个空间“既是某物之空间性的基础，也是一棵苹果树或一个人的空间性的基础”。[③]线条通过对这个“预先存在的空间性的限制、分离和微调”[④]而使事物、人或某棵苹果树自行呈现出来。在马蒂斯的线条画中,他就让我们看到,

① 高居翰《图说中国绘画史》,第 36 页,李渝译,三联书店,2014 年。

② Merleau-Ponty, *L'Œil et l'Esprit*, p.72.

③ Merleau-Ponty, *L'Œil et l'Esprit*, p.75.

④ Merleau-Ponty, *L'Œil et l'Esprit*, p.77.

“女人并不直接就是女人，而是变成为女人的”。[①] 线条的这种特殊作用在中国画的传统中有更明显的体现。“中国画家从不像西欧画家那样，努力想要把物体重现得和原来一模一样，表现色彩、质感、体积等具体形态。中国画家特别强调线条，把线条当作主要的描绘和表现的工具。”[②] 这种传统受到《易经》中古老的“取象”思维的影响。“在这种思维方式里，‘象’被看作是世上各种现象、物体、形态的抽象形象。它们独立存在而且概念化。……这些形象构成图画时，它们独立并列，并不相互融合在一起，形象与形象之间，形象周围，都是空白的；空间除了把形象分割开来之外，本身并不存在。”[③] 其实与其说是空间分割了不同的形象，不如说是那些形象带出了那“本身并不存在”的空间，而形象又是在旋律般的线条的摇曳之舞中呈现出来的。

除了上述这些现象外，运动也不再被看作是物体相对于人的一种变化，而是存在自身的运动。“人只生存在运动中，同样，世界和存在（Être）也只有在运动中才能聚合在一起，只有通过运动，一切事物才能聚合起来。”[④] 换言之，无论是世界之万有还是大写的存在本身都只有在运动中并通过运动才能显现，而运动就是变化，就是时间的流逝，也因此，存在显现于时间的地平线上。在此我们可以看到梅洛－庞蒂的思想与海德格尔

① Merleau-Ponty, *L’Œil et l’Esprit*, p.76.

② 高居翰《图说中国绘画史》，第 3 页。

③ 高居翰《图说中国绘画史》，第 3–4 页。

④ Merleau-Ponty, *Signes*, p.31.

的思想的某种呼应。不过，当梅洛－庞蒂强调运动而非时间时，他旨在暗示运动是时间和空间的统一，因为运动既体现为不同的时间点之间的迁流，更体现为不同的空间点之间的跨越，它是时间与空间之间的一种相互交错（Ineinander）。由于不同的时空点彼此超越、侵吞和变形，就产生了运动。在法国画家席里柯（Géricault）的名画《爱普松的赛马》（*Le Derby d'Epsom*）中，奔马的马蹄同时向前后伸展，马肚子几乎贴到了地面上，这看起来不合逻辑，但是却揭示了一种“运动的逻辑”，因为它把那些马在其动作中所蕴蓄的那种“离开这里，趋向彼处”的态势表现出来了。[①] 一幅画之所以能让我们产生运动感，就在于它把不在同一视点（时间）看到、因而其位置和态势亦有所变化的东西有机地组织在同一幅画（空间）中，从而使“对空间的攫取同时也是对时间绵延的攫取”；与此相对，摄影则显得呆板，很难给予我们运动的感觉，原因就在于它表现的只是“瞬间的视觉”，它使时间停止了。画面只有在增多视点（时间）的时候才能活起来，而摄影由于是单视点的表现，它的画面就使得运动僵化了。所以罗丹说：“是艺术家在说真话，是摄影在说谎，因为在现实中，时间不会停止。”[②]

使不同的空间点和时间点得以在同一画面中交错统一的这种“同时性维度”就是我们刚才提到的深度的另一种表现方式。当然，“同时性”这个说法可能存在歧义：“当人们说同时性时，他指的是时间还是空间？从我这里到地平线的这条线，是我的

---

① Merleau-Ponty, *L'Œil et l'Esprit*, p.81.

② Merleau-Ponty, *L'Œil et l'Esprit*, p.80.

目光运动的轨迹。地平线附近的房屋庄严地闪光，宛若一个过去之物或一个希望之物。反之，我的过去也有其空间、道路、地标、纪念碑。在由连续事物和同时事物所构成的交叉且分明的秩序下，在线与线协调一致的同时性系列之下，人们重新发现了一张由许多空间性的时刻－点集和事件－点集所织成的不可名状的网络。当每一事物都超出自身，当每一事实都可能是维度，当观念有自己的领域时，还需要说'事物'、说'想象物'或'观念'吗？对于我们的景象和我们的宇宙轮廓的描述，对于我们的内心独白的描述，都有待重新来过。颜色、声音、事物，如同梵高的星空，是存在的中心和光芒。"①

"当每一事物都超出自身，当每一事实都可能是维度时"，我们就触及了真正的存在空间。存在是多维度的，画家们探索的深度、颜色、线条、形状、运动等都是存在的维度，或者像梅洛－庞蒂所说，是"存在的枝条"，它们中的每一个都可以引向整个存在"树丛"②；但它们中的每一个也可以自身作为一个维度，敞开一个空间。红色可以是（而且通常是）我眼前的某个对象（如红色的衣服、红旗）的性质，但它也可以无限地延展、弥散，以致不再作为一个我可以辨别的对象，而成为包围着我、笼罩着我的一种氛围，一种背景，以致红色不再是红色，而变成了一种维度性③的颜色，一种中性色（就像我置身于一间由红

① Merleau-Ponty, *Signes*, p.31.

② Merleau-Ponty, *L'Œil et l'Esprit*, p.88.

③ 维度性是梅洛－庞蒂哲学中非常重要的一个概念，当某一事物（如此处所提到的颜色）成为一个维度性的事实时，即意味着它已成为基础性的展示平面，一个普遍性的背景，一种笼罩性的氛围，所有其他的事

色光照明的房间中时），以致所有其他事物的颜色都依据这一新的背景色而产生了一种结构性的整体变调。更进一步，红色还有一种象征意涵，它体现在像1917年或1949年的红色革命中。这一红色升华为一种纯粹的本质，凝定在一个理念性的空间中，并从那里扩散其普遍性的意义氛围，进而产生一种联系与区分、接纳与排斥的运作机制，把所有置身其意义场域的人和物都裹卷进去，在其中依据其意义区分新的等级和层次。

我们的知觉就发生于由某一特殊的维度所敞开的普遍意义场域之中，并受制于这一等价性的变化系统，正是这一点使得一种自然的知觉难以探测。我们前面曾说过，儿童知觉最初关注的就是周围的使用物和文化物，这表明，初始知觉一开始就

物（包括置身于其中的人本身）都决定性地受到了它的影响，都被赋予了它的色彩和意义，都要经由它来说明。在此可略举数例来作进一步的说明：弗洛伊德所说的“情结”对于被它所困的主体来说就是一个维度性的事实，生命成长过程中的特殊经历变成了该生命的普遍规定，甚至成了该生命的唯一经历和唯一遭遇，主体周遭的一切都被笼罩于它所投射的情绪氛围（pathos）之下；海德格尔的向死而在也可以视作一个维度性事实，此在把死亡的可能性作为一个无可逃避的根本事实担当下来，并相应地采取了一种“把每一天都当作最后一天来经历”的斯多葛式的生活态度；在某种程度上，我们可以把施米特所说的“例外状态”看作“向死而在”在国家－政治层面的反映。严格意义上的信仰也是一个维度性的事实，它敞开了一个新的空间，使信仰主体始终处于上帝临近的紧迫状态中，在此状态下，甚至连一根头发的掉落也不是偶然的。最后，强烈的情绪（如绝望）也能成为一种维度性的事实。凡此等等都表明，维度性事实是一个前反思的概念，我们只有通过某种临界式的反思还原才能发现它。

诞生于一个特定的文化空间场之中，并在这一空间场中被塑形，被纳入其结构化的逻辑之中。这样，不同的文化、不同的传统就导致了不同的知觉结构。但对于生来就置身于特定文化场中的知觉主体来说，这一作为生活底色的意义氛围是不可见、不可感知的。在这种情况下，我们如何发现这一作为维度性的结构场或氛围色？我们如何才能走出这一知觉的洞穴，发现一种日光下的自然知觉？有这样一种自然知觉吗？我们如何与来自其他文化场、具有不同的知觉逻辑的其他人进行交流？也许关键在于发现知觉的这一等价性的变化系统。正如身体的每一感官都通向同一世界，正如画家们只是采用不同的手段通达同一事物，不同的文化亦只是同一存在在不同时空场所的不同显现，只是同一存在藉以显身的不同维面，就此而言，它们终究是内在相通的；但是，正如每一感官所敞开的空间都是独一无二的，正如每一画家借以通达世界的每一手段都有其不可化约的独特性，每一种文化亦各有其具体而微、不可转译的独特意涵，它们恰恰表明了存在本身的复杂与幽深。因此，也许关键还是在于一种还原的努力，一种达至存在本身的临界式的还原，藉以发现存在向知觉的转换机制和知觉自身的等价变化系统。梅洛-庞蒂在他的一则笔记中似乎已经触及了这一点："提出如下的问题：不可见的生命，不可见的共同体，不可见的他人，不可见的文化。构建一种'另一个世界'的现象学，作为一种关于想象物和'隐匿物'的现象学之极限。"①

① Merleau-Ponty, *Le visible et l'invisible*, p.283.

三、时间性

时间问题一直是现象学的核心问题。无论是在胡塞尔的意识分析中，还是在海德格尔的此在分析中，时间性都起到一种奠基性或前提性的作用，在梅洛-庞蒂这里也不例外。在《知觉现象学》中，他就用了整整一章的篇幅来讨论时间性问题，而散见于其他地方的关于时间的论述还有很多。只是在他这里，时间性与空间性的地位已难分轩轾，如果考虑到身体性的源基地位，那么空间性甚至处于更基础的层次。尽管他有时也认为时间性要优先于空间性，时间综合是比空间综合更原初的一种活动，“空间综合和物体的综合是以这种时间的展开为基础的”①，但这主要是为了强调意识在随后所起的综合作用。如同空间性更多地与身体性联系在一起那样，时间性似乎更多地与意识性联系在一起。本己的身体经由它的动作和姿势自然地展开空间，而这种展开随即在意识层面显现为一种时间性的综合。然而，正如任何动作同时就是对动作的意识，时间性与空间性亦不可分割地交织在一起②；而且，正如意识渗透到动作所展开

① Merleau-Ponty, *Phénoménologie de la perception*, p.277. 另参见 p.319：“我们说过，从宽度、高度和深度来看，空间的各个部分不是并列的，而是共存的，因为它们都被包含在我们的身体对世界的一种独特把握中，当我们指出这种关系首先是时间性的，然后是空间性的，这种关系就已经得到阐明。”

② 梅洛-庞蒂如此描述我对某一物体（如眼前的这张桌子）的注视：“我睁开眼睛，看到我的桌子，我的意识充满了各种颜色和模糊的反光，它勉强地把自己与呈现给它的东西区分开来，它透过它的身体散

的空间中，身体亦分泌时间性的意义，并在这种意义的弥散和积淀中不断生成新的身体，由此，时间性亦扩延到身体中，并与之融合在一起，出现了一种与身体性相关的时间性。

接下来，我们先以《知觉现象学》为主来探讨梅洛－庞蒂早期的身体时间性问题，然后再转入其后期的时间思考。

1. 时间之三维

梅洛－庞蒂对时间的思考是基于胡塞尔的时间分析之上的。在胡塞尔那里，时间可以说是由意识构造出来的，当然，这里的时间不是外在的客观时间，而是意识中的“内在时间”。每个当下的意识都以内在的形式超越自身，而与另一个意识相关联，意识的这种超越与展开就产生了意识之流，而这种意识之流同时也就是时间之流。意识流是一种多样性的体验流，但它又统一在一个绝对的“我”之中。“我”之所以能够统一这些多样性的体验流，是因为意识原初具有一种“滞留”功能，胡塞尔也称之为“第一性的记忆”。这样，对于任何一个刚刚滑向过去的体验内容，我都以一种滞留的方式继续把它挽留，从而实现一

布在场景中，这种场景还不是关于任何事物的场景。突然，我聚焦在这张尚未存在的桌子，我注视着这段还没有深度的距离，我的身体集中在一个还是潜在的物体中，支配它的可感的表面，使它成为现实的。我能以这种方式把触及我的某物放回到其在世界中的位置，因为我能在向将来撤退之际把世界对我的感官的最初叩击打回到直接的过去中，并使自己转向这个确定的物体，就像转向一个切近的将来。”（Merleau-Ponty, *Phénoménologie de la perception*, pp.276–277）

种原初的综合。在更仔细地分析后，胡塞尔指出，在任何一个当下意识中，都存在着一种时间域结构。在该结构的中心，是一个处于现实性高潮的“原印象”（Urimpression），它的身后拖着刚刚逝去之物的残影（“滞留”），它的前头则已为即将到来之物张开了豁口（“前摄”）；每一个原印象都处于由滞留和前摄构成、像晕圈（Hof）一样围绕着它的双重界域中。这一看似具有空间性结构的时间范式其实始终处于生生不息、源源不绝的流变状态之中。那处于焦点位置的原印象刚达至其峰值就开始塌陷，让位于一个继它而来的新的原印象，而前一个原印象则连同与之相联系的滞留开始变异，退缩为紧随新的原印象的彗星尾巴。每一个后起的原印象都把前一个原印象推入过去，并导致其前面系列的原印象和相关滞留的一连串变异，使之聚合、缩拢，乃至消失或不可分辨；而它自身亦随即就被紧随其后的新的原印象推翻、沦陷并逐渐淡出。这一故故相续、新新不绝的进程就构成了一个由意识自身和落入意识中的对象内容混合而成的绵延之流。在这里，意识流就是时间流，意识和时间这两者基本上是重合的。

梅洛－庞蒂对胡塞尔的时间性的一个重要改造就是把它从意识层面移到身体层面。胡塞尔主要是通过意识的视域结构(滞留－原印象－前摄）来构造时间的，而梅洛－庞蒂则通过身体在世的“呈现场”来构造时间。身体作为在世界中的存在，它在任何时候都不是茕茕孑立、遗世独存的，而始终处于特定的场所中，处于与事物的关系中。因此，时间也只能在身体与事物的关系中产生。客观世界没有时间，因为它过于充实，完全被现在所占据（它是永恒的现在），以致没有空隙让将来和过去进入其中。为了使这两者进入，就需要一个缝隙，一个能使坚实的事物虚无化的主体。胡塞尔和萨特都把这种使事物虚无化的能力单纯地归于意识；梅洛-庞蒂则把它移归到我们的身体性存在上来。他认为，只要我向着世界存在，事物就不可能以其纯粹坚固的面目示显给我。当我看一个物体时，我是在一定的视角看到它的，我不可能一下子就把整个物体囊括于我的眼底，物体也不可能一下子就把它的所有面都呈现给我。但正是事物向我“呈现”（présenter）的这一面构成了一个“现在”（le présent）。这一面虽是有限的，却也是开放的，而在这种开放中，“将来”（l'avenir）向我涌来（à venir），它把现在推向了“过去”（le passé）。在这个意义上，时间不是来自过去，而是来自将来。“既不是过去推动现在进入存在，也不是现在推动将来进入存在，将来不是在观察者的后面被酝酿的，而是在他的前面被筹划的，就像地平线上的暴风雨一样。”①

梅洛-庞蒂的这种时间体验与胡塞尔和海德格尔的时间观均有所区别。胡塞尔的时间是正向线性流动的，它随着意识的构造活动而展开，因此，意识活动的结构（滞留-原印象-前摄）与时间的线性三维（过去-现在-将来）刚好一一对应（尽管通过一种有意识的回忆，我可以把一个早已逝去、淹没于时间之流中的内容重新勾起，甚至使之鲜活如初，但这仍是一种当下化的活动，它仍要再次淡出，重新坠入过去，让位于新的将来）。在海德格尔那里，时间则呈现为一种三角结构，将来高出于过去和现在之上，同时又把这两者给贯穿起来。这是因为

① Merleau-Ponty, *Phénoménologie de la perception*, pp.470–471.

将来与“死亡”、与对存在的领会有关。只有在对将来（“死亡”）的这一先行把握中，此在才作为一个完整的个体被把握，进而被担负起来，过去和现在亦由此反过来获得了新的意义。梅洛－庞蒂虽然同海德格尔一样说时间来自将来，但他基本上没有海德格尔的那种存在论意味。他基于胡塞尔的顺向时间流作了一番逆转，时间不再是从过去经现在而流向将来，而是由将来经现在而流向过去。这种逆转表明的正是一种身体性地向着世界存在的动姿，所谓向世而在，其实就是向着将来而在。将来是那正在到来、有待到来者（à venir），但它也可能是那尚未到来、甚至被阻碍到来者（a-venir，未－来）。

那阻碍将来到来的是什么呢？同样是身体，在世存在的身体。当身体只是单纯地在世界之中存在（就像“现成的东西在空间上‘一个在一个之中’”[①]），而不是向着世界而在，当身体被某个作为曾在的现在所盘踞，以致不再向新的现在开放时，将来就被延缓或阻拦了。因而，似乎有两种不同的时间，一种是在我的前头朝我扑面而来的时间的涌流，还有一种则是积淀于我的身体深处的绵延之流，它横亘于我的身体之中，并自那里缓慢地弥散开来；或者，换一个说法，一种是起感发作用的时间，另一种是被感发的时间，“起感发作用的是作为推力并向着一个将来过渡的时间，被感发的时间则是作为诸现在的展开系列的时间”。[②]这两种时间并不是完全对立的，事实上，它们在我向世而在的身体动姿中汇合，就像流向大海的河水在入海

① 海德格尔《存在与时间》，第 63 页。

② Merleau-Ponty, *Phénoménologie de la perception*, p.487.

口与海水汇合那样；我的身体就是这样一个使内在与外在、过去与将来交相融汇的场所，而那内外之流交汇相碰所激起的浪花浮沫则构成了那作为“活的现在”而被我感知到的当下的事件。

但尽管我的身体实现了内外之流的交汇，却仍会因处境的不同而有主动性与被动性的差异。如果我主动地或着重地面向将来，那么，时间就直向地朝我迎面扑来，它推搡着我，促迫着我，使我不得不为它的“到－来”(à venir)让出位置(présence，在场，现在)，就如当我们站在沙滩上时，脚下的沙子不断地被涌上的潮水卷走而使我们失重一样。这个意义上的时间说到底是一种“虚无化”的力量；而时间之所以涌自将来，是因为只有将来才是真正的虚无，它不断地消解着我们的现在和过去，并因此而为我们开启了新的可能性。向着将来而在，就是向着可能性而在，因为通过先行跃向将来，我就与当前的事物拉开了距离，我拓宽了我的呈现场，使之有更多的腾挪转换的空间和从容对待的余裕。“时间把我从我的过去之所是中拔离出来，但同时给予了我有距离地把握自己、并实现我之为我的方式。”①这是一种更为主动的实现自我的方式。但是，我也可能只是被动地承受时间，我沉浸在自遥远的过去绵延而来的匿名之流中，我有一个较为稳固的实存场，那些远远向我涌来的时间之流可能只是在我的实存圈的外围打个转，溅起几点浪花，就安静下来了，但我同样因此而扩大了我的呈现场，尽管不那么明显。这就是胡塞尔所说的“被动综合”。“人们通过谈论被动综合想说的是，杂多被我们穿透，但又不是我们实现了其综合。……

① Merleau-Ponty, *Phénoménologie de la perception*, p.487.

人们称作被动性的东西不是我们对一种外来现实或对外在地作用于我们的因果活动的接受：这是一种沉浸（investissement），一种处境中的存在，在它之前我们并不实存；我们永远地一再开启它，它构成了我们自己。”①

在这两种时间综合的方式中，梅洛－庞蒂似乎更倾向于后者，而海德格尔则更倾向于前者。这两种综合其实都涉及在时间中“定位”的问题，即如何创建一种时间秩序，如何在这种时间秩序中确定“方向”并创生“意义”（sens）。海德格尔认为，这一意义来自于将来，正因为将来是一个虚无，所以它才可能成为生成一切的意义之源，进而为一种本真的生存提供方向。梅洛－庞蒂则认为，既然将来只是虚无，真实的意义就只能来自我们的过去和现在；只有基于我们既有的生存经验，基于我们当下的决断，将来才能从混沌（虚无、无意义）中显形，对将来的筹划立足于一种已经得到定向的既有的意义秩序。然而，这种既有的定向秩序（过去和现在）有可能受到不确定之未来（“死亡”）的威胁，那我们如何还能用这种不坚实的生存经验去筹划甚至规定我们的将来？正是因此，海德格尔认为现在的意义只能由将来来赋予，因为作为虚无（“死亡”）的将来直接与超出我们的生存之外的存在相关联，尽管将来不等于存在，但存在只能通过将来（“死亡”）而临现，并由此反过来指引现在和过去，指引我们当下的生存体验。但问题是，我们能够领会并把握住这一经由将来（“死亡”）而来的存在的意义吗？梅洛－庞蒂对此表示怀疑，他说：“依据海德格尔的思想本身，他的历

① Merleau-Ponty, *Phénoménologie de la perception*, p.488.

史时间——它从将来流出、通过果决的决断预先拥有其将来并一劳永逸地摆脱离散性——是不可能的：因为，如果时间是一种绽出，如果现在和过去是这种绽出的两个结果，那么我们如何能完全停止从现在的视点看时间呢？我们最终如何走出非本真的状态呢？”[①] 在梅洛－庞蒂看来，虽然作为虚无的“未－来”对现在有所冲击，但我们依然是从现在出发应对这种虚无的冲击的：“我们始终是以现在为中心的，我们的各种决断总是从它出发；因此它们总是处在与我们的过去的关系中，它们从来都不是无动机的；即使它们在我们的生活中开启了一个可能是全新的周期，它们也应该在以后被重新作出，它们只是在一段时间里让我们摆脱离散性。”[②] 在这个意义上，他不同意海德格尔那种一劳永逸式的“向死存在”的解决，因为这完全是从一种生存之外的立场，从存在之无蔽的立场出发所作出的断言。在梅洛－庞蒂看来，即使我们能够暂时地摆脱现在和过去，从将来（存在）的视点看自己，但由于我们始终“向着世界而在”，始终拖着来自过去的沉重肉身，我们将不断地被拖回到现实中，我们必须不断地作出新的决断。所谓的“向死存在”只会是一场在过去与将来之间展开的永无休止的争执，而身体就是这一争执的场所，这种争执则构成了作为事件或作为焦点的现在。因此，现在又重新回到时间域的中心。

就现在处于时间域结构的优先地位这一点而言，梅洛－庞蒂与早期胡塞尔是一致的。当然对于“现在”这个概念还需要

① Merleau-Ponty, *Phénoménologie de la perception*, p.489.

② Merleau-Ponty, *Phénoménologie de la perception*, p.489.

重新界定。胡塞尔已经指出，有两种体验现在的方式，一种是对于当下这一个点，即“原印象”的知觉，这可称作狭义的现在；另一种是对由时间域所形成的具有一定绵延的一个时间段（如说一句话，听一段音乐所需要的时间段）的知觉，这是一种广义的现在，甚至是一种更原初的时间知觉，因为对现在的任何描述，都需要意识对时间的一种集中，需要借助于一个整体的时间域结构。作为“点”知觉的时间只是一种理智的抽象，如果脱离了整体的时间域结构，它实际上是不可知觉的，我们至多只能这样说：“现在只不过是一种界限，时间由此在崩溃。”① 梅洛－庞蒂更多地是在广义上来谈论现在的，他说：“尽管我的现在可以说就是这个瞬间，但它也是今天、今年、我的整个一生。”② 而“现在”所具有的这种广度和厚度则是由我的实存场或呈现场的特性决定的。

“呈现场”（le champ de présence，按其字面意思也可以译为“现在场”或“在场之场”）是一原初的经验场域，它其实就是我们的知觉场，不过梅洛－庞蒂主要是从时间这个角度来谈

---

① Merleau-Ponty, *Phénoménologie de la perception*, p.471. 胡塞尔在他 1917—1918 年的《关于时间意识的贝尔瑙手稿》中就不再把现在看作时间意识的原初核心（而这是他在 1905 年的时间讲座中的核心观点），而开始倾向于把现在视作一个单纯的界限点，在这个界限点上，原体验的滞留性与前摄性变异的连续体交叠在一起。由此，内时间意识就愈发具有了一种源源涌现、动态生成的“流”的特征。参胡塞尔《关于时间意识的贝尔瑙手稿》“编者导言”第 24 页，肖德生译，商务印书馆，2016 年。

② Merleau-Ponty, *Phénoménologie de la perception*, p.481.

论它的。如同知觉场一样，呈现场也是在我们身体性地向世而在的实存活动中展开的，并体现了身体与世界的一种时间性蕴涵结构。在具体的处境中，我的身体动作的展开就像一首旋律的展开那样，它在敞开一个空间的同时，也展开了一种其各个部分都与自身相协调的时间性运动，它的各个维度在其运动中相互包涵，相互证实。这样，当一个时刻滑向另一个时刻时，前面的时刻并没有完全消失，而仍然滞留在后面的时刻中，只是发生了变化，沉入了当前时刻的水平面之下，只要我伸出手去，透过薄薄的时间层，我就能挽起它。接踵而至的时刻又把刚刚还在的当下推入过去，从而使在我之前的时间层变厚。在这个过程中，“每一个现在重新肯定了它所驱逐的整个过去的在场,并且预示了整个将－来（l’à-venir）的在场”①。由此就构成了一个有层次、有深度的呈现场。

正是在这个呈现场中，“时间及其诸维度无间隔距离地在一种终极的明证性中切身地显现出来”②。这一呈现场包括我正在工作的这一时刻，但也包括此前已经流逝了的白昼时光和那正在向我迫近的傍晚和夜间时光，它们实际上构成了我当下工作的这一时刻的双重界域，这一界域还可以伸展得更远。那些已经过去的时光其实并没有消逝，它们同我的现在，同我当下所做的事紧密地联系在一起，并且构成了我的当下现实的一部分。我在电脑上写作，我的已经流逝的上午时光在很大程度上已转化为在我面前的屏幕上的部分文字，而这些文字又与更早时期

① Merleau-Ponty, *Phénoménologie de la perception*, p.481.

② Merleau-Ponty, *Phénoménologie de la perception*, p.476.

的另一部分文字联系在一起，通过眼前的这些文字，我就把好几个月，甚至好几年的岁月联系起来了。过去没有完全消失，同样，将来也已经先行到场，在当下的工作时刻，我已经在设想它的完成时间，并已在某种程度上先行分享了它被完成时的那种喜悦感和成就感。因此，过去并未完全过去，将来也并非未来，它们其实已在我的当下同时“在场”，并构成了我当下工作的背景和氛围，即使我没有特别地留意它们，它们也“在那儿”，“就像我看到其正面的一幢房子的后面，或者就像图形下面的背景”①。

不过，过去和将来尽管在场，但毕竟“隐”在背后，需要当前呈现的某种“意义”的指引才能召唤出它们。“意义”(sens)就是“方向”(sens)，只有借助现在的某种“意义”，才能获得正确的“方向”找回过去或通达将来。人们通常用回忆来解释过去，但是，在回忆起作用之前，必须先有某种当前的感知为我提供与之相关的“意义”，我才能从中认出以前经验的某个景象。比如说，眼前的桌子把我带到了过去，因为在这张桌子上刻有我的名字，留有某些斑驳的印迹。但这些印迹本身并不能把我带到过去，把我带回过去的是这些印迹的“意义”，它们像是突然打开了通往过去的大门，让我仿佛直接看到了我过去生活的欢乐与痛苦，看到了某一时期求学的艰苦等等。换言之，当前感知的意义唤醒了我自身携带着、但处于沉睡状态的意义，这种“意义”的感发使过去在它所在的“方向”中向我呈现出来。如果这个意义不先在当前形成，那这种回忆就是不可能的。

① Merleau-Ponty, *Phénoménologie de la perception*, p.476.

另一方面，由当前所唤起的过去也不是过去本身，而只能是透过现在的视点所看到的过去，就像“透过那在鹅卵石上流动的水流看到的鹅卵石本身”①。因此，过去不能脱离现在而单独存在，它只有在与现在（或现在事物）的关系中才能呈现出来。对于将来也一样，我们不可能用意识凭空构造出一个将来。“因为将来甚至尚不存在，也不能像过去那样将其印记留在我们身上，因此，如果我们想要说明将来与现在的关系，就只能通过把这一关系等同于现在与过去的关系。”②既然将来还是一种虚无，要使它预先存在，我们就只有借助当前的意义或经由当前显现的某个过去的意义才能开启一个将来，先行拥有一个将来。

需要注意的是，这种基于当前的意义而对过去的回忆和对将来的预期都不是一种有意识的意向活动。就像知觉场一样，这一时间性的“呈现场”也是我的“运作意向性”活动的结果。我们前面已经说过，“运作意向性”是一种比有意识地进行的“行为意向性”更源基，并使后者得以可能的意向性，是一种自己超逾自己的身体意向性。“它就是海德格尔称作超越性的东西。”这种意向性“不是出自一个中心的我，而是在某种程度上来自后面拖着其滞留境域，并通过其前摄咬住将来的我的知觉场本身。”③它总是根据其当下的任务而自发地与周围环境分环勾连起来，与某个特定的过去或特定的将来勾连起来。由此，“我的现在向着一个将来、向着一个最近的过去自我超越，在它们所

① Merleau-Ponty, *Phénoménologie de la perception*, p.478.

② Merleau-Ponty, *Phénoménologie de la perception*, p.473.

③ Merleau-Ponty, *Phénoménologie de la perception*, p.476.

在的地方，在过去和将来本身中触及它们。”[①] 这种指向与勾连都不是通过有意识的理智活动，而完全是由身体意向性自然而然地自发实现的。“为了有某个过去或某个将来，我们没必要借助一种理智行为把一系列映射统一起来，它们似乎有一种自然而然的原初统一性，而透过它们宣告的正是那个过去或将来本身。”[②] 时间由此就成为一个原初统一的整体，而呈现场就是这一时间性整体的在场。而且，在身体意向性的指引下，时间也不再只是从过去流向现在或从将来流向现在，它还从现在流向过去或从现在流向将来。过去也不是与现在处于同一平面或同一条线上，不是在现在之先，而是在现在之下，它坠入显现的地平线下，被现在之光所遮蔽或掩没；同样，将来也不在现在的前方，而可能像高空中的星群那样，自上而下地洒落它们的光辉。这是一个垂直的、有深度的时间域。因此，不存在一种线性的、单向的时间，时间呈现为一个多层次、多流向的网状结构。“时间不是一条线，而是一个诸意向性的网络。”[③]

在这种整体性的时间中，“时间先于时间的各部分而被我们想到，各种时间性的关系使在时间中的诸事件成为可能。”[④] 同样，主体性亦只有在这一整体性的时间网络中才成为可能。下面，我们进一步来阐述时间与主体的关系。

---

① Merleau-Ponty, *Phénoménologie de la perception*, p.478.

② Merleau-Ponty, *Phénoménologie de la perception*, p.479.

③ Merleau-Ponty, *Phénoménologie de la perception*, p.477.

④ Merleau-Ponty, *Phénoménologie de la perception*, p.474.

2. 时间与主体

在这种“先于时间的各个部分而被我们想到”的整体性时间中，已经蕴含着一个主体，或一种把时间的各个部分维系在一起的力量；换言之，如果没有这个主体，如果没有这样一种力量，那么，时间的各个部分就将彼此疏远甚至离散。因此，时间之各部分的统一，或作为整体性的时间应该归功于主体，归功于主体所具有的这样一种力量。然而，这样一来，主体就应该外在于时间。这正是胡塞尔在思考时间问题时所想到的：“如果时间意识是由一些相继的意识状态构成的，就需要有一个新的意识来意识到这一相继，以此类推以致无穷。”为了避免这种无穷倒退，就必须设想有一个“最终的主体”，它不在时间中，“它的存在与自为存在相一致”，“这个最终的意识就它不是内时间的（intratemporelle）而言是‘无时间的’（zeitlose）”。[①] 正是这个不在时间中的原本意识或绝对意识构造了作为整体的时间，而这个意识也由此成为先验意识。[②] 因此在胡塞尔的时间思考中已经隐含着一种向先验现象学的转折。

梅洛－庞蒂也意识到时间性与主体性的某种疏离，但是，他最终不是把时间性的统一归结为一个自身给予的绝对意识，

① Merleau-Ponty, *Phénoménologie de la perception*, p.483.

② 先验意识甚至可以在世界毁灭后继续实存。据舒茨回忆，胡塞尔曾说：他会死去，但他的先验自我会继续实存。（参德尔默·莫兰《现象学：一部历史的和批评的导论》，第 192 页，李幼蒸译，中国人民大学出版社，2017 年）就此而言，胡塞尔的先验意识（或超越论意识）已经类似于笛卡尔所曾求助的上帝意识和康德意义上的先验意识了。

而是归结为“一个生命的内聚力（cohésion）”[①]。生命本身就是一种“未分化的潜能”，但它需要把这种潜能实现出来，这一实现的过程就是一种时间绽出的过程，绽出的时间各部分之所以不会消散，就是因为有这一生命本身的内聚力在默默地聚集着它们。“时间的‘综合’是一种过渡综合，它是一种自行展开的生命的运动，而且除了亲历这一生命之外没有其他实现生命的方式，不存在时间的场所。”[②]时间以生命为基底，或者可以说，生命本身就是时间的场所。“时间就是某个人”[③]，只要某一生命（当然我们在此指的总是人的生命）在场，围绕着这一生命就有了一个知觉场，一个呈现场，就有了时间的流逝，有了空间的向度，有了意义的氛围。我们刚才提到的运作意向性或身体意向性亦只是这种生命潜能的展现，它所实现的时空场的统一亦只是这种生命内聚性的表达。因此，真正自身给予的是生命，而不是意识，意识本身亦不过是生命的推力在时间中的绽出而已。

不过，一旦达到意识，一旦生命的推力实现了在时间中的绽出，也就意味着主体性的真正觉醒。“一种未分化的潜能在一个对它而言就是现在的极项（terme）上的这种绽出，这种投射，就是主体性。”[④]通过现在这一裂口，生命中那种未分化的潜能，那种“谁也不知道它从什么时候开始出现”的匿名的绵延就有

① Merleau-Ponty, *Phénoménologie de la perception*, p.481.

② Merleau-Ponty, *Phénoménologie de la perception*, p.484.

③ Merleau-Ponty, *Phénoménologie de la perception*, p.482.

④ Merleau-Ponty, *Phénoménologie de la perception*, p.487.

了一个释放的出口，正如胡塞尔所说，“原初之流不仅仅存在，它必然还要为自己提供一种‘自身的显示’”，并“在其自身中把自己构造为现象”。[①] 由此就有了时间自身的分环勾连和连锁套嵌；而那种正朝着生命喷薄而来的将来之涌流亦有了得以进入生命的入口，从而使生命有了层次和深度，有了某种程度的空灵和通透，有了一个“存在中的凹陷”。这就是意识的诞生。现在就是意识。现在之所以能在时间域中处于优先地位，就是因为它是一个“存在与意识在其中彼此吻合的区域”[②];或者说，现在是“知道自己的时间”,它处于时间的中心,“光线在此涌现，我们在此不再与一种处于自在中的存在打交道，而是与一种其整个本质就像光线的本质一样在于让人看见的存在打交道。”[③] 总之，在现在中，“我的存在和我的意识是同一个东西。”[④]

显然，这样一个意识不同于胡塞尔意义上的先验意识，正如梅洛－庞蒂所说，这是一种依托于身体的知觉意识:“它是不透明的，它在我所认识的东西之下对我的诸感觉场，对我与世界的原初同谋关系提出质疑。”但尽管有这样的质疑，它依然无法摆脱与世界的关联，因为所谓的“‘有意识’不过就是‘面向……存在’(êter à...)，因为我的实存意识与‘绽出－实存’(ex-sistance)的实际姿势融为一体。”[⑤] 这是对向世而在的意识，它立足于身体。我的身体性实存在它挺身向世界呈现的同时也

① Merleau-Ponty, *Phénoménologie de la perception*, p.487.

② Merleau-Ponty, *Phénoménologie de la perception*, p.485.

③ Merleau-Ponty, *Phénoménologie de la perception*, p.487.

④ Merleau-Ponty, *Phénoménologie de la perception*, p.485.

⑤ Merleau-Ponty, *Phénoménologie de la perception*, p.485.

向自己呈现，在这种“呈现”中，它贯通了全部时间，那从地平线上向我涌来的时间之流与我整个生命的绵延之流交汇在一起，并透过“现在”这一不断塌陷的裂口获得了释放。因此，正如时间是一个纵深的、多维的整体，我的实存亦是一个垂直的、多层次的实存：有那不断地向外超越，作为虚无化力量而存在的超越性主体（自为意识），有作为时间中的“视点”或“目光”的实存主体（知觉），有前个人的、仅作为处境中的动作和姿态而呈现的主体（身体），还有一种更深沉的、只作为存在的节律，作为世界的时间性风格呈现的实存（生命）。而贯穿所有这些不同层次的实存的，依然是身体本身，是本己的身体。“对我而言有一个身体与对于将来而言成为某个现在的将来是同样重要的。……进而言之，对我而言重要的不仅仅是有一个身体，而且还是要有这个身体。不仅身体的概念透过现在的概念而必然地与自为的概念联系在一起，而且我的身体的实际实存对于我的意识的实存来说也是必不可少的。最终说来，如果我知道自为环绕着一个身体，这只有通过对一个独特的身体的经验和一个独特的自为的经验，通过对我面向世界的在场的体验才有可能。”①

身体本身就是时间性的。“我没有选择出生，但一旦我出生了，则不管我做什么，时间都透过我而喷涌出来。”② 这是生命固有的一种绵延时间，但也是通过我的行为而展开的一种具体的时间。在每一个行为中，“我的身体都把一个现在，一个过去和

① Merleau-Ponty, *Phénoménologie de la perception*, p.493.

② Merleau-Ponty, *Phénoménologie de la perception*, p.488.

一个将来连接在一起，我的身体分泌时间。……我的身体拥有时间，它使一个过去和一个将来为一个现在而存在，它不是一个物体，它产生时间而不是承受时间。”[①]时间来自身体的行动。不同的行动有不同的速率和节奏，因而产生不同的时间，正像胡塞尔所说，每一种兴趣、每一种职业“都有它自己的时间”[②]。相应地，每一个人，每一个身体也有其自身的时间，有其特有的节律和周期，而通过运动和行为，他又把这种时间性风格扩展到他的实存场，他的周围世界之中。我们常听人说，这两个人不合拍。这就是两种不同的身体时间性的体现。但是，正如梅洛－庞蒂所说：“这两种时间性不像两种意识那样相互排斥，因为每一种都只有通过投射自己到现在中才能认识自己，因为它们能够相互交织在现在中。”[③]相反者相成，正是由于这种时间性的歧异，才有了人的复杂性和世界的多样性，有了参差错落的生活节奏和曲折多致的人际关系。

不过，尽管我的身体分泌时间，但“我从来没有意识到我是时间的绝对主人，或我构成了我所体验的运动”，相反，“是运动之物本身在移动，从一个瞬间过渡到另一个瞬间，或从一个位置过渡到另一个位置。”[④]因此，这种身体性的时间仍是前意识的时间，是纯粹的流逝，纯粹的杂多，它是我们童年的时间，梦幻的时间，甚至是自然的时间：“在时间中没有流逝的东西乃

---

① Merleau-Ponty, *Phénoménologie de la perception*, p.277.

② 胡塞尔《欧洲科学的危机与超越论的现象学》，第 165 页。

③ Merleau-Ponty, *Phénoménologie de la perception*, p.495.

④ Merleau-Ponty, *Phénoménologie de la perception*, p.319, note 1.

是时间的流逝本身。时间重新开始：昨天、今天、明天，这一循环的节奏，这一恒常的形式确实会给予我们那种一下子就完全占有了时间的幻觉，就像喷泉给予我们一种永恒感那样。”[①]若时间仅仅停留于这种自然的差异和自然的杂多之中，它甚至将不成其为时间，因为每一种时间“只有投射自己到现在中才能认识自己”，才能在现在中交织一体，而投射于现在中的时间就是意识，时间也应该成为对时间的意识；或者说，应该把意识置于时间的核心，意识应该成为时间的一个整体筹划或看法。“应该把时间理解为主体，把主体理解为时间。”[②]正如实存（人）只有进入时间、在时间中才成其为主体，时间亦只有经由主体（意识）才成为一种自知的、统一的时间。“意识”是“自知的时间”，是处于时间中心的“目光”，是“现在”本身，即 Augen-blick（“目－光”“瞥－见”“当下”）。意识经由“现在”而绽出，就如光的涌现那样，它也反过来照亮了时间，使时间有了方向，甚至还能改变时间的流向。

意识（现在）与时间的关系，也应和着我们前面所讲到的心灵与身体的关系。心灵是身体的特定形式或特殊构型，现在我们知道，这一构型就与“现在”这一裂口有关，甚至就是这一裂口。正是它使存在（身体）有了凹陷、皱褶和缝隙，有了内与外的交流和翻卷，有了心灵或意识。正如时间（过去和将来）的晕圈围绕着“现在”那样，我的身体也围绕着意识，并构成意识的“境域”（horizon），但它反过来也为意识所穿透，被分

---

① Merleau-Ponty, *Phénoménologie de la perception*, p.484.

② Merleau-Ponty, *Phénoménologie de la perception*, p.483.

别为已经实现或有待实现的“过去”和“将来”。正是我的身体给予了意识和时间以深度和厚度，但意识和时间亦解放了身体，升华了身体。在这个意义上，我们说，时间与主体相互阐释。“在知觉层面上的主体性不是别的，就是时间性，就是那能使我们把它的不透明性和历史性留给知觉主体的东西。”①

同样，正如身体和意识既彼此统一，又在某种程度上相互区分，意识到的时间和身体拥有的时间也显现为不同的层次。梅洛-庞蒂说，我们日常的身体都有两个层面，一个是习惯的身体（corps habituel），另一个是当前的身体（corps actuel）。前者是一种匿名的、非人称性的存在，它源于历史的积淀，具有一种稳定的结构，并作为身体图式烙在我的身体中，与我的整个实存场或呈现场融为一体，支撑着我的当前身体的动作。而这个当前的身体则是有意识的、作为特殊体验的存在，它处于不断的筹措谋划、随机应变的活动之中，而所有流过的体验又不断地融入习惯的身体层面。与这两个层面的身体相对应的是两个层次的时间性：一种是非个人或非人称的时间（le temps impersonnel），一种是个人性、人称性的时间（le temps personnel）。个人性或人称性的时间大致相当于我们上面所说的“自知的时间”，“现在式”的时间，或可称作“内容的时间”，它处于新新相生的体验流变之中。“各种新的知觉代替了以前的知觉，各种新的情感代替了过去的情感，但这种更新只涉及我们的经验内容，而不涉及其结构。”②与此相反，非个人、非人

① Merleau-Ponty, *Phénoménologie de la perception*, p.276.

② Merleau-Ponty, *Phénoménologie de la perception*, p.98.

称的时间则与这种体验结构有关，它是作为内容的形式，是个人性时间的背景和基底，并由此而克服其可能导致的间断性和离散性。在这里，“每一个现在通过其直接的过去和临近的将来的视域逐渐地把握可能时间的整体；它就以这种方式克服诸瞬间的离散。”[①] 在正常的身体中，当前的身体和习惯的身体不可分割地交织在一起，个人性的时间和非个人的时间亦不可察觉地融合在一起。“围绕着我们的个人实存就出现了一个几乎是非个人的实存边缘，这个连续可以说是不言而喻的，而且我们维持自己生命的关怀都寄托在了它之上——围绕着我们每一个人所构成的人类世界出现了一个普遍的世界，每一个人都必须首先要归属于它，才能拥有一个有关爱情或抱负的特殊环境。”[②] 总之，只有借助于这双层结构的统一，灵魂和身体在行为中的结合才是可能的，人之为人的生成，世界之为世界的展开——从生物性的存在到个人性的存在，从自然世界到文化世界的升华——也才是可能的。

但是，梅洛－庞蒂也指出，这种双层结构的统一仍然是不稳定的。正如身体和心灵有可能出现分裂一样，个人性时间和非个人性时间也会互相脱节。这尤其体现在某种创伤性体验中，童年时的家庭裂变，青春期时的恋爱挫伤，甚至成年时的某种意外遭遇，都可能使我们陷入时间之流的漩涡中而不能自拔。这时，我们就胶着于某一特殊时刻的经验中，尽管非个人、非人称的时间继续在流逝，但个人的时间却像打了结似地固定下

---

① Merleau-Ponty, *Phénoménologie de la perception*, p.100.

② Merleau-Ponty, *Phénoménologie de la perception*, p.99.

来了。“所有现在中的一个现在获得了一种例外的价值，它将其他现在移离现在的位置，并夺走其作为本真的现在的价值。”[①]这就是精神分析所谈到的情结现象。在这里，时间诸维度的多样化统一被某一单个的时间点所取代了，各种可能的生活方式中的某一种被单独地固定下来，并成为唯一的、普遍的生活方式。这种经验程度不同地发生在我们每一个人身上，它使我们的生命历程呈现出或快或慢，或张或驰的波动和曲折。我们总是要回想起我们的童年，回想起我们的初恋，这些特殊的时刻总是魂牵梦回般地萦绕在我们的生活中。在这种特殊的个人性时间中，过去并没有过去，它就在眼前，依然鲜活明亮，并支配着我们当前的生活。在某种程度上，我们每一个人之所以成其为独特的、不可取代的“我”，正是与这样一些特殊的个人性时间相关，是这些特殊的时间造就了特殊的“我”。与之相反，在另一种时间中，则是个人竭力逃避个人性的时间，而想躲进一种非个人的、一般的时间氛围中。如海德格尔笔下的常人，他们不愿回到自身的时间中来，而宁愿顺从习惯的、习俗的时间的支配。具有幻肢现象的病人也是如此，他之所以时不时地出现幻肢感，就是因为他不愿、不能接受截肢这一特殊的事实，他宁可让自己停留于一种早已成为过去的非个人的时间之流中，一种习惯性的身体状态之中。正由于他固执于这样一种习惯性的身体状态，他才认为自己依然拥有那已经失去的肢体。对这样的病人来说，时间不再流逝，他的非个人、非人称的时间结构取代了个人性、人称性的特殊体验，习惯的身体取代了当前

① Merleau-Ponty, *Phénoménologie de la perception*, p.98.

的身体。无论是个人性的时间排挤非个人的时间，还是非个人的时间淹没个人性的时间，最后都将导致本己身体的分裂，身心之间的分裂，导致一种单一化的、僵硬刻板的生存方式。反之，如果这两种时间能获得统一和协调，我也就拥有了我的生命的深度和厚度，拥有了生活的丰富性和多样性。可能性总是敞开的。

3. 可逆的时间

以上我们论述了梅洛－庞蒂在他的现象学时期对于时间性的思考。可以看出，他的思考主要是从胡塞尔的内在时间意识结构出发的，尽管他对之作了各种改变，但这种时间性依然摆脱不了主体性的束缚。[①] 此后，梅洛－庞蒂越来越意识到这种主体性时间模式的局限。为了摆脱它，他一方面对胡塞尔的内在时间意识结构作了批判清理，另一方面，又从存在论的维度出发，重新思考存在与时间的关系。

梅洛－庞蒂认为，胡塞尔式的时间模式存在着很大的局限性。首先，胡塞尔是“从一个被看作没有厚度的，作为内在意识的现在场（Präsensfeld）出发来描述（时间的）这种连锁套嵌（emboîtement）的。”[②] 这样，他的时间就是一种对意识来说透明的时间，或者说是一种平面时间，它忽视了时间的积淀和

① 梅洛－庞蒂认为他自己的知觉现象学说到底仍然是一种意识哲学（参 Merleau-Ponty, *Le visible et l'invisible*, p.253），在这个意义上，他所改造过的身体时间性最终也还是可以归属到胡塞尔式的时间模式中。

② Merleau-Ponty, *Le visible et l'invisible*, p.227.

厚度。其次，胡塞尔的时间图示取决于这样一种认定，“即人们能够通过在一条线上的各个点来再现现在系列”，尽管胡塞尔补充了“对滞留和由之导致的滞留的滞留的修改，在这一点上，他没有把时间设想为点状事件的串联系列”，但即使这样，梅洛－庞蒂还是认为，胡塞尔对于“流逝现象”的说明不能令人满意。[①] 最后，胡塞尔的时间是一种过分形式化的时间。虽然胡塞尔在分析时也区分了“时间质料”（Zeitmaterie）和“时间形式”（Zeitform），但是他主要关注的还是时间的形式层面，正如他自己所说：“实显的现在必然是和始终是某种即时性因素，一种不断更新的质料的持存着的形式。‘当下’的连续性，它是一种永远更新的内容的形式连续性。”[②] 这种形式连续性尤其体现在“滞留－原印象－前摄”这样一个稳定的时间结构上。然而这一时间的连续结构却无法说明“遗忘”的问题。既然意识具有一种原初滞留的功能，既然时间结构的三要素（滞留－原印象－前摄）是环环相扣，连锁嵌套的，那我在原则上应该能够再现过去生活的所有环节，如此一来，遗忘又是如何可能的呢？与此相应，它也不能说明弗洛伊德提出的无意识问题，事实上，胡塞尔似乎从来就不认为有无意识的问题，或者说，依据他的时间流图示，无意识是不可能的。[③]

对这些问题的思考使梅洛－庞蒂逐渐摆脱了主体性观念的

---

① Merleau-Ponty, *Le visible et l'invisible*, p.248.

② 胡塞尔《纯粹现象学通论》，第 205–206 页。

③ 参胡塞尔《关于时间意识的贝尔瑙手稿》“编者引论”，第 25–26 页，肖德生译，商务印书馆，2016 年。

束缚。他首先进一步区分了"时间质料"和"时间形式"这两个概念。胡塞尔希望用时间形式来统驭时间质料，这其实仍是他的"意识哲学"特性的反映。梅洛－庞蒂则认为，时间形式并不能完全统驭时间质料，质料性的内容总是要挣脱形式的束缚而凸显出来，甚至自身形成新的形式，这时，时间性的特质也就改变了。[①] 当胡塞尔承认，"现在"不单单是瞬间的时间点，也是说一句话、听一段音乐所占据的时间段或时间域时，它就已经不再作为一个形式结构的环节，而是作为一种内容呈现出来了。也是在这个意义上，我们可以更好地理解梅洛－庞蒂在《知觉现象学》中所说的话：我的现在可以是这个瞬间，但它同样"也是今天、今年、我的整个一生"。这样，"现在"就不再只是一个形式环节，而是一种有厚度的质料存在："它是由一个中心支配区域及其不确定的轮廓所规定的一个环圈——一个时间的

---

① 在《知觉现象学》中，梅洛－庞蒂就已经指出了这一点："在每一个知觉中，质料本身就呈现出意义和形式。"（Merleau-Ponty, *Phénoménologie de la perception*, p.374）所以他才说，对时间和空间的综合总是要依据我的实存环境一再地重新开始（Merleau-Ponty, *Phénoménologie de la perception*, p.164）。尤其值得注意的是，梅洛－庞蒂还从胡塞尔的《内时间意识现象学》中看到了形式－质料关系的一种倒转，他说："胡塞尔长期以来用'赋义－内容'（Auffassung-Inhalt）范式和作为'赐予灵魂的赋义活动'（beseelende Auffassung）来界定意识。但从他的《时间讲座》起，通过承认这种赋义活动预设了另一种更深层的活动（凭借这种活动，内容自身就已经为这种意义的把握预先作好了准备），他跨出了决定性的一步。'并非任何一个构造都是依据赋义－内容范式来进行的。'"（Merleau-Ponty, *Phénoménologie de la perception*, p.178, note 1）

鼓胀或肿泡。”[①] 时间的内容反过来影响时间的形式，改变时间的速率，这就是为什么我们觉得时间有时过得特别快，有时过得特别慢的原因。

时间的连续性主要是由意识赋予时间质料的形式结构来实现的，而当我们摆脱这种意识形式，单纯从质料方面来理解时间时，时间就不再是连续的，相反，时间的各个维度相互交错（Ineinander），甚至彼此互逆："从人们将时间理解为交织的时刻起，一个时间点的建立（Stiftung）就可以无‘连续’、无‘保留’、无需虚构的心理‘支撑’而过渡到其他的时间点。”[②] 如此一来，时间的可逆性就不再是不可思议的事情，我们只要想想普鲁斯特的名著《追忆逝水年华》（*À la recherche du temps perdu*）就可以理解了。普鲁斯特解释说，我们所度过的时间其实并没有真正消失，而是寄寓在我们所遭遇的特定事物上："我们生命中每一小时一经逝去，立即寄寓并隐匿在某种物质对象之中，就像有些民间传说所说死者的灵魂那种情形一样。生命的一小时被拘禁于一定物质对象之中，这一对象如果我们没有发现，它就永远寄存其中。我们是通过那个对象来认识生命的那个时刻的，我们把它从中召唤出来，它才能从那里得到解放。”[③]

这种可逆的时间其实已经隐含在我们前面提到的那个多层次、多向度的整体时间网络结构之中了，只是在那里它更多

---

① Merleau-Ponty, *Le visible et l'invisible*, p.238.

② Merleau-Ponty, *Le visible et l'invisible*, p.321.

③ 普鲁斯特《一天上午的回忆》，第 1 页，王道乾译，上海文化出版社，2000 年。

地是与身体主体的意向活动相关联，而在此则更多地与存在相关。在描述存在时，梅洛－庞蒂最常用的两个词是“野性的”（sauvage）和“粗朴的”（brut），他以此强调存在的原始、古朴；他说，这个存在“既比一切都古老，又处在第一天”[①]。“第一天”本就有创世之初的意味，但在这里，当梅洛－庞蒂把它与“古老”一词对举时，它侧重的却是一种“最新、最近、新新相生”的意思，就像我们说“每一天都是第一天”时所意味的那样。[②]因此，存在既是最古老的，又是最新的，它“超越了过去与现在的区别”。但它无疑是时间性的，而且这是一种垂直的时间性，因为那最古老的“过去”是在我们之下，在现在之下，作为原始的基础而存在的。因此，这是一种“建筑学”意义上的“地层”时间。就像考古挖掘的古物那样，“‘过去’属于一种神话的时间，属于时间之前的时间，属于早先的、‘比印度和中国还要遥远’的生活。”[③]它不可毁坏，也不会消失，它就是弗洛伊德所说的“无意识”；当然弗洛伊德的“无意识”还是局限在我们的身心层次内，而梅洛－庞蒂则把它拓展到存在秩序中了，而且他竭力淡化了它的主观性特征。他说这种过去是“没有体验、

---

① Merleau-Ponty, *Le visible et l'invisible*, p.264.

② 在另一个地方，梅洛－庞蒂用类似的语言来描述“自然”（在梅洛－庞蒂的后期思想中，“自然”和“存在”可以说处于同等的地位，“自然”不过是对“存在”的另一种表达）：“‘自然处于第一天’，她如今还处于第一天中。……可感者、自然超越了过去与现在的区别，从内部实现了从一个到另一个的过渡。”（Merleau-Ponty, *Le visible et l'invisible*, pp.320–321.）

③ Merleau-Ponty, *Le visible et l'invisible*, p.296.

没有内在性的生命……事实上，它是纪念碑式的生命，是创建（Stiftung），是首创性”[①]。

从时间的这种垂直关系出发，梅洛－庞蒂再次批评了胡塞尔的意向分析。由于过去在现在之下，所以它和现在就是“同时性的”，而胡塞尔的意向性分析是以“过去”与“现在”的明证性差异为前提的，它无法上升到作为“元－意向的”（méta-intentionnelle）这种“同时性”。[②]但梅洛－庞蒂还是认为，通过对胡塞尔那里另一种更源基的意向性，即运作意向性作出新的阐释，我们可以用它来描述此种垂直时间关系。这是一种“内在于存在中的意向性”，它无需通过一种赋义行为来进行意向指涉，就能直接实现在“意向对象”（noème）与“意向对象”之间的“相互指涉”[③]，就好像是“从内部实现了从一个到另一个的过渡”[④]。这种新的意向性实际上是梅洛－庞蒂后期所专门揭示的存在之“交织”（chiasme）结构的体现，正是它使得时间的诸维度就像存在的诸元素那样成为可逆的。由此，对时间诸维度的把握就“不仅仅是从过去到实际经验的现在的意向指涉，而且反过来也从实际的现在向一种维度性的现在或世界（Welt）或存在的意向指涉。”[⑤]此外，也不是只有经由“现在”才能指涉“过去”，过去似乎直接就能呈现，因为它“就附着在现在上”，因为“垂直的过去本身包含着曾经被知觉的要求……过去在此

① Merleau-Ponty, *Le visible et l’invisible*, p.296.

② Merleau-Ponty, *Le visible et l’invisible*, p.297.

③ Merleau-Ponty, *Le visible et l’invisible*, p.297.

④ Merleau-Ponty, *Le visible et l’invisible*, p.321.

⑤ Merleau-Ponty, *Le visible et l’invisible*, p.297.

不再是一种‘对……意识’（Bewusstsein von）的变式或样态，相反，恰恰是‘对……的意识’，即被知觉者被作为浑然一体之存在的过去所承载。”①

相较于现象学阶段，“现在”的地位在此似乎有所下降，但这主要是相对于“意识”而言的，因为原本“现在”即“意识”，或至少处于意识场的核心，但在这种存在论的思想中，“现在”不再属于“意识”及与之相关的事件。意识和事件拥有时间，但时间却不再预先注定地属于意识和事件，而是属于存在，或更确切地说，它是在我与存在的关系中涌现出来的，当然在这里，“现在”依然处于一个突目的位置上，只是它已经不能被我的意识所占有，更不能与之融合，正如梅洛－庞蒂所说：“可见的现在不在时间和空间中，当然也不在时间和空间之外：在它之前、在它之后，及在它周围，没有任何东西可与其可见性相匹敌。然而，可见的现在既不是独一者，也不是全部。确切地说，它挡住我的目光，也就是说，时间和空间延展在可见的现在之外，同时，它们又在它之后，在深处，在暗处。”②关于“现在”的扩散效应在此有了更好的说明，“现在”是“世界之肉”，一种历久弥新却又总是同样的时间。③总之，通过使“现在”与意识相脱节，梅洛－庞蒂实际上淡化了意识所具有的“主体性”或“主观性”特征。

对于“意识”，梅洛－庞蒂在他的后期思考中亦另有独特

① Merleau-Ponty, *Le visible et l'invisible*, p.297.

② Merleau-Ponty, *Le visible et l'invisible*, p.152.

③ Merleau-Ponty, *Le visible et l'invisible*, p.320.

的解说。他认为，我们不应把意识理解为一系列个体化的“我想”或“我认为”，而应把它理解为“向一般的构型或星丛结构（constellation）的开放，向过去射线和世界射线的开放，在这些射线的末端，透过许多布满缝隙和想象物的‘记忆屏’，有某些近乎可感的结构，某些个人的记忆在闪烁”[①]。这里“世界射线”在保持其“世界”含义的同时也可以把它理解为“将来射线”，因为如我们前面所说，“向着世界而在”就是向着将来而在。因此，可以把过去射线和世界射线看作是一些不同向度的时间射线。而“射线”一词又让我们想到刚刚谈及的那种存在中的意向性联系，如此，时间射线和世界射线就不过是存在自身的一种意向运作的产物。时间是从存在中涌现而来的“射线”，是存在的“一种机制（institution），一种等价系统”[②]。存在通过其各种射线作用于我们，而我们自身亦是一个布满缝隙和虚构之物的时间装置。由于存在本身是不可见的，我们“只有通过时间的移动”，只有透过“事物之经验的多样性”才能远距离地瞄向存在，“瞥见”存在。[③]时间射线与世界射线由此就构成了我

---

① Merleau-Ponty, *Le visible et l'invisible*, p.293.

② Merleau-Ponty, *Le visible et l'invisible*, p.238.

③ Merleau-Ponty, *signes*, p.197：“这种通过时间的移动被瞥见，且总是要经由我们的时间性，经由我们的知觉，经由我们的肉身性存在被瞥见的存在（但问题可能不在于想象自己置身于其中，因为被压缩的距离使它失去了存在的恒定性），这种海德格尔所说的始终向我们的超越性提出的‘远处的存在’，就是《巴门尼德》中所定义的存在的辩证概念，它处于实际所是的事物之经验的多样性之外，并在原则上只有通过它们才被瞄向，因为一旦与事物相分离，它就只能是明亮或黑暗。”

们藉以与存在发生关联的境域。

如此，我们之所以有意识，就是由于时间射线和世界射线刺激我们肉身性的时间装置，激活了它的那些“可感结构”，使它与周围的存在构型（事物及其场景）相互呼应，形成某种新的格式塔结构，从而就有了意识。[①] 简言之，“有意识”就是“拥有一个背景上的图形，……图形－背景的区分在主体和客体之间引进了一个第三项。正是这种间距（écart）首先产生了知觉的意义。”[②] 精神分析学家所说的“联想”也同样是由时间射线和世界射线作用于我的“记忆屏”的结果。反过来，如果我们不再收到这种刺激，那么，由此产生的“关联结构”或意义“格式塔”也就消失了，这就是遗忘的产生。所谓遗忘，就是“无差异化”或“去关联化”，就是不再有“间距和层次（relief）”。[③]

前面我们简略地提供了梅洛－庞蒂后期的某些时间性思考，

---

① 参 Merleau-Ponty, *signes*, p.21：“如果说我能思考，这不是因为我跳出时间进入了一个智性世界，也不是因为每一次我都从乌有中重建创造出涵义，而是因为时间之矢挟裹着一切，它使得我那些连续的思想在一种高阶的意义变成了同时性的，或至少它们合理地彼此侵越。”

② Merleau-Ponty, *Le visible et l'invisible*, p.250.

③ Merleau-Ponty, *Le visible et l'invisible*, p.250. “遗忘问题，主要在于不连续性。如果在现象过程（Ablaufphänomen）的每一个阶段，都有过去的片断掉入遗忘中，我们就会有一个就像对象的阻隔物那样的现在场，而遗忘可能就是因消除了有效刺激而产生的遮蔽，它是这样的点，在那里，由于肉体性痕迹的消除而不再产生清晰的形象（fort-image）。”（Merleau-Ponty, *Le visible et l'invisible*, p.248）

这是些非常独特的思考，当然，它们还不够成熟，还很零碎。总之，在这里，时间已不再是从主体出发、由主体构造的东西，而是存在运作机制的某种体现。时间远比我们古老，所以不能说时间属于我们，而应该说我们属于时间。时间是希腊人意义上的那种存在的“视域”，在这一点上，它让我们想起柏拉图《蒂迈欧篇》中的时间意象。但另一方面，他对时间形式和时间质料的区分，对像元素一样作为时间诸维度的时间射线或时间粒子的可逆性思考，又带有某种后现代的意味。在此我们不妨以利奥塔为例，来说明梅洛－庞蒂的时间之思与后现代观念之间的某种亲缘性。

后现代思想的一个基本特征是解构主体，而主体性又是与时间性密不可分的，因此，从时间角度出发，拆解主体性与时间性之间的关联，把时间从主体中解放出来就不失为一种有效的方法。利奥塔正是如此考虑的，他对时间的分析也是从梅洛－庞蒂所说的时间形式与时间质料的区分开始的。他认为，主体性之所以与时间性密不可分，无非是基于主体（意识或身体）自身的某种记忆综合能力，即它能把若干离散的时刻聚合成一个单一的“现时”。这才使得一种连续的时间形式成为可能，使时间成为我的时间，你的时间，我们的时间，一个共同体的时间或人类的时间，也才使人类能以主体的身份在自然界中独立出来。但是，这一切都只是从时间的形式层面来考虑的，而形式（如过去－现在－将来所构成的三维结构及线性连续的发展模式等）则只是我们意识的赋予。相反，如果我们从时间的质料层面（某一时间点的质料也就是它所包含的信息量）来考虑，则人脑的记忆与物质自身所贮存的信息之间并没有本质的区别。

因为当代物理学和天体物理学的研究表明，基本粒子类都是由类似于质点那样的实体构成的，包含在粒子类中的每一个实体子集都具有按规律与其他因素发生关系的特性。这也就意味着，每一个粒子都拥有它的基本信息，拥有某种基本的记忆功能，所以“当代物理学家们认为，时间流溢自物质本身，时间不是可能具有将不同的时间集中于一个宇宙史中的功能之外或之中的实体。”[①] 物质本身也能贮存信息，这与人脑的记忆功能并没有本质的差异，至多只有程度上的差别，人脑的意识亦不过是一种更高级的、能记住粒子与粒子间的相互作用及其内在性的特殊物质结构。正是因此，当代物理学家们倾向于认为：“时间流溢自物质本身。”[②]

物质也能记忆，时间来自物质，这听起来或许不可思议，但利奥塔认为，当今遍布地球的电子和信息网技术其实早已将物质的记忆功能变成现实。它们产生出了“一种应被视为宇宙级的，非传统文化价值可比的记忆总体能力。”[③] 而支撑这种记忆的躯体不再是一个地球人的躯体，而是计算机，一种完全由赤裸的物质构成的机械装置；而且物质记忆比起人的记忆来说有更多的优异之处，因为人的记忆依赖于人脑，而“人脑自身的存在需要由一个躯体来养活，这个躯体又只能在地球生命的条件或摹拟的这种条件下才能生存。”[④] 相反，由新技术支持发

① 利奥塔《非人》，第 67 页，罗国祥译，商务印书馆，2000 年。

② 利奥塔《非人》，第 67 页。

③ 利奥塔《非人》，第 71 页。

④ 利奥塔《非人》，第 68–69 页。

展起来或正在发展起来的物质记忆则能克服这些环境和区域的限制，进行自由地移植。这意味着，时间性不再是意识或身体的特权。人只不过是“一种可靠的转换器，一种由其技术科学、艺术、经济发展、文化及其带来的新的记忆方式即宇宙中新增加的一种复杂性的转换器。”① 利奥塔认为，正是这种物质记忆和物质时间的观念彻底摧毁了可称之为“人类自恋癖”的东西，即主体观念。②

不过从这里我们也可以看出梅洛－庞蒂与后现代思想的根本不同，他对时间的重新思考引向的不是实践层面，而是本体论或存在论的层面，他的目的不是要废除主体概念，而是要为这个概念奠立一个新的基础。因此，梅洛－庞蒂从生存论转向存在论，看起来是取消了主体的中心地位，实际上却是更进一步巩固了主体性的位置（尽管与此同时又淡化了其主体色彩），这一点我们在后面还会看到。

四、性欲与情感

人是身体性的存在，从身体出发，对性（性别、性欲、性爱）进行阐述就是题中应有之义。然而，正如对身体的贬抑在西方思想史上长达两千年之久，对性问题的讨论，哲学也同样是三缄其口。西美尔曾说：“只有一位伟大的哲学家曾探究过爱

---

① 利奥塔《非人》，第 49—50 页。

② 对利奥塔的这种技术时间性的进一步反思，可参笔者的论文《后现代或现在：作为终末的时间》，《文艺理论研究》2020 年第 3 期。

的意义问题，并对这一问题作了深刻的回答，他就是柏拉图。唯一能与柏拉图相提并论的哲学家叔本华，实际上并没有探究爱的本质，他考察的只是性欲的本质而已。”[①]然而，无论是柏拉图还是叔本华，他们探讨爱欲或性欲的本质时都没有落实在身体之上。实际上，在古希腊的词汇中还没有现代的“性”（sex）这样一个概念。古希腊思想家谈论的与性爱相关的词主要是“Eros”（爱欲或欲爱），这其实是希腊神话中一位神祇的名字，与之相关的还有另外一位神祇，即阿佛洛狄忒女神（Aphrodite）。由于爱欲与神灵相关，这使希腊人的爱欲思想具有了某种神性或神秘、神圣的特征。[②]这里最典型的自然数柏拉图在他的《会饮》中借助苏格拉底所谈论的那种爱：它是一个像阶梯那样逐级上升，最后与永恒的美理念相融合的过程。换言之，爱在这里成了一种通过对存在秩序加以领会、进而洞察理念秩序的手段，在这个意义上爱就是哲学本身。尽管这种爱也是从个体的人，个体的身体出发的，但是身体只是个通道，因为它在存在秩序中属于较低的品阶，而爱所要企达的却是超感官的美的理念或美的知识，这恰恰需要对身体本身的超越或否弃。因此，基于对纯粹理念的热爱，哲学对于身体及身体性爱的排斥也就是自然而然的事了。

当然，《会饮》中也谈到了另一种更为真实的经验性的爱欲，

---

① 西美尔《柏拉图式的爱欲与现代的爱欲》，见刘小枫主编《人类困境中的审美精神》，第 259 页，东方出版中心，1996 年。

② 参布鲁姆《爱的阶梯》，秦露译，附载于刘小枫编《柏拉图的〈会饮〉》中，见该书第 129 页，华夏出版社，2003 年。

这就是由喜剧家阿里斯托芬讲述的那个众所周知的神话：即古老的人是雌雄同体的球形人，他们因狂妄姿肆、不敬神灵而受到惩罚，被宙斯一分为二，成了单片人或单面人，但他们还保持着对已经失去的另一半的记忆，于是从此以后，每一半就都在寻找自己的另一半。爱因此产生于身体性的缺失，它是人们对其原本拥有、但已永远地失去的某种身体完满性的记忆和寻求，任何人“只要遇到自己的另一半，马上就互相迷恋得不行，粘在一起，爱得一塌糊涂，恨不得一刻也不分离。他们终生厮守在一起，甚至彼此之间从来不晓得说想从对方得到什么。”[①] 这种对于爱的解释确实说出了我们关于爱的真实感受。因此，令人感兴趣的是，被哲学家遗忘的事，却被诗人们保留下来。从古罗马的《爱经》，到中世纪末的《十日谈》，从莎士比亚的戏剧，到拜伦的诗歌，男欢女爱一直是文学中经久不衰的主题，其中不乏对性和性爱的大胆坦露，比如那个惊世骇俗的萨德。米兰·昆德拉曾说过，哲学与科学忘记了人的存在，但是，被它们所遗忘的这个存在，其实一直是小说和艺术孜孜不倦地加以勘探的主题。[②]

诚然，哲学家的思考总是要晚于诗人的直觉，但是，当身体和身体性爱问题重新成为哲学思考的主题时，却又往往标志着一个新的时代的来临，因为这是一种新的意识觉醒。所以，现代以来，当叔本华第一次严肃地对性欲问题予以思考的时候，他恰恰是在昭示着一种新人的到来和一个新的思想时代的开启。

---

① 载刘小枫编《柏拉图的〈会饮〉》，第 52 页。

② 昆德拉《小说的艺术》，第 3 页，孟湄译，三联书店，1995 年。

不过，叔本华对于性欲的思考似乎走向了与苏格拉底（或柏拉图）相反的另一个极端。对苏格拉底来说，最本质的东西是理念，因此他的爱欲所要趋向的是由理念构成的永恒秩序；而对叔本华来说，本质性的东西却是意志，而性欲就是这种意志的体现。叔本华也讲到了身体，然而，身体只是意志的客观化。在这个意义上，性欲比我们的身体更持久，因为在个体的生命中“显现的意志是随身体的死亡而熄灭的，可是性欲的满足就已超出了本人生存的肯定。本人生存在时间上是这么短促，性欲的满足却肯定到个体的死亡以后，到无定期的时间。”[①]这样一来，就不是性欲基于身体，而是身体基于性欲了。与柏拉图一样，叔本华只是把身体看作某一种超个体力量的工具或通道，这样一来，他在论述性欲时，就只把性欲当成了某种现成的、异己的东西，而没有把它视作内在于本己身体中的某种本质性的东西来加以思考。

只有从本己的身体出发，才会有性的问题，只有基于本己的身体，性的问题才能被恰当地对待。这是因为，正如舍勒所指出的，性欲作为一种生育和繁殖的能力，尽管普遍存在于宇宙间的生物中，但只有当生物机体进化到特定的阶段，即以人类身体的形式出现时，性欲才会作为一种特殊的体验而存在，才会有人类的“性羞感”出现。[②]因此，是我们身体的先天性决

---

① 叔本华《作为意志与表象的世界》，第 449–450 页，石冲白译，商务印书馆，1995 年。

② 舍勒《论害羞与羞感》，林克译，载刘小枫选编《舍勒选集》卷上，第 538–539 页，上海三联书店，1996 年。

定了我们特殊的性欲和性体验，而反过来，借助于这种最隐秘的性体验，我们又能进一步说明身体主体的暧昧、含混的特征。[①]这正是梅洛－庞蒂研究本己身体之性存在的原因所在。

1. 性欲是一种意向性

在《知觉现象学》第一部分第五章，梅洛－庞蒂明确用了“作为性存在的身体”（Le corps comme être sexué）这样一个标题。这里的“性存在”是个含义丰富的词。它既指一般的性别差异，也指身体的性欲或欲望，梅洛－庞蒂主要是在后一种意义上来使用的，但是他也用它来指一种更一般意义上的感情或爱情。在一个活的身体主体中，这诸多方面是相互交织在一起的。探讨“作为性存在的身体”，其目的正在于“弄清一个物体或一个存在者（un　être）是如何通过欲望或通过爱情开始为我们实存，我们由此就能更好地理解物体和诸存在者如何能一般地实存。”[②]

身体是一种性欲化（sexualité）的存在。但是，性欲是如何产生的？传统的看法认为这是表象与反射混合的结果，比如

---

① 萨特在他的《存在与虚无》中颇为详尽地讨论了身体的性欲特征（参第 481 页以下），他甚至认为性欲属于本体论或存在论的层次。他也因此批评海德格尔在对此在的分析中“一点也没有涉及性征，以致他的此在对我们显现为无性欲的”。但总的说来，他对于人之性欲特征的描述着重于人有意识的层面和为他存在的一面，因而与梅洛－庞蒂有着明显的不同。

② Merleau-Ponty, *Phénoménologie de la perception*, p.180.

说看到淫秽的画面就产生兴奋感，或者通过刺激身体性器官而引起对性的欲求等。与此相应，快乐和痛苦的情感现象也是表象刺激的结果，就像我们看喜剧感到开心，看悲剧感到难受一样。“各种简单的表象能够依照观念联想律和条件反射律转移快乐和痛苦的自然刺激，这些替代能将快乐和痛苦联系于本来与我们无关的环境之上，而且在不断的转移中，形成与我们的自然快乐和痛苦没有明显关系的第二级和第三级的价值。”① 但这是一种过于简单化的理论。因为即使有表象的刺激，也要以一种能感受这种表象的能力为前提。在病人施耐德那里，即使向他展示淫秽的图片，对他谈论性的快感，甚至施以身体性的接吻和拥抱也不能使他产生欲望。他不再有任何主动追求性行为的欲求。因此，性欲不能归结为表象的刺激，也不能归结为身体的本能及这种本能的自主反射机制。因为施耐德的所有障碍都起因于大脑枕叶区的损伤，如果性欲是一种自主反射机制，那么在大脑损伤的情况下，意识对于性欲的抑制就松了，结果应该导致这些自动性的释放，并表现出更强力的性行为，但事实恰好相反。所以，梅洛－庞蒂认为，性欲应该是属于身体本身的一种更基本的机能：“在自动机制和表象之间有一个生命区域，病人的性欲可能性，就像前面所说的运动可能性、知觉可能性，甚至理智可能性都在这里形成。应该有一种内在于性生活，确保其展开的功能，而性欲的正常扩展就取决于官能性主体的内在潜能。应该有一种爱若斯（Eros）或力比多（Libido），它赋予原初的世界以活力，给予各种外部刺激以性的价值或含

① Merleau-Ponty, *Phénoménologie de la perception*, p.180.

义，并向每一个主体表呈他对于其客观身体的使用。”①换言之，有一种属于正常的知觉结构的“性爱体验结构”，有一种属于身体意向性的性意向性，或者说，性意向性只是这种身体意向性的一种具体体现。施耐德遭到破坏的正是这种性意向的能力或者说是这种正常的“性爱体验结构”。他不再能体验到任何与性或性别有关的意义。在他看来，女性的身体不再有特殊的魅力，即使是身体的亲密接触也只能带给他一点模糊的感觉，一种不确定东西的感受，它不足以引起性冲动。

相反，在正常人那里，性意向是一种最基本的体验结构。舍勒曾说过，在身体所具有的诸生命功能中，性爱功能相对于其他一切价值选择的生命功能（如饮食、厌恶）来说更具有奠基性和决定性。性本能甚至比饮食本能更基本，因为婴儿的饮食本能是通过母亲的哺育本能才得以形成的，新生儿可能会“饿”，但他不会有饮食本能，这种本能只是通过给他喂食之后才形成的；与此相反，母亲的哺育天性则是其生殖本能或性本能的延期效应。②梅洛－庞蒂也说，性意向是一种“原初的意向性”，是“知觉、运动和表象的生命根源”。③对我们来说，他人的身体首先是带有性别特征的，而且往往是异性的身体更吸引我们的注意；当我看一个女孩子时，我决不会像看某个物体那样去看她的身体，她首先被我感知为“有魅力的”“吸引人

---

① Merleau-Ponty, *Phénoménologie de la perception*, p.182.

② 舍勒《论害羞与羞感》，载刘小枫选编《舍勒选集》卷上，第616–617页。

③ Merleau-Ponty, *Phénoménologie de la perception*, p.184.

的”“可亲近的”或者“冷漠的”“难以接近的”等等。也就是说，对他人身体的知觉绝不是一种客观知觉，在它下面隐含着一种更隐蔽的、伴随着欲望和情感的知觉，这就是性意向性。正如梅洛－庞蒂所说：“可见的身体受到一种纯属个人的性图式的支持，这种性图式突出性欲发生区，勾呈一种性别外观，唤起男性身体本身的动作以融入这一情感的整体。”① 当然，这里的“性意向”或“性图式”不应狭隘地理解为性本能、性冲动。我们在前面曾提到“身体图式”这个概念，它指身体所具有的一种知觉、运动系统的能力，它使身体在具体的处境中能自发地调适其姿势和动作，以应对处境的要求，并把处境中富有意义的结构融入身体自身的经验中。这里的“性图式”概念也有类似的意思，它反映的是我们的身体在面对不同的人时所呈现的意愿、姿态或兴奋度。而性意向体现的也是人与人之间一种暧昧朦胧的意愿、欲望和情感关系。这种姿态或意向完全是肉身性的，它“不是一种针对某个我思对象的我思活动”，而是“一个身体对另一个身体”、一个人对另一个人的趋向和期待。它并不明确地呈显在我的意识中，但也不是无意识的，而是一种“暧昧含糊地与性欲有关”的朦胧状态，就像是“从它专门寓居的身体区域”向四周散发出去的一种气息，一种声音那样。性欲的诱惑正是在这种暧昧朦胧的氛围中呈现出来的。② 当然，这种朦

---

① Merleau-Ponty, *Phénoménologie de la perception*, p.182.

② 《红楼梦》第五回写宝玉进入秦可卿的房间时所见的一切就呈现了这样一种含混莫名的性欲氛围：“刚至房门，便有一股细细的甜香袭人。宝玉便觉眼饧骨软，连说‘好香！’入房向壁上看时，有唐伯虎画的《海棠春睡图》，两边有宋学士秦太虚写的对联，其联云：嫩寒锁梦因

胧的意向也可以变得明晰，甚至最后以一种明确的性冲动的方式被意识到。但在这种情况下，就有可能反过来破坏原初的性意向，因为这时，我的明确的性欲冲动所指向的他人就不再作为一个有其独立的精神价值的主体而存在，而成了我的欲望客体；反过来，我自己也在某种程度上失去了精神的自律性，而成了一个受欲望支配的对象。这正是叔本华所揭示的性欲的征兆，也是萨特的两性意识冲突所展示的性爱剧的特征。但在梅洛－庞蒂看来，这不是原初的性意向和性体验的特征，而已是一种被有意识地强化乃至扭曲的性欲。但无论是原初的性意向，还是作为其结果的性冲动或性行为，反映的都是一种人与人之间的关系，“是我们体验与他人之关系的肉体的方式，因为我们就是肉身（chair）。既然性欲是与他人，而不仅仅是与另一个身体的关系，它就在他人和我之间编织投射和内投的循环系统，引起一系列无穷的能反射的映像和被反射的映像，从而使我是他人，他人是我。”①

梅洛－庞蒂关于性欲或性意向的论述与舍勒所谓的“性羞感”颇为相似，而且也可能受到舍勒的影响。舍勒认为，性羞感不同于性本能。性本能普遍地存在于一切动物甚至植物中，而性羞感却唯独人才有。这是因为，性羞感处于性本能和性爱

春冷，芳气袭人是酒香。案上设着武则天当日镜室中设的宝镜，一边摆着飞燕立着舞过的金盘，盘内盛着安禄山掷过伤了太真乳的木瓜。上面设着寿昌公主于含章殿下卧的榻，悬的是同昌公主制的连珠帐……”（《脂砚斋全评〈石头记〉》上卷，第66–67页，东方出版社，2006年）显然，宝玉在这里第一次发生春梦并“初试云雨情”并不是偶然的。

① Merleau-Ponty, *signes*, p.292.

之间，它是缘于这两种生命价值的张力或冲突才得以维持的。一方面，羞感要靠性本能来维持，羞感的强度取决于性本能的大小和强弱；另一方面，羞感又只存在于爱的能力范围之内，它受到向上的爱的引力的拉伸，从而又表现出对于性本能的抵制。[①]正是这两种力量之间的张力和转折，表现出了性羞感中的朦胧之美，但是，性羞感最终趋向的还是爱。“羞不过是爱的最深邃的助手之一和最自然的助手，它就像蛹壳，爱可以在里面慢慢成熟，直到自己最终天然地破壳而出。”[②]从情态上来看，舍勒的性羞感与梅洛－庞蒂的性意向是非常相似的，两者都是一种朦朦胧胧、暧昧莫名的体验（当然梅洛－庞蒂的性意向首先是一种身体的潜能，只在特定的人际情境中才表现为这种性欲体验）。舍勒说，羞感是“一种灵敏的氛围——不可伤害的屏障，像界限一样围绕着人的身体。”[③]而梅洛－庞蒂也说：“性欲作为一种氛围不断地萦绕在人的生活中。”[④]从身体性角度来看，无论是性羞感还是性意向，在它们所营造的朦胧氛围中，都体现了一种完整而统一的心身关系。在这里，对性欲的体验都是从作为整体的本己身体出发的，因此，我们不能把性欲归结为身体的某一特殊部位（如性器官）的功能，一旦从孤立的身体部位来理解性欲，也就反过来破坏了性体验的美感。[⑤]就这一

---

① 舍勒《论害羞与羞感》，载刘小枫选编《舍勒选集》卷上，第564、570页。

② 刘小枫选编《舍勒选集》卷上，第564页。

③ 刘小枫选编《舍勒选集》卷上，第553页。

④ Merleau-Ponty, *Phénoménologie de la perception*, p.196.

⑤ 舍勒说：“羞感在性交之前和性交之中阻止那种孤立倾向和那种

点而言，性羞感和性意向都有着某种形而上的意义，只是对这种意义的理解两人各有不同（详下）。最后，从功能上来看，舍勒与梅洛－庞蒂都想通过对性羞感或性意向的探讨来说明一般的人类情感现象，尤其是爱情现象。

两人之间的差异主要在于视角的不同：舍勒是从价值论的角度来谈性羞感的，羞感体现了两种不同的生命价值之间的冲突，而它最终趋向的是上升的、肯定性的爱。这典型地体现了一种精神哲学的立场；而梅洛－庞蒂则是从生存论的角度来谈论性欲或性意向的，它基本上与价值态度没有关系。在性意向中呈现的不是垂直关系上的一种价值序列，而是在水平层面上的自我与他人的关系问题。梅洛－庞蒂即使在同样谈到舍勒所谓的“羞感”时，也是从这种生存论的角度出发的。他说：“害羞与无耻在自我与他人的辩证法，即主人和奴隶的辩证法之中占有一席之地：只要我有一个身体，我就有可能在他人的注视下沦为物体，我对他来说不再算作人；或者相反，我也能成为

身体上的理解，一旦羞感的这两种功能失效，性器官不仅会失去神秘的吸引力和我想称为性爱的光辉的那种东西，而且会同时产生对性器官的实际的厌恶，因为孤立地和从身体上看待性器官，性器官就会将那种首先与排粪和排尿的过程及排泄物相联系的厌恶反应引向自身。”（同上，见《舍勒选集》卷上，第 611 页）梅洛－庞蒂也引用弗洛伊德的观点说：“性器官不是生殖器官，性生活不是以生殖器官作为其场所的诸过程的单纯结果，力比多不是一种本能，即不是一种自然地被导向确定目的的活动，而是心理生理主体置身于各种不同的环境、通过各种不同的经验确立自己、获得某些行为结构的一般能力。”（Merleau-Ponty, *Phénoménologie de la perception*, p.185）

他的主人，反过来注视他，但这种主宰是一条绝路，因为当我的价值被他人的欲望承认的时候，他人就不再是我想通过他来获得承认的那个人了，而是一个被迷惑、失去自由的人，因而他对我来说就不再具有重要性。”[①] 因此，害羞、欲望或爱情的形而上学意义不在于趋向一种精神性的力量，而在于它们体现了自我与他人之间的一种辩证关系，体现了我身体性地向世而在的一种处境。形而上学“不是被定位于知识层次上：它始于向一个‘他者’的开放”。[②] 在舍勒那里，即使单纯地立足于个体本身，性羞感也是存在着并且可以得到理解的，因为它只与内在于个体中的两种生命价值或力量相关；但是，在梅洛－庞蒂看来，如果没有他人的存在，那么，无论是性欲还是害羞，似乎都是不可理解的。身体作为向着世界敞开的存在，它不可避免地处在与他人的关系中，并且正是这种关系规定了我的生存本质。因此，作为身体性的各个侧面，无论是时间性、空间性还是性欲和表达，它们都同样地传达出了这种生存的本质。因此，需要理解的是性欲与生存之间的关系。

2. 性欲与生存

从生存论的角度来看，性欲或性意向表明的是身体主体“把一个性的世界投射在自己面前、使自己置身于爱欲情境之中、或者每当这种情境出现时能维持它或延续它直至满足的能

① Merleau-Ponty, *Phénoménologie de la perception*, p.194.

② Merleau-Ponty, *Phénoménologie de la perception*, p.195.

力”[1]。表象刺激之所以有时能引起正常人的性反应，是因为他把它感知为一个具有性意味的情境或场所，因此，这种情境本身就是由他的性意向创造出来的。我体验到这种性的意味，这不是因为“我想起了它与性器官或与快感状态的可能关系，而是因为这个场景为我的身体而实存，为这样一种潜能而实存，这种潜能总是准备着把某些给出的刺激与一个爱欲情境结合起来，总是准备着要采取某种性的行为来配合这一情境。”[2]它是我在第一时间所前意识地感受到的一种氛围。我能进而对此情景发出的信号作出反馈和回应，我既可以顺其自然地委身于这一场景中，也能从这种情境中抽身而走。这正是一个正常身体的机能：既能进入世界，也能拒绝让世界进入。反过来，当这种意向机制遭受破坏时，他就不再能感受情境的意义，也不能主动地在自己周围投射一个主观的环境。如在病人施耐德那里，任何与性有关的表象刺激对他来说都失去了性的含义。他体会不到场景的氛围，他不能置身于性的情境，正如他不能置身于情感的或观念的情境一样。他人的面部表情引不起他的好恶感，天气变化也不会影响他的心情。世界对他来说在情感上一直是中性的。“不再有任何事情发生，生活中再没有任何东西具有意义和形式，更确切地说，只有始终相似的‘现在’，生命退回到它自身中，历史消解在自然的时间之中。”[3]

因此，性意向潜能反过来也表明了身体机能的完整性。我

---

① Merleau-Ponty, *Phénoménologie de la perception*, p.182.

② Merleau-Ponty, *Phénoménologie de la perception*, p.183.

③ Merleau-Ponty, *Phénoménologie de la perception*, p.192.

们在前面讲到，正常的身体是一个其各部分彼此蕴含的结构，感觉是联觉，大脑的专门化区域（如视觉区）是不能单独运转的。而现在，我们将进一步看到，身体的各种机能也是相互贯穿、不可分离的。“性欲不是一个自主的循环。它内在地与整个能认知的存在和能行动的存在联系在一起。行为的这三个方面显示为一个单一的典型结构，它们处在一种相互表达的关系中。”[①] 正是因此，我们事实上不能简单地把性欲和性器官联系起来，性体验的快感不是某些孤立的身体部位单独运作的结果，而是一种整体性的身体经验。在这一点上，梅洛-庞蒂认为弗洛伊德的观点是正确的。弗洛伊德很早就已经指出，身体的性感区遍布于全身，这一点在儿童身上体现得很明显。儿童几乎以一种无政府主义的自由方式，一视同仁地探索人体所有的性感潜能，他能从人体所有部位的活动中都得到快感。但是随着智性化思维的发展及身体诸功能的分化，成人的性感区就日益集中到某些特殊的器官（如生殖器）上，从而丧失了那种从身体的各部位都获得快感的广泛能力。[②] 不过，梅洛-庞蒂也补充指出，即便这是事实，这一性感区的活动也不能脱离身体的其他部位和其他机能的活动。正如我们在施耐德的病例中所看到的，大脑皮质的特定损伤在造成认知障碍的同时，也会引起从运动、表达到性欲各方面能力的下降。这表明，正常人身上的性欲系

① Merleau-Ponty, *Phénoménologie de la perception*, p.184.

② 参弗洛伊德《精神分析引论》第 161–162 页，高觉敷译，商务印书馆，1986 年；诺尔曼·布朗《生与死的对抗》，第 26–27 页，冯川、伍厚恺译，贵州人民出版社，1994 年。

统并不是自主的，正常的性欲潜能和性欲体验其实已被整合到了行为的整体之中。[①]“既然在人身上的所有功能，从性欲到运动机能再到智力，都是严格地相互关联的，那就不可能在人的整体存在中区分出我们将之视作一个偶然事实的一种身体构造以及必然属于它的其他属性。在人身上，一切都是必然的。”[②]尽管长期以来性欲只被人们看作身体的特殊部位的一种特殊功能，但实际上，我们在此触及的“并不是一种外周的自动机制，而是一种伴随着实存的一般活动并与之相起伏的意向性”[③]。也因此，性欲具有一种形而上的意义，它萦绕在我们的整个实存中，渗透在我们所见的各种意象中。[④]我们的整个生命都弥漫着性的意味。“没有哪一种解说能把性欲归结为性欲以外的其他东西，因为性欲已经是性欲以外的其他东西，也可以说，它是我们的整个存在。”[⑤]

这听起来像是弗洛伊德的“泛性论”的回响，但两者的意涵迥然不同。不过，梅洛－庞蒂还是充分肯定了精神分析的成就。他说，“精神分析对现象学方法作出了贡献”，但可惜它对此毫无所知；精神分析的意义在于它“在被认为是‘纯身体的’

---

① Merleau-Ponty, *La structure du comportement*, p.162, note 3.

② Merleau-Ponty, *Phénoménologie de la perception*, p.198.

③ Merleau-Ponty, *Phénoménologie de la perception*, p.183.

④ 鲁迅的著名讽刺“一见短袖子，立刻想到白臂膊，立刻想到全裸体，立刻想到生殖器，立刻想到性交，立刻想到杂交，立刻想到私生子……”虽然是出于对国民劣根性的批判，但也在某种程度上揭示了人“性”（人之性欲普遍性）的本相。

⑤ Merleau-Ponty, *Phénoménologie de la perception*, p.199.

功能中发现了一种辩证的运动，并且将性欲重新整合到了人的存在之中。”[①]梅洛-庞蒂还肯定,精神分析所谓“力比多”(libido)不是一种性本能，而是人在具体的处境中投射自己、实现自己的一种意向潜能。就此而言,它同样有一种生存论的意味。比如,弗洛伊德认为，我们日常生活的种种现象，从神经官能症到梦，从各种各样的口误、过失和胡思乱想到看起来冠冕堂皇的艺术作品，它们其实都折射着性的意味，从某种程度上说都是性欲的实现。

梅洛-庞蒂与弗洛伊德的区别主要在于：首先，弗洛伊德把性欲看作一种无意识，看作生命的底层结构。身体的实存是基于性欲之上的，而不是身体包含着性欲。性欲因此处于本体的地位，这一点与叔本华相同，事实上也受到了叔本华的影响。而在梅洛-庞蒂看来，性欲只是身体的一种机能或潜能，并不是独立自主的。我们不能脱离本己的身体去谈论性，也不能在本己身体之外或之下去寻找一种自在的性欲或力比多。作为意向性的性欲始终是前对象化的，一旦成为对象，也就破坏了性欲的原初本质。另一方面，性欲潜能对于身体来说又是必然的，这是一种生存论上的必然性。人是一种有性（性别、性欲、性征）的存在，正如人“同时也是直立的、拇指和其他四个手指能对握的存在”，这不是一种单纯的巧合，而是同一种实存能力或实存方式在不同方面的体现。我们不可能想象“一个没有手、没有脚、没有头的人”，也不可能想象“一个没有性别，通过扦

① Merleau-Ponty, *Phénoménologie de la perception*, p.184.

插或压条而繁殖出来的人”。[①] 即使现代最新的生物克隆技术成功地把人克隆出来了，这个被克隆出来的人也依然是个有性征、有性欲的人；而且生物技术能够从我们身体的任何一个部分截取的基因中克隆出一个人来，这正反过来说明了身体的各部分都是具有“性欲”的。因此，“在人身上，一切都是必然的。”尽管从宇宙发展、生命演化和个体成长的角度来看，人之所以这样而不是那样，又完全是偶然的。如果真的发现了一种外星人，他们的身体构造也会与我们一样吗？许多小说与电影已经对此给出了否定性的回答。

其次，弗洛伊德把生存与性欲看作是对抗性的。这种对抗集中体现在意识和无意识的对立上。受现实原则支配的生存（意识）总是要抑制性欲（无意识），因为后者受快乐原则支配，一味地以享乐为事，不服从任何现实的规则，完全处于无政府状态中。因此，它与现实原则是格格不入的，对于生命的存在来说也是一种威胁，所以要受到现实原则的压制。而性欲要表现自己，就只能通过乔装改扮的方式从现实存在的边缘和缝隙（如梦、口误、过失等）中偷偷摸摸地展现出来；或者借助一种升华机制把自己打扮得“高大上”（如艺术创作），从而在按现实原则创制的文明中占有一席之地。但在梅洛－庞蒂看来，这仍然是把性欲看作一种对象性的自在力量了。相反，性欲只是我们实存的展现，这种展现是前意识、前对象化的活动，所以，性欲倾向于“在普遍性的伪装之下自我隐藏，它不停地试图摆

① Merleau-Ponty, *Phénoménologie de la perception*, p.198.

脱它所产生的张力和戏剧”[①]。在性欲和生存之间，不是对抗性的关系，而是相互渗透、相互依存的关系。“也就是说，如果生存扩散在性欲中，那么相应地，性欲也扩散在生存中，以致不可能为一个决定或一个给出的行动指出源自性动机的部分和源自其他动机的部分，不可能把一个决定或一个行为描述为‘性的’或‘无性的’。”[②]

在这里，我们重新发现了在论述时间和空间时所揭示的那种辩证关系。一方面，性欲是生存性的，它是身体机能的展示，是生命力的象征，是我们置身于世界、向他人开放的能力；另一方面，生存也是富于性意味的。因为在生存的每一个动作中，性这种机能都与其他机能交织在一起，并随着生存运动的展开而扩展到我们的整个生命中，由此“没有意义的东西获得了一种意义，只有一种性的意义的东西获得了一种更一般的意义，偶然性变成了原因”[③]。性欲也就因此具有了形而上学的超越意义。

3. 情感现象学

前面讲到，梅洛-庞蒂对性欲的探讨是为了说明更一般的情感现象。性欲之所以能作为这样一个基础，是因为它最自然地体现出我们的身体作为欲望的存在、作为感性的存在的本质。在历史上，性之所以会成为我们身体的一种最隐秘的现象，也许正是与性（还有身体本身）的这种不可对象化，非知性的把

---

① Merleau-Ponty, *Phénoménologie de la perception*, p.196.

② Merleau-Ponty, *Phénoménologie de la perception*, p.197.

③ Merleau-Ponty, *Phénoménologie de la perception*, p.197.

握态度有关。梅洛-庞蒂说："如果说性欲难以容忍第三者在场，如果说它把所欲对象过于自然的态度或过于冷漠的话语感受为一种敌意，这是因为它想要迷惑人，是因为作为第三方的观察者或所欲对象如果在精神上过于自由，就会摆脱这种诱惑。"[①] 性欲是隐秘的，它是两个人之间的事，它要求我把我的所欲对象看作是与我一样的有所需求的人，而情感亦与此类似。

人们通常把情感现象理解为各种相互孤立的心理感觉状态（如快乐和痛苦）的拼凑物，这仍是一种表象思维的模式；而情感却是与性体验一样，是非表象的。我喜欢一个人，但我常常不能清楚地说出我为什么喜欢他/她。即使我能把对方的所有优点一一列举出来，仍不能作为我喜欢的原因。我所喜欢的总是要超出这所有列举的具体特点之外，要比这所有的特点还多出一点什么，正是这多出的一点"什么"才真正勾起我的喜欢，但这一点"什么"，却是我无法确切地表达和描述的。它不是呈现于意识中的具体表象或观念性的说明，而完全是一种身体性的感受。据说，科学家的研究得出，两个人之所以会一见钟情，是因为双方的身体都向对方发出某种特殊的电波，这两种电波刚好是互契的。这似乎正说明情感是一种身体性（而非纯粹的意识性或观念性）的交流现象。一个人也许长得丑，但仍会得到别人的喜欢。如果以貌取人，那么感情现象就是不可理解的。我们也不能用这个人"有内才，思想好"之类的话来解释，这仍是一种把内与外，身体与心灵对立起来的表象式思维。内在只有通过外在才能表现出来，他人的生活只有通过我

① Merleau-Ponty, *Phénoménologie de la perception*, p.195.

自己的生活才能得到理解。之所以会“情人眼里出西施”，是因为我所接触的并不是单纯作为对象的物性身体，也不是单纯作为思想的观念身体，而是心与身、灵与肉密不可分的活的显现（incarnation）。在这种显现中，思想、观念、情感、意愿与他的身体，他的姿态、表情、言语、动作浑然天成地结合在一起，以致他的身体直接就是思想的表露，而思想也只有透过这样的身体，这样的动作才得到最恰如其分的表达。因此，我所看到的就不再是像流行杂志上的美女照一样的身体表象，也不再是形形色色的道德箴言录中所记录的思想观念。我直接从身体的动作中看出了喜悦与痛苦，看出了人格的高尚与思想的伟大，看出了生活的艰辛与曲折，看出了内心的折磨与冲突，等等。内在与外在、思想与动作处于相互表示的关系中。因此，我所感受到的是一个整体的人，一个有血有肉，有泪有笑的人，我不但看到他 / 她内在的思想和情感，也看到他 / 她过去的踪迹和将来的前景。但回过头来说，我之所以能如此地感受他 / 她，又是因为我的身体先已向他 / 她呈现一种开放的姿态：我对他 / 她感到好奇，我愿意听他 / 她说话，与他交流。进而，这个人所拥有的一切，所展示的一切，就经由我的身体，与我的意念，我的经历联系起来，我于是感同身受，“心有戚戚焉”，好像某种共同的命运把我们拴到了一起。在情感生活中，“人们寻求拥有的不是一个身体，而是一个由意识赋予活力的身体。”[①] 这个“意识”既是我的意识，也是他 / 她的意识。换言之，我们可以说，通过情感现象，我把我的意识扩展到了他人的身体之上，他人

① Merleau-Ponty, *Phénoménologie de la perception*, p.195.

也把他的意识扩展到我的身体之上，我们的身体相互侵越和占有，最终连成了一体，他人只是我的另一面。这样，情感现象既体现了我的身体的形而上学结构，即对“另一个人”的开放性，同时也赋予了我们的向世存在以一种新的意义：生存就是共存（co-existence）。

然而，情感现象作为我们的生存运动的展开，像性一样，既是来源不明、模棱两可的，又是不确定的。传统上在把情感现象理解为心理感觉之拼凑的同时，还赋予它更大的自明性，因为它是内感知，所以我似乎对它有“完全自我拥有”的权利。比如说，当我体验到爱情，欢乐和忧愁的时候，我“确实”是在爱，“确实”是欢乐或忧愁的。一种体验同时就是对这种体验的意识，因此，“爱就是爱的意识，欲望就是欲望的意识。”“在意识中的一切都是真实，从来只有相对于外部对象而言才可能有错觉。”[①] 但确实如此吗？梅洛－庞蒂对此表示怀疑：难道不存在一种“没有意识到自身的爱或欲望”吗？

让我们还是从爱情说起。梅洛－庞蒂说，有真正的爱，但也有虚假的爱或错觉的爱。但是，它们的区别在意识中并不是很明显的。当我陷入一种错觉的爱或虚幻的爱时，我也是希望与意中人结合在一起的，我也是把她当作我与世界之联系的中介的。只是当某一天，我忽然发现，我所爱的原来并不是这个“女人”本身，而是她和另一个人的相似之处，她和我的某种习惯、利益或信念的共同之处，正是这些东西使我产生错觉。也就是说，我爱的其实只是一些“品质”或“属性”，而不是作为她本人的

① Merleau-Ponty, *Phénoménologie de la perception*, p.433.

特殊存在（但是，这些“品质”和“属性”能与这个特定的人分离吗？）。因此，从本质上来说，真爱和假爱（错觉的爱）是有内在区别的。“真爱唤起主体的全部精力，使他全身心地投入其中，而假爱只涉及他的一个角色。”[①] 在假爱中，我没有整个地被卷入，“我过去的生活和我将来的生活的某些区域免遭侵入，我在自身中为其他东西留出了位置。”[②] 但尽管如此，当我感觉自己在爱时，我并不总是能把假爱与真爱区别开来。因为情感作为我们在世实存的体现，具有一种“情境意义”，也就是说它是随着情境的改变而改变的。这样，在现实生活中我们可以看到，很多人只是由于一时的痛苦或寂寞就接受了另外一个人，只是到后来，他们才发现，自己原来并不真正喜欢他 / 她。这就是错觉的爱。还有一种虚幻的爱也是这样，比如说一个女孩喜欢上某位明星，她把自己的全部感情都投射到他的身上，并因此而一味地沉浸于浪漫的幻想中，还把这种幻想编织入其日常的生活中。只要她还沉浸在当前的体验中，她就在这种体验中脱离现实，就像一个进入其角色的演员。只有在以后，一种真实的个人感情随着某种现实的遭际出现后，她才可能中断幻想感情的情结。但只要这种真实的感情没有产生，她就不可能发现在其当前感情中的幻想成分，因此，是她将来感情的真实性揭露了她当前情感的虚假性。正是在这个意义上，梅洛－庞蒂说，“我们并非在每时每刻都拥有我们的全部实在性。”[③] 无论是内部

① Merleau-Ponty, *Phénoménologie de la perception*, p.434.

② Merleau-Ponty, *Phénoménologie de la perception*, p.434.

③ Merleau-Ponty, *Phénoménologie de la perception*, p.435. 梅洛－

知觉，还是情感体验，看起来是自明的，其实并不是完全确定的，因为我们处于情境中，我们受到迷惑。无论是对他人的理解还是对自我的把握，都会随着时间的流逝而改变。[①] 在电影《肖申克的救赎》中，那位在监狱中被关了四十年的瑞德最后在请求假释时如此回忆自己的少年时光："我没有一天不后悔，但并非因受惩罚才后悔。我回忆前尘往事，那个犯下重罪的小笨蛋，我想和他沟通，我试图向他讲道理，让他明白事理。但我做不到，那少年早就不见了，只剩下我垂老之躯，我得接受事实。"因此，

庞蒂在此对于真爱、假爱和幻爱的区别是与他对于知觉、错觉和幻觉的区别相一致的。真实的知觉有一个稳定而开放的结构，它在持续的展开中形成一种统一的意义。但知觉场本身仍充满缝隙和缺漏，这使得错觉成为可能。错觉(illusion)具有知觉的那种"规范"，它也模仿知觉中的"优势经验"，但它在本质上是出于对知觉意义（知觉对象）的误认，而这种意义无法在分环勾连的持续展开中得到确证，因此它最终将被真实的知觉所取代（参 Merleau-Ponty, *Phénoménologie de la perception*, p.28)。可以说错觉是包含在真实的知觉之内的，所以在这种取代实际发生之前，错觉并不知其为错觉。幻觉（hallucination）则是知觉结构的解体，它用一种准实在物取代了作为知觉对象的实在物。幻觉物漂浮于时间与世界的表面，就像幻觉者与他实际所处的场景分离，而处于一个虚拟的场景中那样。与错觉（或知觉）相比，幻觉是完全封闭的。知觉是主体间性的，而幻觉则是彻底唯我论的，也因此它对于他人来说几乎是不可通达的（关于幻觉，参 Merleau-Ponty, *Phénoménologie de la perception*, p.385 以下）。

① Merleau-Ponty, *Phénoménologie de la perception*, p.378："一个人、一座城市的风格在我看来并不是保持不变的。在和一个人十年的交情之后，即使不考虑年龄的变化，我也像是在和另一个人打交道；在一个地方住了十年之后，我像是住进了另一个街区那样。"

我们其实无法完全明白自己，无法完全掌握自己，“我们与自己的联系只能建立在模棱两可中”，这是情感的本质，也是生存的本质。

4. 作为“母体”的肉

在梅洛－庞蒂后来的思考中，他已经逐渐从生存论转向了存在论，从一种“体验（Erlebnisse）哲学”过渡到了一种“原创建（Urstiftung）的哲学”[①]。因此，有关身体性欲或情感体验的问题也就谈得相对少了。但尽管如此，由于他所“原创建”的哲学是一种关于“肉性”存在的存在论/本体论，他也常常直接用“肉”（la chair）来指代存在。而“肉”这个概念从其字面意思就可以看出它与“身体”具有一种直接的内在关联，借助这个概念，梅洛－庞蒂想要更形象、更直观地传达存在所具有的“感性”和“生机”特征，正如他所说，“肉感性的存在（l’être charnel）……是存在的原型”[②]，而这是海德格尔的“存在”概念所缺少的。

在梅洛－庞蒂看来，“肉”作为一种野性的、粗朴的存在，作为“不可摧毁的、蛮荒的本源（le Principe barbare）”，它就是“自然”（Nature），就是“母亲”。[③]梅洛－庞蒂在此是把自然当作一个活的机体（大母神）来看待的，它有一股生生不息

---

① Merleau-Ponty, *Le visible et l’invisible*, p.275.

② Merleau-Ponty, *Le visible et l’invisible*, p.179.

③ Merleau-Ponty, *Le visible et l’invisible*, pp.320–321.

的创造性的力量，尽管亘古恒在，却又历久弥新。"'自然处于第一天'：它如今仍在那儿。"就像柏格森的初始绵延，"总是新的又总是不变"。[①] 由于自然是这样一个大母神，梅洛－庞蒂甚至说，"要对自然做精神分析"；而且这是一个必不可少的前提，如果没有这个前提，所谓的精神分析就仍然停留在"人类学阶段"，它只是一种"实存主义的精神分析"，而不是一种"存在论的精神分析"。[②] 对自然母亲所做的精神分析才是存在论的精神分析。正如前面通过对垂直同时性的揭示，梅洛－庞蒂指出了胡塞尔现象学的局限那样，他在此同样指出了精神分析的不足。

那什么才是存在论的精神分析呢？又如何理解"对自然做精神分析"呢？

梅洛－庞蒂举了与弗洛伊德的"肛欲期"理论有关的一个例子。他说，一种肤浅的弗洛伊德主义认为，某人之所以成为雕刻家，是因为他停留在性欲发展的肛门期，他把粪便看作粘土进行制作，如此等等。但在梅洛－庞蒂看来，如果从粪便中寻找乐趣就是一个人成为雕刻家的原因，那么每个人都将是雕刻家了。只有当主体以某种方式去体验这些粪便，以致粪便本身成为存在的维度时，这些粪便才会导致某种性格或角色。因此，问题不在于以一种因果思维来解释粪便与性格或角色之间的关系，而是"要理解在儿童那里与粪便的关系就是一种具体的存在论"：如同画家把颜色、线条等视作存在的维度或通向存在

① Merleau-Ponty, *Le visible et l'invisible*, p.320.

② Merleau-Ponty, *Le visible et l'invisible*, pp.321, 323.

的入口那样，儿童亦把粪便看作“存在的象征”或“存在的表现”；又如一个处于黄色灯光照明的房间里的人所看到的一切都受到这一黄色氛围的渲染那样，沉浸于“粪便－维度”中的人亦受到这一粪便特性的塑造而形成了与之相应的某种“性格”。“因此，弗洛伊德想要指出的，不是这些因果性的链条，而是基于一种多形态体或无形态体而与杂交性和互易感的存在相接触，是通过沉浸在某个向存在开放的存在者中而固化某种‘特征或性格’——自此以后，这种‘特征或性格’就经由这个存在者而形成。”①

这里所提到的“多形态体或无形态体”就是“肉”。“自然”是“肉”，是“母亲”，因此，对自然作精神分析，就是要探究“肉”的本体发生机制和本体发生过程。“肉”是一种无规定性的原始力量，但它通过其源源不绝、生生不息的涌现和分化而产生了自然和世界。就其作为一种超验的、不可见的存在而言，它是一种“无形态体”（amorphisme）；而就其分化所产生的自然和世界，即“可见的存在”（Être-vu）而言，它又是一个“多形态体”（polymorphisme），是一个“混杂的、纷糅的存在”（Être de promiscuité）。“肉”自身就是一个原始的“生育场”，是“各种可能性的孕育（prégnance）”②，它通过运动进行“分娩”“繁

---

① Merleau-Ponty, *Le visible et l'invisible*, p.323.

② Merleau-Ponty, *Le visible et l'invisible*, p.304. “prégnance”在词典上一般都被译为“完形”或“完整倾向”，是格式塔心理学的专有概念。但英译本在此却直接把它译为“pregnancy”，该词有“怀孕、孕育、妊娠”等意。我们觉得这是更符合梅洛－庞蒂的本意的，而且从词源上来说，该词本就含有“生殖、生育”之意。事实上，梅洛－庞蒂自己就批

殖”或“生产”，由此产生形形色色的可见物，产生人和人类世界，包括语言、文化和理性。“肉”满怀爱欲，而且它是“自恋”的，它把它的爱欲贯注到它所产生的人和事物上，使它们在它之中进行两两结对的联姻；这种爱欲同样贯注到语言和文化存在中去。言语“像肉一样，通过某一存在者与存在发生联系，并且像肉一样，它是自恋的，充满爱欲的，具有把其他含义吸引到自己网中的天然魔力，就像身体通过自我感觉感觉到世界那样。”[①] 从梅洛－庞蒂的描述所采用的这些词语中，我们就可以看出，“肉”是一个性欲多么旺盛的原始“母体”，它差不多就是弗洛伊德所谓的“力比多”。事实上，梅洛－庞蒂也是这么认为的：“弗洛伊德的哲学不是身体哲学，而是肉的哲学。”[②]

把弗洛伊德的哲学提升为一种“肉的哲学”，把实存主义的精神分析上升为一种存在论的精神分析，就是要在“肉”的基础上重新理解“知觉”“观念”“情感”“欲望”“快感”“爱”“情

评了格式塔心理学对它的狭隘化运用：“Prégnance：心理学家们忘了这意味着爆开、生产（praegnans futuri［孕育未来］）、繁殖的能力，其次它才意味着‘典范的’。这是达至自身、作为自身的形式，它通过自己的方式自行设立，这是与自身原因等同的东西，是成其本质（Wesen），因为它本质化（este），自行调节，是自身与自身的内聚，是深度中的一致（动态的一致），是作为有距离的存在的超越，是有（il y a）。”（Merleau-Ponty, *Le visible et l'invisible*, p.262）在这一连串递进式的繁密界定中，prégnance 差不多成了一个与肉、存在和自然同等的概念，但它的基本意思还是清楚的：质料在其运动中自行设立，形成合乎其自身的完善形式，这是一个融质料因、动力因和形式因于一体的概念。

① Merleau-Ponty, *Le visible et l'invisible*, p.158.

② Merleau-Ponty, *Le visible et l'invisible*, p.324.

欲”（Eros）等体验活动，重新把握“本我”“无意识”和“自我”等概念。

梅洛－庞蒂认为，如果从存在论的角度出发，那么我们在心理学所谈论的各种情感现象就不再是基于个体－本质区分之上的或积极或消极的心理体验，而是作为“肉”，即“那唯一的、浑然未分的存在的各种差异化运作（différentiations）”的产物，是存在的“边饰”和“纹样”。[①] 我们前面已经说过，如果从存在论的角度来理解，那么“意识”就是在身体的肉性结构上出现“图形－背景”的格式塔结构，对于情感现象也可以作类似的理解。“意识的各种样式都是作为存在的结构化运动而被刻写在存在之中的。”[②] 一旦按这样来理解，那么在现象学中对意识行为所作的“客体化行为”和“非客体化行为”的区分也就消失了，情感现象本来都被归入“非客体化的行为”中，并从属于“感知”这一直观性的客体化行为。但现在，在这两种行为中不再有“从属”和“支配”的区分。“不要再询问为什么除了表象性感觉之外我们还有情感，因为这种表象性感觉作为通过身体向世界的在场和通过世界向身体的在场，作为肉（由于它垂直地嵌入到我们的生命中）也是一种情感；语言也是如此。理性同样处在这一视野中，即与存在和世界的混杂。”[③] 因此，一切都是作为肉的存在运作的结果，不再有意识和对象以及意识诸层次的区分，“有的只是每一事实的维度性和每一维度的实

① Merleau-Ponty, *Le visible et l'invisible*, p.324.

② Merleau-Ponty, *Le visible et l'invisible*, p.307.

③ Merleau-Ponty, *Le visible et l'invisible*, p.292.

事性”，而这种区分本身就是根据“存在论差异”而作出的。[①]

同样，所谓“本我”“无意识”及相应的“自我”也应该在肉的基础上被理解，而这里最关键的还是“无意识”这一概念，因为精神分析最具标志性的成就就体现在对无意识的发现和探究上。而当梅洛－庞蒂提出要对自然进行精神分析时，他实际上是对“无意识”这一概念作了新的界定，无意识不再或不仅是属于人的一种心理结构，而且是属于自然或存在的一种结构。让我们从梅洛－庞蒂举的一个例子说起：一个走在街上的女子感觉到有人在看她的胸部，于是就紧了紧她的衣服。她对于谁在盯着她看其实并没有确切的把握，而她的这种整理着装的行为也完全是下意识的。[②]在梅洛－庞蒂看来，这里就隐含着精神分析所说的“无意识”的玄奥。这是一种远距感应(télépathie)，是对他人目光的一种无意识的明察。但这种明察是如何发生的？这不是对某个确定对象、某种确定行为所作出的有意识的反应，而是身体自身对它所处其中的场景氛围的自动感应和自发调适。这个女子感觉到他人的窥视就像人们感觉到某种“被压抑的东西”那样，她察觉的不是“背景上的图形”，而是这个“背景”本身。她处于这个场景中，自发地察觉到了场景氛围的隐微波动，察觉到了其中弥散的某种恶意和压抑。因此，这是一个“无意识”的场，或者说这个场本身就构成了一种“无意识”存在。就此

---

① Merleau-Ponty, *Le visible et l'invisible*, p.324.

② Merleau-Ponty, *Le visible et l'invisible*, p.243. 在另一个地方(Merleau-Ponty, *Le visible et l'invisible*, p.299)，梅洛－庞蒂谈到了与此类似的一个例子：一个女子甚至没有看到窥视她的人，就能隐约感觉到她的身体被人窥探了，她会感到自己的脖子发热。

而言，“无意识不在我们身内，不在我们的‘意识’背后，而在我们面前，就像我们所处场中的各种连接那样。”①

这个意义上的“无意识”其实并不特殊，它隐含在我们的普通知觉中。正如梅洛－庞蒂所说：“知觉是无意识的。无意识是什么呢？就是作为枢轴、实存者而起作用的东西，在这个意义上，它既是又不是被知觉的。因为人们只知觉在各个层面上的图形，而且人们只有联系于层面才知觉到图形，因而层面是未被知觉的。——层面的知觉：总是在诸对象之间，它是某物的周遭……”② 因此，知觉中的无意识就是图形的基底、背景，就是使事物得以显形的事物之间的空隙、间距和光影，就是我们前面讲过的“深度”，就是画家们用来描画事物的那些颜料和帆布，就是梅洛－庞蒂所说的作为可见者之另一面的“不可见者”。当然，无意识不仅仅是就“知觉”而言的，它更加关涉我们的实存经验，它指那些在我们的日常经验中因受到压抑而不被我们经验的东西。一种对自然的精神分析或一种存在论的精神分析就是要去发掘那些未被经验或未被经验所整合的经验（亦即梅洛－庞蒂早先所说的那种作为“源初的、一贯的和最终的处境”的“未经反思的生活”），就是要去探测这一“经验之为经验”的深层结构，揭示它的那种使经验区分为内外、显隐之不同层次的自然基底或存在机制，藉此更好地领悟人和存在、人和自然的关系。

从以上的这些论述可以看出，梅洛－庞蒂的后期哲学虽然

---

① Merleau-Ponty, *Le visible et l'invisible*, p.234.

② Merleau-Ponty, *Le visible et l'invisible*, p.243

讲的是存在论，但他的“存在”是一个具有肉感性、肉欲性或肉质性的存在，带有了太多的身体性隐喻，以致在某种程度上我们可以说，他是把“身体”放大到宇宙论的广度上来重新思考一切。但一旦宇宙本身成了“肉”，那么，我们身体所具有的一切其实应反过来从这大化之“肉”中得到解释，即并非身体扩大或升华为肉，而是身体是“肉”的特殊显化，因而分享了肉的爱欲和性征。

五、表达和语言

作为投身于世界中的存在，身体主体并不像纯粹意识那样封闭于自身中，只需要内心沉默的独白就行了，而是处于与事物、与他人和世界本身的联系和交流之中。由此，表达和语言就成为身体主体之不可或缺的一维。它能进一步为我们揭示本己身体所固有的一种模棱两可的存在方式，最终超越主体和客体的传统二分法。

1. 言语

作为身势扩张的言语

梅洛-庞蒂对表达现象的研究同样从反对经验主义和理智主义开始。经验主义把表达看作是由外部刺激所产生的词语反应活动，它似乎认为在我们的头脑中有一个贮藏词语的仓库，说出的或听到的词语都在我们身上留下了存在的痕迹。语言的拥有由此被理解为是“语词表象”，而表达则被看作是外部刺激引起的产生说出词语的兴奋，或者是意识状态根据联想所引起的词语表象的出现。无论怎样，这里都不存在一个能说话的主体："言语不是一种行动，它不显示主体的内在可能性：人能说话，就像电灯能发光一样。"[①]与此相反，理智主义则"在词语后面发现了制约着词语的一种态度，一种言语功能"[②]，这就是思维的"范畴"能力，据此，言说就"不过是一种发音的、有声的现象，或关于这种现象的意识，而在任何一种情况下，语言都不过是思维的一种外部伴随物。"[③]

但在梅洛－庞蒂看来，无论是经验主义还是理智主义，它们对表达的解释都是不充分的。经验主义的错误显而易见，一些失语症病人在面对具体语境时能正确地运用语言，他们能毫无困难地找到"不"这个词来否定医生的问题，但在与情感和生活实践无关的测验中，病人就不能说出这个词。这说明，"病人所失去而正常人所拥有的不是某个词库，而是某种使用词库的方式。"[④]但这种使用词语的方式是否必得和一种思维活动联系起来呢？或者说表达本身是否就是一种思维活动的体现呢？显然不是。因为如果言语必须以思维为前提，那么我们就不能理解思维何以要趋向表达，为什么当我们想不起某个熟悉之物的名称时，这个物体在我们看来就是不稳定的。显然，思想不能独立于语言而存在。纯粹的思想就象闪电一样，一出现就又

① Merleau-Ponty, *Phénoménologie de la perception*, p.204.

② Merleau-Ponty, *Phénoménologie de la perception*, p.204.

③ Merleau-Ponty, *Phénoménologie de la perception*, p.206.

④ Merleau-Ponty, *Phénoménologie de la perception*, p.204.

掉入了无意识，只有借助词语将它捕获，它才能进入存在，成为我们的思想。

说思想借助于词语，这是否把词语看作一种工具呢？也不是。梅洛－庞蒂认为，我们一开始就已经生活在一个语言被创制的世界中，我拥有这个语言世界就像我拥有我的周围环境一样，我的身体拥有词语就像它拥有其肢体一样。[①]这种拥有也不是经验主义所说的对一种“词语表象”的拥有，词语更像“弗洛伊德的无意识意象（Imago）”那样沉淀在我的身体中。我所拥有的是对于这些词语的使用方式，“我保存着我所习得的词语的发音的和有声的风格”[②]，这些词语已经成为我的身体的一部分。这样，表达就不是一种智性的思维活动，而是一种身体性的姿势和动作。说出一句话，就像做出一个动作，我不需要回想外部环境和我自身的位置，就能使我的身体在空间里运动，同样，我也不需要回想词语，就能说出它。在我实际说话时，我的整个身体自然地调动起来并给出所需要的词语，就像我的手伸向别人递给我的东西一样。“在言语所要表达的东西与言语之间，就像目标与指向目标的身势之间的关系一样”。[③]言语只是我们身势动作的一种扩张。正是因此，梅洛－庞蒂也把言语表达称为“言语动作”：“言语是一种真正的动作，它包含自己的意义，就像动作包含自己的意义一样。”[④]动作的意义在动作

① 更进一步，我们就可以像拉康那样说，我的整个身体是“像语言那样被结构化的”，参 Merleau-Ponty, *Le visible et l'invisible*, p.168.

② Merleau-Ponty, *Phénoménologie de la perception*, p.210.

③ Merleau-Ponty, *Signes*, p.111.

④ Merleau-Ponty, *Phénoménologie de la perception*, p.214.

本身中展开，语言动作亦像其他动作一样，自行呈现它的意义。

正是在这个意义上，梅洛－庞蒂说，“身体是一种自然表达的能力”，它能够“把某种运动的本质转变为喊叫，把一个词语的发音方式展开在发声现象中，把它占有的先前态度展开在过去的全景中，把一种运动意向投射在实际的运动中”。[①] 实际上，我们前面讲到的运动、性欲和言语一样都是这种身体表达能力的体现，进而言之，它们都是身体意向性的具体体现。

言语既然作为身势动作的一种扩张，它也就和身体动作一样与身体的整体机能密切相关。我们在运动机能和情感机能受到损伤的病人施耐德身上，又发现了言语表达障碍和思维障碍。施耐德仍然拥有词语，在具体的情境中他也能提问和回答，但他失去了使用词语的方式，他不再感到有说话的需要，他的体验不再以言语为目的，他不能通过言语动作置身于一个想象的或可能的空间中。“当词语失去了其意义时，它甚至在其感性方面都会发生变化，它被淘空了。”[②] 总之，施耐德失去了言语能力。而这种能力，“我们既不能说它是一种理智活动，也不能说它是一种运动现象：它既完全是运动机能，又完全是理智。”它同时与这两者相关，但又“建立在那些相对可分的能力的地层之上”。[③] 从根本上说，它是一种对意义的领会能力，因为我们的身体能“分泌一种不来自它的任何部分的‘意义’，把这种意义投射到它周围的物质环境中并把它传达给其他的肉身化主

---

① Merleau-Ponty, *Phénoménologie de la perception*, p.211.

② Merleau-Ponty, *Phénoménologie de la perception*, p.225.

③ Merleau-Ponty, *Phénoménologie de la perception*, p.227.

体。”[①] 而言语，只是身体固有的这种创造能力的表现之一，只是表达这种意义的方式之一，尽管它也可以说是最特殊、最重要的表达方式，因为“在所有的表达活动中，只有言语能沉淀下来并构成一种主体间的成果。”[②] 最终说来，“是身体在表现，是身体在说话。”[③] 这是我们关于言语意向性的最基本的观点。

意义与语言场

当我们把言语表达看作一种意向性的体现时，仍有待于分析的是这种意向性的结构。我说话，首先是因为我想说话。在说话之前，我先已有了某种欲望和情绪的冲动，有了对意义的先行领会，有了一种含义意向[④]（l’intention significative）或如前面所说的一种“沉默的我思”，一种有待于借助词语来填充的特定虚无。这种“言说的意向像液体的沸腾那样从存在的深处

---

① Merleau-Ponty, *Phénoménologie de la perception*, p.230.

② Merleau-Ponty, *Phénoménologie de la perception*, p.221.

③ Merleau-Ponty, *Phénoménologie de la perception*, p.230.

④ 我们在这里没有区分“意义”（sens）与“含义”（signification）这两个概念，梅洛－庞蒂本人好像也没有对此作过明确的区分。大致而言（主要依据其字面构成），“意义”与“感官”（sens）相关，因此有较明显的主观体验的意味；而“含义”则更多地与符号（signe）有关，或更确切地说，与某种结构性的差异有关，正是因此，梅洛－庞蒂认为，在前语言的沉默知觉中，就已经有一种“非语言的含义”；这里就淡化了那种主观体验的色彩。但如果我们从格式塔的“图形－背景”这一角度来理解知觉“意义”，那它其实同样是一种“结构”，这也是后来梅洛－庞蒂侧重强调的一面。

涌现，形成各种空心区域并向外推移”[①]，而说出的话语则是对这种意向的实现，对那有待填充的虚无的充实。意义就像占有一个身体那样占有了词语，并通过词语进入了实存。这有点类似于胡塞尔在《逻辑研究》中的观点。胡塞尔也认为，表达就是借助语词传达意义的活动，不过他在那里依然严格持守一种符号与意义、事实与本质的区分。他不但认为意义是可以独立存在的，如在孤独的心灵生活中，“我们并不需要真实的语词，只需要表象就够了。”[②]而且认为，存在着一种永恒不变的意义的本质结构，据此我们甚至可以构造一种能规定所有语言的普遍语法。[③]与此相反，语词则只是作为一种工具而存在，它没有独立的意义，它的意义完全是由说话者赋予的；而对于听者来说，这些表述同样也只是说话者的“思想”的载体，“就是说，它们是说者的赋予意义的心理体验，也就是那些包含在告知意向中的心理体验。”[④]

与胡塞尔不同，梅洛－庞蒂认为在符号和意义之间是一种复杂的交互关系。确实，在我言说之前，我先已领会到意义，并置身于一种含义氛围中。我们最初的知觉活动就已经是一种意义的揭示或一种赋义活动了，最原初的意义体验就呈现在使知觉得以可能的图形－背景结构中，这时甚至还没有词语表象。在这个意义上，意义确实是可以独立存在的。但是，这种意义

① Merleau-Ponty, *Phénoménologie de la perception*, p.229.

② 胡塞尔《逻辑研究》第二卷第一部分，第 38 页，倪梁康译，上海译文出版社，1999 年。

③ 参《逻辑研究》第二卷第四研究。

④ 胡塞尔《逻辑研究》第二卷第一部分，第 38 页。

完全是个体性的，感性的，它还不具有确定性和普遍性，因此还不可能形成胡塞尔所说的意义的本质结构。在这个时候，意义期待着词语，就像黄昏期待着黑夜一样。“被知觉者的意义只不过是无理由地开始显现的意象群，最简单的意象或感觉最终说来是有待在词语中得到理解的东西。”[①] 尚未说出的意义只是“意识的某种空虚，一种瞬间的愿望”[②]，如果不诉诸语词，它很快就进入无意识的浑沦状态。事实上，我们的体验和思想都是借助于言语才确定下来的。“最熟悉的对象，如果我们还没有想到其名字，就会显得不确定的。”[③] 萨特说过，当人们看见一棵梧桐树的时候，其实是在期待一个用来表达这棵树的词语或句子，因为只有这个词，这句话，才使这棵树真正地为他存在。[④] 尽管常常存在着无法用言语来表达的体验，但这只是因为还没有找到确切的词语和句子，意义溢出了既有的表达，它需要一具新的肉身，一个能重新容纳它的新的符号空间。还有一些懵懵懂懂的情绪或情感，它们也期待着通过词语而被确定下来。一个女孩子始终不知道她被另一个男孩子暗恋着，直到后来她渐渐地回忆起和他在一起时的点点滴滴，并用语言把它记录下来，她才逐渐发现了他的爱；而这种回忆和表达本身，也反过来暴露了她自己的感情。[⑤] 因此，恰恰是在表达尤其是语言的

---

① Merleau-Ponty, *Phénoménologie de la perception*, p.22.

② Merleau-Ponty, *Phénoménologie de la perception*, p.213.

③ Merleau-Ponty, *Phénoménologie de la perception*, p.206.

④ 陈家琪《经验之为经验》,第 16 页,社会科学文献出版社,2000 年。

⑤ 这是日本导演岩井俊二的电影《情书》的基本情节。梅洛－庞蒂亦说 :“无意识的爱情什么都不是，因为爱就是把某个人的动作、姿态、

表达中，生存的意义才得到了揭示。离开这种表达，意义要么处于沉默或沉睡状态，要么即使存在，也像闪电那样倏忽即逝。

我们的体验意义虽然要借助语词才能揭示，但语词并不像胡塞尔说的那样是一种工具，因为语词本身也有其自身的意义逻辑。词语的意义首先是语言自身的差异化活动的结果。正如在背景中的图形是我所能领会的最基本的意义结构，词语的意义也来自于它在语言背景中的相互区分，比如说音素、音节之间的差别，词形之间的差别。“从索绪尔那里我们学习到，符号单个来说不意指任何东西，它们中的每一个与其说是表达了一种意义，不如说是指出了在它自身与其他符号之间的一种意义差别。”① 在口头语言中，一句话的表达价值不是构成“言语链”的每一个词的表达价值的总和；相反，构成某句话的各种元素“是在共时性中构成为系统的，因为它们中的每一个都只不过意味着它相对于其他元素的差异性……总之，如果说语言想要有所言说并说了某种东西，这不是因为每个符号承载了属于它的

面孔、身体看作是可爱的。”（Merleau-Ponty, *Signes*, pp.192–193）然而，觉得某个人的动作、姿态、面孔和身体是可爱的并不等于爱一个人。只有当爱在此呈现为一个维度性的事实时，才会觉得一个人的一切都很可爱（这就是我们通常所说的“情人眼里出西施”）。但当爱本身变成一个维度性的事实时，它反而有可能更加隐而不见。这或许就是这个女孩子没有即时地察觉他们之间相爱的原因；正如一个严厉的父亲在他儿子的眼中反而有可能是冷酷无情的，因为后者看不到这种严厉恰恰是爱的一种表现。

① Merleau-Ponty, *Signes*, p.49.

某种含义,而是因为这些符号在整体上共同暗示了某种含义。”[①] 来自索绪尔的这些观点与梅洛－庞蒂早年熟悉的格式塔心理学的观点在此贯通起来。正如图形－背景的区分形成了最基本的知觉意义，这种在语言的背景中通过其内部的区分和排列而产生的意义也构成了词语的“原初意义”，在此基础上，词语才能负载我们赋予它的意指意义。[②]

词语的原初意义可以说就是它的形式含义，是由它的发音、

---

① Merleau-Ponty, *Signes*, p.110.

② 在此我们可以引用程抱一提供的一个精彩例子来说明词语在特定的结构系统中所呈现的丰富含义（当然这也是一种创造性表达的结果），来看王维的这样一句诗：木末芙蓉花。

这里的五个字每一个当然都各有其含义，但正如程抱一所说，即使我们不懂汉语，我们也能够察觉出这些字之间的视觉差异和内在关联。事实上，它们的顺序排列刚好与诗句的含义相吻合。按照顺序来读这几个字，人们就会产生“一种目睹一株树开花过程的印象”：第一个字：一棵光秃秃的树；第二个字：枝头上长出了一点东西；第三个字，出现了一个花蕾，因为“艹”是用来表示草或者叶的部首；第四个字：花蕾绽放开来；第五个字：一朵盛开的花。而对于懂汉语的人来说，则能更深地体会诗中所巧妙地隐含的意涵，即“从精神上进入树中并参与了树的演化”。事实上,第三个字“芙”包含着“夫”（男子）的成分,也就是说,在前两个字所呈现的草木生发的意象中出现了人的身影;而第四个字“蓉”则包含着“容”，即人的脸容，其中还有“口”（说话、语言），于是就宛如有了音容笑貌。最后，第五个字里有一个“化”，意味着人与草木相互交融，脸与花朵交相辉映。由此，“诗人通过非常简练的手段，并未求助于外在评论，在我们眼前复活了一场神秘的体验，展现了它所经历的各个阶段”。（参程抱一《中国诗画语言研究》，第 13–14 页，涂卫群译，江苏人民出版社，2006 年）

词形以及它的字面意思（denotation）等综合形成的一种结构性含义。这里也体现出梅洛－庞蒂与索绪尔的某种差别。索绪尔认为，符号（能指）与它所代表的意义（所指）之间的联系是约定的，任意的，但符号与符号之间的关系，亦即单个符号在特定的语言共时系统中的使用及其相应的意义则不是任意的。但在梅洛－庞蒂看来，即使是能指与它所代表的意义之间的关系也不完全是任意的，尤其是从符号的起源上来看。如我们前面所讲到的，言语是一种身姿的扩张，语词原初就具有其生存性的和情绪性的含义。从这种含义来看，语词原初就是一种动作的表示，就是一种“情绪本质”的凝结，因此它与身势、表情并无二致，只不过是换一种方式表达其生存内容而已。语词的概念意义（索绪尔所谓的“所指”）是“通过对内在于言语的一种姿势含义的提取而形成的”[①]。因此，我们“应该从情绪性的姿势中寻找语言的最初绽露，人们正是通过情绪性的姿势而把符合人的世界叠加到既定的世界上的”。[②] 这样，我们就可以发现，“词语、元音和音素都是歌唱世界的各种方式，它们注定是要再现各种物体的，但不是像关于拟声词的素朴理论所认为的那样是由于客观的相似，而是因为它们提取物体，并在词语的本义中表达其情绪本质。”[③] 就此而言，即使就单个符号而言，

① Merleau-Ponty, *Phénoménologie de la perception*, p.209.

② Merleau-Ponty, *Phénoménologie de la perception*, p.219.

③ Merleau-Ponty, *Phénoménologie de la perception*, p.218. 词语“再现”事物，这一点对于汉语文字来说尤其根本。可以说，再现事物的象形文字（一种图画文字）构成了汉字的基础，其他的非象形文字，如指事、形声等也是在此基础上发展起来的。

其能指与所指之间的关系也不是完全任意的，这是因为一个符号不仅仅处于与其他符号的关系之中，同时也处于与现实事物的关系之中（所谓词语的“字面意思”通常就是对于某种动作的表示或对于事物的再现，这一点对于象形化的汉字来说尤其明显），而索绪尔主要只考虑了前一种关系，但词语所具的原初意义应该同时是由这两种关系决定的，它处于一个现实性的共时系统中。

词语除了这种形式性的原初意义之外，还有一种在其历史流传过程中积淀下来的一般意义（connotation），这是一种已被人们熟悉的习惯性意义，是一种“被说的言语”（parole parlée），“它像享有一种既得财富那样享有一些可自由支配的含义”。① 而词语也因赋有这种意义而成了主体间通行的意义“货币”，人们日常生活中的大多数交流都是在此基础上展开的；甚至作家诗人那些创造性的表达也只有基于这些已经富有表达力的手段，才能迫使它们说出某种它们从未说过的东西，而这种新的表达就成了一种“能说的言语”（parole parlante）。就此而言，表达首先需要在我的含义意向与语词自身的意义之间进行一次融合性的交流，这其实也是使我的含义意向具身化（incarnation）的过程。胡塞尔在他后期的思想中已经发现了这一点。在《形式的与先验的逻辑》中，胡塞尔就明确指出，言说根本就不是一种把思想转化为语词的活动，而是通过词语看到某一对象：“意图（Meinung）并不处在词语之外，或词语之旁。它是相反的情形，即在言说中，我不断地实现一种意向与

① Merleau-Ponty, *Phénoménologie de la perception*, p.229.

词语的内在融合，这种意向可以说赋予了词语以灵气，结果是所有的词语，事实上是每一个词语都把意向具身化了，这些词语一旦被具身化，它们就把这种意向作为它们的意义承载在自身中。”[①] 正是这种交流的结果决定了表达的性质。如果我的含义意向与语词自身携带的意义完全一致，那么这只是一种普通的表达;反之，如果我的含义意向赋予了语词以新的意义，那么，这就可以说是创造性的表达了。梅洛-庞蒂认为，如果言语是真正的言语，那么它总是要产生一种新的意义。因为我们的言说意向本来就处于一种开放的体验中，所以，语词的意义也不可能一成不变。它总是要打上说者和听者自己的烙印，从而使它的含义层变得愈加丰富。

当然，表达不仅仅是实现我的含义意向，我在心中指向的也不仅仅是我要说的语词或语句，更主要的是指向某个人。我是在对他说话的，即使是在孤独的心灵独白中，我也有我的说话对象，这就是我自己。而在现实的对话中，我们更是依据他人的实际情况言说的。表达从来都不是无缘无故的，它总是发生在某一情境之中。先于我的表达、甚至先于我的表达意向的是我们实际所处的话语情境，这个情境就是我们以前提到的“实存场”，它同时也是个“语言场”或“含义场”。正是这个语言场引起我的欲望冲动和情绪动作，使我产生想要说话的意愿;也由于这个语言场，我才能理解他人的话语。我明白他人的意思，

① Husserl, *Formale und Transzendentale Logik*, s.20, Halle,1929. 转引自 Merleau-Ponty, *The Primacy of Perception*, pp.82–83, Northwestern University Press, 1964.

就像我感受到施加在我身上的某个动作；而这种理解也引发我的回应，使我采取相应的表达动作。这样，“我们的交谈就像两个拔河运动员之间的竞争。”[①] 言语就好象是属于我们自身的“行动和感受的器官”，当我听到对方的话语时，我感受到它的触动，这话就好象是“在我身上说出它自己，它召唤我，攫住我，它包围我并栖居在我身上，以致我不再知道什么是来自于我的，什么是来自于它的。”[②] 因此，在表达中，正如在我们前面讲到的性欲与情感中，我们实现了人与人之间的联系。

表达的不完整性

表达的另一个重要特征是它从来就不是完整的。这首先是因为，我们的生存本身是有限的，“被知觉的事物对于我们来说不会是毫无疑问的，不会是以本来面目呈现的；而如果说它们是不可穷尽的，则它们也永远不会完全被给出。”因而，“表达从来都不绝对地是表达，被表达者也从来都不完全是被表达者。”[③] 其次，生存又总是超越性的，我们的身体总是分泌出一种不知来自何处的意义，生存的意义总是处在生成之中，因此，它也不可能完全被说出，它始终有待于被重新表达和继续表达。就此而言，“言语的含义始终是康德意义上的理念，是一定数量的聚合性表达活动的各个‘极’，这些极磁化了话语，却又

① Merleau-Ponty, *The Prose of the World*, p.19, trans. John O’Neill, Northwestern University Press, 1973.

② Merleau-Ponty, *The Prose of the World*, p.19.

③ Merleau-Ponty, *The Prose of the World*, p.37.

没有为其自身的缘故而确切地给出自身。”[①] 最后，既然言语活动是身势的扩张，既然表达是在特定的情境（语言场）中发生的，则表达也必然是不完整的，模棱两可的，必然存在着空白和暗示。

但是，表达的不完整性却没有使表达这一事实本身失效。“在我实际说话时，我确实说出了某种东西，我有充分理由声称我超出了被说的东西而达到了事物本身。超出言语的整个半沉默或整个暗示之外，我也有充分理由声称我使自己获得了理解，并且在已经被说出的东西和从未被说出的东西之间造成了一种差别。最后，即使短暂性是表达手段的本性，我也有充分理由努力地表达我自己：至少在目前，我已经说出了某种东西。”[②] 换言之，只要我们实际地在表达，我们就从来不会感觉到这种不完整性。即使是最简单的话语，也具有完整的意义，也能正确地被人理解。这是表达的悖论，正如索绪尔所指出的：“我们感觉我们在完整地表达，但这不是因为它完整地表达了，所以它是我们的，而是因为它是我们的，所以我们才相信它在完整性地表达。”[③]

---

① Merleau-Ponty, *Signes*, p.112.

② Merleau-Ponty, *The Prose of the World*, p.38.

③ Merleau-Ponty, *Signes*, p.112. 表达的悖论类似于我们前面提到的知觉悖论，即在任何时候我们都只能看到事物的一个面，但我们一下子就把握了事物整体。知觉悖论和表达悖论都体现了我们实存的暧昧性和超越性。正如除了进一步去看、更多地看之外，我们别无消除看之含混性的办法，看就是对看的超出；同样，表达也只有投身到表达中去才能克服其歧义和缺漏，表达就是对表达的超出。

之所以会有这种表达的悖论，是因为表达发生在具体的语言场中。尽管我没有把我所有的意向都纳入语词中，尽管我的表达总是存在着缺漏和空白，但是，我的身势、表情和语调有效地填补了这种空白。我所处的语言场本身就充满着意义。因此，当我身处他乡异国时，即使我听不懂人家的语言，我也能通过话语的情境，通过公共生活的意义来理解他人。反之，如果脱离了情境，只剩下单纯的话语，那么，即使是最精彩的对话录音，也会给人一种贫乏的印象。因为"精确地再现的对话不再是我们当时呈现的那一对话：缺少了那些说话的人的在场，缺少了身势、面容所给出的，尤其是突发事件、想象力和连续的即兴言说的明证性所给予的意义过程"。[①] 在实际的对话中，我们整个人都被卷入对话的潮流中，话语全方位地包围我们，刺激我们身体的每个部位，从里到外调动起我们的情绪；而在对话的录音中，这种整体的氛围消失了，对话不再从各个角度刺激我们，它被压缩在声音这单一的维度之中，"只是通过耳朵来轻轻地触动我们。"[②] 这正如被保存在博物馆里的艺术品，它们已经失去了艺术家创作它们时的那种激情，摆脱了它们得以诞生的环境的偶然因素，博物馆所保留下来的只是"这一活的历史性的逝去了的形象"。[③] 在这个意义上，表达背后的情景和表达中的空白同样是表达的构成部分，是表达的意义得以呈现和扩散的空间。这个背景性的意义场有时甚至比言语本身更为重要，比如

---

① Merleau-Ponty, *The Prose of the World*, p.65.

② Merleau-Ponty, *The Prose of the World*, p.65.

③ Merleau-Ponty, *The Prose of the World*, p.73.

说在诗歌中。有人说，诗歌就是在翻译之后失去的东西。但诗歌之所以无法翻译，主要不在于诗歌中的言语成分，而在于言词间的沉默、空白和暗示。

2. 语言

关于言语和语言起源的现象学考察

我们在上面讲到，言语表达之所以不同于其它表达，是因为它能沉淀下来，构成一种主体间通用的知识，也就是说，它能构成一个相对自主的语言世界，而后来的任何新的表达都只有在此基础之上才能展开。因此语言有属于它自身的独立存在的维度。不过在《知觉现象学》中，梅洛－庞蒂主要处理的是与身体主体相关的言语表达问题，而对于“语言”本身则并没有给予特别的论述，或者说，早先他对于这两个概念基本上没有作明确的区分。但在他后来的文章和著述（主要的文章有《论语言现象学》《沉默的声音与间接的语言》以及在他死后出版的两本遗稿《可见者与不可见者》《世界的散文》）中，语言本身的问题越来越受到重视，这显然跟他受到索绪尔的影响有关。索绪尔明确地区分了语言和言语，前者是历时性的、客观的，后者是共时性的、主观的，前者不能还原为后者，“因为缓慢演变的视点会不可避免地抹消现在的新颖性”；在这两者中，人们一般把语言看作语言科学（语言学）的研究对象，而言语才是现象学的研究对象，现象学对言语的研究能为语言学提供一些生动的经验材料，但关于语言存在，它则“没有任何东西可以告诉我们”。[①]

梅洛－庞蒂承认语言的独特性和自主性，但他仍对这种把语言、言语截然两分的做法提出了质疑。他认为，即使能从语言学之外区别出一种关于言语的现象学，这两者仍将不可避免地进入一种辩证的互动交流之中。事实上，主观的观点包含客观的观点，共时性包含历时性。语言的过去存在于现在中，并通过活的言语而一再地重新展开，也正是在这种展开中，暴露出了语言之历时系统中的各种偶然性；而反过来，历时性也包含共时性，“如果语言从纵断面来考虑包含着各种偶然性的话，那么共时系统也应该在每时每刻都包含有原始事件能够进入其中的各种裂缝。”[②] 因此，语言和言语是不可分的。“现在（即‘言语’）就弥散在过去（‘语言’）之中，因为过去曾是现在；历史是连续的共时性的历史，而语言之过去的偶然性一直蔓延到共时系统（即‘言语’）之中。”[③] 由此，梅洛－庞蒂为自己提出了

① Merleau-Ponty, *Signes*, p.108.

② Merleau-Ponty, *Signes*, p.108.

③ Merleau-Ponty, *Signes*, p.109，括号中的内容为引者所补。由此也可以看到，梅洛－庞蒂尽管从索绪尔那里借用了语言与言语的区别，但他对这两者之关系的理解已经大大不同于索绪尔本人了。在索绪尔那里，整个语言活动（Langage）包括语言（Langue）和言语（Parole）两个环节，言语在索绪尔看来是不可研究的，因此，语言学考察的主要是语言这一环节，而对语言的考察又可分为共时性研究（即把语言看作一组共存因素构成的一个活动系统）和历时性研究（即把语言看作由偶然事件引起的一系列转换的结果，迫使该系统建立一种新的平衡）两种，而梅洛－庞蒂实际上已把原本属于语言环节的共时系统和历时系统改造成为语言和言语了。关于梅洛－庞蒂对索绪尔的误读，可参看詹姆斯·施

双重任务：一是探索一种语言现象学，即在语言发展中寻找“一种意义”，一种贯穿其流变的内在逻辑，考察它是如何在运动中实现其平衡的；二是探讨语言与言语、历史与共时的一种辩证关系。对这两点的内容，我们将在接下来的两节中再加以探讨。

在此，我们尝试着先从现象学的角度来考察语言的起源问题。这不是以一种经验因果性的方式推论语言的生成发展，也不是用绝对精神来构造世界历史和语言的发生，而是在胡塞尔所谓的“发生现象学”意义上来理解语言的起源，换言之，是想要理解“第一个说话的人的言语”或人类的“第一句话”是如何开始的。梅洛－庞蒂认为，为了理解语言的起源，我们首先“应该对语言进行一种还原”，“应该假装自己好像从来没有说过话”，或者“应该像聋子注视那些说话的人那样注视语言”。[①]这实际上是要把言语表达中一切既定的可支配意义都悬置起来，存而不论，而回到其“含义意向尚处于萌生状态的言语”，回到刚刚开始学习语言的幼儿状态。

我们前面曾讲到，儿童对颜色的掌握最初是从对“暖”色和“冷”色或“有色”和“无色”的区分开始的。与此相似，儿童最初的交流尝试就与他在周围话语中感受到的“音素对立”密不可分。正是从这种最基本的对立中，他领悟了符号的区分性原则以及从这种区分中显现出来的语言的“原初意义”，在此基础上他才能进一步去把握话语整体的“风格”及其处理词语

密特《梅洛－庞蒂：现象学与结构主义之间》，第158页以下，尚新建、杜丽燕译，台北桂冠图书公司，1992年。

① Merleau-Ponty, *The Prose of the World*, p.46.

的方式。当儿童依靠最初的音素对立理解了“作为符号与意义关系之基础的符号与符号之间的侧面联系”后，他就进入了语言的内部，“在他的周围被说出的语言整体像一个旋涡似地攫住了他，以其内在的关联诱惑着他，并几乎把他引向这个声音开始意指某物的那一时刻。”[①] 所以，儿童学习语言是从“语言的整体进展到部分的”，也就是说，他先把成人的话语领会为一个模糊的整体，他置身其中，通过咿呀学语与语言展开一场“往复运动”的游戏，而他对于出现在这一整体中的每一表达方式的掌握反过来又引起了对语言整体结构的改动。正是在这种往复运动中，他掌握了他的语言。

不过，与儿童不同，人类的第一句话不可能依靠已经确立起来的某一种语言，因此，第一句话是从沉默中诞生的。当然，沉默并不意味着意义和交流的空缺。在人类说出第一句话前，他们先已处于一种共同生活的意义交流状态中。在这里，他人的动作与我的动作指向共同的对象，他所做的一切与我所做的一切有共同的意义，因此，在明确的言语交流之前，人们就已经以各种方式在进行交流了，就像“哲学家在界定性行为的理智意义之前，一代一代的人已经理解和实践着各种性行为，比如说，爱抚的行为”[②]。第一句话早已酝酿在一种沉默地交流着的群体生活中，就像沸腾已在一壶被加热的水中被准备好了那样。第一句话“从已经是共同的那些行为中呈现出来并且扎根

① Merleau-Ponty, *Signes*, p.51.

② Merleau-Ponty, *Phénoménologie de la perception*, p.216.

于一个已经不再是私人世界的感性世界中。”[①] 它“是在各种公共行为的背景下获得其意义的，就像第一种制度在超越自发的历史的同时又延续了它一样。”[②] 第一句话的意义在于它打破了人类原始的沉默，将同类转变成为人，并开启了一个文化的世界。但梅洛－庞蒂认为，这种语言产生的神秘并不大于其他形式的表达的神秘，它们都体现了活的意义通过某一个人的占有而获得其具身化呈现的过程。

从对言语和语言起源的现象学分析出发，梅洛－庞蒂质疑了传统上在身势动作与言语之间作出的区分。这种区分认为，手势或表情动作是“自然符号”，而言语则是“约定符号”；梅洛－庞蒂则认为，这种区分只是考虑了语词的概念含义和最终含义，而没有考虑到语词原初具有的生存含义和情绪含义。如我们前面所说，词语的原初意义就是在人与世界的特定关系中对姿势动作之情绪性含义的摄取，就此而言，一切语言的产生都是自然的。“每一种语言在开始时都是一个相当微型的表达系统，但这个系统不是任意的，就像如果我们（比如说）把夜晚叫做‘夜晚’，那么就会把光明称作‘光明’那样。元音在一种语言里占主导地位，辅音在另一种语言里占主导地位，以及各种结构和句法系统并不都是为了表达同一种思想而作的各种任意约定，而是人类团体歌唱世界的多种方式，归根结底是体验世界的多种方式。”[③]

---

① Merleau-Ponty, *The Prose of the World*, p.42.

② Merleau-Ponty, *The Prose of the World*, p.43.

③ Merleau-Ponty, *The Prose of the World*, p.218.

语言学的语言与现象学的语言

梅洛－庞蒂从对索绪尔语言学的反思中得出了关于“语言存在”的这样一种“新观念”：“它是在偶然性中的逻辑，是有向系统但总是产生一些机遇性事件，是在一个有意义的整体中的随机性重现，是具身化的逻辑。”[①] 简言之，语言是一个开放的、充满偶然性的整体。

语言中的偶然性正与现时的表达活动有关。语言尽管有它的自主性，却是无法离开言语的。一种语言的特性只有在言语活动中才得到显露，也只有通过它与言说主体的关系才被人理解。而语言的悖论在于，尽管它只有通过言说的主体才实际存在，但当一个人在任何时候去考虑语言时，语言又总是已经先于他而存在了。尽管我们可以在理论上构想人类的第一句话是如何说出的，但在现实中，我们每一个人自一出生就已被置于一个语言世界中了。就此而言，语言先于任何的个人，因为它不是一种自然现象，而是一种文化现象，不是任何单个言说者的产物，而是一种主体间的现象。它属于每一个人而又不属于任何一个人。

语言有其自身的历史。从历史的角度来看，每一种语言无疑时刻都处于悄然的变化之中，有一些词正被逐渐地废弃，而新的词又在悄悄地流行，一些旧的表达方式已处于退化之中，而新的表达方式正被人酝酿。这种转变的过程常常是细微的，不确定的，而且往往只在事后才被人察觉，因此我们不能够想象某种语言精神或者某个言说者的意志能对之负责。某些表达方式只因它们被反复使用而丧失了其表达性，而另一些本已进

① Merleau-Ponty, *The Prose of the World*, p.110.

入过去语言系统中的“残骸”则会因不经意间被人翻出而获得其新的表现力。语言中的变化充满着偶然性，但仍有“某种顽固的逻辑贯穿了衰退的结果和语言的流行本身”①，并使语言在其运动中仍维持着其内在系统的平衡，正是因此，白话系统逐渐取代了文言系统，建立在变格和曲折变化之上的拉丁语发展成了以前置词为基础的法语。这种语言的演替没有确定的界限，我们无法确切地说出从哪一刻开始，“之乎者也”之类的表达退出了我们的日常生活。“各种语言对于一般历史的干预和它们自己的衰退并不那么敏感，因为它们秘密地渴望变化，而变化将为它们提供重新获得表现力的手段。”②从这个意义上说，“是那些说话者的冲动支撑着新的表达系统的发明，他们希望被理解，他们把另一种表达方式的不能再用的碎片作为一种新的说话方式予以重新采用。”③

当言说者利用他所置身其中的语言进行说话时，语言对他来说就不再是一种负载着其全部过去的历时性系统，而只是这一历时之上的横断面，他所面对的是语言的共时系统，但是这个共时系统同样包含大量的偶然性和不规则性，包含许多的混乱因素和例外事件，以致不可能从中找到一条精确的逻辑线索。比如说法语在表达数字时，从 16（seize）到 17（dix-sept），或从 60（soixante）到 70（soixante-dix）时为什么突然不再用单独的数字，而要用合成数字呢？在汉语中，为什么我们可

① Merleau-Ponty, *Signes*, p.109.

② Merleau-Ponty, *The Prose of the World*, p.36.

③ Merleau-Ponty, *The Prose of the World*, p.35.

以说“一匹马”却不能说“一匹牛”？总之，要在任何一种语言中找到完全精确的逻辑线索都是不可能的。早年的胡塞尔正是因此想构造一种普遍语言，为此，他抛弃了“历史语法（如拉丁语法）向他提供的经验的、混乱的描述”，而重新开始“制定语言的基本形式的目录”，然而，他所给出的“可能的含义形式的名单”却仍打上了他自己所说语言（德语）的烙印。因此，“不仅不存在能够发现所有语言的共同要素的语法分析，而且并不是每一种语言都必然包含着在其他语言中发现的各种表达样式的等价物。”① 生活在北极地区的因纽特人会用几十个不同的词来指称不同形态的雪。我们汉语中有比较复杂的亲属关系称谓，如“叔”“伯”“舅”，而这些在英文中只能用一个单词uncle来表示。用法语说“我所爱的男人”（l’homme que j’aime）时不能缺少中间的关系代词（que），转换成英语（the man I love）时却需要省略。我们能说因纽特人的语言比其他语言更丰富吗？能说汉语比英语或法语比英语表达得更完整吗？不能。语言中的偶然因素不可能消除，因为它们恰恰最直接地反映了语言所具有的生存性含义，也正是这些偶然因素使任何一种语言不可能成为普遍语言。

但另一方面，每一种语言虽然各不相同，但是要找到各种语言相互区分的明确界限却又是很困难的。即使我们在一种指定的语言内进行考察，我们也会发现其中存在着各种不同的辩证法，在一种方言与另一种方言之间的界限都是极其模糊的；而且，即使我们能够实证性地描述并界定某种方言（如吴方言）

① Merleau-Ponty, *The Prose of the World*, p.26.

的特征，这些特征也不一定在所有时刻都同样地起作用，我们也不能精确地划定完全体现出这些特征的该方言所在的地区。在该语言占统治地位的区域和它并不流行的区域之间，或者在某些话语流行的时期与它们淡出的时期之间，总是存在着过渡的区域和过渡的时期。正是这一点，使一些语言学家（如房德里耶斯）认为只存在一种唯一的语言，因为没有办法找到从一种语言过渡到另一种语言的确切界限。“没有什么能使我们勾勒出方言和语言之间或连续的语言与共时的语言之间的准确边界，它们每一个都不过是‘还没有导致行动的潜在的实在’。”[①] 语言之间甚至也不存在文明与原始的差别，每一种语言都同等地表达得好。因此，各种语言之间存在着一种亲缘关系，“语言没有确切的空间和时间的界限。”[②]

不过，在梅洛-庞蒂看来，这只是语言学家眼中的语言，只是从语言自身的角度来描述的语言。而如果从实际言说的主体来看，则他的语言毫无疑问地是一种与众不同的存在，因为他不再把语言作为一个对象来对待，他置身于他的语言中，他的语言就是他的世界。他生活在这一系统中，就像生活在一个他自小在那里长大的城市中那样。“我们的语言可以被看作是一座老城，错综的小巷和广场，新旧房舍，以及在不同时期增建改建过的房舍。这座老城四周是一个个新城区，街道笔直规则，房舍整齐划一。”[③] 不过，这是个没有边际的城市，新城区和老

---

① Merleau-Ponty, *The Prose of the World*, p.39.

② Merleau-Ponty, *The Primacy of Perception*, p.81.

③ 维特根斯坦《哲学研究》，第 10 页，陈嘉映译，上海人民出版社，

城区的界限也不是那么分明，而且，尽管我们生来就在其中，我们也没有关于它的明确指南。但我们熟悉这座语言之城的街巷，因此可以毫无阻碍地在其中穿行；我们熟悉它的风格，就像熟悉我们周围的景色那样。我们也随身携带着它的词汇，就像随身携带着钥匙那样，而且，这是把可变的钥匙，我们用它来打开这个城市的各个建筑，就像策兰的一首诗中所写的："用可更换的钥匙 / 你开启这房子，里面 / 沉默之雪扬起……"

然而，老城和新城的区分也揭示了我们自己语言的变化和界限：只有老城才是我们真正熟悉的，新城则是相对新奇的，陌生的。至于其他的城市，对我们来说就更加陌生了。即使我们能凭藉我们所掌握的可变钥匙通行其中，它也不再是我们熟悉的家园。因此，就一个人生来就归属于某个语言之城而言，即使他能讲好几种语言，也只有一种语言才是真正属于他的，是他最熟悉的语言之家，他不能同时属于两个城市，两个世界。其他的语言对他来说并不是可以随便跨越的；即使在他自己所属的这一语言中，也存在着许多他不熟悉的区域。比如说，先秦时期的语言对我们现代人来说就很难理解；不属于吴方言的另一种方言系统（如粤语或闽南语等）对我这样一个说吴方言的人来说也不容易听懂。因此，对任何一个实际的言说者来说，语言的界限始终存在着，"始终有一个时刻，一个边界，超越过它，他就不再能理解这种语言，语言也不再被理解。"① 这正如我不能够说出落山的太阳的光线由白向红转变的确切时刻，但

2005 年。

① Merleau-Ponty, *The Primacy of Perception*, pp.81–82.

它向我显现红色光芒的时刻总会到来。同样，当我们从现代汉语向古代汉语回溯时，即使找不到明确的分界，但界线不容置疑地被跨越的时刻还是会到来，在那个地方，我们感到熟悉的语言离我们已越来越远了。

也只有从我们所属的语言出发，语言间的比较才是可能的。尽管每一种语言都能满足表达的需要，尽管没有一种表达是完美的表达，但对某一特定的事件来说，总存在着一种语言表达得多，一种语言表达得少，一种语言表达得好，一种语言表达得差的情形。原始人对于动植物的认识要比我们现代的普通人丰富得多。孔子曾说，读《诗》可以“多识鸟兽草木之名”，我们现在去读《诗经》时，常常会为那里面所呈现的动植物的丰富性而感到惊讶，用于描述这些动植物的词汇早已淡出我们的日常生活了。海德格尔更是深刻地指出，西方之所以会出现形而上学的哲学思维，就与它的语言从一开始所具有的系表结构有关；而对于缺乏系词的古代汉语来说，它所呈现的也就只能是完全不同于西方思维的另外一种思维模式了。然而，这种语言间的差异只有当我们接触到了其他语言之后才能被认识，正是因此，歌德说：“只懂得一种语言的人不懂得任何语言。”

语言和言语的辩证法

从言说主体出发，每一种语言都是一个世界，或者说，语言的视域就是我们世界的视域。我们置身于自己的语言中就像置身于熟悉的城市中一样。语言就蕴涵在我们的身体中，我们的身体就是一个活的语言之躯。“语言的力量既不存在于语言将要通向的这一理智的未来中，也不存在于它由之而来的神秘的过去中。这一力量完全存在于语言的现在中。”[①] 这一现在的语言是“一个汇聚的语言姿势的集合，其中的每一姿势与其说是由一个含义不如说是由一种使用价值来界定”[②]，因此，它就是进行表达的语言，就是和我们的生存融为一体的言语表达本身。语言和身体的蕴涵结构体现的其实就是语言和言语之间的辩证法。一方面，语言包含着言语，言语只是语言的历时发展中的一个环节，我们只有置身于语言中才能言说，而且言说决不能穷尽语言的意义。另一方面，言语又包含着语言，语言的过去只有通过现在才开始呈现，言说本身就是对语言含义的实现。梅洛－庞蒂曾说，语言中存在着某种“盲目的精神”[③]，而这种盲目的精神只有在言语中，或者说，只有借助于表达才能实现自身。

因此，语言和言语的辩证法体现的同样是语言和人的辩证法。人栖居于语言中，语言有它自己的肉身性（corporéité），但人却是作为这种肉身性的精神而存在的，语言在人那里实现它的意义。在这一点上，梅洛－庞蒂的语言观已经与海德格尔后期的语言观有所区别了。在海德格尔看来，人是在“语言之说”中取得他的“居留之所”的，因为语言之说是一种区分，它使世界与事物处于一种亲密的间隙之中；而人只有通过归属于语言，应和语言之说才能发声说话。[④] 因此，在人和语言之间，语

① Merleau-Ponty, *The Prose of the World*, p.41.

② Merleau-Ponty, *Signes*, p.109.

③ Merleau-Ponty, *Consciousness and the Acquisition of Language*, p.90, trans. Hugh J. Silverman, Northwestern University Press, 1973.

④ 参海德格尔《语言》一文，收入《在通向语言的途中》，孙周兴译，

言绝对地高出于人。相反，在梅洛－庞蒂这里，我们很难说语言优先于人，两者的关系更类似于我们前面讲到的身体与心灵之间的关系，它们是不可分离的和谐统一体。

语言有它自己的肉身性，这一点我们在学习一门新的语言时最有体会。学习语言，就像与一个陌生人打交道那样，我们是通过自身的在场，通过向他人的敞开才熟悉他人的；同样，另一种语言要"通过我所说的这一种语言的某种倾斜过渡"[①]才能通达。它首先展现给我们的是它的物理外壳（声音或文字），但随着我对它的了解的加深，它渐渐向我显现出了其内在的丰富，其词形的变化，句调的曲折，表达的言外之意等，我开始进入这种语言的内部，它包围了我，我最终也理解了它的那种"盲目的精神"，在这个时候，我可以说已经掌握了这种语言，我能够用它来进行自己的表达了。因此，学习一门语言就是与之进行交流，相互占有，最后达成"联姻"的过程。这正如我们与一个人交往久后，我看到的就不再只是他的外表，他的单纯躯体性的存在，而是直接感受到他的思想、情感，直接看到他的灵魂，由此我们就成了伙伴或朋友。

语言的肉身性也告诉我们要尊重语言，不可"亵玩"语言，因为语言是有生命的。这一点每一个与语言打交道的人其实都知道。曾获得诺贝尔文学奖的德国作家伯尔这样说："在我们这个世界里，语言是个多么具有两面性的东西。话一出口或刚刚落笔，便会摇身一变，给说出它或者写下它的人带来常常难以

商务印书馆，1997 年。

① Merleau-Ponty, *Signes*, p.109.

担当其全部重负的责任。说出或者写下‘面包’这个词的人，往往不知道自己做了什么。为了这个词，曾经进行过战争，也出现过谋杀。它负载着沉重的历史遗产。谁要是写下这个词，就应该清楚它所负担的历史遗产，以及它能发生何变化。倘若我们意识到每一个词身上的这种历史遗产，倘若我们去研究一下词典——那是我们财富的清单——就会发现，每一个词的后面都有一个世界。每一个和语言打交道的人，无论是写一篇报刊新闻，还是一首诗，都应该知道，自己是在驱动一个又一个世界，释放着一种具有双重性的东西：一些人为之欣慰的，可以使另一些人受到致命的伤害。”[①] 正是因此，海德格尔告诉我们，要聆听语言而说；梅洛－庞蒂也同样告诉我们，言说的个体只有居于语言中，熟悉语言中“盲目的精神”或遵循语言的肉身化逻辑时，他才能说出新的意义。语言正是通过人而说出自己的。

3. 语言之“肉”

正如对时间、空间等的思考在梅洛－庞蒂的后期发生了转变，对语言的思考同样显示出与早期的差异，这就是语言不再仅仅与人发生关系，更与存在密切相关。无疑，梅洛－庞蒂的这种转变受到了海德格尔的深刻影响。但两人之间的差异也是不容否认的。比如说，梅洛－庞蒂明确地提到了海德格尔的那

① 伯尔《伯尔文论》，第 46 页，袁志英等译，三联书店，1996 年。

个著名观点:“语言是存在之家。”[①]但在另外的地方，他又提到“前－语言的存在（Être pré-linguistique）”[②]。这看起来是相互矛盾的两个表述，我们该如何理解这种不一致呢?

在《可见者与不可见者》的第四章“交缠－交织”中,梅洛－庞蒂谈到了语言的产生。根据这一章的描述，无论是知觉还是语言，都是肉的开裂和构型运动的产物。原始之肉，野性而质朴的存在，是浑然未分的团块整体，它在其运动中绽裂，产生差异、间距、层次,以无入有,内外反卷,形成皱褶、凹陷、洞罅,如同浑沌凿窍，然后就有了生命，有了“视听食息”，有了知觉和欲望。

知觉先于语言。知觉，即“有”（il y a)，感性一般，它是存在的最初敞开，是浑然一体的“肉”因开裂而形成的差异化层次，是图形－背景这一最基本的格式塔结构。它不是意识的功能，甚至不是身体的功能，而是肉的功能，存在的功能，但身体无疑在其中起着居间转换的作用。因浑然未分之存在的开裂和构型，就有了身体与事物的区别，有了知觉。身体是“自为或为己（pour soi）的可感者”，是“可感者的典范”，“它向居有它和感觉它的人提供某种东西以使他感觉到外在地与他相似的一切，以至于当它处于事物之织体（tissu）中时，它就将

① Merleau-Ponty, *Le visible et l'invisible*, p.267. 梅洛－庞蒂在此区别了“自然存在物”和“以语言为其家园的存在”:“自然存在物（l' être naturel）栖息于它自身之中，我的目光可以停在它上面。以语言为其家园的的存在（Être）则不能被固定、被注视,它只是远远地在。”但在同页,他还提到了大写的“自然的存在（Être de la Nature)”。

② Merleau-Ponty, *Le visible et l'invisible*, p.255.

这个织体完全拉向自己，并嵌入这个织体；以同样的动作，它与事物交流，它把这种无重叠的同一性、这种无矛盾的差异性、这种内部与外部的间距（écart）（这三者构成了它诞生的秘密）闭合于事物中。身体通过其自身的本体发生（ontogenèse）将我们与事物直接统一起来，它把它由之构成的两块陶泥粘合起来，像它的两片嘴唇：身体之所是的可感团块和它通过开裂从中诞生的可感者的团块,它作为看者仍向后者开放。”①“身体团块”和“可感者的团块”（即事物）通过它们之间的同一、差异和内外“间距”的构型而产生了交感和交流，这就是知觉。而存在本身亦通过知觉并在知觉中显现。因知觉而有了形声光影，有了远近高低，有了动静虚实，但这个被知觉的世界依然是一个“沉默的世界”,“一个在其中有着各种非语言含义的秩序”。②

原初的知觉沉默是不可描述的，它既无形态又多形态，杂然流形，变易无方。然而，在这种原始的感性存在（身体）中始终涌动着一股“欲望”，一种柏格森所说的“生命冲动”，它通过“忍耐而静默的劳作”，推动着感性存在进一步地裂变，从而进入表达和语言之中。不过，如果说知觉是产生于身体与事物（在此毋宁说身体亦是一原初之物）的交感反应，那么，表达则产生于身体与身体的交感反应：“第一次，身体不再与世界结对，而是与另一个身体交缠，（把它的）全部广延仔细地贴敷于另一个身体之上，用它的双手没完没了地勾画一个奇特的塑像，这个塑像也给出了它所接受的一切；而且身体为其独特的

---

① Merleau-Ponty, *Le visible et l'invisible*, p.179.

② Merleau-Ponty, *Le visible et l'invisible*, p.225.

占有（即与另一个生命在存在中飘游，使自己成为其内部的外部和其外部的内部）所迷惑，而迷失于世界之外、目的之外。从这时起，对他人和对自身实施的动作、触摸、视看开始向其源头回溯，并且在欲望之忍耐和静默的劳作中，表达的悖论开始了。”①

表达源于一个身体受到另一个身体的刺激和诱惑，或更确切地说，是身体在它自身之外发现了它自己的形象（就像皮格马利翁雕刻的偶像，或那喀索斯的水中倒影），被它所迷惑并想把它重新占为己有（就像阿里斯多芬所讲的那被劈成两半的圆球人，当他看到眼前的另一半时就想把它紧紧地抱住，死也不愿放开那样），表达就是这种占有的努力。但从某种程度上来说，这种“表达的占有”注定是要失败的，因为它所占有的只能是某种“影像的影像”，影像的“含义”，甚至不是影像本身。不过从另一方面而言，它又是成功的，因为正是在这种表达的努力中，身体实现了一种新的变易和构型（那喀索斯变成了临水照影的水仙，他或许也因此能理解他原先可能并不理解的厄科[Echo，即回音]的召唤，因为他自己在某种程度上也成了一种回音），有了一种新的赋灵（意识或精神。皮格马利翁的人偶因此而有了生气，那失去其另一半的圆球人或单片人则有了爱若斯[Eros]以及对爱若斯的追求）；更重要的是，表达打开了一个新的层面，建立了一个新的维度，这即是海德格尔意义上的存在家园或语言空间。那些失去了其另一半的圆球人或单片人

① Merleau-Ponty, *Le visible et l'invisible*, p.189. 这段优美玄奥的文字看起来像是对性爱动作的描述，但我们不应对此作如此狭窄的理解。

正是在这个空间中重新感受到了意义的诱惑，他们从此以后就要在这里，通过言说和表达，来寻求对其失去的完整性或整全性的恢复；尽管这种寻求和恢复可能永无止境，且需要一再地从头开始，却也绝不是徒劳无功的。这或许就是梅洛－庞蒂所说的“表达的悖论”。

总之，表达就是从 logos endiathetos（默示之道）走向 logos prophorikos（言说之道）[①]；从此以后，我们就不只是生活在可见者之中，也生活在不可见者之中。一种意义或含义的氛围已经浮现在沉默的视野之中，而当它通过表达被语言捕获，实现与语言的结合后，被知觉世界就进一步被“结构化”，有了其内在的皱褶和深度。意义（或含义）本身是不可见的，而表达则有可能使我们去探索这个与可见者相伴而生并萦绕在它周围的不可见世界。如梅洛－庞蒂所说，不可见者不是可见者的对立面，而是可见者的“框架”，是其隐秘的“对应面”，是作为原呈现之可见者的“非原呈现者”（Nichturpräsentierbar）。[②] 意义就是这样一种不可见者，但它虽不可见，却又是在我们的视看或知觉中直接呈现的。正由于可见者萦绕着这样一层不可见的意义，它对我来说才有某种明证性，某种“沉默的说服力”，这是“使存在得以自行显现而不成为肯定性，不停止其含混性和超越性的唯一方法”。[③] 但也因此，可见者又是不可把握的，只有借助言说，它的“意义”才有可能在语言中成其本质。言

① Merleau-Ponty, *Le visible et l'invisible*, p.224.

② Merleau-Ponty, *Le visible et l'invisible*, p.269.

③ Merleau-Ponty, *Le visible et l'invisible*, p.267.

说打破了沉默并实现了沉默所想却没有获得的东西，但借助语言“对沉默世界的拥有（就像对人之身体的描述所实现的那样）就不再是这个沉默的世界，而已是被语言关联化的（articulé，即‘被说出的’）、被提升为本质（Wesen）的、被言说的世界。”①本质是更深层次的不可见性，但它同样不可脱离事物、事实或经验而独立存在，它是经验之物的一种可能变体，它“不在经验的彼处，而就在这种经验缠绕经验的核心”。②当本质借助语言被说出后，它就作为观念或理念被把握，并栖居于语言的世界中。语言可以说是对感性世界实施了一次整体性的“升华”，一种全面的“观念化作用”：“这就好像那种赋予可感世界以灵气的可见性被迁移出去了，但不是迁移到任何身体之外，而是迁移进另一种不那么沉重、更加透明的身体中，就好像这种可见性换了肉，为了语言之肉而改换了身体之肉。”③世界的感性之肉和我们的身体之肉在此转变成了语言之肉，语言就是这种更加轻盈、更加透明的“身体”。“语言是一种生命，是我们的生命和事物的生命。”④

从沉默到言说，从被知觉的世界到语言的世界，这是存在运作的结果，是肉之“欲望”自我表达的产物。不过，在语言产生之前，存在就已经在表达，在语言产生之后，存在依然在表达，但它也开始借助人而表达。存在的表达是沉默的声音，

① Merleau-Ponty, *Le visible et l'invisible*, p.233.

② Merleau-Ponty, *Le visible et l'invisible*, p.151.

③ Merleau-Ponty, *Le visible et l'invisible*, p.200.

④ Merleau-Ponty, *Le visible et l'invisible*, p.167.

是原初的、运作的语言，这种语言“就是万物，因为它就是无人的声音(il n'est la voix de personne),因为它就是事物的声音，水波的声音和树林的声音。”[①] 只有在人这里，才有了发声的语言，有了另一种特殊的“语言之肉”。但这并不是说发声的语言是人的产物；相反，是存在在我们之中“期望、说话并最终思考”[②]。人和语言都是存在的产物。存在之肉通过它的第一次开裂产生了感性世界和身体之肉,这个时候的“我”还只是个“匿名者”，是“无人”，它先于任何的客体化，先于任何的规定性，因为它仍与存在血肉相连，它是乌有（rien），是听任万物在它面前运化显现的“运作者”（Opérateur）。[③] 它就像一株“言语植物”[④] 那样，伸展其感觉的触角，以萦绕在可见者四周的意义为营养，生成思想的叶脉，最后又结出观念的果实；而无数的言语植物又通过其根茎、枝叶、藤蔓、触须彼此交错，相互攀援，婆娑起舞，共同构成了一个无比庞大、没有边际的语言密林。在那里，言语植物又变成了言语动物，匿名的我获得了一个人称，一种规定。无数的言语动物栖息于语言森林中，在那里劳作、耕耘，但也可能迷失于其中。

言说的生成也是思想的涌现。“从我们说‘看见’‘可见者’并描述可感者的开裂那一刻起，就可以说我们已经处在思想的层次上了。……思想，在其限定的意义上（纯粹的含义，关于

---

① Merleau-Ponty, *Le visible et l'invisible*, p.204.

② Merleau-Ponty, *Le visible et l'invisible*, p.230.

③ Merleau-Ponty, *Le visible et l'invisible*, p.299.

④ Merleau-Ponty, *Signes*, p.25.

看和感受的思想），只能被理解为借助其他的手段达成‘有’之意志，通过对‘有’（il y a）的升华实现一种不可见者，这种不可见者正是可见者的反面，是可见者的潜能。”[①] 在梅洛－庞蒂看来，“思想”如同知觉一样，也是一种“有”，但这是一种“内在性的‘有’”，一种“不可见者”，它实际上只是知觉可见者的另一面；而且，它亦有再进一步显化自己的“意志”，而这同样需要借助“其他的手段”（即语言）才能实现自己；言说通过对知觉的含义进行提取和萃炼而升华为思想。因此，思想既与知觉相关，更与言语相关。“思想和言语相互期待，又不断地相互替代。它们互为奥援，彼此激励。任何思想都来自言语并返回言语，任何言语都在思想中产生并在思想中结束。”[②] 言语和思想彼此侵越，又互相缠结，最后构成一个语言的“织体”，而作为组结嵌合于其中、起着骨架和衬里作用的则是各种理念。理念同样不可见，但它们“确实在那儿，在各种声音之后或在声音之间，在各种光线之后或在光线之间”，“就像瓦雷里所说，奶乳的隐秘黑暗只有通过其白色才能接近，光的理念和音乐的理念也只有对叠在各种光线和声音之下，作为其另一面和深度而存在”。[③] 理念是“更高阶的生命和知觉”，但它们不在彼岸，而就在这个世界之中，依托于语言之肉：“纯粹的理念性也是与肉和视域共生的，尽管这里涉及的是另一种肉和另一种视域。”[④]

① Merleau-Ponty, *Le visible et l'invisible*, p.190, note.

② Merleau-Ponty, *Signes*, p.25.

③ Merleau-Ponty, *Le visible et l'invisible*, pp.197–198.

④ Merleau-Ponty, *Le visible et l'invisible*, p.200.

当它们与感性之肉结合后，又反过来支撑起它，为之提供“它的轴心、深度和维度”[①]，使之成为可见的不可见者，并敞开其本己的内在的可能性。由此，理念构成了可见世界的不可见结构：“正如感性结构只有通过它与身体、肉的关系才能得到理解，不可见的结构也只有通过它与逻格斯、与言说的关系才能得到理解。”[②] 正是由于有了语言之肉和其内在的理念结构，感性世界才呈现其不可穷竭的奥义和不可测度的神秘。

总之，语言世界是存在之肉的再一次开裂和深度的结构化，如此就有了语言之肉，它是对知觉意义的结晶和捕获，有了理念世界，它是对感性世界的揭示和升华。经由语言，人开始与存在相分离，他成了存在的“一个客体”；他不再能直接地接触到存在，而只能通过事物的空隙领悟存在，通过时间的射线远距离地瞥见存在，或者通过语言间接地谈论存在。如此也才有了遗忘存在的可能性。语言是存在之家，但语言（尤其是人工的语言）也可能反过来遮蔽存在。因为存在之音是沉默之音，寂寥之音，而语言的喧哗有可能使我们听不到这一根本的沉默，这一始终包围着人之言说的希声大音。这是一种深渊般的、浑沌一样的静默，是尼采所说的“伟大的思想诞生于无声”意义上的静默。[③]

---

① Merleau-Ponty, *Le visible et l'invisible*, p.199.

② Merleau-Ponty, *Le visible et l'invisible*, p.277.

③ Merleau-Ponty, *Le visible et l'invisible*, p.300. 我们不妨在此意义上来重新理解开始时提到的“浑沌凿窍”的故事。庄子说，倏与忽谋报浑沌之德而日凿一窍，“七日而浑沌死”。然而，正是浑沌之死才成其四海相通、天地交融的氤氲世界。很多人说过，《庄子》内七篇是一个循

对这种作为存在之音的沉默的强调，也许是梅洛－庞蒂较之他早期和中期思想的一个重大变化。在他中途而废的遗稿《世界的散文》（写于 1952 年之前）中，甚至在《间接语言与沉默的声音》（1952）中，尽管梅洛－庞蒂也一再地谈到“沉默”，甚至把绘画本身也当作一种沉默的艺术或沉默的表达来看待，但在那里，他主要是在沉默与言语的关系中来谈论沉默的。他把沉默视作言语表达的背景（只有在这种沉默中，人才能开口说话），或者是在字里行间的空白，抑或是言说活动的那种言犹

环整体，“应帝王”之后应重返“逍遥游”；而在“逍遥游”的开头，正是著名的鲲鱼化鹏、展翅南徙的故事。北冥南冥，苍海云天，在鲲鹏化生、扶摇而上的动姿中融为一体，它们实际上构成了鲲鹏动作的浑沦背景。就此而言，浑沌其实并没有死。与其说浑沌因凿窍而死，不如说它是凿窍而散，化为更大的浑沌。“应帝王”中的浑沌只能说是一个小浑沌，它处于“南海”“北海”之“中央”，被“倏”与“忽”所萦绕，这已构成了一个基本的格式塔结构，一个原初的知觉世界，只是处于这一知觉结构中心的“图形”恰恰是无图形可言的浑沌，也因此，这个世界就始终处于方生方死、迁流不定的不确定状态中。倏和忽通过凿通浑沌（实为打散浑沌），使内外相通，重造了这一知觉世界，于是就有了新的、更稳定构型的可能性。在鲲鹏故事中，浑沌仍在：“野马也，尘埃也，生物之以息相吹也。天之苍苍，其正色邪？其远而无所至极邪？其视下也，亦若是则已矣。”这正是浑沌之象，只是它如今已淡出为鹏鸟“培风负天”行动的背景，并显得更加冥漠苍茫，如此才真正成其为浑沌，而原先因无法居于格式塔中心而显得不确定的“倏”与“忽”则成了鲲鹏所显现的“三千里”“九万里”和“六月”等更确定的时空意象。因此，这里呈现出一个更宏阔、更复杂、更多维的存在论结构。我们可以说，从浑沌到鲲鹏，实现了某种存在论差异的转化。

未尽、意在言外的暗示（在这个意义上，诗人作家那些创造性的表达相对于经验性的普通言说来说就是一种沉默）[①]。此外，梅洛－庞蒂还谈到了“沉默的事物”，或人类的语言产生之前的“前人类的沉默”，那是一种“永恒的沉默”[②]，但这仍是相对于人类的言说而言的一种自然的背景。但在《可见者与不可见者》中，梅洛－庞蒂则从语言本身的角度，从语言与存在之关系的角度来谈论沉默。他像海德格尔那样，倒转了语言与人之间的关系，“是语言拥有我们，而不是我们拥有语言。是存在在我们之中说话，而不是我们在言说存在。”[③] 他把语言视作“存在最有价值的见证”，但这里有一个前提，即语言不能离开存在的根源，而存在本身则是沉默的：“语言只靠沉默生活；我们抛给他者的一切都萌蘖于这个永远不离开我们的伟大的沉默国度。”[④] 语言之说依托于存在之默，存在（“海德格尔意义上的存在”）即原初的被知觉世界，就是一个“沉默的世界”，一个“无定形或无形态的世界”，“它不包括任何的表达方式，可以它却召唤并要求所有的表达方式”；[⑤] 而绘画、音乐、诗歌甚至哲学都只是由它所激发出来的不同表达方式，就此而言，并不只有绘画是沉默的

① 参 Merleau-Ponty, *Signes*, p.56：“真正的言语，有意味的言语，最终使‘所有花束中都见不到的东西’（absente de tous bouquets）呈现出来，并释放了囚禁在事物中的意义，但从经验用法的角度来看，这种言语只不过是沉默，因为它不能到达通名（nom commun）。”

② 参 Merleau-Ponty, *The Prose of the World*, pp.7, 43, 46.

③ Merleau-Ponty, *Le visible et l'invisible*, p.247.

④ Merleau-Ponty, *Le visible et l'invisible*, p.167.

⑤ Merleau-Ponty, *Le visible et l'invisible*, p.223.

表达，甚至哲学也是一种沉默的言说。哲学是"沉默和言说的相互转换"，是"运作着的语言，这种语言只能从内部通过实践才能被知道，它向事物开放，被沉默之音所召唤，并继续着一种作为一切存在者之存在的分环勾连（articulation）的尝试。"[①]正是通过这些创造性的表达，沉默与言说之间的矛盾或张力在某种程度上被缓解了，或者说在一种新的构型中被统一起来了。

以上我们极其概括地阐述了梅洛－庞蒂后期的语言之思。从中可以看出，他与海德格尔的主要观点几乎是一致的。原始的语言是存在的言说（海德格尔所谓的"道说"），它是沉默的声音（海德格尔谓之"寂静之音"）；人都是应和着这一存在之说而说的，或者说是存在在人之中说话[②]，因此，存在和语言优

① Merleau-Ponty, *Le visible et l'invisible*, p.168. 在此基础上，梅洛－庞蒂对于哲学家有一个新的定位。他认为哲学家是在从事着一项"说不可说之神秘"这样一个近乎不可能的任务："哲学家言说，而这正是他的一个弱点，一个不可理解的弱点：他应该沉默，融入沉默中，并把一种已在那里被构成的哲学缝接到存在中去。与之相反，一切都好像是，他想把自己倾听到的自身中的某种沉默放到词语中似的。他的全部'作品'就是这种荒谬的努力。他写作就是为了说出他和存在的接触；可是他没有说出它，也不可能说出它，因为这是关于沉默的。于是他又重新开始……因此，就应该相信语言不仅仅只是真理和重合的对立面，应该相信有或可能有一种关于重合的语言，一种让事物自身言说的方法——这正是他所寻找的。这将是这样一种语言：他不是它的组织者，他也不汇集语词，而是语词透过他、经由其自身意义的自然交织、经由其隐喻的神秘交易……而汇集在一起。"（Merleau-Ponty, *Le visible et l'invisible*, pp.166–167）

② 米歇尔·哈尔（Michel Haar）在其比较分析后期梅洛－庞蒂与

先于人。要说两人的区别，或许在于，海德格尔似乎没有仔细区分存在的“道说”（沉默）与“语言”本身之间的差异，而是把两者混为一谈，由此他就更加强调了语言相对于存在者的优先性，语言在他那里几乎是和存在本身同样原始的东西。说“语言是存在之家”，就是说，“任何存在者的存在居住在词语之中。”[①]或者说，只有借助于词语，才能“给出存在”。[②]当然这里还没有考虑“存在论差异”问题，如果考虑到这一点，那么在“存在”“语言”和“存在者之存在”这几项间的顺序关系应该是：存在－语言－存在者。相反，在梅洛－庞蒂那里，存

海德格尔的思想差异时指出，海德格尔几乎没有直接说过“存在思考”或“存在说”这样的话，他最多只是说存在在吁请我们思考，或者说作为语言之家的语言说，而人的言说则应答着语言说。与此相对，梅洛－庞蒂则似乎直接就把思考、言说这些功能赋予了存在，由此而导致的困难是：“作为所有维度之维度的存在的这种立场，它包含了‘所有可能的存在的表达’，囊括了有机体生命、知觉、思维和语言这些不同的维度！如何设想竟会是存在，亦即肉，而不是我们在思考！”（Michel Haar, “Proximité et Distance, vis-à-vis de Heidegger chez le dernier Merleau-Ponty”, in Merleau-Ponty, *Notes de Cours sur l'origine de la géométrie de Husserl*, pp.134–136, Presses Universitaires de France, 1998）。我们认为，哈尔还是夸大了梅洛－庞蒂与海德格尔在语言之思方面的差别，因为他似乎没有考虑过海德格尔作为“寂静之音”的存在“道说”，也没有考虑过在梅洛－庞蒂那儿从沉默的世界到人的语言世界这一发生性的历史过程。

① 海德格尔《在通向语言的途中》，第 134 页，孙周兴译，商务印书馆，1997 年。

② 海德格尔《在通向语言的途中》，第 160 页。

在之言说（“沉默”）明显地不同于语言，它几乎等同于被知觉世界那含义氤氲的静默氛围，在此，“存在”与“存在者”不可分割地交织在一起，存在不可脱离存在者而单独在，而语言只是这个感性世界结构化和“关联化”的产物，它是相对后出的。语言奠基于存在者之存在，但它反过来揭示并提升了存在者，使其本质化并成其本质，最后达乎存在。也正是由于有了语言，人才成其为人。正如我们在前面讲到，意识的出现，在世界秩序的历史发展中出现了一种“视角的颠倒”，使意识由之而来的历史本身反过来成了“意识所给出的一个场景”，语言在这里也起着同样的作用。语言是“存在历史”的产物，但它反过来展现了这一存在历史的发展景观。在这个意义上，我们可以说，语言从时间上来说是后出的，但从存在地位上来说则是优先的。

第三章
介入的身体

一、世界散文化的时代

以上我们较为详细地阐述了梅洛－庞蒂的身体主体的概念。可以看出，相对于传统上出现过的形形色色的主体来说，身体主体是一个全新的主体。它是一个立足于处境、具身化的知觉主体，是挺身走向世界、只拥有有限自由的主体，也是一个处于变动的自然和历史环境中并经历着持续更生的主体。简言之，它是一个介入的主体。事实上，我们前面描述身体与世界的蕴涵结构就已经表明，身体原本就是介入性的。“它是根据在我们的身体与世界之间，在我们自己与我们的身体之间与生俱来的契约而起作用的。”[①] 但是，身体主体的确立只是一个基础，问题更在于说明从这样一个有限的主体出发，我们如何去面对并理解我们置身于其中的自然、社会及每时每刻都在变化着的历史。

① Merleau-Ponty, *The Primacy of Perception*, p.6.

1. 超验性的坠落

这里的问题是，如果说身体主体是这样一个有限的主体，那么，当我们完全从这种有限性出发时，是否还有超验性[①]的位置，我们如何再去思考神圣、绝对或者上帝这样的概念或存在？

梅洛－庞蒂事实上并不否认超验的维度。但他认为，即使是这种超验的维度也只有通过我们的身体性才得以可能。这是因为，我们对于形而上学的看法已经发生了改变。传统形而上学对超验性的肯定是基于某种根本的假定之上的，即它认为存在着一种自在的秩序或一个绝对的精神，我们依属于它，并且根据它来理解世界和人类生活。因此，无论是柏拉图的“理念”，笛卡尔的“上帝”，还是康德的先验意识，它们都只是“一种解释生活或反思生活的方式”[②]。这些传统的哲学家都不是从人的实际生存出发，而是从这种先在的秩序或理性出发来描述人的生存，由此，人的生存“要么被置于一个超验的舞台上，要么作为辩证法的一个环节，再要么被放进概念中，正如原始人在神话中表呈和投射他们的生存一样。形而上学在人类中强加了一种强健的人性，这种人性能够借助于某些可证明的方法而得

---

① 本节中的“超验性”与我们前文一再提到的“超越性”在法语中其实是同一个词 transcendance，此处之所以把它译为“超验性”，是从传统形而上学所赋予它的特定含义（即一种超经验的、非此世的特定存在）来理解的。

② Merleau-Ponty, *Sense and Non-sense*, p.27, trans. Hubert L. Dreyfus and Patricia Allen Dreyfus, Northwestern University Press, 1964.

到控制，并且永不会在纯粹抽象的反思剧中遭到质疑。”①

然而，当现象学或生存哲学赋予了人类的实际体验以合理性之后，哲学的任务就不再是解释世界，或揭示世界的“可能性条件”，而是去描述先于对世界的思考的世界经验和与世界的接触。从此以后，在人那里，不管是何种形而上学的东西都不再被归结为某种脱离经验性存在的东西（如上帝、绝对精神）。相反，人在其特定的存在中，在他的爱、他的恨中，在他个体的和集体的历史中就是形而上学的，甚至人的身体性本身就是一种形而上学结构。在此意义上，我们可以说，阐释身体的身体哲学也不只是一种理论，而更是一种实践；或者说，对身体的思考是与对身体的体验和身体本身的行动分不开的。正是因此，梅洛－庞蒂提出了“非哲学”这个概念，它指的是在哲学与其他人文学科，尤其是与文学、艺术等之间已经失去了明确的界限。正如他在《知觉现象学》的前言中所说的：“现象学像巴尔扎克的作品、普鲁斯特的作品、瓦雷里的作品或塞尚的作品一样在孜孜努力——靠着同样的期待和惊异，靠着同样的意识要求，靠着同样的想要把握初生状态的世界或历史意义的愿望。现象学由此与现代思想的努力融为一体。”②

因此，超验性不再是理性的设定或自在的真理，相反，它就蕴含在我们的生命中，但又始终有待于我们去发现和重新发现。正如梅洛－庞蒂所说，绝对就“已经包含在我们的经验之

---

① Merleau-Ponty, *Sense and Non-sense*, p.27.

② Merleau-Ponty, *Phénoménologie de la perception*, p.xvi.

中”[①]。“绝对思维对于我来说并不比我的有限精神更明晰，因为我恰恰是通过我的有限精神来思考它的。”[②]对于上帝的看法也一样[③]，他认为，即使有上帝，祂也是一个“在我们之下”的上帝。“基督教的上帝不接受一种垂直的从属关系。祂不仅仅是一种我们是其结果的本原，一种我们是其工具的意志，或一种人的价值只不过是其反映的原型；有一种因缺了我们而导致的上帝之无能（une impuissance de Dieu sans nous），基督证明，上帝如果不与人的条件相结合就不完全是上帝。克洛代尔甚至说，上帝不在我们之上，而是在我们之下。他的意思是说，我们不认为上帝是一个超感觉的观念，而是寓于我们之中并证实了我们的晦暗的另一个我们自身。超验性不再悬于人之上：“人已奇怪地成了超验性的特殊载体。”[④]在另一篇文章中他这样说：“上帝因参与到人类的生活之中而不再是外在的客体，人类的生活也不仅仅被归结为一个非时间的结论。上帝需要人类的历史。”[⑤]

这种奇特的观点实际上已经否定了一个独立于我们的超验上帝的存在。然而，如果说上帝也只有通过我们的身体才成其

---

① Merleau-Ponty, *The Primacy of Perception*, p.27.

② Merleau-Ponty, *Phénoménologie de la perception*, p.468.

③ 梅洛－庞蒂在年轻时曾是个天主教徒，但他的宗教情感似乎并不太浓，后来就脱离了教会。梅洛－庞蒂直接讨论基督教和上帝的文章并不多，只在《哲学赞词》和《无处不在和无处可寻》（这是他为他所主编的《著名哲学家》丛书所写的序言，后来收入《符号》一书中）等文章中有所涉及。

④ Merleau-Ponty, *Signes*, p.88, Gallimard, 1960.

⑤ Merleau-Ponty, *The Primacy of Perception*, p.27.

为上帝，这是否就是说，我们自身就可以成为上帝，或者成为尼采所谓的“超人”呢？梅洛－庞蒂却又明确地说：没有超人！存在的只有一个个的普通个体，每个人都有一个拖着其阴影的平凡肉身，且无可避免地为它所累。“所有的行动都是对一个实际处境的回应，我们不能完全选择这个处境，在这个意义上，我们也不能绝对地对之作出回应。”①“只有当人们认识到没有超人，任何人都过着一种属人的生活，认识到自己的意中人、作家或画家的秘密不在其经验生活之外，而是与其平淡的经验混杂在一起，与其对世界的知觉暗含在一起，因而就不可能单独地、面对面地看到这种秘密，只有这时，人们才能真正地欣赏他们。”②

从身体和身体性的经验出发，这是一种真正的体验结构的改变。舍勒曾指出，体验结构的转型要比社会政治经济制度的历史转型更为根本，一旦体验结构的品质发生转变，对世界之客观的价值秩序的理解也必然要发生根本性变动。③当梅洛－庞蒂完全立足于身体性，取消一切超验性的独立位置时，又将发生什么样的一种价值秩序的改变呢？如果没有上帝，也没有超人，而只有作为身体主体的凡俗个体，如果所有的人都是同样地平凡、普通，那么，我们又如何区分神圣与罪恶、高贵与卑下呢？上帝、绝对、超验，这些概念可以说是我们的道德生活的基石。我们都知道陀斯妥耶夫斯基在《卡拉马佐夫兄弟》

① Merleau-Ponty, *Sense and Non-sense*, p.37.

② Merleau-Ponty, *Signes*, p.72.

③ 参刘小枫选编《舍勒选集》卷上，“编者导言”，第10页

中的那句名言："如果没有上帝，一切就都是可能的了。"我们也知道，现代以来，当尼采宣布"上帝死了"时对整个西方的精神世界所造成的震荡。梅洛－庞蒂这种完全基于身体性的哲学言论，是否也同样导致了一种"道德相对主义"甚至"非道德主义"的价值立场呢？

这似乎是不可避免的。事实上，梅洛－庞蒂明确地说："没有任何东西能向我们保证道德是可能的……但是也没有任何的宿命更能向我们保证道德是不可能的。"① 道德有待于成为道德，人有待于成为道德的人。在此意义上，"既没有绝对的纯洁，也没有绝对的罪恶。"②"所有的人类行为和人类创造构成为一出单一的戏剧，在这个意义上，我们要么一起被拯救，要么一起被抛弃。我们的生命在本质上是普遍的。"③ 对于那些想要得到一个确定答案的人来说，这样的言论无论如何都不是令人欣喜的，它是否会导致一种无差别的、平均化的生存状态呢？我们该如何在这一完全世俗化的世界中安顿自己的肉身呢？

2. 意义的冒险

在梅洛－庞蒂死后出版的遗著中，有一本书名为《世界的散文》（*la Prose du Monde*）。这本书从 1951 年起就开始撰写，但没有写完，也有可能是他有意放弃了写作。这里，值得我们

① Merleau-Ponty, *The Primacy of Perception*, p.27.

② Merleau-Ponty, *Sense and Non-sense*, p.37.

③ Merleau-Ponty, *The Primacy of Perception*, p.10.

探究的是他为什么要用“世界的散文”这一书名？在一篇未发表的文章中，有一段话或许能为我们提供一丝线索：

> 在作家那里，思想并不从外面引导语言：作家自身就像一种新的方言，它自行形成，自己发明表达手段，并且按照它特有的意义产生变化。我们称为诗歌的东西或许不过是其自主性乖张无忌地获得展现的那一部分文学。全部伟大的散文也是对能指工具的一种再创造，自此以后这种工具将按照一种新的句法被运用。平庸的散文局限于借助给定的符号来运用某一给定文化中的已被接受的含义。伟大的散文则是获取一种到现在为止尚未被客观化的意义、并使它能为说同一语言的所有人理解的艺术。当一个作家不再能够构造一种新的普遍性并冒险进行交流时，他就只是在苟延残喘。我们似乎也可以这样评说其他的制度：当它们表现出不再能够提供一种人类关系的诗学时，也就是说当个人的自由不能召唤所有其他人的自由时，它们也就停止存在了。
>
> 黑格尔说罗马国家是世界的散文。我将把我的书命名为《世界的散文导论》。在这本书中，我将改造散文范畴，在文学范围之外给予散文一种社会学含义。[①]

“世界的散文”这一名称来自黑格尔。黑格尔认为，罗马帝国以武力征服了世界，由此产生了一种普遍性的政治，它借助形式化的法律把个体束缚在普遍的国家秩序之中，从而使罗马人失去了古希腊人那种与自然、与神灵之间的活泼泼的接触和

① Merleau-Ponty, *The Primacy of Perception*, pp.8–9.

联系。因此，相比于希腊精神的自然奔放与自由崇高，罗马精神显得呆板僵化，单一无趣，如果说希腊人的生命是诗的生命，那么罗马人的生命就是散文化的生命。[①] 散文化（prosaic）也就意味着“平庸化”（prosaic），也就意味着精神的坠落与创造力的匮乏。

梅洛－庞蒂自然了解诗与散文的这一差别，那他为什么还要用这个名称呢？身体性的在世是否就导致了这样一种世界散文化／平庸化的状态？梅洛－庞蒂为什么又要放弃对这本书的写作？所有这些，我们都没有直接的答案。但是，在上面所引的话中，我们还是能看到，梅洛－庞蒂改造了“散文”一词的内涵，赋予了它一种新的“社会学含义”。因此，我们不能再在单纯的文学范畴内理解“散文”和“诗”这两个概念。而更重要的改造是，散文和诗之间的传统对立被取消了。这两者同样被看作是表达人类生存意义的方式，它们不再有高下之别。当散文像诗一样表达出某种新的独特意义时，它就是伟大的散文，就是诗；相反，如果它只是对某种流俗意义的搬弄，那么，它就只是平庸的散文。因此，最后的区别不是诗与散文的区别，而是伟大的散文与平庸的散文的区别，是创造性与守旧性的区别，是深度性与平面化的区别。无论诗与散文，它们都是身体性地在世的表达方式，都是对向世而在的表达，无关乎神圣与绝对，问题只在于如何“深入地”阐发这种向世而在的意义。因此，如果我们说身体性确实导致了一种世界散文化的状态或

---

① 参黑格尔《历史哲学》，第 297 页，王造时译，上海书店出版社，1999 年。

一个世界散文化的时代，那么，这也不是说它就是一种平庸化的状态或一个堕落的时代。

世界散文化的时代，这个说法自然让我们想起海德格尔的一个类似说法："贫困时代"或"世界黑夜的时代"。贫困时代是与上帝的缺席联系在一起的。但显然，世界的散文化也与上帝的缺席有关。在这一点上，海德格尔与梅洛－庞蒂的意思其实是一样的。但是在对待上帝缺席的态度上，两人却似乎呈现出截然不同的气质。如果说在海德格尔那里总是充满着古典时代的某种悲剧特质的话，那么，在梅洛－庞蒂身上却更多地洋溢着现代世俗化时代中那种开朗的乐观主义精神。在海德格尔看来，上帝的缺席也就意味着精神和生命的贫乏，虚无主义的盛行，从而也直接导致了人的无根基或无家可归状态。但是，他依然相信神圣性的存在，并因此而赋予了诗人和思者某种特殊的使命，把他们看作是对这一神性踪迹的召唤者和守望者。他反复引用荷尔德林的诗歌说："……在贫困的时代里诗人何为？/但是你说，他们就像酒神的神圣祭司，/在神圣的黑夜里迁徙，浪迹四方。"[①] 在这世界黑夜的时代里，只有诗人和思者敢于跃入存在的深渊之中，为终有一死的人带来消逝的诸神的踪迹。因此，他们是这个贫困时代的先行者，这也注定了他们是孤独的、愁苦的，在某种意义上甚至是悲剧性的。梅洛－庞蒂也同样深切地感受到了因上帝的缺席所导致的生存的无序与荒谬，但是，他并不抬头仰望，在天上寻找"神性的踪迹"，而

---

① 海德格尔《荷尔德林与诗的本质》，见孙周兴选编《海德格尔选集》卷上，第325页，上海三联书店，1996年。

是返回自身，在自身中默察意义的萌生。上帝或许死了，或许根本就不存在，但这没有关系，因为我们自身中就承载着这一超验性的灵性，我们每一个人都是“道成之肉身”（incarnate），因而也能够“因肉身而成道”，能够自己创造自己的意义和价值，自己为自己创制（institute）一种秩序。虽然相对于超验的上帝或绝对精神来说，身体性地向世而在是平庸的、散文化的，但它还是有能力创造并发展出一种伟大的散文来，从而提供一种新的“人类关系的诗学”。

我们可以看到，梅洛－庞蒂在此用一种意义哲学取代了一种价值哲学①；也可以说，一种身体哲学必然是一种意义哲学，而一种意义哲学最终也必然是一种诗学。正如梅洛－庞蒂所说："每一个肉身化的主体都像一本打开的笔记本，我们还不知道将在上面写下些什么；或者像一种新的语言，我们还不知道它会完成什么样的作品，我们只知道，一旦它出现了，它就不可能不多多少少说点什么，就不可能不具有一段历史和一种意义。”②

因此，所谓的介入，最终说来也就是尽可能多、尽可能深地去发现或创造身体性地向世而在的意义。当然，这段意义之旅同时也是一种冒险，因为我们不知道身体创造出的究竟是什么样的意义。意义无所谓善恶，但有好的意义和坏的意义，因此，我们可能会得救，也可能会被引向沉沦，甚至罪恶。意义的诱惑还会使我们作出错误的判断，就连哲学家有时也不能例

① 我们在前面第一章曾比较过梅洛－庞蒂与舍勒的不同，这两种现象学的差异最终或许就可以归结为意义哲学与价值哲学的差异。

② Merleau-Ponty, *The Primacy of Perception*, p.6.

外。我们在后面就会看到梅洛-庞蒂在有关历史问题上的失误。一种基于身体性的意义是终极的吗？

这是个问题。梅洛-庞蒂也处于探索之中。但是我们已经看到，他越来越深地被引向一种更加本源的存在，那是我们身体的基础和归宿，是“意义的意义”或“源发的意义”。也许在那里我们才能找到一种终极的真理。但只是也许。我们还需要更深地介入，既要去体验自然的神秘，也要面对他人的目光，最后，还要深入到历史的纷纭复杂中去，以此来建立一种新的“人类关系的诗学”。

二、艺 术

我们已经指出，梅洛-庞蒂取消了在散文与诗歌之间的传统对立；与此相应，他也取消了在散文与绘画、音乐之间的严格区别和对立。而这种对立，在梅洛-庞蒂的时代，正因萨特的二元论哲学而被强化，因此，梅洛-庞蒂的观点，在其最现实的意义上，其实是与萨特展开的论战。

在《什么是文学？》这篇文章中，萨特明确地提出了他的“要求介入”的文学主张。他认为，用文字来进行表达是与用颜色和声音来进行表达不同的，前者只是符号，它指向它自身之外的东西，而后者却像事物一样停留于自身。换言之，文学能够介入社会生活，而且它的本质就要求它介入；相反，绘画、雕塑和音乐却是不介入或者说无法介入的。他说：“作家可以引导你，如果他描写一所陋室，他可以让你从中看到社会不公正的象征，激发你的想象。而画家却沉默不语，他为你展示一所陋屋，如此而已;你有自由爱在这里看到什么就是什么。”[1]词语的意义是确定的，因此，作家是直接与意义打交道；相反，绘画和音乐的意义则是暧昧不明的。画家所创造的东西从来就不像语言或面部表情那样表达他的愤怒、忧虑或快乐。比如说，毕加索的名画《格尔尼卡》“诚然是杰作，但是有人相信它曾为西班牙共和国的事业赢得哪怕只是一个人的支持吗？”[2]总之，在萨特看来，“人们不可能画出意义，人们不可能把意义谱成音乐；既然如此，谁还敢要求画家和音乐家也介入呢？”[3]萨特还进一步认为，即使在文学中，散文和诗歌也是不同的。散文服务于现实世界。在散文中，词语是透明的，人们可以“自由自在地像穿过玻璃一样穿过它去追逐它所指的物”。[4]词语把作家投向世界的中心。在这里，词语如同“上了子弹的手枪”，作家说话，“就等于在射击”。[5]与此相反，诗歌是“站在绘画、雕塑、音乐这一边的”[6]。因为诗人不是利用词语，而是反过来为词语服务，使文字停留于自身，而与世界相脱离。对于诗人，“词是自然的物,它们像树木和青草一样在大地上自然地生长”[7]。因此，最终说来，只有散文或散文式的作品，才是真正的介入文学，才代表了作家所应该坚持的立场，这就是“揭露世界，特别是

①《萨特文学论文集》，第72–73页，安徽文艺出版社，1998年。

②《萨特文学论文集》，第73页。

③《萨特文学论文集》，第73页。

④《萨特文学论文集》，第74页。

⑤《萨特文学论文集》，第82页。

⑥《萨特文学论文集》，第74页。

⑦《萨特文学论文集》，第75页。

向其他人揭露人，以便其他人面对赤裸裸向他们呈现的客体负起他们的全部责任。”①

萨特的观点代表了一种典型的二元论的观点。正如自为与自在、意识与自然的对立一样，符号在他那里也呈现出两种极端相反的遭遇：要么它作为意识的工具，内在于意识中，意识在使用它的同时超越它自身的特性而趋向它的意义，从而使符号在其意义中失去自身。这就是在散文式的作品中所体现出来的情形。要么符号自身成了意识的对象，意义不再是意识的超越性活动所瞄向的目的，而成了符号本身的属性，由此，符号就像事物一样外在于意识，并与意识相对立。这就是在诗歌和其他艺术作品中所体现出来的情形。这种对于符号的看法显然与我们前面提到的梅洛－庞蒂的观点不同。在梅洛－庞蒂看来，符号具有相对的独立性，因为它自身携带着一种由于符号间的区分而产生的原初意义，同时还负载着一种在历史流传中产生的积淀意义，而我们的主观含义只有通过与这两种意义的交融才能赋予符号一种新的意义。因此，符号既不完全属于主观秩序，也不完全属于事物秩序。作为符号性的表达，无论是散文还是诗歌和艺术，它们都是人类向世而在的具身体现，它们都“介入”了人类的生存之中。因此，我们不可能把它们截然分成两派。

梅洛－庞蒂当然也没有否定在散文和艺术、作家和画家之间存在着某种程度的差异。萨特说散文作品的意义比艺术作品的意义更加确定，这是事实。但之所以如此，是因为“我们大

① 《萨特文学论文集》，第 82 页。由此也可以看出，梅洛－庞蒂的《世界的散文》其实是对萨特的一种回应和批评。

部分时间都置身于已经构成的语言之中，我们已经为自己提供了各种可自由支配的含义，而且在我们的各种定义中，我们就像词典那样仅限于指出它们之间的一些等值”；相反，在艺术作品，比如说在音乐中，“没有任何词汇被预先设定，意义似乎是与声音的经验在场联系在一起的，这就是为什么音乐在我们看来是缄默的。”[①]但事实上，正如我们前面已经指出的，语言的表达同样是不确定的，同样充满着空白和暗示，表达的明晰是建立在模糊的背景之中的。“在任何情况下语言都不能完全摆脱无声的表达形式的不确定性，不能消除其自身的偶然性，不能最终使事物本身显现，在这个意义上，言语活动对绘画或对生活习惯的优先性仍然是相对的。”[②]而且，即使语言表达的意义相对来说更易为人把握，它也无法取代绘画和音乐的位置。一幅画的意义不能归结为对这幅画的说明，散文、诗歌、绘画和音乐，这些不同的表达形式不可能化约为其中的任何一种。它们同样关注我们的生活世界，同样带着想要理解我们的生命和世界的热切愿望，而且它们从不同的侧面呈现了这同一个世界。在这个意义上，它们都是我们的生命实践，都是向世而在地介入现实的。

不过在这里，我们主要关注的还是艺术，尤其是绘画。因为这是梅洛-庞蒂最为关注的。绘画之所以会成为梅洛-庞蒂思想的中心，或许是因为它最明显地体现了身体性的作用。瓦雷里曾经说过，画家在绘画中“提供出他的身体”。梅洛-庞蒂

① Merleau-Ponty, *Phénoménologie de la perception*, p.219.

② Merleau-Ponty, *Signes*, p.98.

则更为明确地说:“身体的表达活动始于最细微的知觉，在绘画和艺术中扩大。”[①]“事实上，我们不理解一个精神（Esprit）如何能够画画。正是通过把他的身体提供给世界，画家才把世界转变到图画中。”[②]在《知觉现象学》的“前言”中,梅洛－庞蒂说:“真正的哲学在于重新学会去看这个世界。”[③]“重新学会”一词表明，尽管我们每天都在睁眼看世界，但并不一定真正地懂得看这个世界，尤其是对哲学家来说，由于受到理念或理论的诱惑，总想要超越这个世界，或者只以一种凌空蹈虚、高高在上的姿态看待这个世界，所以他就轻易地以几个抽象的概念打发了它;因此,哲学有待于通过重新学会看这个世界来更新自己,以成为一种“真正的哲学”。绘画正是在这一视角中进入梅洛－庞蒂的视野的,因为它以一种更形象、更直观的方式告诉哲学家,也告诉我们应该如何去重新观看这个世界。

下面我们将主要围绕梅洛－庞蒂的三篇文章即《塞尚的疑惑》(1945)、《间接的语言和沉默的声音》(1952)、《眼与心》(1960)来阐述他的绘画理论，并由此而引申探讨有关人与自然的关系问题。这三篇文章写于不同的时期,刚好涵盖了梅洛－庞蒂的哲学生涯，从中也可以看出梅洛－庞蒂整个思想的发展趋势。

---

① Merleau-Ponty, *Signes*, p.87.

② Merleau-Ponty, *L' Œil et l'Esprit*, p.16.

③ Merleau-Ponty, *Phénoménologie de la perception*, p.xvi.

1. 绘画与现象学

梅洛－庞蒂论绘画，是从塞尚开始的。塞尚是梅洛－庞蒂最为关注的一个画家。这种关注并非出于偶然。塞尚被誉为“现代绘画之父”，他的绘画实践标志着艺术精神之现代转折的开始。从他那里，梅洛－庞蒂看到了绘画所具有的与现象学同样的现代精神，即：“重新学会去看这个世界”。

塞尚的绘画深受印象主义的影响。事实上正是从印象主义开始，绘画开始了一次革命。自文艺复兴以来，西方画坛的主流一直是古典主义，画家们以一种表象式的思维看待世界，他们采用科学的透视法，把外界的对象按照一个特定的“没影点”整齐有致地排列到画布上，由此，“不可穷尽的存在就凝结在一个秩序井然的透视景观中”。[①]这一科学的透视理论曾支配了西方的绘画实践达四百年之久，终于在印象派画家那里被颠覆了。印象派开始以一种新的眼光看世界，它试图在转瞬即逝的知觉中“捕捉对象叩击我们的眼睛和撞击我们的感官的方式”。[②]这样显现出来的对象还没有固定的轮廓，它与周围的事物交织在一起，被光线和色彩所弥散的空气般的氛围所萦绕。为了描绘物体被光泽笼罩的效果，印象派画家一般只用光谱上的七种颜色，并借助互补色来加强色调的对比。“使用这些方法的结果是，画布上并不是逐点与自然对应，但透过不同部分之间的相互作

---

① Merleau-Ponty, *Signes*, p.63.

② Merleau-Ponty, *Sense and Non-sense*, p.11.

用，却得到了一个真实的一般印象。”[①]

印象派的这种做法已经暗合于后来胡塞尔所提倡的现象学直观的态度了。现象学要求我们对世界“应该如何”的自然态度的假定加括号，而回到事物向我们显现的实际体验中去。自然态度在世界上看到的只是一个一个的实在物，而现象学直观的态度则要求我们回到使这些实在物得以显现出来的光线、颜色、阴影等侧显要素中去，回到这些要素的相互联系上去。[②]这也正是印象派所持的态度。印象派画家的代表人物莫奈曾这样说：“当你出去画画时，要设法忘掉你面前的物体：一棵树，一座房屋，一片田野……只是想，这是一小块蓝色，这是一长条粉红色，这是一条黄色，然后正确地画下你所观察到的颜色和形状，直到它达到你最初的印象时为止。”[③]通过这样一种做法，印象派引发了一场绘画的革命。

不过，印象派在现象学这条道路上并没有走好，因为它太沉溺于色彩本身了，以至于“在画出了氛围和分离出色调的同时，却把对象给淹没了，使之失去了其自身的重量”。[④]换言之，“印象主义绘画仍然太经验主义，不够现象学”。[⑤]因而他们不能把

① Merleau-Ponty, *Sense and Non-sense*, p.12.

② 参胡塞尔《纯粹现象学通论》，第 41 节，李幼蒸译，商务印书馆，1995 年。

③ 保罗 · 史密斯《印象主义》，第 27 页，张广龙译，中国建筑工业出版社，2004 年。

④ Merleau-Ponty, *Sense and Non-sense*, p.12.

⑤ 刘国英：《从表达行为到观看之疯狂——梅洛－庞蒂的绘画视见现象学》，这是作者在“现象学与艺术”国际学术研讨会暨中国现象学第

他们的革命潜能推进到底，只是到了塞尚，才完成了由印象主义所开启的艺术革新。

相较于印象派，塞尚的绘画更具有现象学意味，因为他已经无意识地运用现象学的方法来从事他的绘画实践了。他拒绝跟从任何传统画派或任何未经考察的其他艺术立场，他要求对我们习惯性的思维和看法进行悬置，以一种纯自然的眼光去看待事物，像此前从来没有人画过那样去画画。这是一种真正的现象学还原的方法。我们日常居于其中的世界已经脱离自然太久了，甚至遗忘了这一自然的基础。塞尚则希望回到事物本身中去，他说他并不是简单地作一幅画，而是要得到“一片自然”。[①]梅洛－庞蒂如此描述他画作中呈现的自然景象：

> 自然本身被剥去了使它为万物有灵式的交流所预备的那些属性：风景中没有一丝风，阿奈西湖（Lac d'Annecy）的水面丝纹不起，被冻结的物体就像创世之初那样凝滞不动。这是一个陌生的世界，它令人不安，并禁止了所有的人类感情。[②]

这看起来真是一个原始的、非人性的自然，据说人们在看到塞尚的画后再去看其他画家的作品，会有一种如释重负的感觉，就像在经历了服丧期间的压抑之后又恢复了交谈那样。人们据此评判塞尚是个病态的人，他想逃避人的世界，他的人性已经异化了。但塞尚自己明白，原始的自然是无法返回的，他

七届年会（2002 年，杭州）上宣读的论文，笔者参看的是他的打印稿。

① Merleau-Ponty, *Sense and Non-sense*, p.12.

② Merleau-Ponty, *Sense and Non-sense*, p.16.

只是想以一种新的眼光看待自然，使自然、原始的自然经由他而得到恢复。但人无法消除自己，正因如此，他只能重拾古典主义的艺术信条，即艺术是人对自然的补充。他说："艺术是一种个人的统觉。我把这种统觉放在感觉当中，并求助于知性把它组织成作品。"①这就意味着，当我们想要回归自然或表现自然时，我们其实已经在对自然进行人化的改造了。关键并不在于逃离人的世界，而是要把我们早已习惯的"智力、观念、科学、透视和传统等放回到它们必须加以理解的自然世界中去，并与后者相接触"，②以此为这种文化赋予一个新的基础。这与后来现象学要求返回生活世界的旨趣完全相同。正如胡塞尔的现象学所要回到的生活世界并不是本来面目上的"日常生活世界"，而是在先验意识的目光中呈现出来的"原初生活世界"，塞尚想要返回的也不是原始的、非人性的自然，而是人们赖以安居其上的非人化的自然之基础。在梅洛－庞蒂看来，塞尚所想回到的这个自然其实就是我们原初的知觉世界："我们感知事物，我们理解事物，我们扎根于事物之上，正是在'自然'这块地基上，我们建构了科学。塞尚所想描画的就是这个原初的世界，这也是为什么塞尚的绘画给人以本源自然的印象，而同一地点的风景画却暗示出人的劳动，他们的安逸，他们的紧迫的现实。"③

如何表现这一原初的自然呢？塞尚的传记作家贝尔纳（Émile Bernard）曾向塞尚作过种种询问：是选择感觉，还是

---

① Merleau-Ponty, *Sense and Non-sense*, p.13.

② Merleau-Ponty, *Sense and Non-sense*, p.14.

③ Merleau-Ponty, *Sense and Non-sense*, pp.13–14.

选择理智？是做观察的画家，还是做思考的画家？是重自然天成，还是重巧思精工？但是塞尚却说："我希望把这两者统一起来。"在他看来，我们的感性与知性之间并没有截然的鸿沟。与其说在"感觉"和"知性"之间存在着区别，不如说"在我们所感知到的事物的自发秩序与观念和科学的人类秩序"之间存在着界限。"他不想把那些我们所看到的稳定的物体与物体得以显现的流逝不定的方式割裂开来；他想描绘正在显形中的物体，描绘自发的组织的秩序的诞生。"① 这种被感知事物的自发秩序正是观念和科学最初从中显露的现象逻辑。

为了描绘这种初生的状态，就必须回到我们对事物的原初体验，也就是对构成事物的色彩和形体的体验。印象派画家已经发现了色彩的秘密，但塞尚却要比他们做得更加极致。他说，当他面对自然，排除杂念，心头一片空明时，浮现起来的就是色彩本身。② 他认为世界本身就是一个由各种色彩组成的机体，因此我们同样可以用颜色把它表现出来。印象派画家只使用光谱上的 7 种颜色，塞尚却使用了 18 种颜色，但这么多纷繁芜杂的颜色却并没有导致像印象派画作那种光怪陆离、喧宾夺主的后果，这就是塞尚超出印象派画家的地方。之所以能这样，是因为他没有单纯地停留于色彩之上，而是进一步把握了事物的结构本身；他不只是要抓住颜色，还要呈现颜色的结构，通过颜色来复活事物。也就是说，除了还原，他还有建构。针对莫

---

① Merleau-Ponty, *Sense and Non-sense*, p.13.

② 许江、焦小健编《具象表现绘画文选》，第 15 页，中国美术学院出版社，2002 年。

奈的画里“事物流失”的状况，他希望在其中“插入一份坚固、致密的结构”。[①] 这就需要培养“一种逻辑的视看”[②]。当然，这里的“逻辑”并不是知性思维意义上的抽象逻辑，而是我们的体验逻辑。塞尚认为，自然有它的逻辑，无论是一只苹果，一只皮球，还是一个脑袋，都有一个最高点，它被光线、阴影、色彩感等要素包围着，但这一点却是距离我们的眼睛最近的一点，物体的边缘线就是从这一点开始朝着我们的视平线的另一个方位退去的，因此，只要把握住这一点，也就把握住了事物的机理。[③] 他还认为，当画家用色彩来表现事物时，只要依循事物的机理，在颜色之间通过正确的搭配建立起对比关系，他就无需素描就能完整地再现事物，或者说，素描也可以借助于颜色来完成。只要妥贴地安排颜色，画家就能重建一个具有轮廓、线条的立体空间。这时，色彩和素描就不再能截然分开，画家“一面在着色，一面也在素描，颜色越是和谐，描划也越是精细。……当颜色已臻丰富时，形象也达到了丰满完整。”[④] 最后，物体自动地从色彩中涌现出来，就好像是这物体“从其内部暗中发光，光泽发放自它，由此造成了一种固体性和物质性的印象。”[⑤] 高明的画家只需要“微微的一抹绿色就足以表示那是一片风景，就好像一抹肉色就能够传递给我们一张面庞甚或一个人影的形

---

① 许江、焦小健编《具象表现绘画文选》，第 21 页。

② Merleau-Ponty, *Sense and Non-sense*, p.13.

③ 许江、焦小健编《具象表现绘画文选》，第 20 页。

④ Merleau-Ponty, *Sense and Non-sense*, p.15.

⑤ Merleau-Ponty, *Sense and Non-sense*, p.12.

象。”[①] 塞尚甚至说，我们能够画出物体的气味来。[②] 因为画家已经通过他的颜色逻辑或颜色布局把握了事物的整体机理，他的轻轻一笔就已经“包含了空气、光线、对象、画面以及绘画的特色及风格。”[③] 因此，经由颜色显现的这一物体不但满足了我们的视感官对它的请求，也同时满足了我们的其他感官对它的询问：“一个物体如果没有这种形状，这些触觉属性，这种音色，这种气味，它也就没有这种颜色；事物是将我的不可分实存投射在其面前的这种绝对完满性。”[④]

返回这种原初的颜色体验，其实也就是亲身参与事物诞生的过程。梅洛－庞蒂在《知觉现象学》中也曾详细描绘过对一颗骰子的“视看”过程。一颗骰子，它自在地摆在那儿，与任何人都没有关系。然而，当我去看它时，它就成了为我的存在，它失去了其实在性，而成了一个“私人历史的极”；接着，我又发现骰子只是通过视觉呈现给我的，出现在我面前的是一个由其形状、颜色、阴影和光亮构成的视觉外表。由此，骰子失去了其物质性，“它变得空洞，还原为一种视觉结构”；再进一步，我从视觉物过渡到视觉侧面，这个骰子整体并不能同时进入我的眼帘，每次只有一个面能完全地进入我的眼睛，而另外一些面则随之发生了变形，而且随着我的眼睛的移动，这些面的外

---

① 许江、焦小健编《具象表现绘画文选》，第 21 页。

② Merleau-Ponty, *Sense and Non-sense*, p.15. 亦参《具象表现绘画文选》，第 43 页，在谈到德拉克洛瓦的时候，塞尚说：“他画中的人物，闪着象征收获的金色光芒，让我着迷。这色彩让人闻到小麦的气息。”

③ Merleau-Ponty, *Sense and Non-sense*, p.15.

④ Merleau-Ponty, *Phénoménologie de la perception*, p.368.

观也发生相应的变化。至此，我终于明白，我所拥有的“不再是事物的一种属性，也不再是透视侧面的一种属性，而是我的身体的一种变化。”① 这时，我的身体体验已经与事物处于一种有机的联系之中了。同样，塞尚要求返回自然，从自然出发进行绘画，也是要回到身体与自然相互交融的状态，正如他所说的：“风景在我之中思考它自己，我是它的意识。”②

我们可以发现，这种对事物之体验属性的强调与传统思想所教导的相反。自洛克以来，在对事物的认识上就提出了“第一性的质”和“第二性的质”的区分。点、线、面和比例这些数学特性因其具有可重复性和稳靠性而在西方的哲学、科学和艺术中占据着重要的地位，而颜色、声音、滋味和触感等因其与主观的体验联系在一起而被贬低为第二性的质。但这些所谓的第二性的质却恰恰与我们的情感、意义和价值联系在一起，也即与我们自身的生存联系在一起。因此，对第二性的质的忽视，也是对我们的生存本身的忽视，这最终造成了胡塞尔所说的“欧洲科学的危机”。③ 从这里我们也可以看出塞尚和梅洛－庞蒂强调感性体验的意义所在，他们正是想从这些第二性的质出发，重建感性世界的逻格斯，使智性认识的成果也在这些感性体验中找到它的起源和基础，由此，在混沌与秩序、自然与文化之间架起一道桥梁。

---

① Merleau-Ponty, *Phénoménologie de la perception*, p.375.

② Merleau-Ponty, *Sense and Non-sense*, p.17.

③ Galen A. Johnson(ed.), *The Merleau-Ponty Aesthetics Reader*, p.12, Northwestern University Press,1994.

2. 变形与风格

如果说在《塞尚的疑惑》一文中，梅洛-庞蒂主要通过对塞尚的“视看”奥秘的揭示，描绘了从文化向自然的返回之路，那么，在《间接的语言与沉默的声音》一文中，他则反过来说明了画家的视看从自然中汲取灵感，产生出艺术和文化的过程。这里的奥秘就在于“变形”。

看是一种透视变形，这一点我们早已讲过。一个立方体，当我只注视它的某一基本面时，其它的部分就围绕着这个平面向后退去，就像拖着尾巴的彗星一样。这种变形是知觉的自然特征，是我们的身体与物体之间形成的一种自然结构。但是，在西方文化史上，这种视看的透视特征却直到文艺复兴时才被人们发现和掌握，进而被运用到绘画中，从而为绘画带来了一次新的变革，自此以后它也一直被人们遵奉为金科玉律。然而，这种透视法一旦被科学用几何式的量值加以规定后，它也就偏离了我们的自然视觉。为了遵循科学的透视规律，我必须停止自由的视看，必须为我的视觉划定范围，必须在我所把握的范围内标记出物体的“外表量值”,并把这些量值转移到纸上。“然而，在这个时候，被感知的世界，连同物体的真正同时性就消失了——这种同时性不是它们和平地共属于一个单一的量度范围内的事。”①

印象派画家已经开始抛弃这种科学的透视法，而塞尚则进一步要求绘画忠实于我们的自然视觉，忠实于我们的实际体验，

① Merleau-Ponty, *Signes*, p.62.

由此，他就从科学的几何透视返回到一种体验性的深度透视。几何透视为我们规定了物体固定的变形，比如说，一个从侧面看的圆变成了一个标准椭圆，但在实际的视觉中，我们所看到的却是在椭圆附近波动的一种形状，而并不完全就是椭圆。所以体验透视并不等同于科学透视。我们在塞尚夫人的肖像画中，可以看到人体两边的壁毯边框不在一条直线上，在居斯塔夫的肖像画中，工作台铺展在画面下方；这一切都不符合几何透视，但却符合于知觉体验的真实逻辑。梅洛－庞蒂说："塞尚的天才在于，当从总体上注视画面的整体构成时，画面的透视变形不再被人看出，而使这些变形仅仅有助于（就像其在自然视觉中那样）提供对于一种正在产生的秩序，即正在我们眼前显现并组织自身的物体的印象。"[①]

因此，变形是我们知觉的本真特征，而画家绘画也离不开这种手段。关键只在于如何进行变形：是以已成定式的几何透视的方法为依据还是回到我们的知觉体验中去寻找身体与对象之间的契合。不同的人有不同的选择。古典画家基本上都是遵循几何透视规律来作画的。这种透视的特征在于，它冻结了活生生的透视景象，并把这些景象系统性地转移到平面图纸上，采用同样的标准来构成视图。因此，它虽然采取了一种以我的"固定视点"为特征的变形标志来表象对象，在一定程度上满足了主观性原则，但由此得到的图像却是要把我们带向事物自身，达到客观性的效果，因此这一视像就能够直接被转译为从任何其他视点看到的透视形象。从这个意义上说，几何透视"给予

① Merleau-Ponty, *Sense and Non-sense*, p.14.

我的不是人对世界的看法，而是从人的视点看某个不会参与到有限之中的神灵才可以获取的知识。”[1] 几何透视是一种知性的透视，它显现的事物就像上帝之所见那样，这是一种已经完成的既定景象。这也是我们在看古典主义的绘画时常有的一种感受，在那里呈现的仿佛是一种具有永恒性的庄严肃穆的神圣秩序。

与此相反，在塞尚的绘画（尤其是他的早期绘画）中，我们看到的却是事物刚刚诞生，还没有获得其固定形式的景象。这就是体验透视的效果。在某种意义上，要达到这种效果更加困难；因为科学的透视规律已作为一种视觉机制渗透在我们的身体实践中，并规定了我们的日常感知和体验。在这种情况下，要想返回原初的体验透视也就更加困难了。而且，怎么样的视看才算是一种原初的视看呢？莫奈的“印象”与塞尚的观察究竟哪个更加原初？这似乎是不太好说的事。向原初体验透视的返回就如同胡塞尔的还原，它在具体中操作中是没有定准，也不可究底的。[2] 梅洛－庞蒂说，完全的还原是不可能的。我们同样可以说，原初的视看也是不可能的，或者说是不可确定的。[3]

---

① Merleau-Ponty, *The Prose of the World*, pp.149–150.

② 塞尚的绘画就类似于胡塞尔的现象学探索，总是处于“无休止的再开始中”，并且像胡塞尔一样，总是处于“情绪的高涨和低落、兴奋和沮丧”的转变中（参《具象表现绘画文选》第162、164页），总是不断地“从一个绝望过渡到另一个绝望”（胡塞尔语）。

③ 在20世纪的艺术家中，与塞尚最相似的是贾克梅蒂（Alberto Giacometti, 1901–1966）。他也要求完全放弃概念式的知性观看，而回到一种原真的视觉现象。但这种原真的视觉现象事实上又是不可把握的。贾克梅蒂如此描述他观察一只杯子的经历：“每次我看到这只杯子的时

但是，不管在什么样的视看中，变形又是不可避免的。问题只在于我们如何掌握这种“变形”的手段。

无论如何，几何透视的变形与塞尚式的体验变形至少代表了变形的两个极致，前者达到了客观性，而后者则回到了纯粹的主观性。在某种程度上，我们也可以说，这两种变形代表了古典绘画与现代绘画的区别。古典绘画设定了一种客观秩序，一个预先建立的自然。在这种秩序中，“不可穷竭的存在凝结在井然有序的透视景观中”，一切事物都处于已经完结的或永恒存在的状态中。由于每个人的感官都向这样一种先定的秩序敞开，表象这种秩序也就成了每个画家不言而喻的任务。现代画家则抛弃了这样一种客观秩序，转而询问：在没有这样一个先定自然的情况下，交流如何可能，如何借助我们每个人的内在有限的存在而与普遍性相联系。那么，除了这两种极端之外，还有其他的变形的可能吗？在《间接的语言与沉默的声音》这篇文

候，它好像都在变，也就是说它的存在变得很可疑，因为它在我的大脑里的投影是可疑的、不完整的。我看它时它好像正在消失……又出现……再消失……再出现，也就是说它正好总是处于存在和虚无之间。这也正是我所想要模写的……有时，我觉得我抓住了现象，接着我又失去了它，又得重新开始。这就使我不停地工作……”这样，贾克梅蒂为表现与现象的瞬间吻合而进行的绘画和雕塑实际上就是与现实的直觉之间的一种不懈斗争，这在某种程度上类似于“西西弗的使命”。正如他的传记作家詹姆斯·洛德所说：“我们再一次面临贾克梅蒂的尝试的完全的不可能性。……也许，有一种可能性，可以走得稍微远一点，不是很远，是一点点远。而在绝对的王国里，‘一点点’也就是无限。”（参《具象表现绘画文选》第 157、158 页；贾克梅蒂与塞尚的相似，参第 162–166 页）

章中，梅洛－庞蒂就为我们描述了一种新的变形，即“一致的变形”，它介于几何透视变形与塞尚式的体验变形之间，这就是结构的变形。

我们先来看梅洛－庞蒂提供的一个绘画实例。雷诺阿对着大海作画，但他在画中所画的却是在另外某个地方洗浴的裸体女人，浩翰的大海变成了他画中一个小角落的溪水。马尔罗评论道：“大海的蓝色变成了《洗衣妇》中的小溪的蓝色。他的看，与其说是一种注视大海的方式，不如说是对他大量地获取的这一蓝色深处所归属的一个世界的秘密转化。”[①]这种转化是如何可能的呢？梅洛－庞蒂解释道，这是由于世界的每一部分都是相互包含和彼此映照的，大海的每一片断“都包含了存在的所有形状，通过它们回答目光注视的方式，它们唤起了一系列可能的变体，并告知人们除了它们自身之外的一种存在的普遍方式。”[②]雷诺阿之所以面对大海却能画出一些裸体女人和一条淡水小溪，“是因为他只是向大海询问它理解和展现这种流动实体的方式，或大海自身借以构成这种流动实体的方式，简言之，即一种水之显现的典型方式，只有大海能告知他这一切。”[③]

在这里，我们似乎能看到莱布尼茨哲学的影子。正如每一个单子都包孕了或映现了整个宇宙的秩序，在大海的每一片浪

---

① Malraux, *La création esthétique*, p.113，转引自 Merleau-Ponty, *Signes*, p.70.

② Merleau-Ponty, *Signes*, p.70.

③ Merleau-Ponty, *Signes*, p.70.

花中，也传达着水之为水的一种奥秘。画家的眼睛必须透过可见的水的个别形态,看到使之存在与变化的“水性”(waterness),这样他才能画出各种各样的水。这种使水之为水的“水性”或使物之为物的“物性”(thingness)就是世界存在的本源和奥秘。正是这种“物性”才使得形形色色、纷殊万千的物相互联系和统一起来，也使得人与物之间的体验和交流成为可能，因为人不单是“物性”之在,也是能够应和并揭示“物性”的存在。不过在《间接的语言与沉默的声音》中，梅洛－庞蒂还没有对这一本源性的存在展开追问，他关注的是在这一本源性存在的基础之上，事物之间的变形是如何发生的，自然是如何上升为艺术和文化的。在这里，梅洛－庞蒂应用了他在研究语言时所得出的基本观点。

我们已经知道，语言是人类生存的产物，每一种语言都是歌唱世界的一种方式，而同时，每一种语言又都是一个相当严格的表达系统。因此，在某种程度上，我们可以说，不同的语言只是表达一种共同意义的诸等价系统，也是因此，不同语言间的翻译才是可能的。即使是最具自主性的诗，当我们掌握了它的意义表达结构后，也能够用另一种语言同样诗意地把它转达出来。当然这种转达不是逐字逐句地对译，而是在新的语言系统内根据该语言的规律进行变形转化。经过这种变形后，尽管这两首诗看起来不一定严格地对应和相似，就像雷诺阿眼中的大海与他笔下的小溪一样，但它们之间仍有一种意义上的等价关系。因此，所谓“一致的变形”，指的就是不同系统之间的一种结构转型。从这个角度来看，当画家面对自然进行绘画时，他所从事的也就是在自然和艺术、知觉和表达这些不同的系统之间进行转化的尝试。也许他所画的东西都是从他所感知到的现实世界中得来的，但他并不是现成的照搬和复制，而是进行一种“一致的变形”，由此画出的东西就已经不同于真实世界中的原始素材了。也就是说，画家在画布上创造的是与现实世界“对等”的一个世界。在这个意义上，绘画与语言活动并没有本质的区别。绘画、音乐、诗歌和散文，它们都是对同一个知觉世界的一种等价表达，都是从一个经验的原本（text）向经验的不同译本的一种转化。

但是，为什么对同一种经验进行表达，对同一个原本进行转译，却会产生不同的等价系统呢？这是因为所有的变形都要经由我们的身体，而我们的身体由于境遇（包括出身、教育、经历、环境等）的不同，也就会有不同的体验倾向或体验结构，从而产生不同的意义表达。可以说，每一个身体都是一个独特的棱镜，当它与事物相映照时，就会折射出不同的色彩和景观，就像每一个人都有其独特的姿态，以至于对我们熟悉的人，只要远远地看到他的身影或听到他的脚步，我们就能认出他来。画家也一样。在某种程度上，绘画只是对这种由最小的行为或知觉开始的“变形”加以夸大的阐发而已；更确切地说，绘画是一种创造性的变形。正是在这种变形中，体现出了画家的风格。一个走过去的女人，在一个普通人眼中，只是一个女人而已，或许她容貌美丽或穿着特别，能给我们留下瞬间的印象，仅此而已。但对于一个画家来说，他看到的就要丰富多了。他不仅看到“一种生命价值或感觉价值”，而且会“通过其面貌和服饰，通过其姿态的灵活和身体的惯性”看到一种“居住于这个世界、看待并解释这个世界的方式”，看到“与存在的某种关系”。[①] 最终，画家表现于画布上的形象就不再是我们偶然看到的那个女人的形象,而是他想使我们看到的形象。在这个形象中，就体现了画家的风格。

何谓风格？我们在前面就已经讲到过世界的“风格”，但在那里，我们并没有加以严格的界定，现在该是对它进行探讨的时候了。马尔罗认为，风格是“根据发现世界的人的价值来重新创造世界的方式”，“是准备给予世界的一种含义的表达，是对一种观看方式的召唤而不是其结果”；或者，“它可还原为人对永恒世界的一种脆弱的透视，这个永恒世界把我们拖入一种依神秘节律而进行的星体大飘流中。”[②] 在这两种定义中，前者把风格视作主体能力的一种表现，后者则把它看作某种神秘而客观的宇宙理性的表现。但在梅洛－庞蒂看来，这两种定义都没有立足于风格本身，都只是从外部来看待风格的作用。如果立足于风格本身，那么，风格并不神秘，它就是画家与事物、与环境打交道的独特方式，就是画家用来揭示世界的个体性的等价系统，就是作品对世界的“一致的变形”：

> “任何风格都赋予世界各部分以某种形式，这种形式能把世界的各部分引向它的主要部分。”当我们使世界的材料服从于一种“一致的变形”时，含义就产生了。绘画中所有可见的精神向量都趋向于同一种含义X，这种含义在知觉中就已露出端倪。只要画家在感知——只要他在不

---

① Merleau-Ponty, *Signes*, p.68.

② Malraux, *La création esthétique*, p.113，转引自 Merleau-Ponty, *Signes*, p.67.

> 可进入的事物的坚实性（plein）中安置某些空隙和裂缝、图形和背景、高和低、常规和偏离，换言之，只要世界的某些组成部分具有维度的价值，从此以后我们就可以把其余部分与这种维度联系起来并在这种维度语言中表达它们——这种趋向就已经开始。对每个画家来说，风格是他为展现他所看到的世界而在作品中为自己建立起的等价系统，是“一致的变形”的普遍象征。画家就是靠着这种一致的变形而把分散的意义集中在他的知觉中，并使之成为明确的存在。[①]

正是借助这种“一致的变形”，画家创建了另一个世界，确立了一种新的等价体系，并动摇了事物之间的日常联系。这种新的联系甚至是事物间“更加真实的关系”，因为它体现的是一种“最终自由的观看和行动”；它所要传达给我们的不是原则上完整的物体外观，而是“被感知世界的暗示逻辑”。[②]

风格是从知觉发展而来的，我们既不能把它看作主体的一种先天能力，也不能把它看作属于世界的自在秩序。它是主体在与事物打交道的过程中形成的一种统一的身势和行为系统，是主体的身体图式的外在显现，是主体具身化地向世而在的个性化标志。由于每个人都有专属于他的与环境相联系的方式，有专属于他的对待现象的态度和反应模式，有些现象会成为倍受注意的客体，另一些则会被忽视，这种重视或忽视的选择本身就构成了风格个性化的基础。画家只是更具创造性地把他与

---

① Merleau-Ponty, *Signes*, p.68.

② Merleau-Ponty, *Signes*, p.71.

事物和环境的这种关系展现到了画布上，或者说，他通过他的绘画来解释世界，并呈现他的生活，由此就形成了他作为一个画家的风格。但既然风格只是知觉的一种扩大，它对于画家本人来说，反而可能是不熟悉的。一位画家的风格就像他每天的侧影和手势一样伴随着他的画作，但他本人可能对此并没有明确的意识，反而是他人首先认出了他的风格。就此而言，风格又是一种前对象、前意识的东西，它是画家的“内在图式”，是“画家的生命本身，因为生命离不了它的内在性，不再享受其自身，成了理解和使人理解，看和使人看的普遍手段”。[①] 不过，尽管画家自己并没有有意识地想要创造一种只属于他自己的风格，但是，一俟他的风格被人认出，这种风格就反过来成了他个人的标志性特征，并进而具有了一种文化的意义，甚至成为一种可供人仿效的知识。就此而言，风格又是主体间的。

对画家来说，风格的形成是一个长期而连续的过程。正如一位作家在学会用自己的声音说话之前，需要经过很长的时间；同样，画家形成自己的风格也需要走很长的路。除了孜孜不倦地向自然询问外，他还要接受传统的指导和指引。正如梅洛－庞蒂所说，在伟大画家的风格中应该同时实现“三重恢复”，即对世界、对过去和对已经完成的作品的回应。[②] 或者说，在这里同时存在着三重“变形”：“把世界转变成绘画，使画家本人从其开始到成熟发生转变，最后，在每一代人那里，都赋予过

① Merleau-Ponty, *Signes*, p.66.

② Merleau-Ponty, *Signes*, p.73.

去的某些绘画作品以一种人们尚未知觉到的意义。”[①] 正是通过这种恢复和变形，风格实现了个体与普遍、有限与无限、现在与过去的联系。

通过风格的继替和形变，绘画既实现了从自然到文化的提升，也开启了一种同时伴随着累积与创新的历史进程。从原始初民在洞穴岩壁上的第一抹勾画起，一种新的绘画传统就被确立了，这种传统是对另一种传统即知觉传统的延续，但是，它使后者进入了历史和文化之中，进入到“准永恒”的“超实存”之中。就此而言，古典绘画与现代绘画其实没有本质的区别，因为它们都属于同一个绘画世界，而在这个世界中只有一项唯一的任务，那就是接续起自原始初民在岩壁上的最初描画到我们的“有意识”绘画的整个绘画传统：“在原始的岩洞墙壁上诞生的最初的勾画就把世界当作一个‘有待描绘’和‘有待勾画’的东西，从而唤起了绘画的无限未来，由此，它们向我们说话，而我们则通过种种变形应答它们，在这些变形中，我们与它们融为一体。”[②] 绘画的意义因此始终是敞开的，也是由此，我们才能够谈论一种绘画的统一性，一种绘画的传统。

总之，“风格”是梅洛－庞蒂哲学中较为重要的一个重要概念。我们以上的论述自然还没有完全展现这个概念的丰富内涵。但是，我们也已经可以看出，风格作为一种“一致的变形”，它一方面反映了画家与事物之间的关联，风格在这种关联之中起着作用；另一方面，它也反映了画家与他人之间的联系，正是

---

① Merleau-Ponty, *Signes*, p.72.

② Merleau-Ponty, *Signes*, p.75.

在他人的目光中,风格才成其为风格,画家才成其为画家。最后,风格一旦形成,它的意义就积淀下来,形成了一种历史的传统。因此,在风格中,我们实现了个体性与普遍性、身体与自然的衔接。

3. 存在与可见性

梅洛-庞蒂绘画理论的一个主要方面在于探讨人与自然的关系。但是,在《塞尚的疑惑》和《沉默的语言与间接的声音》这两篇文章中,自然本身的地位还没有得到应有的重视。在那里,自然还只是作为身体向世而在的一个生存论环节而出现,它指的是与社会世界相对的自然世界。[①]

尽管如此,这两篇文章还是预示了梅洛-庞蒂后期思想的踪迹。在《塞尚的疑惑》中,塞尚画笔下所描绘的那个近乎原始的非人化自然已经接近梅洛-庞蒂后期思想中的"自然"(Nature)概念。"自然",既非"纯然之物"的无生命的存在,也非单纯的作为人之生存的环境或基础,而是指前语言的、"无形态的"知觉世界,它充盈着意义,但是还不拥有任何的表达形式,也正是因此,它成了画家进行创作的永恒的灵感源泉。它在每一个感知着它的画家那里都唤起了一种新的表达的努力。[②]塞尚对此深有认识,在谈到自然时,他说:"艺术家必须与这完美绝伦的杰作相一致,我们的一切都来自于自然,我们

① 见《知觉现象学》第二部分第三章"事物与自然世界"。

② Merleau-Ponty, *Le visible et l'invisible*, pp. 223–224.

通过它而存在，再没有其它东西值得记取。”[①] 当他面对自然而创作时，他仿佛与风景一道“萌生”，他甚至说：“是风景在我身上思考，我是它的意识。”[②] 塞尚的这些言述，与梅洛－庞蒂的后期思想极为吻合。在《眼与心》中，梅洛－庞蒂就明确地说，画家只有在把他的身体借用给世界时，世界才变成绘画。[③]

在《沉默的声音与间接的语言》这篇文章中，梅洛－庞蒂谈到了“一种水之显现的典型方式”。在这里其实已经涉及了一种使水之为水或使物之为物的本源性力量，但是他还没有用一个专门的术语来命名这种力量。尽管他也谈到了“存在”这个概念，但这里的“存在”还带有抽象的意味，它的丰富内涵还没有被加以探讨。关于自然，他也只是把它看作一个“预先建立的自然”[④]，而不是一个生成性、本源性的自然。只是到了后来，梅洛－庞蒂才把“存在”概念与“自然”概念联系起来，这显然是受了海德格尔的影响。我们知道，在海德格尔的后期哲学中，“存在”与“自然”（Physis）是一致的，“自然”代表了存在中敞开、解蔽的一面，它意味着存在的“自我绽开”“自我揭示”。[⑤] 梅洛－庞蒂也是在这个意义上来理解“自然”的。他说，自然“超

① Merleau-Ponty, *Sense and Non-sense*, p.12.

② Merleau-Ponty, *Sense and Non-sense*, p.17.

③ Merleau-Ponty, *L'Œil et l'Esprit*, p.16.

④ Merleau-Ponty, *Signes*, p.65.

⑤ 参海德格尔《形而上学导论》第 16–17 页，王庆节译，商务印书馆，2018 年；亦参《路标》中《论 Physis 的本质和概念。亚里士多德《物理学》第二卷第一章》一文，孙周兴译，商务印书馆，2000 年。

越经验意义上的感性物”，是“感性物的根底”[①]，它是最源始的存在，却又亘古及今，始终常在。它“处于第一天，它今天还处于第一天中”，它“是肉，是母亲”。[②]这些隐喻性的表达意味着自然是一种本源性的创生力量。如果我们再来看梅洛－庞蒂后期对“水”的描述，我们就会看到它已经与上面提到的“水”截然不同了：

当我透过水的厚度看游泳池底的方砖时，我并不是撇开水和反光看到它的，而恰恰是透过它们，借助它们，我才看到了它。如果没有这些畸变，这些光斑，如果我不是借助这种肉而看到方砖的几何图形，那么我就不会如其所是地在其所在之处看到它，也就是说，要比任何可辨认的地点更远。这水本身，水质的潜能，糖浆般的、闪烁的元素，我不能说它就在空间中，它不在别处，但它也不在游泳池里。它寓于游泳池，在那里物化自身，但它并没有被包含在那里。如果我抬眼望向那光影闪烁的柏树屏障，我就不能不怀疑，水也造访了柏树屏障，或至少，把它那能动的、活生生的本质洒向了那里。画家以深度、空间、色彩的名义寻找的就是这种内在的生机，这种可见者的辐射。[③]

在这里，水是一种“肉”，一种存在的“元素”，它像一个拥有灵性的生命那样，从它所在之处向外辐射，扩散，形成一种水气弥漫的氛围，使所有在它周围的事物都受到它的影响。

① Merleau-Ponty, *Le visible et l'invisible*, pp.267–268.

② Merleau-Ponty, *Le visible et l'invisible*, pp.320–321.

③ Merleau-Ponty, *L'Œil et l'Esprit*, pp.70–71.

如此一来，它就不再只是摆在画家面前，任其打量和变形的被动之物，而是自身成了一个维度性的事实，所有其他的事物都得经由它才成其所是。这里的水已经成为自然的象征，而在梅洛－庞蒂的后期哲学中，自然已经取得了一种本体论/存在论的地位。

自然作为本源性的存在，作为"肉"，它自身就是一种"非语言的含义秩序"①。它不是我们的意识对象，相反，它贯穿了我们并透过我们而自行表达，自行实现其潜能，在这个意义上，甚至连人本身也只是自然进行其分环勾连（articulation）之表达的结果。艺术则更进一步，它是在人与自然的接触和交流中被创造出来的，自然就是"为使我们对之经验到它而要求我们进行创造的东西"，因此，我们不能把艺术看作是在精神或文化的世界中的一种任意构造，而应同样看作是"存在的铭写"。②

不过，在艺术诸门类中，梅洛－庞蒂认为最能表现人与自然的接触关系的仍是绘画，因为绘画直接从自然"这一原始的意义大泽中汲取养分"，只有绘画才能在一种纯然的质朴性中做到这一点。③相比于画家，作家和哲学家更多地是处在人类自身这一边，人们要求他们发表看法和意见，要求他们确定立场，不能让世界处于悬而未决状态。这也正是萨特说只有文学（尤其是散文式作品）才能介入现实社会生活的原因；与此相反，音乐则更多地是处于存在那一边，处于现实世界的彼岸，以至

① Merleau-Ponty, *Le visible et l'invisible*, p.225.

② Merleau-Ponty, *Le visible et l'invisible*, p.250.

③ Merleau-Ponty, *L'Œil et l'Esprit*, p.13.

于“它除了勾勒存在的样式，它的涨落，它的升降，它的爆裂，它的漩涡之外不能再勾画其他的东西。”[①] 只有画家才最适切地处于人和自然之间，他把他的目光投射在自然之物上，而无需对之作出评价或采取立场。他唯一的使命就是用他的眼睛去看，用他的手去画，从这个载负着历史荣辱的世界中提取画面，以此探索自然与存在的奥秘。正如塞尚所说：“我试图传达给你们的东西更加神秘莫测，它与存在的根基本身纠缠在一起，与感觉的无法触及的源泉交融在一起。”[②]

绘画为什么最切近自然呢？这是因为，如我们在开始时所讲的，绘画最明显地体现了身体性的作用，只有在画家把他的身体借让给世界之际，他才能把世界变成绘画。把身体借让给世界，也就是让身体成为世界的一部分，让它成为世界自身的一种感官，由此，世界才能经由身体而显现。如梅洛－庞蒂所说，身体就像是一个磁力中心那样，吸引事物围绕在它的周围，形成一个漩涡般的圆圈，“这些事物是它自身的一个补充或一种延伸，它们嵌入身体的肉中，成为它的完满规定性的一部分；而世界是由与身体同样的材料构成的。”[③] 身体与事物的这种一体性表现在很多画家的作品中。如在塞尚的一幅“浴女图”中，我们就可以看到，那些刚刚洗浴完毕聚集在河边歇息的女人与周围的自然景物难分难解地交织在一起。这些裸女的身体好像成了树林的一部分，她们的脚像树根一样扎入大地，头则像树

① Merleau-Ponty, *L'Œil et l'Esprit*, p.14.

② Merleau-Ponty, *L'Œil et l'Esprit*, p.7.

③ Merleau-Ponty, *L'Œil et l'Esprit*, p.19.

枝一样伸向天空。一切都仿佛是从地底下涌现出来似的，裸女、树木、阳光乃至天空，就在这种相互交织中融为一体。

由于身体与事物是由同样的材料，同样的“肉”构成的，这样，当身体在观看时，其实是世界借助身体在看它自己，而绘画则是世界以画家的身体为媒介而产生的变形，或用梅洛-庞蒂的话来说是一种“变体”(transubstantiation)[①]。“变体”这个词来自天主教神学，本指基督徒在圣餐礼中所分享的面包和葡萄酒经祝圣后实质性地变成了基督的肉与血，借此信徒们得以理解基督为罪人代赎所献的祭，从而加固与他的联系，加深对他的信仰。在此，当梅洛-庞蒂用这个词来描述画家的工作时，他似乎想要表明，绘画在某种程度上是画家通过把他的身体、把他的生命祭献给世界才转换而来的，或者他像是在从事着某种类似于祝圣的仪式，以便实现对事物的神秘转换。[②]

这种“变体”与我们上面讲到的“一致的变形”有什么不同呢？我们知道，在“一致的变形”中，是画家主动地向世界摄取材料，赋之以意义和形态，并有意识地创造出一个偏离常规的绘画等价系统，正是因此，变形是一种属于身体主体的“风

---

① Merleau-Ponty, *L’Œil et l’Esprit*, p.16.

② 里尔克在他的一首题为“魔法”的诗中也描写了画家的这种类似的“变体”：“从无法描述的变形中来 / 这些图画——：感觉！相信！ / 我们经常受苦：火焰烧成灰烬，/ 但是，在艺术中：灰烬将会变成火焰。/ 这里有魔力。在魔法的领域 / 似乎这个邪恶的词升级了……/ 却同鸽子的呼唤一样真实，/ 他呼唤那不可见的鸽子。”（转引自阿伦特《人的境况》，第 136 页，注 39，王寅丽译，上海人民出版社，2012 年）在某种程度上，所有真正的创作都是在进行着这种身体性的祭献和变体的活动。

格”，是他的知觉风格的外显和客观化。相反，在这种“变体”或“存在的变形”中，画家本人处于一个相对被动的位置，他与事物一样属于可见者之列（尽管他同时也是个能看者）。画家被事物包含，而不是超然物外。他与事物的关系是相互的，以至于在他们之间不可避免地会出现作用的颠倒。许多画家有这样的体验，当他们置身于景物中时，常常感觉不是他们在看景物，而是景物在看他们。当画家创作时，也好像不是他在画，而是事物借助他之手在自行生成现象（auto-phenomenalization）。“世界不再通过表象出现在他面前，毋宁说画家仿佛是通过离形去智抱元守一而降生在事物中，并在可见者中苏醒过来。绘画最终与经验事物中的无论什么东西都没有关系，除非是这个事物首先‘自身具像化’；只有通过成为‘无中生有的景观’，只有通过刺破‘事物的表皮’以表明事物如何变成事物，世界如何变成世界，绘画才能成为某种东西的景观。”[①] 亨利·米肖（Henri Michaux）在谈论克利的绘画时说，他画中的颜色仿佛是自行滋生到画布上来的，就像是从某个原始的基底浸渗出来，然后像铜锈或霉菌那样蔓延到一个恰当的地方，最后自动生成了一幅天然浑成的图景。[②]

因此，在这种“存在的变形”中，似乎并不是画家在作画，而是存在借画家之手在描画自身。画家是存在藉以映现自身的一面镜子。画家的眼睛是“这样一种自行移动的工具，是自我创设其目的的手段，它被世界的某个特定冲击所感动，并通过

① Merleau-Ponty, *L'Œil et l'Esprit*, p.69.

② Merleau-Ponty, *L'Œil et l'Esprit*, pp.69–70.

手的轨迹把这种冲击释放到可见者之上”[①],由此才产生了绘画。我们已经说过，存在本身就是在言说的，它向外发送它的信息，它在每一感性事物中都沉默地宣示着自己的逻格斯，但是，存在的声音是沉默的声音，它在其自身中“没有包含任何的表达方式，然而它召唤它们，并要求所有的表达方式”[②]。而画家正是感受到了这种无声的召唤而义无反顾地投入到了这种存在的使命之中。为了把握存在，他必须肉身性地参与到存在的意义之中，并通过他的身体去领受存在的“意指方式”（manière de signifier），由此，沉默的逻格斯就成了有形的逻格斯，世界的非语言的含义秩序升华为我们与世界的肉质关系。“画家的曲线勾抹,或者说画笔的轻刷,都成不了容置疑的存在呼应。”[③]因此，“绘画、素描不是从乌有生产生出某物，描画、画笔的触摸，可见的运作只不过是一个总体的言说（Parole）运动的踪迹，这种言说运动深入到作为整体的存在中。这种运动既包括线条的表达，也包括色彩的表达，既包括我的表达，也包括其他画家的表达。”[④]

正由于存在在他身上起作用，画家的视看看起来就具有了某种特殊的能力，它能赋予“外行人的视看以为不可见的东西一种可见的实存”[⑤]，或者说，它能把不可见的东西转变成可见者；而画家的绘画，也仿佛是在实践着一种神奇的视觉理论，

---

① Merleau-Ponty, *L'Œil et l'Esprit*, p.26.

② Merleau-Ponty, *Le visible et l'invisible*, p.223.

③ Merleau-Ponty, *Le visible et l'invisible*, p.261.

④ Merleau-Ponty, *Le visible et l'invisible*, p.265.

⑤ Merleau-Ponty, *L'Œil et l'Esprit*, p.27.

仿佛画家拥有一种特殊的超人视力，具有某种“全知的视看”，它知道一切,“我们没有创造它,而是它在我们身上自我形成”。[①] 但实际上，画家只是存在的工具，他通过委身于存在而绽出于存在之中。

这种绘画理论，自然让我们想起古希腊以来的灵感说。柏拉图很早就已经指出，“诗人只是神的代言人”，只有当他被诗歌女神所占据，“失去平常理智而陷入迷狂”之际，才会出现灵感。[②] 梅洛－庞蒂对灵感的解释也与之相似，他说:“人们称之为灵感（inspiration）的东西应该从字面上来理解，确实有存在的吸气（inspiration）和呼气（expiration），即在存在中的呼吸（respiration），有几乎难以辨别的主动和被动，以致我们不再知道哪个在看,哪个被看,哪个在画,哪个被画。”[③] 简言之，所谓“灵感”，就是存在的呼吸。当画家被存在所占据，与自然相互交织（intertwining）时，灵感就起作用了。这种状态同样是一种迷狂的状态。梅洛－庞蒂如此动情地写道：

> 画家的世界是个可见的世界，仅只是可见的世界，是一个近乎疯狂的世界，因为尽管它只是局部的，却依然完整无缺。绘画以其究极的力量所揭示的，是一种狂热，这种狂热就是视看本身，因为看见（voir）就是一种有距离的拥有（avoir），而绘画则把这种奇特的拥有伸展到存在

---

① Merleau-Ponty, *L'Œil et l'Esprit*, p.30.

② 柏拉图《文艺对话集》，第 8–9 页，朱光潜译，人民文学出版社，1983 年。

③ Merleau-Ponty, *L'Œil et l'Esprit*, pp.31–32.

> 的各个方面，后者为了进入到绘画中，必须要以某种方式使自己成为可见的。[①]

绘画的奥秘就在于以画家的身体为介质，展示这种存在向视看的变形，或不可见者向可见者的生成。为了表现这种可见性，画家需要借助一些自身虽不可见却能使可见对象显现的要素，如深度、颜色、形状、线条、阴影、轮廓、外貌等，这些东西正是他用以呈现可见世界的法宝，是使我们看见可见之物的秘诀。这里的许多要素我们在前面都已讲到过，在此不再赘述。但需要注意的是，梅洛－庞蒂在此并不把这些要素视作画家表现的手段，而是他藉以通达存在的维度。他认为，这些要素都是“存在的枝条”，它们中的每一个都通向存在的大树，所以在绘画中不存在孤立的问题，也不存在对立的路径，不存在局部的解决，也不存在累积的进步，更不存在不可返回的选择。[②]这样，画家的“变体”作用在于，他如何通过自身的祭献，使某些原本不被注意或已经陈旧的普通手段成为或重新成为维度性的事实，从而敞开一个新的场域，让世界得以在其中再次自我发育创生（auto-ontogenesis），让事物得以在其中自行生成现象，同时也邀请人们一道参与这一存在运作显化的过程。这个过程是可以毫不重复地一再进行的，所以，画家的视看也是一个持续的诞生过程。“从拉斯科洞穴壁画直到今天，无论是纯粹的还是不纯粹的绘画，是具象的还是非具象的绘画，绘画所

---

① Merleau-Ponty, *L'Œil et l'Esprit*, pp.26–27.

② Merleau-Ponty, *L'Œil et l'Esprit*, p.88.

要颂扬的从来就只是可见性之谜。”[①]

三、他　人

有关他人的问题实际上包含着两个层次的问题：首先是他人是否存在，其次是如果他人存在，则他人如何存在，他人与我的关系如何。前一个问题往往与“唯我论”相关，而后一个问题则是通常所谓的“主体间性”问题。乍看起来，后一个问题是基于前一个问题的，只有在走出“唯我论”的困境时，才会遇到主体间性问题。但实际上，唯我论的态度本身就暗含着一种主体间的关系。因此，这两个问题实际上是不可分割的。从逻辑上来说，只有在证明他人存在的情况下我们才能谈论我与他人的关系问题。但另一方面，又正是在我与他人的现实关系中，才出现唯我论的困境；他人的存在其实是自明的。因此，梅洛－庞蒂虽然也意识到这两个问题的区别，但在论述中，他还是把它们综合到一块了。我们也把这两个问题总称为“他人问题”。下面我们首先阐述有关他人问题得以产生的一些理论背景。

1．唯我论的幽灵

严格说来，唯我论的问题只与认识的态度有关，正如胡塞尔所说，它只是一种“思维的实验”[②]。在日常生活中，他人的

---

① Merleau-Ponty, *L'Œil et l'Esprit*, p.26.

② Merleau-Ponty, *Signes*, p.219.

呈现是不言而喻的。我看到另一个人，他向我走来，他对我说话，他转身离开，我从不会怀疑我看到的只是一个幻影。如果我对此产生了怀疑，那么，我首先怀疑的是我自己：我怎么了？我是不是有病了，我怎么会看见或相信这些幻觉？只有当我自身成问题的时候，他人才会随之对我成为问题。

我对自己成为一个问题，这是在反思中出现的。同样，也只有在反思中，他人才会出现。然而有各种各样的反思，反思的层次和依据不同，所得到的自我和他人也就不同，两者间的关系也有相应的区别。因此，让我们先从反思讲起。

反思，顾名思义就是自己反观自己，在反观中出现了两个自己：看的自己和被看的自己。相对于看的自己来说，被看的自己就成了“另一个人”，即他人。因此，最初的他人不是别人，而是自己。他人只是这个被看的自己的投射和延伸。在哲学上，这一步最初是由笛卡尔来实现的。笛卡尔在其闭目塞听，脱离一切感官的返身内视中，第一次惊奇地发现，自己原来可以分成两个。他把那个进行观看的自己称为灵魂或我思，而把另一个被看的自己称为身体。这个身体是由“骨骼、神经、筋肉、血管、血液和皮肤组成的一架机器”，[①]它与我从窗口所看到的街上的路人是一样的。我看到的“无非是一些帽子和大衣，而帽子和大衣遮盖下的可能是一些幽灵或者是一些伪装的人，只用弹簧才能移动。”[②]我之所以能把这些东西看作是一些真实的

---

① 笛卡尔《第一哲学沉思集》，第 88 页，庞景仁译，1996 年，商务印书馆。

② 笛卡尔《第一哲学沉思集》，第 31 页。

人，只不过是借助了“我思”的“判断能力”。至于这些机械式的人是否也有自己的灵魂，这一点笛卡尔似乎并没有仔细加以考虑，但是这对他也不会产生任何困难。因为笛卡尔发现，在我的灵魂之上还有一种更高的精神，这就是上帝。因此，即使这些机械式的人也有自己的灵魂，它们也不会与我的灵魂发生冲突，因为它们都是精神性的，而精神本身是一个不可分割的总体（上帝实体），我的灵魂和他人的灵魂都只是这个总体（上帝实体）的一部分。因此，在笛卡尔的哲学中，最终的他人是与灵魂相区别的身体。

梅洛－庞蒂把这一笛卡尔式的我思称为“客观意识”，它其实贯穿于整个近代哲学中，只不过名称有所变换而已，如斯宾诺莎称之为“上帝”，康德称之为“先验自我”，黑格尔称之为“绝对精神”等。但究其实质，它们都是一种实体性的精神，都具有一种超越时间、趋向永恒的特性。这种客观意识实际上导致了一种客观的“唯我论”：作为我思的我是一个普遍的主体，“我不再是一个有限的我，我成了一个不偏不倚的旁观者——在它面前，作为经验存在的他人和我自己都处在平等的地位上，没有任何专属于我的特权。”[①] 换言之，这种唯我论通过区分经验与先验两个层次，而用先验的唯一来统驭经验的杂多，由此避免了现代哲学中的他人问题。

然而，这种唯我论的不合理之处在于：先验自我的力量过于强大[②]，取消了经验个体的体验和知识。在它面前，经验性的

① Merleau-Ponty, *Phénoménologie de la perception*, p.411.

② 梅洛－庞蒂说，这种“我思使我与上帝一致”。（Merleau-Ponty,

自我不再有任何秘密，无论是我的身体，还是他人的身体，都不再是具身化的特殊存在，“而是在思考它或构成它的意识面前的对象，作为经验存在的他人和我自己只不过是用发条转动的机械装置。”① 因此，必须要为具身化的经验个体的共存寻找一个新的基础。这正是现象学的任务。

胡塞尔同样在反思中发现了两个自我，并由此而遭遇了他人问题，不过情形与笛卡尔有所不同。他所发现的这两个我不是笛卡尔的心灵与身体，而是类似于康德的经验自我和先验自我。但康德的先验自我依然是一种实体性的存在设定，而胡塞尔的先验自我却是反思性还原的结果。它与笛卡尔式的我思一样是纯粹意识，但处于时间之流中，它的背后没有上帝的支撑，因而它是以自身为根据自我奠基的。先验自我与经验自我之间也不是一种实体性的二元论关系，而是奠基与被奠基的关系。先验自我并不独立于经验自我，它们只是同一个我的两个层次或两种状态。胡塞尔的最终目的只是想通过先验自我来恢复和巩固经验自我的地位。但这里的问题是，虽然我自己的地位得到肯定了，他人的存在却显得可疑了。在经验层次，或者说在自然态度中，自我与他人的交互关系是不成问题的；而一旦我进行了先验还原，我的存在得到了先验意识的保证，由此而从自然态度中脱离出来了。但是他人呢？他人毕竟是不同于我的人，他们的存在如何得到保证？他们是否同样也需要借助于我的先验意识呢？如果是这样，那就不可避免地导向一种“主观

Phénoménologie de la perception, p.428）

① Merleau-Ponty, *Phénoménologie de la perception*, p.401.

唯我论”的结果。这显然是胡塞尔所不愿承认的；而如果想要避免唯我论，那么，胡塞尔就必须想办法证明这个他人也和我一样有他的两重结构，即证明在他人中也有一个先验意识。

胡塞尔曾在许多地方对他人作过证明，这里我们主要以《笛卡尔式的沉思》为例来加以说明。他的证明是这样的：首先，我对自己还原后得到的先验领域进行纯化，达到一个只有我自己的本己性领域：在这个绝对私人的原初领域内，我发现我自己的身体不同于所有别的东西，因为它是我知觉的载体，是我运动的功能机体，换言之，我遭遇的是一个心身统一的或作为一个完整单子的我自己。在这个时候，其他人还首先只是作为有机的客体，即“躯体”而呈现在我面前。然而，由于他人的“躯体”（Körper）与我的“身体”（Leib）之间有一种内在的相似性，因而，我的身体很快就以一种结对的方式与他人的躯体联系起来，并把我自身的意义传递给它，从而把这些躯体也感知为与我的身体一样的他人的身体。而一旦他人的躯体作为他人的身体出现后，这个他人对我来说就具有了我不可能全然渗入的异在性。他是另一个自我，他也具有像我一样的先验本己性领域。一旦意识到他人的原初领域与我的一样也是一种先验意识的结果时，我便通过一种移情作用而向一个先验的单子共同体或一种先验的交互主体性敞开了大门。我和他人从此共属于一个先验单子共同体。

胡塞尔的这个证明是否避免了唯我论，依然是大有问题的。因为无论如何，他的先验单子共同体毕竟只是通过我自己的意向性之源而培养起来的。而且，他对他人的构造——先是褫夺性地贬低为物（“躯体”），然后再恩赐式地召唤为人（“身体”）——也显示了先验意识所具有的生杀予夺的霸道和强权，这些都很难避免唯我论的嫌疑。萨特就是这样认为的。他说胡塞尔的先验意识依然是一种康德式的主体，它对于他人的存在来说是无用而有害的，因为“胡塞尔能在我的存在和他人的存在之间建立的唯一联系就是认识的联系”①，而认识论的态度将不可避免地与“唯我论”纠缠在一起。因此，萨特认为必须放弃认识论的立场，而从生存论的角度来看待他人。

在萨特之前，海德格尔先已从生存在世的角度阐明了他人。海德格尔认为，此在首先和通常是以一种忘却自身的方式生活在一个共同的自身（即共在）中的。共在是此在的一种先天结构，它先于任何的认识。但海德格尔主要是从否定方面来描述这种共在的。共在对此在来说非但无益，反而是一种遮蔽和迷失，因为在这种共在状态中，此在无时无处不受到他人的影响和宰制，因而不复有其自身。只有在遭遇某些例外事件（如死亡的威胁）时，此在才有可能从这种共在性的沉沦状态，或曰“常人统治”中摆脱出来，返回其孤独的自我中去。这种“孤独的自我”或曰此在的本真状态是否会导致另一种形态（生存论）的唯我论呢？海德格尔似乎并不这样认为，他提示说，本真的此在也可能提供一种新的共在模式，即所有人通过对存在的共同领会而达成一种本真共在的和谐。②

---

① 萨特《存在与虚无》，第 308 页。

② 参《存在与时间》第 303 页：“当此在面对这些可能性而成为自由的时候，此在就制止了一种危险，不再会由于自己有限的生存领会而否认他人的生存能够逾越它，甚或出于曲解而把他人生存的可能性逼回到自己的生存可能性上来——从而以这种方式放弃最本己的实际生存。

但是，海德格尔对共在的描绘还是受到了萨特的批评。后者指责他的共在过于抽象，它只是一般地定义了我与他人的关系，而远没有使我与具体个人的特殊关系得到说明："我和一个抽象的他人的这种本体论关系，正由于一般地定义了我与他人的关系，远没有使我和皮埃尔的特殊的和本体的关系变得容易理解，而是使我的存在和在我的经验中给出的特殊他人的具体联系变得完全不可能。"[①] 另一方面，萨特也认为海德格尔过分强调了这种共在的统一与和谐，而忽视了此在在具体的在世中与他人的冲突与对抗。

从具体的在世出发，萨特认为，我和他人的关系恰恰不是一种肩并肩的相互依赖，而是一种面对面的矛盾冲突。这种冲突最寻常地体现在我与他人的一种"注视性"的日常关系中。比如说我正在花园里看风景，眼前的花草树木那么美丽怡人，仿佛只为我存在，我是这片风景的主人。但就在这时，另一个人闯进了我的视野，我对这片风景的经验随即发生了变化。这个他人不仅是我的世界的一部分，也是一个可能替代我的焦点或引力中心，围绕着他自行组织起一个世界来。"这样，对象就

作为无所关联的可能性的死造就个别化，但它只是为要作为无可逾越的可能性来使作为共在的此在对他人的能在有所领会才造就个别化的。"又参第 340 页："唯有断然朝向其自身的决心才把此在带入这样的可能性：让一道存在着的他人在他们自己最本己的能在中去'存在'，而在率先解放的操持中把他们的能在一道开展出来。这种下了决心的此在可以成为他人的'良知'。"对这种"本真共在"的设想与海德格尔后来投入纳粹怀抱的政治实践之间有着不可忽视的隐秘联系。

① 萨特《存在与虚无》，第 324 页。

好像从我这里偷去了世界，一切都在原地，一切仍然是为我地存在的，但是一切都被一种向一个新对象的不可觉察的和凝固的逃逝扫过了。”[①] 而且不止如此，他人的注视还把我也纳入到他的视野中，我也成了他注视的一个对象。这种注视取消了我的可能性，取消了我的自身，它规定着我，使我成为一个为他的存在。如果说在胡塞尔那里，是我的纯粹意识构造了他人，那么，在这里则刚好相反，是他人的目光首先构造了我。因此，这种注视所建立的不只是一种人与人之间的认知关系，而且也是一种存在关系：我本来是我的处境的主人，但“由于他人的注视，‘处境’脱离了我”[②]，我成为被人打量和评价的客体。但是这种注视也反过来使我意识到我自己：“我看见自己是因为有人看见我。”[③] 因此，我的反思不是原初的，反思以冲突性的共在为前提。这里最典型的是萨特对“羞耻”的著名分析：我感到羞耻是因为我的存在的某一方面暴露给了人家，而我又不得承认我就是他人所看见的那个样子。因此，“羞耻按其原始结构就是在某人面前的羞耻。”[④] 也就是说，羞耻一开始并不是反思的现象，它是因他人的注视在我身上产生的返身作用而造成的。由于我意识到了自己，就有可能起来反抗，夺回我的自由，我也可以反过来把他人凝固在我的目光中。由此，在我和他人之间就展开了一场“注视”的决斗，一场没有最后的胜利者的竞争：

① 萨特《存在与虚无》，第 332 页。
② 萨特《存在与虚无》，第 343 页。
③ 萨特《存在与虚无》，第 337 页。
④ 萨特《存在与虚无》，第 291 页。

“我们不停地由注视的存在向被注视的存在摇摆，并由于交替的变革而从这二者中的一个落入另一个，我们总是处在对他人而言的不稳定状态中，不管我们采取什么样的态度。”[①]

然而，这种冲突现象在生存论上是根本的吗？梅洛-庞蒂并不这样认为。冲突反映的仍是意识领域中的基本事实，因为萨特对他人的思考仍是从我思出发的，而冲突正是我思之否定性和虚无化作用的反映。我思挑起了诸意识之间的竞争，我的意识不承认他人的意识，同样，他人的意识也不承认我的意识，正如黑格尔所说，每一个意识都渴望另一个意识的死亡。因而，萨特立足于在世的“他人”之思仍免不了一种唯我论的危险：这才是一种生存论意义上的唯我论，“一种有多个我的唯我论”[②]。

上面我们描述了三种反思及与之相应的三种唯我论。笛卡尔式的反思奠基于上帝，它取消了经验之我和他人的地位，从而导致了一种客观的唯我论；胡塞尔的反思立足于意识本身，但最后仍避免不了主观唯我论的倾向；萨特则把反思奠基于我们的生存经验，但由于这一经验并非原初的生活经验，而仍然是属于意识领域中的事实，因此，它也不能解决主体间性的问题。在梅洛-庞蒂看来，萨特要求从生存论出发，这并没有错，但只要他仍然坚持我思的立场，就不能摆脱唯我论的幽灵。因为“我思”不是生存论的原初立场，冲突也不是生存论的原初状态：“为了使这种竞争能够开始，为了使每个意识能怀疑它所否认的那些陌生的在场，它们应该有一个公共的地带，它们应

① 萨特《存在与虚无》，第 512 页。

② Merleau-Ponty, *Phénoménologie de la perception*, p.412.

该能回想起它们在儿童世界中的和平共存。”[①] 这一“公共领域”才是我和他人在生存论上的原初状态，而诸意识的冲突则是后来的事。

这一作为原始基础支撑着“我思”及其冲突的“公共领域”在哪里呢？在我们看来，梅洛－庞蒂在他人问题上的主要努力就在于阐明这一前冲突的和谐基础，而且，他至少为我们揭示了三层这样的基础，即前反思的知觉体验，语言和文化，世界之“肉”的关联。下面我们分别展开论述。

2. 知觉与共在

上面所讲到的三种反思都是从“我思”出发的，都带有较强的“建构”色彩或“侵犯”的意味，这种反思即使能发现他人，也不能保证不“伤害”他人或“扭曲”他人。因此，为了使我们能原真地呈现他人，我们必须回到一种更原初的“反思”（réflexion，即反观），回到反思的最初诞生。这种反观不是从我思开始，而是从知觉开始，它是世界的第一次分化，也是自我和他人的最初诞生。这种反观就发生于婴儿期间的对镜自照。

在《知觉现象学》中，梅洛－庞蒂讲道：“对他人的知觉和主体间的世界只有在成人看来才成为问题。儿童生活在他一开始就相信能为所有围绕着他的人所通达的一个世界中，他无论是对其自身，还是对作为私人主体性的他人都没有任何意识，他没有想到我们所有人，包括他自身，都被局限在对世界的某

① Merleau-Ponty, *Phénoménologie de la perception*, p.408.

一特定的视点上。”[①]这个最初的世界是个浑然一体的世界，在这里还不存在一个自我的核心，也“没有与他人相对的单个个体，只有一种无名的集体性”。[②]那么，最初的分化是如何开始的呢？梅洛－庞蒂借鉴儿童心理学的研究成果指出，它开始于儿童在镜子中发现自己的时候。

儿童迷恋于自己的镜中影像，这是许多心理学家研究过的课题，然而，对梅洛－庞蒂影响最大的还是拉康的“镜像阶段”理论。拉康认为，镜像阶段发生于幼儿个体六个月至十八个月之间，它第一次使儿童获得了自己和他人的观念。当儿童从镜子里看到自己的影像时，他便开始了一种异化：“我不再是我直接感知到的我自己，我是由镜子提供的自我的形象。”[③]由此，我脱离了实际体验的“我”，而趋向于由“镜像”所提供的那一理想的或想象的“我”，一个“超我”。这个镜像还进一步使我意识到他人，因为他人与我在镜中看到的形象类似，它只是我的外在形象。

这种由于镜像的“反射”（réflexion）而导致的自我与自我以及自我与他人的分化就是一种最原初的反思，梅洛－庞蒂称之为“沉默的我思”。它虽然产生于婴儿的镜像阶段，但在我们成人后依然一直伴随着我们。它其实只是一种知觉反思，是“自己对自己的在场，是实存本身”[④]。处于这一状态中的主体还

① Merleau-Ponty, *Phénoménologie de la perception*, p.407.

② Merleau-Ponty, *The Primacy of Perception*, p.119.

③ Merleau-Ponty, *The Primacy of Perception*, p.136.

④ Merleau-Ponty, *Phénoménologie de la perception*, p.462.

依然是个匿名的主体，无性、数、格的变化。因此，虽然在这种反思中区分开了自我和他人，但是它并没有在这两者之间产生不可收拾的竞争和冲突。知觉向我呈现的他人既不是某些生理事件的载体，也不是某种精神状态的占有者，而就是向世而在的实存本身。这样，他人的视看就不是笛卡尔所说的“关于看的思维”，而是某种把握可见世界的目光；他人的面孔也不是一种单纯的视觉与料，而是情感的表达，是各种姿态和欲望的透明包装，是显圣之处。[①] 在这种知觉体验中，“他人并没有被封闭在我对世界的视角中，因为这种视角本身就没有确定的界限，因为它自发地滑向他人的视角，因为我的视角和他人的视角都汇合于我们都作为知觉的匿名主体参与其中的一个唯一世界。”[②] 在这里，意识还没有上升到它的独断地位，因此，我和他人的关系直接就是一种身体与身体之间的关系：“是我的身体在感知他人的身体，并在他人的身体中发现其自身意向的一种奇妙延伸，发现一种对待世界的熟悉方式。”[③] 梅洛－庞蒂举了一个例子，我和一个婴儿做游戏，我把他的一个手指放到我的嘴里，装出要咬的样子，婴儿也会随之张开嘴。这并不是婴儿有意识地想要学习我的动作，而是因为他从内部感觉到他自己的嘴巴和牙齿就是“咬”的器官，这样当他从外部看到我张开嘴的动作，他也立即感受到了同样的意向。因此，“咬”本身就

① Merleau-Ponty, *La structure du comportement*, p.181.

② Merleau-Ponty, *Phénoménologie de la perception*, p.406.

③ Merleau-Ponty, *Phénoménologie de la perception*, p.406.

具有一种主体间的意义。[1]在日常生活中，我们也常常有这样的体验，当我们置身于某一喧嚣欢腾的场景中，比如说某一演唱会的现场，我们也会自然而然地跟着周围的人大喊大叫起来。事实上，哭泣和欢笑，悲伤和喜悦，都能感染或“传染”给周围人，这说明它们都具有一种主体间的意义，都是身体性共在的体现。正如我的身体的各部分相互蕴涵，共同组成了一个系统，“他人的身体和我的身体也共属于一个唯一的整体，它们是一个唯一现象的反面和正面；我的身体每时每刻都是一种匿名实存的痕迹，从此以后这种匿名实存就同时寓于这两个身体中。”[2]

当然，这一和谐的共存并非匿名的知觉生活的全部，实际上，自镜像阶段开始，在我所感知到的我与实际所是的我或他人所看到的我之间就不可避免地存在着一种冲突。“镜像的获得，不仅影响着我们的知性关系，也影响着我们与世界和他人的存在关系。”[3]因此，即使在非反思的知觉生活中，我和他人的关系也不一定是和谐的。即使我甘愿牺牲自己成全他人，也不一定会获得和谐，因为这仍然只是我的一厢情愿的想法；而认为自己会像欲望自己的幸福那样欲求他人的幸福则是虚伪的，因为我所谓的幸福并不一定等同于他人所谓的幸福。这种情况在婚姻生活中屡见不鲜：一方十分投入，把爱情和对方看作自己的生命，另一方却仍保持独立，爱情对他来说只不过是一种继续生活的方式。在这种情况下，不可能有真正的和谐存在，而

① Merleau-Ponty, *Phénoménologie de la perception*, p.404.

② Merleau-Ponty, *Phénoménologie de la perception*, p.406.

③ Merleau-Ponty, *The Primacy of Perception*, p.137.

如果还要继续维持两个人的共同生活，总有一方要作出“牺牲”或让步。因此，在这里仍有一种“主观的唯我论”，而且，这是一种“无法被超越的”唯我论[①]，因为它处于知觉的层次上。只要我和他人身体性地向着世界而在，我们就不可能有始终同一的视点，我们总是处在不同的处境中。即使我能察觉他人的行为，能理解他人的情感，但是，他人的感受对于他和对于我仍然具有完全不同的意义。即使我能理解他人，我也不能感同身受地体验他人。在这个意义上，唯我论是不可避免的。但无论如何，这种唯我论是最好意义上的一种唯我论，因为它是以对他人的承认、以无法否认的共在为前提的。

只是随着知觉反思的进一步努力，才产生了主体性的自我意识，产生了我思，萨特所揭示的诸意识间的冲突才可能出现。但是，梅洛－庞蒂认为，即使是这种意义上的冲突，也并没有否定交流与共存。因为冲突仍然是以肯定他人和我的共存为前提的，而且冲突只是与他人发生关联的另一种方式。在这个意义上，甚至作为一种哲学的“唯我论”也只是在主体间共同体的基础上才有可能，因为当我构造这种唯我论哲学时，我“预设了言说者的一个共同体，而我是对着这个共同体说话的。即使是‘对不论任何东西的一概拒绝’也预设了将要被拒斥、主体与之保持距离的某物”[②]，所以，“孤独和交流不应该是非此即彼的两个选项，而应该是一个单一现象的两个环节，因为事实

---

① Merleau-Ponty, *Phénoménologie de la perception*, p.411.

② Merleau-Ponty, *Phénoménologie de la perception*, p.414.

上他人为我实存。”[①] 反思意识在带来主体间的冲突的同时，其实也更深刻地揭示了主体间共存的基础：“任何肯定，任何介入，甚至任何否定，任何怀疑，都在一个预先敞开的场中有其位置，都证明了在我思与自身失去联系的这些特殊行为之前先已有一个与自身相联系的自我。”[②] 这个“预先敞开的场”就是我们共同置身于其上的“唯一世界”，而这个“与自身相联系的自我”则是我们在童年时期和平相处的“匿名主体”。因此，萨特的错误不在于他坚持反思意识，而在于他的反思还不够彻底，还不能在反思中发现这个非反思的基础。在这一点上，梅洛－庞蒂倒与海德格尔相同。只可惜在《存在与时间》中，海德格尔的重心并没有放在共在的这一原始基础上。对于非本真的共在，海德格尔还持一种否定的态度，而对于本真的共在，他又没有作出具体的说明。因此，他的共在并没有给梅洛－庞蒂留下多大的印象。在《知觉现象学》中有关他人的论述中，梅洛－庞蒂甚至没有提到海德格尔的名字。事实上，给予梅洛－庞蒂最大启示的仍然是胡塞尔。

梅洛－庞蒂指出在《笛卡尔式的沉思》中胡塞尔对他人的证明仍存在着一种基本的矛盾：一方面，胡塞尔试图“从我思，从本己性领域出发逐步接近他人”[③]，这意味着胡塞尔仍摆脱不了“唯我论”的立场，因为我思就其本质来说是不承认任何他

---

① Merleau-Ponty, *Phénoménologie de la perception*, p.412.

② Merleau-Ponty, *Phénoménologie de la perception*, pp.410–411.

③ Merleau-Ponty, *Consciousness and the Acquisition of Language*, p.44.

人的；但另一方面，胡塞尔事实上又否认有“他人问题”，他认为“在我的视点与他人的视点之间的差异只是在我们已经经历到他人之后才存在”。[①] 因此，他人问题是结果，而非开端。于是胡塞尔又想放弃从“原初的我思开始”的态度，而尝试“从一种既非自我也非他人的意识开始的可能性”，也就是说从“主体间性”开始。[②] 如何理解这两种相互矛盾的态度？梅洛－庞蒂在这里似乎看到了一种奇特的倒转：当先验意识的还原或纯化达到它所能达到的极限时，我的经验生活的全部世界，包括我关于他人的所有经验，不但没有失去，反而更加鲜活地萦绕在我的身体周围。主体性过渡到了主体间性。“胡塞尔正确地说，通往主体间性的道路只有关系到不充分的还原时才是矛盾的。但一种充分的还原却通向所谓的先验内在性之外，它通向被理解为世界性的绝对精神，通向被理解为自发性的相互交织的精神，这种精神本身建立在感性的交织之上，建立在作为同感作用（Einfühlung）和肉身间性的生活领域之中。”[③] 因此，反思的一以贯之的执行，最终反而进入了它的另一面，即非反思的生活。这就是梅洛－庞蒂所谓的“彻底的反思”：“反思的确应该以某种方式给出未被反思者，因为，否则我们就没有什么东西可与之对置，反思对我们来说也就不会成为问题。同样，我的经验也应该以某种方式为我给出他人，因为，如果它做不到这

① Merleau-Ponty, *Consciousness and the Acquisition of Language*, p.44.

② Merleau-Ponty, *Consciousness and the Acquisition of Language*, pp.44–45.

③ Merleau-Ponty, *Le visible et l'invisible*, p.226.

一点的话，我甚至就不会谈论孤独，我就不可能宣称有不可通达的他人。”[①] 也就是说，当执行反思的主体达到它的先验层次时，就成了一个既显示自己，又显示他人的主体，换言之，“先验的主体性就是主体间性。”[②]

从以上的论述中，我们看到了一个黑格尔式的意识发展的圆环。意识从原初的我－他未分的浑沦体验出发，进入反思意识，随之就在我与他人之间出现了分歧与冲突，然而，随着反思的进一步执行（彻底的反思），意识终于重新发现了自我与他人之不可分割的原初交流，在这种交流中，甚至连“拒绝交流也是交流的一种形式”。[③] 因此，交流是绝对的，也只有在这个意义上，我们才能理解社会世界的关系。

3. 社会中的他人

以上我们主要从理论层面阐明了共在的生存论基础，然而，向世而在的实践和经验更加不容置疑地向我指出了我与他人的关联，这种关联就发生在社会和文化之中。

我们前面已经讲到了自然世界。“正如自然渗透到我的个人生活的中心，并与之交织在一起，同样，行为也下降到自然中，并以文化世界的形式沉淀在那里。”[④] 因此，我不仅拥有一

---

① Merleau-Ponty, *Phénoménologie de la perception*, pp.412–413.

② Merleau-Ponty, *Consciousness and the Acquisition of Language*, p.45.

③ Merleau-Ponty, *Phénoménologie de la perception*, p.414.

④ Merleau-Ponty, *Phénoménologie de la perception*, p.399.

个自然世界，也拥有一个社会世界。在这个社会世界中，我是一个更具被动性的存在，因为在我出生之前，社会就已经存在，而在我出生之后，它又以其无所不在、无孔不入的渗透力塑造了我。社会世界首先是一个意义的世界，主体间的世界，而我也从一开始就接受了社会的意义。儿童心理学的研究告诉我们，婴儿的初始知觉首先是对人类活动或使用物品的知觉。这不是因为人和使用物品围绕着儿童而存在，而是因为儿童已经预先领会了社会的意义，所以，他能在这些行动和物品中发现某种意向，而这些行动和物品亦不过是这种意向的明显见证，围绕着他的任何一个普通物品都已被纳入了一种他－我的结构之中。在我周围的道路、园林、村庄、街道、学校、汽车、家具、汤匙、烟斗，等等，“这些物体中的每一个都被烙上了它得以被利用的人类活动的痕迹，每一个都散发出一种人性的气息。”[①]人们用烟斗吸烟，用羹匙吃饭，用汽车送人，萦绕在我周围的这些事物不只是单纯的物，也是他人的存在和行动的见证。在这些物品中，“我感到他人在一种无名面纱下的直接在场。”[②]正是通过这些使用物品，我们不但肯定了他人的存在，而且还与他们建立起了联系，正像海德格尔通过对上手器具的描述建立起了整个世界的因缘关系一样。

当然，我们不只是通过器物与他人产生联系，我们直接就生活在由他人组成的群体中。比如说，我们属于某个阶级或民族。阶级或民族不是我们面前的某个客观对象，而是我们的生

① Merleau-Ponty, *Phénoménologie de la perception*, pp.399–400.

② Merleau-Ponty, *Phénoménologie de la perception*, p.400.

存处境。它是使“我”（Je）这个词能用于复数、变成“我们”（Nous）的基本途径。在十月革命中，“虽然有文化、道德、职业和意识形态等方面的差异，1917 年的俄国农民还是加入到了彼得格勒和莫斯科的工人斗争中，因为他们感到他们的命运是相同的；在成为一个坚定的意志的目标之前，阶级已被具体地体验到。”[①] 但是，需要注意的是，无论阶级还是民族，在把“我”和“另一个人”（another）变成为“我们”的同时，它也相应地产生了一个“他们”，产生了阶级的区分、民族或种族的区分甚至国家的区分。因此，在社会世界中的冲突很少表现为纯粹的个体与个体之间的冲突，而更多地是表现为阶级斗争、民族冲突和国家之间的战争；而且这种冲突和斗争几乎是不可消除的，它构成了黑格尔和马克思所谓的推动历史发展的基本动力，也是个体在社会中进行自我认同的基本标准。犹太人在现代的命运或许更能说明这一点。在整个前现代的欧洲社会中，犹太人始终是以一种他者的身份存在的。但这种他者特性并不妨碍他们融入通行的社会秩序，这是因为前现代的社会自然地就是一个阶层或等级的社会（也就是一个与他者共存的社会），犹太人作为一个特殊的阶层处在欧洲社会中，它与作为主人的当地人之间虽然免不了有紧张和冲突，但它们仍然被维持在正常许可的界线之内。但是，随着现代社会的来临，随着等级制和地区差异的消除，犹太人也逐渐“成为了与别人一样的居民，并通过婚姻与基督教徒混杂到了一起，犹太人不再具

① Merleau-Ponty, *Phénoménologie de la perception*, p.416.

有可识别性。”[①]“在法国、德国和被德国人控制的奥匈帝国地区，所有的犹太人迟早要被‘社会化’或‘自我社会化’为非犹太人，并因此导致在文化上无法分辨、在社会上没有视觉特征的可能性是非常真实的。由于缺乏旧的习俗和法律支持的隔离行动，这样一种差异可见标记的缺乏只能等同于将界线自身完全抹掉。”[②] 正是这种“缺乏差异的威胁”才导致了现代“反犹主义”的兴起。在这个意义上，差异是不可消除的，它是社会化存在的一种结构性特征。而现代性的悖论在于，它一方面通过技术的运用、市场的扩张和意识形态的宣传等手段来消除和铲平差异，以建立一个普遍同质性的大同社会；另一方面却又在极力“创造或保留差异，以抵制社会和法律平等以及跨文化交流所带来的可怕的侵蚀力。”[③] 也正是在这个意义上，我们才能理解同样是现象学家、但作为犹太人的法国思想家列维纳斯为什么要反对海德格尔和梅洛－庞蒂向原始同一的存在回归，而不遗余力地主张“他人”的绝对他性。因为他认为在社会化存在中，要求完全的同一事实上是不可能的，它只能带来“大屠杀”这样的惨剧，而只有在对他人之绝对他性的尊重中，人们才有可能走出现代性的二律背反。

当然这已经越出了梅洛－庞蒂的思想范畴。在他那里，差异仍然被纳入黑格尔式的矛盾辩证法中，它仍然只是同一的展

---

① 鲍曼《现代性与大屠杀》，第 77 页，杨渝东、史建华译，译林出版社，2002 年。

② 鲍曼《现代性与大屠杀》，第 79 页。

③ 鲍曼《现代性与大屠杀》，第 78 页。

开，而不能否定同一。在个人与社会世界的关系中，社会关系的同一性先于个体的差异性。“诚然我能转身不面对社会，但我不能不相对于它而被处境化。就像我们与世界的关系那样，我们与社会的关系比任何明确的知觉或任何判断都要更深刻。”④而最能说明这种社会性共存关系的东西莫过于我们的语言了。

我们在前面说过，语言既是一种主体间的产物，也为主体间的世界奠定了基础。正是在某种语言的基础上才形成了某个民族，某个国家。语言是社会共同体的真正基础。单独的个体从来不需要语言，甚至不可能有语言；而如果有语言存在，那么也就有了他人，有了共同体的存在。如果说意识的僭妄总是想要把他人纳入我的领域，从而取消他的存在，那么语言则一开始就把我抛入到一个与他人共在的世界中。从这个意义上来说，语言是我与他人的遭遇得以理解的关键因素。儿童学会说话，并不是简单地掌握一种新的智力技能，而是获得与他人共同生存的能力。同样，我与他人对话，并不是为了展示我的意识，而是与之进入一种新的关系，在这种关系中，我通过言说把自己展现给他人，他人也通过言说显现给我。我们都是作为表达的存在，在两者之间，不再有像诸意识之间那样的一种敌对关系：“当我对人说话时，我不仅仅是主动的，毋宁说，在听者那里我先于我的言语而存在，当我听人说话时，我也不是被动的，但我根据……别人所说的而说。”⑤言语在人与人之间往返递送，“通过一种僭越或蔓延的现象，言说从一个意识空间过渡到另一

④ Merleau-Ponty, *Phénoménologie de la perception*, p.415.

⑤ Merleau-Ponty, *The Prose of the World*, pp.143–144.

个意识空间，作为主动的言说主体，我侵越到了聆听的他人之中，作为聆听的被动的主体，我让他人侵越到我之中。我在自身中，在这种语言练习中，体验到主动性每一次都是被动性的另一面。”[①]他人的言语使我偏离中心，使我放弃自己的某些见解，接受一些新的观点，反之亦然。我和他人在言谈中相互吸引，彼此侵越，但又错综交织，不可能全然一致，最终我们两个人都在不知不觉间偏离了原来的位置，就像悄然流动的河水漂移了河上的小船那样。言语永无休止地充任着同一与差异之间的中介。这样，“在对话的经验中，语言在他人与我之间建构了一个公共的地带，我的思想和他人的思想形成了一个唯一的织体，我的话题和对话者的话题都是由讨论的情境引起的，它们都融入了一种并非由我们中的任何一个单独创造的公共活动中。在那里，有一种为我们两个人共享的存在，对我来说，他人不再是在我的先验场中的一种简单的行为，我也不再是他的先验场中的一个行为。在一种完美的相互关系中，我们彼此互为协作者，我们的视角互相转移，我们通过同一个世界共存。”[②]因此，言语最终向我们显示出了一个超言语的基础：一种共同的语言，一种共同的文化。正是在这个基础上，一切的对话和竞争才能展开。最终说来，我的对话并不是我的一种主动性，听人说话也不是服从于别人的主动性，作为说话者的我们只不过是在“继续、重新开始某种比我们更为久远的努力，我们彼此由于这一

① Merleau-Ponty, *Résumés de cours: collège de France 1952–1960*, p.165, Gallimard, 1968.

② Merleau-Ponty, *Phénoménologie de la perception*, p.407.

努力而连接在一起，这就是真理的显示，真理的生成”。[①]

4. 自我与他人的“交织”

无论是从知觉体验出发，还是从社会和语言共同体出发，说到底都是站在一种生存论的立场上，但只要站在这一立场上，他人问题就始终不可消除，最多也只能借助于一种辩证法使他人与我处在某种开放的联系之中。在后期，梅洛－庞蒂已经不再停留于生存论的立场，而要返回更原始的存在中，去直接描述自我和他人尚未区分的“交织”（chiasme）状态。

为了理解我与他人的这种同一性，梅洛－庞蒂借用了我们前面所讲到的关于身体之蕴涵结构的思想：身体的各部分之所以能和谐一致地运作，是因为它们同属于一个正常的身体，某一感官的经验能自然而然地转译为其他感官的语言，并被其他感官所掌握和利用。正是因此，身体的各个器官不是外在地相互并列的各个小世界，而是“共同组成了一个在一般的可感者面前的一般的能感者”。[②]然而，问题是，这种身体各部分的协同作用也能应用到身体与身体之间的关系中吗？

如果从生存论的角度来理解，那么，这种协同作用的推广只能归结为主体的意向活动或移情作用的结果，它最后免不了有一种主观唯我论的嫌疑。但是，如果从梅洛－庞蒂所构想的“肉”的存在论来看待，那么，要理解这种身体间的协同作用其

---

① Merleau-Ponty, *The Prose of the World*, p.144.

② Merleau-Ponty, *Le visible et l’invisible*, p.187.

实并不困难。“肉”就是原始的生命，“感性的存在”，就是浑然一体的“能感”与“可感”的交织，而我与他人则是在肉的开裂中绽出的两瓣，它们是用同样的材料组成的，归属于同样的肉，它们是存在的双叶。

为了理解这种“肉身间性”（intercorporeity），让我们从梅洛－庞蒂经常举到的一个例子出发：当一只手触摸另一只手，另一只手又触摸其他东西时，一种著名的缠结便出现了。早在《知觉现象学》中，梅洛－庞蒂就已经探讨过这一现象：当我的右手去触摸物体时，我如果用我的左手去触摸我的右手，则我那正在触摸的右手就成了被触摸的对象。“在一种功能到另一种功能的转换中，我能认出被触摸的手是马上就要成为触摸者的同一只手——在我的右手对于左手所是的这团骨头和肌肉中，我立即认出了我们为了探索对象而伸向它们的这另一只灵活的、充满活力的右手的外形或具身。身体在进行一种认知功能时突然从外面发现了自己，它试图触摸到自己在触摸，它开始了‘一种反思’，而这一点就足以使身体和对象区分开来。”[①] 两只手在触摸与被触摸之间的角色转换形成了一种模棱两可的结构，这两种角色可以相互转换，但对任何一只手来说，它不能在同时既是触摸的，又是被触摸的。这种感知结构的含混性也导致了身体主体的含混性或暧昧性。“我的身体因为观看或触摸世界，因而既不能被看，也不能被触摸。使我的身体不是对象，不是‘被完全构成的东西’正是对象由之而存在的东西。就我的身体是在观看和在触摸的东西来看，它既不是可触的，也不是可见

① Merleau-Ponty, *Phénoménologie de la perception*, p.109.

的。”[①] 在此，身体主体的暧昧性主要体现在它的双重性上：它既属于物（可见者和可触摸者），又不同于物（能看者和能触摸者），它是对物的超越，却又始终被物所纠缠。身体的主动（灵性）和被动（物性）以一种翻卷交缠的方式纽结在一起，从而形成了这种暧昧含混的特性，当然说到底，它又可归结到我们前面所讲的身体的向世而在所特具的蕴涵结构上。

在后来的思想中，梅洛－庞蒂不再从知觉主体的角度出发，而是在新的存在论的基础上重新思考这种可逆性关系。在 1960 年 5 月的一则工作笔记中，梅洛－庞蒂写道：“触摸与触摸自身（触摸自身 = 被触摸的触摸），它们并不在身体中重合：触摸者从不完全就是被触摸者。这并不意味着它们在精神中或在意识的层面上重合。要使触摸与被触摸的联接得以形成需要有身体之外的某种东西：这种联接发生在不可触摸的东西之中。”[②] 触摸与被触摸会合在某个不可触摸的东西中，这话听起来神秘莫测。这个“不可触摸的东西”是什么呢？梅洛－庞蒂说：“这里的否定不是对另一个地方（一个超越的地方）的肯定——它是一种真正的否定，即一种遮蔽（Verborgenheit）的去蔽（Unverborgenheit），一种原呈现（Urpräsentation）的非原呈现（Nichturpräsentierbar）。”[③] “遮蔽”“去蔽”这些词应该是从海德格尔那里借来的。据此，梅洛－庞蒂所说的“不可触摸的东西”其实就是作为“肉”之存在的运作空间，亦即海德格尔

① Merleau-Ponty, *Phénoménologie de la perception*, p.108.

② Merleau-Ponty, *Le visible et l'invisible*, p.307.

③ Merleau-Ponty, *Le visible et l'invisible*, p.308.

所说的存在运作之显隐二重性的转换结构。触摸与被触摸之间的可逆关系本来源于身体之蕴涵结构的作用，或者说源于身体之各部分的协同作用，而现在，这种身体的协同作用更进一步与存在的活动联系起来了。触摸与被触摸的不相重合，并不是说它们不同时存在，而是像存在的显与隐那样，当其中一种活动显现时，另一种活动就退到了幕后。当我在触摸时，被触摸的感觉就隐而不现，反之，当我感到被触摸时，触摸感就隐退了。而触摸与被触摸之所以不相重合或不能重合，是因为在这两种活动或与之相关的两个存在者（如触摸者和被触摸者，看者与被看者等）之间有一个不可触摸、不可定位的间隙（écart）。这个间隙像一个枢轴一样，使触摸与被触摸、看与被看的逆转成为可能。触觉或视觉因而并不是发生在身体中，而像是在可触摸者或可见者中间自行形成的[①]。如果说身体有这样一种视看和触摸的能力，那也是因为身体之肉的绽裂产生了一个内在的凹陷或间隙，进而形成了一种能感－可感的交缠结构，如此才使视看和触摸得以可能。因此，触摸与被触摸、看与被看之间的不相重合不是一种"缺陷"，而被认为是绝对的、原则性的。

借助于存在的这种双重性运作，在我的身体的两只手之间的可逆性关系很快就被拓展到我的手与他人的手的接触关系中去了。梅洛－庞蒂说："握手也是可逆的；我同时既可以感觉到

---

① Merleau-Ponty, *Le visible et l'invisible*, p.173："我们周围的可见者似乎是栖止于其自身中的。就好像我们的视觉是在可见者的中心形成的，或好像在可见者与我们之间有一种如同大海与沙滩般紧密的联系。然而，我们不可能融合到它之中，它也不可能来到我们之中，因为那样一来，在视觉形成的那一刻，就会因看者或可见者的消失而消失。"

自己被触摸，也可以感觉在触摸。”[①] 显然，这里同样存在着一种身体与身体之间的“协同作用”。如果我们从握手关系转移到视看关系，那么这种协同作用将更加明显：“当他人把那明亮的射线反弹给我（我在这种射线中发现了他），并向我表明了我通过他的眼睛的灵活运动所预感到的那种肉身性依附时，这种目光就扩展到了我在我的支配性视觉中心所预测到的盲点区域，并越过这一盲点区域的边界而侵入我的地盘，诱使我进入我为他准备的牢笼，而只要他在，就不会使我孤单，由此，视看不再是唯我论的，除非它闭合。”[②] 正如瓦雷里所说：“一旦两个人的目光相交，就不再是完全的两个人，每个人再想要保持孤立就变得困难了。这种交流（这个词是贴切的），在极短的时间里实现了一种移位，一种换位：两种‘命运’，两种视点的交叉。由此产生了一种同时性的相互限制。你抓住了我的形象和外观，我抓住了你的形象和外观。你不是我，因为你看见我，我看不见我。我所缺少的是你所看见的我，你所缺少的是我所看见的你。不管我们的相互认识有多深，我们越是反思，我们就越是不同。”[③] 这种目光的交流显然与萨特所说的那种“杀人”式的目光完全不同。“这种目光是‘可感者’的给予物之一，是粗朴而原始的世界的给予物之一，它使有关存在与虚无、作为意识的存在与作为事物的存在的分析落空。”[④] 注视是可逆的，但这

① Merleau-Ponty, *Le visible et l'invisible*, p.187.

② Merleau-Ponty, *Le visible et l'invisible*, p.109.

③ Merleau-Ponty, *Signes*, p.294.

④ Merleau-Ponty, *Le visible et l'invisible*, p.246.

种可逆性就像触摸的可逆性一样，并不汇合在某个身体上，而是汇合在某一不可见之处。换言之，在这种相互注视中，最终既不是我在看，也不是他在看，而是产生了一种“一般的视看”（我们在论述绘画时已经讲到过这种一般的视看了），“一种匿名的可见性居有了我们两个，一种一般的视看依据归属于肉的这种原始属性”而起作用，而我的看与他的看只是这种一般视看的具体体现，这种一般的视看“尽管处于此时此地，却向四周永恒地出发亮光，既作为个体而存在，也作为维度和普遍性存在”。[①]

触摸与被触摸，观看与被看，这是两种最基本的可逆性关系，它们就像正面与反面、内面与外面的关系一样，是梅洛－庞蒂所说的“交织结构”（chiasme）的代表。而对自我与他人关系的分析，也必须从这种“交织”关系中入手：交织“意味着不只是有一种我－他的对抗，也还有一种我－他之间的共建”，正如在注视活动中我的看与他的看只是同一个一般视看的表现，进行观看的我和他也是“作为一个单一的身体在起作用的”。[②]因此，“不存在什么自为和为他，这两者中的每一个都是另一个的另一面。”我和他人都不是什么“积极的主体性”，而是通向同一存在的“两个洞穴，两个开口，两个舞台”。[③]

以上我们已经从存在论/本体论的层面描述了梅洛－庞蒂有关我与他人的本源性同一关系。对原始的同一与和谐关系的

---

① Merleau-Ponty, *Le visible et l'invisible*, pp.187–188.

② Merleau-Ponty, *Le visible et l'invisible*, p.268.

③ Merleau-Ponty, *Le visible et l'invisible*, p.317.

向往也许是源于深藏在梅洛－庞蒂内心中的童年梦想或情结。他曾对萨特说，他从来没有从自己那无与伦比的童年影响中恢复过来。[①]在《读蒙田》这篇文章中，他也这样写道："最好的事莫过于回到童年的安全感和牲畜般的无知状态。"[②]相比于其他人，梅洛－庞蒂的童年其实应该算是不幸的，因为在很小的时候，他的父亲就在战争中死去了。因此，梅洛－庞蒂对童年的美好记忆，或许是来自他的母亲[③]，或许更多的是一种梦想和祝愿，因为现实毕竟太残酷。无论如何，童年的生活影响了他的一生。这对于萨特来说其实也一样，因为他也是从小就失去了父亲。但是他们两人对于童年的感受却截然不同。梅洛－庞蒂这样说："有两种成为青年的方式，这两种方式是难于相互理解的：一些人被他们的童年所吸引，童年缠绕着他们，使他们迷恋于一个具有特殊地位的可能性的王国。另一些人则被童年生活抛弃，走向成年生活，他们以为自己没有过去，因而就接近了所有的可能性。"[④]显然，梅洛－庞蒂属于第一种人，而萨特则属于第二种人。如果说梅洛－庞蒂在他的童年中感受到的是在母亲的监护下人与人之间的原始和谐，那么萨特感受更多的

---

①《萨特自述》，第 286 页，黄忠晶等译，河南人民出版社，2000 年。

② Merleau-Ponty, *Signes*, p.260.

③ 梅洛－庞蒂对其母亲的感情一直很深，他的《哲学赞词》（1953）就是献给他的母亲的，后者刚好于该书出版一年前去世。

④ Merleau-Ponty, *Signes*, pp.34–35. 萨特也有类似的说法："我们能否幸福，取决于我们能否在拒绝或接受自己的童年之间保持某种平衡，彻底拒绝或完全接受，都会使人迷失。因此我们可以描绘出无数种命运来。"（《萨特自述》，第 286 页）

却是“在童年没有遇到家庭冲突”而享受到的“自由”，以及在自由的阅读中对“观念”真实性的感受[①]，而这两点也恰恰成了他后来哲学的主题。

如果说梅洛－庞蒂和萨特都到童年中去寻找与现实达成平衡的思想资源，那么列维纳斯则应该是直接受其现实遭遇的激发而产生他的思想的。作为一个犹太人，一个欧洲社会中的“他者”，他在二战期间经历了最残酷的遭遇，这迫使他一生都以思考“他人”为己任。存在论上的原初和谐是最根本的吗？为什么海德格尔却由此走上了与纳粹为伍的道路？没有伦理学，只有存在论，这或许就是海德格尔的“思想”所导致的“行动”灾难。而在梅洛－庞蒂的他人之思中，列维纳斯也看到了同样的问题。比如说在上面提到的“握手”中，他质疑道：“握手”仅仅是传递他人存在的一种感觉信息吗？难道这其中不同时开启出了某种更为本质的关于“信任、挚爱与和平”的伦理关系吗？表示爱的爱抚行为难道只是爱的信息或符号，而不是先于语言就已经是爱本身了？[②]列维纳斯感到惊讶的是梅洛－庞蒂为什么没有看到这些基本的人际间相互关系首先是一种伦理关系。但显然，一旦把“握手”作为一种伦理关系来思考，也就必然要在两只手之间产生“一种彻底的分裂”，因为“这两只手事实上并不属于同一个身体，它也不是一种假设的或仅仅隐喻

---

① 参《萨特自述》第20页，第13–14页，亦可参萨特《词语》一书。

② Emmannel Levinas, *Outside the Subject*, p.101, trans. Michael B. Smith, the Athlone Press, 1993.

性的肉身间性。”[1]在列维纳斯看来，“在人类的视景中显明的面容的赤裸，以及在他人的整个感性存在的表达中，甚至在一个人摇动的手中所意指的正是这种彻底的分裂和所有社会性的伦理关系。”[2]这就是说，列维纳斯把梅洛-庞蒂在存在论上所作的有关人际关系的完美描述全部当作不切实际的隐喻性表达而予以否弃了，他要求回到社会存在的层面上，同时抛弃那种生存论式的简单描述，而代之以一种伦理学的价值断言。正是在这个基础上，列维纳斯赋予了差异和他人以一种绝对的优势地位。他这样说：

> 区分是否应该继续在某种被看作世界的本质构成或通过世界整体而相互联结的物质和精神的内在结构中寻求？也许精神性的东西只是表明、只是揭示了当存在的路径断裂时——即在人类彼此面对面的陌生性中，但这种陌生性仍具有一种社会性，在这种社会性中，联系不再是把部分整合到一个整体中——它的特殊性。也许精神的联系存在于朝向另一个人的个体的非-漠不关心(non-in-difference)中，这种非-漠不关心也被称作爱，但它并不包含陌生性的差异（difference），它只有在一种通过人的脸，从世界之外的最高处临现的言语或命令的基础上，才是可能的。[3]

在列维纳斯看来，我们只有一方面在社会中，另一方面在一种上帝或宗教的超验维度中看待他人，才能实现一种关于他

① Emmannel Levinas, *Outside the Subject*, pp.101–102.

② Emmannel Levinas, *Outside the Subject*, p.102.

③ Emmannel Levinas, *Outside the Subject*, pp.102–103.

人之绝对性的伦理学。列维纳斯的观点凸现了梅洛－庞蒂（还有海德格尔）的存在论之思的某种欠缺，因为在这两人有关他人的思想中，似乎都缺乏一种最基本也最现实的伦理视角。[①]就此而言，列维纳斯的思想为我们如何看待他人提供了一种新的思想参照，不过这已经超出了本书的内容，我们在此就点到为止。

四、历 史

在上一节中，我们提到了“社会中的他人”，我们由此已经接触到一种历史哲学了。在梅洛－庞蒂看来，他人问题在社会政治领域中的展开，就是历史哲学的主题。历史问题在本质上是与他人问题一致的，它呈现的是他人问题的极限状况，也可以说它提出的是人与人如何在现实的社会政治处境中共存的问题。[②]尽管梅洛－庞蒂从理论上对这种共存的基础作了多方面的阐述和论证，但是，在现实的社会处境中，共存依然是件很不容易的事，它始终伴随着冲突与斗争，而历史正体现为这一争取共存的进程。

---

① 当然，梅洛－庞蒂对于列维纳斯的批评也不一定会认同。据说，他在去世前听了列维纳斯在法兰西学院所作的“人的面孔”的讲演（1961年），在讲演后的讨论中，他对列维纳斯的观点表示了怀疑：“大概不能把人的面孔与面对面所看到的他人的面貌混为一谈吧。”参鹫田清一《梅洛－庞蒂：可逆性》，第180页。

② Merleau-Ponty, “The Philosophy of Existence”, in Jon Stewart (ed.), *the Debate between Sartre and Merleau-Ponty*, pp.497, 501.

1. 生存主义的历史观

在1949年的索邦讲座中，梅洛－庞蒂讲道，在对待历史时有两种重要的哲学态度，一种是经验论的、因果式的态度，它在历史中只看到一系列彼此没有内在关联的事件。它认为历史完全是偶然的，不存在一种内在的逻辑和意义。另一种是“目的论的”或“天启式的”态度，它把历史看作一种理性计划的简单展开，或者认为历史受到绝对精神或超验理性（Reason）的指导。这又是一种决定论的、必然的历史，它忽视了历史事件的偶然性和事件结局的开放性和不确定性。①

梅洛－庞蒂同时拒绝了这两种态度，他想要在这两者之外寻找第三种态度。他认为他在马克思主义的历史观中找到了它，马克思主义试图寻找历史的逻辑，同时又不忽略历史处境的实际偶然性。在此，梅洛－庞蒂更为看重的是“处境”（situation）这个概念，因为它与他的现象学立场统一起来了。处境既是偶然的，又包含着内在的逻辑，它是偶然与必然的统一，因而就成了梅洛－庞蒂思考历史的出发点。历史是一种处境的历史，也就是说，它是通过人与处境的辩证关系发展起来的。每个人生来就是偶然的，他毫无理由地被抛入他的处境，并被迫接受它，比如说我出生在一个农民家庭，我从小在农村长大，或者我生来残疾，我天性忧郁，被孤独和苦恼包围，等等，这都是我一

---

① *Bulletin de psychologie,* tome 18 n°236, 1964. *Maurice Merleau-Ponty à la Sorbonne*, pp.216, 259. cf. Gary Brent Madison, *the Phenonomenology of Merleau-Ponty*, p.254, Ohio University Press, 1973.

开始就不得不接受的境遇。但是并不能由此说这个环境就决定了我的命运。我渐渐地意识到了自己的处境，我可以对它作出种种反应，或者随遇而安地承受它，或者想方设法地改变它。只要处境成为我的意识，我就绝不可能只是被动地受它的决定。我从被动变为主动，从束缚走向自由，不再是处境支配我，而是我占有这个实际的处境，并“把一种其本义之外的转义赋予给它”。这样，马克思不满足于做一个律师的儿子，而是用阶级斗争的新观点把他自己的处境设想为一个小资产阶级知识分子的处境，瓦雷里则把纠缠着他的苦恼和孤独变成了纯粹的诗。①

个体的历史是如此，人类的历史也是如此，当然这里的情况更加复杂，因为在历史中起作用的并不是个体，而是由无数的个体组合而成的群体或阶级，梅洛－庞蒂有时也称之为匿名的“人们”（On）②。阶级的出现在开始时也完全是自发的和偶然的。我首先作为个体而存在，如作为一个工人、一个雇工或者一个农民等等，这是我被动接受的处境。但是，在劳动与合作中，我与我的同伴逐渐走到了一起，因为我们有着相似的行为和生活方式，面临着相似的问题和困境，与造成我们麻烦的共同的对手相抗争。总之，我们有相似的境遇，感受到同样的命运，由此，这些原本分散的个体就逐渐走到了一起。“社会空间开始极化，人们看到一个由被剥削者组成的区域出现了。每一次的推动（不论是来自社会视域的哪一个点）都使得超越不同意识

① Merleau-Ponty, *Phénoménologie de la perception*, p.201.

② Merleau-Ponty, *Phénoménologie de la perception*, p.513.

形态和职业的重新集合变得明朗。”[①] 阶级就这样产生了。我不再作为个体而存在，而是归属于某一阶级，它成了我与世界和社会相联系的方式。

因此，在梅洛－庞蒂看来，阶级意识的形成是内在于我们的处境的，它是人们因感受到群体生活的共同命运而产生的。这个观点显然不同于萨特的观点。在《存在与虚无》中，萨特把阶级意识的产生看作是第三者注视的结果；也就是说，我和你的结合只有在作为第三者的他人的注视下才有可能。在萨特看来，处于被压迫处境中的工人并不会因为共同的痛苦而联合起来，相反，这种痛苦还有可能使陷入痛苦中的人相互孤立和彼此冲突（这就是人们通常所说的“底层互害”）。因为处于同一处境中的人还是一种我和你的关系，他们无法避免爱恨情仇和利益竞争这些基本的冲突。只有在与另一个团体（资本家、贵族等）相对照时，他们才可能作为一个团体而存在。压迫阶级用他们的注视使这种实在性产生。[②] 换言之，在萨特这里，阶级意识是由他人从外部引入的，而不是像梅洛－庞蒂所说的那样自发地形成于群体的共同处境之中。我们可以看到，这一基本的差异其实已经隐含了他与梅洛－庞蒂后来在政治立场上的主要分歧。

随阶级的分化与阶级意识的出现而来的是不同阶级之间的对抗，而“历史在本质上就是一场斗争——主奴之间的斗争，

---

① Merleau-Ponty, *Phénoménologie de la perception*, p.508.

② 萨特《存在与虚无》，第 526–527 页。

阶级之间的斗争——这是一种人类状况的必然性。”[①]

把历史看作一种阶级斗争的展开，这自然是马克思的观点，但是从个体的生存境遇出发，却又是典型的生存主义的思想，正是因此，雷蒙·阿隆把梅洛-庞蒂的历史观称作“生存主义化的马克思主义”，并认为由此出发将导致的最大问题是历史感知的相对主义。[②]不过梅洛-庞蒂并没有停留在马克思上，而是更进一步地“把马克思主义带回到它的起源黑格尔”那里。阿隆也看到了这一点，他说：“意识外化为客观现实，在历史进程中，它不断被异化，直到它的奥德赛旅行的终点，它将完全内化整个客观现实或可能出现的异化整体。这就是萨特和梅洛-庞蒂试图用来重新阐释马克思主义的哲学思想。”[③]而梅洛-庞蒂则更为明确地说：

> 已经有人毫无悖谬地指出，《资本论》就是一部具体的《精神现象学》，也就是说，它不可分割地关注着经济学的劳动和人的实现。这两个问题域的连接点就在于黑格尔的这样一个观念，即每一个生产和财富系统都隐含着一种人与人之间的关系系统，由此，他们的社会关系也已经根植于他们与自然的关系中，后者又反过来根植于他们的社会关系中。如果不返回到黑格尔对人与人之间的基本关系的描述，就不可能对马克思主义政治学的重要性有决定

① Merleau-Ponty, *Humanism and Terror*, p.102, trans. John O'Neill, Beacon Press , 1969.

② 雷蒙·阿隆《论治史》，第 41 页，冯学俊、吴泓缈译，三联书店，2003 年。

③ 雷蒙·阿隆《论治史》，第 44 页。

性的了解。[①]

这个观点来自于法国哲学家让·伊波利特（Jean Hyppolite）。在对黑格尔的理解上，梅洛－庞蒂主要接受了伊波利特和科耶夫（Alexandre Kojève）对黑格尔的解释，这也是把黑格尔引入法国最重要的两个人。伊波利特的解释把黑格尔生存主义化了，梅洛－庞蒂在《黑格尔的生存主义》（收入《意义与无意义》一书）一文中阐发了这种观点。他说，有两个黑格尔，一个是1827年已经建立了整个逻辑体系的黑格尔，一个是1807年《精神现象学》时期的黑格尔，但只有后者才是一个生存主义者。因为建立了完整的逻辑学体系的黑格尔，只把历史看作这个逻辑系统的可见发展，只在观念间的联系中寻找事件的最终解释，他使个体经验从属于观念，就好像从属于一种命运一样。这个后期的黑格尔理解了一切，但却排除了他自己的历史境遇；他已经把一切都加以考虑，却忽略了他自己的生存。正是因此，这个黑格尔受到克尔凯郭尔和马克思的嘲讽，他们对黑格尔提出了这样的质问："当你判断世界的发展，宣称它是在普鲁士国家中获得完满实现时，你是从哪里出发进行言说的呢？你如何能假装处于所有境遇之外呢？"[②]但是这种质问不应针对《精神现象学》时期的黑格尔。因为"《精神现象学》不仅仅是观念的历史，而且也是揭示出精神在习俗、经济结构、法律制度以及哲学著作中起作用的所有时代的历史。它关注的是重新把握一种总体意义上的历史，描述社会实体的内

① Merleau-Ponty, *Humanism and Terror*, pp.101–102.

② Merleau-Ponty, *Sense and Non-sense*, p.64.

在构架，而不是通过哲学争论来解释人性的历险。”[①] 换言之，《精神现象学》展现的是具体的人类历史而非关于人性的抽象观念，是人为了成其为人、为了占有自身而进行种种努力的历史，因为“人并非一开始就是某种明晰地拥有自己思想的意识，而是一种被提供给它自身并寻求理解它自身的生命”。[②] 但是对自身生命的完整意识只有当人遭遇到死亡，严格地说是只有当人具有一种“死亡意识”时才会实现（这个观点无疑是来自海德格尔的），因为如果说死亡是对所有殊别的生命存在物的否定的话，死亡意识隐含的却是对生命本身的承认。正如只有在存在的基础上才能想象虚无，任何有关死亡的观念“实际上都在偷偷地利用着我们的存在意识”[③]，“在死亡意识中存在着对死亡本身的超越”[④]。因此，“生命意识说到底是一种死亡意识”。[⑤] 借助于死亡意识，黑格尔就从个体走向了历史。

2. 历史的终结与暴力的合理性

在现实的社会生活中，这种死亡意识体现在我与他人的接触上。正如萨特所说，他人的目光总是把我当作物来看待，总是试图置我于死地，反过来我对他人也一样。但是“除非我们意识到我们的相互关系和我们的共同人性，否则我们就不能意

① Merleau-Ponty, *Sense and Non-sense*, p.64.

② Merleau-Ponty, *Sense and Non-sense*, p.65.

③ Merleau-Ponty, *Sense and Non-sense*, p.67.

④ Merleau-Ponty, *Sense and Non-sense*, p.68.

⑤ Merleau-Ponty, *Sense and Non-sense*, p.66.

识到这种冲突。除非通过对我们的意识的相互承认，否则我们就不能彼此否定对方。”[①] 因此，冲突包含着共存，像萨特这样不为自为与自在的矛盾寻找一种补救之道的辩证法只是半截辩证法。正如死亡意识“把死亡转变成了生命的一种更高形式”，对冲突的意识最终也恰恰肯定了我们相互间的共同承认。因此，冲突的目的不是要使其中的一方毁灭，单独剩下另一方，而是要促使一方对另一方的承认。因为任何一方的死亡也就宣告了另一方的结束，也就不再有对自我的肯定了；只有在一方感到死亡的恐怖，向另一方投降，承认后者是主人，并愿意做他的奴隶时，获胜的一方才能感受到他被承认的尊严。但是，即使在主奴关系确定之后，承认也并非唾手可得。因为当主人把奴隶变成一个他可以随心所欲地加以利用的工具之后，奴隶就不再与他处于平等的地位，因而奴隶的承认就不是真正的承认，主人依然无法证实自己是独立意识，他依然要寻求承认；奴隶则由于一开始就被剥夺了被承认的尊严，因而他不得不通过劳动，通过发明技术、构造艺术和宗教的想象世界来赢回自己已经失去的人性，这也是对他的寻求承认的欲望的一种升华。他在一个虚构的世界中获得了满足，但在现实世界中，他依然是奴隶，而为了成为真正的主人，他必须获得主人的承认，或是杀死主人。只有在最终的彻底的相互承认中，人类欲望的普遍满足才有可能达到，这就是自由。因此，历史的发展就呈现为这样一个人类意识寻求承认的辩证过程。当这种人与人的普遍承认的欲望获得满足时,历史的脚步就停下来了:历史就终结了。

---

① Merleau-Ponty, *Sense and Non-sense*, p.68.

这就是科耶夫解释的黑格尔的“主奴关系辩证法”的精髓。

科耶夫于1933—1939年在巴黎高等实践学校所作的“《精神现象学》讲座”，影响了整整一代法国知识分子，而梅洛－庞蒂就是其中之一。他曾于1937—1938年间参加这个讲座，并无疑留下了深刻的印象。科耶夫讲座的核心主题“主奴关系辩证法”，也是梅洛－庞蒂的著作中屡屡出现的主题。[①]但科耶夫对梅洛－庞蒂的影响尤其体现在《人道主义与恐怖》(1947)一书中。

科耶夫在他的主奴关系辩证法中已经指出，真正的相互承认实际上只有在奴隶之间才有可能，但奴隶为了使这种相互承认具有普遍性还必须进行一场更加血腥的最后之战，使自己彻底从主人那里摆脱出来。科耶夫对这场最后之战似乎并没有作过多的论述[②]，这是马克思的主题，这场最后的战争就是在资产阶级与无产阶级之间的斗争。在某种程度上,我们可以说,梅洛－庞蒂的《人道主义与恐怖》一书正是想要揭示这场最后之战的残酷与恐怖。

梅洛－庞蒂说:“政治问题来源于这样一个事实，即我们所有的人都是主体,然而我们看待别人时却把他们当作客体。因此,

---

① 梅洛－庞蒂著作中提到主奴关系的地方很多，参 *Phénoménologie de la perception*, pp.194, 408; *Sense and Non-sense*, pp.68, 142; *Signes*, p.271; *Humanism and Terror*, p.37, pp.102–103, 109–111, 155, etc.

② 按科耶夫的解释逻辑，其实奴隶并不需要这样一场最后之战就能取代主人，因为当奴隶通过劳动和技术发明把整个自然世界改造为属人的文化或文明世界时，他自然就成了这一世界的主人，而原来的主人反而成了这个世界的异己者，因而自然地将被淘汰。

在人们之间的共存看起来注定是要失败的。”[①]政治活动就其性质而言就是不纯粹的，它不能排除暴力。“我们不在纯洁与暴力之间作选择，而是在不同种类的暴力之间作选择。……重要的、我们必须加以讨论的不是暴力而是它的意义和它的将来。”[②]因此，问题只在于如何妥善地使用暴力，只在于认清一种暴力的形式是否符合历史的意义或方向（sens），它是否在自身中就包含着消除将来暴力的承诺。这样，对一种暴力的使用和判断必须以对历史的认识为前提。暴力的意义是由它所从属的历史总体赋予的，也只有历史本身才能给予我们某种暴力是否正当合理的最终判决。但问题是，我们如何知道这种暴力是进步的还是只是无偿的苦难？

在这里，科耶夫的讲座无疑为梅洛－庞蒂提供了某些启示。科耶夫指出，历史的最终目的就在于终止主人对奴隶的统治，达到人与人的相互承认，因此衡量一种暴力正当与否的标准在于看它是否能实现人性，导向人对人的相互承认。受到马克思主义的影响，梅洛－庞蒂认为，只有无产阶级的革命才能胜任这一历史使命。因为无产阶级作为主奴关系中的奴隶一方，自身就具有一种普遍性。无产阶级的力量，“作为生产的本质要素，能够解释资本主义的矛盾，能够组织人类占有自然，并且无产阶级作为‘普遍的阶级’，能够超越国家和社会的冲突，同样也能超越人与人之间的斗争。”[③]而马克思主义哲学，作为对无产

① Merleau-Ponty, *Humanism and Terror*, pp.110–111.

② Merleau-Ponty, *Humanism and Terror*, p.109.

③ Merleau-Ponty, *Humanism and Terror*, pp.129–130.

阶级历史使命的正确揭示，就成了真正的历史哲学。它“不是某种历史哲学，而就是这种历史哲学”[①]，在它之外，不再有其他的历史哲学。因此，摒弃它就是“掘历史理性的坟墓”。如此，梅洛－庞蒂就理所当然地接受了马克思主义，这种接受带有信仰色彩。我们可以说，梅洛－庞蒂用马克思主义哲学取代了他早年的天主教信仰。[②]

这种信仰的转变无疑与科耶夫的影响有关，但我们也不应夸大这种影响。梅洛－庞蒂在他的文本中几乎没怎么提到科耶夫的名字就是一个证明。[③]即使在《人道主义与恐怖》中，科耶夫的名字也没有出现过。尽管梅洛－庞蒂的许多论述看起来与科耶夫相似，但如果仔细分析，我们还是可以发现他们两人的差异。

首先，主奴关系的辩证法在梅洛－庞蒂那里并不具有首要的地位。在科耶夫那里，主奴之间的冲突是本质的和原始的，而爱只是作为冲突的某种结果才存在。[④]与此相反，在梅洛－

① Merleau-Ponty, *Humanism and Terror*, p.153.

② 库珀（Barry Cooper）在他的著作《梅洛－庞蒂和马克思主义：从恐怖到改革》（*Merleau-Ponty and Marxism: From Terror to Reform*, University of Toronto Press, 1979）中强调了科耶夫的演讲对他抛弃天主教信条而转向共产主义所起的重要作用，参詹姆斯·施密特《梅洛－庞蒂：现象学与结构主义之间》，第15–16页。

③ 笔者仅在《辩证法的历险》一书中见到过科耶夫的名字，参该书第206页。

④ Cf. Michael S. Roth, *Knowing and History: Appropriations of Hegel in Twentieth-Century France*, pp.47–48, Cornell University Press, 1988.

庞蒂那里，主奴之间的冲突并不是原始的。正如诸意识之间的冲突必须以一个公共领域、以“儿童世界里的和平相处”为基础，对这种冲突的意识也必须以对“我们的相互关系和共同人性”为前提，在马克思主义哲学所揭示的阶级斗争中，对某一阶级的归属感也优先于对不同阶级之冲突的意识。

其次，科耶夫的主人和奴隶具有较强的意识唯我论的特征。尽管科耶夫一开始就把人看作“欲望的存在”，但这种欲望并不是动物性的欲望，而是对他人之欲望的欲望，即一种渴求承认的精神性的欲望。欲望的目的就在于将存在化为虚无，渴望被承认为独立意识，由此，作为欲望的人才不惜冒生命的危险而投入一场“纯粹声誉之战”。他们更高地肯定作为精神的自主性，而远远超出对肉体生存的肯定，为了精神的自主，甚至可以抛弃肉体。[①] 与此相比，梅洛－庞蒂更加强调的还是生存的身体性和境遇性，这当然更容易导致暴力性的冲突（相比之下，一个纯粹的意识将处于一种原初的无辜状态中，暴力问题也就不可能产生）[②]，但从另一方面讲却也弱化了暴力冲突的极端性，因为身体的痛苦更容易提醒人们和平的可贵，从而去寻求达成妥协与和解的可能途径。

最后，与科耶夫相比，梅洛－庞蒂更加强调了历史进程中的偶然性因素。我们从一开始就讲到，梅洛－庞蒂把历史看作一种处境的历史，在其中，处境的逻辑和处境的偶然性是同样

---

① 詹姆斯·施密特《梅洛－庞蒂：在现象学与结构主义之间》，第95页。

② Merleau-Ponty, *Humanism and Terror*, pp.108–109.

重要的两个因素。处境中的意义和逻辑为我们指出了通向人性之实现的长久进步；但是，在历史发展的动力机制中，又始终包含着一种不可消除的偶然性因素。这样，无产阶级的暴力革命尽管给出了要创造一个全新将来的承诺，但是这种革命是否成功，依然是没有任何保证的。而如果革命永不成功，我们也就不能肯定地判断这种革命具有合理性或正当性，因为只有当历史已经过去之后，我们才能判断一种暴力是进步的还是反动的。从科耶夫的视角来看，这种犹豫摇摆的姿态并不是一种理论的态度。梅洛－庞蒂“想要同时最好地拥有偶然性和必然性这两个世界，而没有考虑连接这两个世界的困难。在他看来，革命者作出行动好像是因为他们知道历史的终结，历史的逻辑史学家写作好像是因为他们知道偶然性并不能持续很久，在这两种情形中，‘好像’的姿态看起来更像是一种愿望而不是一种严肃的沉思。”①

但是，我们也已经看到，按照梅洛－庞蒂的理论逻辑，这种“好像”的姿态其实是不可消除的，它根植于身体性地向世而在的生存机制中。科耶夫的主奴关系的历史理论要求以对历史的终结有一种先行的洞见为前提，它在某种程度上类似于海德格尔的向死而在。事实上，科耶夫也承认，对《精神现象学》的理解只有在海德格尔的《存在与时间》之后，更精确地说，只有在《存在与时间》中所包含的对人的有限性分析之后才有可能。海德格尔强调了死亡意识在本真的在世存在中所起的作

① Michael S. Roth, *Knowing and History*, p.122,

用，科耶夫则把这一视角运用到了主奴关系中。[①]然而，我们在第一章中就已经说过，梅洛-庞蒂对海德格尔的向死存在不以为然，这样，他对同样具有海德格尔色彩的历史终结理论也不会全盘接受。即使在看起来最明确地肯定无产阶级能实现真正的人与人之间的相互承认时，他仍这样犹疑地问：

> 奴隶，一旦他们驱逐了主人之后，就能设法超越统治与奴役的选择吗？这是另一个问题。但是，即使这样仍没有出路，它也不意味着马克思主义的历史哲学将被某种其他哲学所取代。它将意味着不存在历史——如果历史意味着人性的出现，人性意味着人作为人而相互承认。最终它将意味着如巴雷斯（Barrès）所说的，世界和我们的存在只是无意义的喧哗。也许没有无产阶级能起来胜任马克思主义的体系所赋予给他的那种历史角色，也许一个普遍的阶级将永远不会出现，但清楚的是，在这一任务中，没有其他阶级能取代无产阶级。[②]

梅洛-庞蒂在此其实已经否定了科耶夫式的历史终结理论。即使对于马克思主义的历史哲学，梅洛-庞蒂事实上也不是完全信服它，但是他接受它。也就是说，马克思主义尽管不能保证这一最终状态，即无阶级的社会的来临，但是它为人们（至少是为梅洛-庞蒂本人）提供了某种信仰的依据。这里的信仰我们不必在严格的宗教意义上来理解，而应在梅洛-庞蒂所谓的知觉信仰的意义上来理解。正如在图形-背景结构中显

① Michael S. Roth, *Knowing and History*, p.108.

② Merleau-Ponty, *Humanism and Terror*, pp.155–156.

现出来的知觉意义一样，历史的意义也应在某个背景中显现出来。作为一个马克思主义者，就是要相信“历史具有一种格式塔……具有一个趋向平衡状态，即无阶级社会的整体系统，没有个体的努力和行动，这个无阶级社会就不可能实现，但是，它已经在当前的危机中作为对这些危机的解决办法而被勾勒出来了。”① 由于历史的意义类似于知觉意义，因此，对它的把握也不可能一下子就明确无疑，正如知觉中隐含着错觉，历史中也必然充满着偶然性和不确定性。

也正是这种偶然性和不确定性，使得历史变得残酷，甚至充满罪恶。在《人道主义与恐怖》中，梅洛－庞蒂特别针对柯斯特勒（Arthur Koestler）的小说《中午的黑暗》考察了布哈林（Nikolai Bukharin）在 1937 年的莫斯科审判中的供词。柯斯特勒在这本书中描写了一个老布尔什维克鲁巴肖夫（Rubashov）的遭遇：他在斯大林开始党内大清洗之际，对苏共党内的不正常现象产生了怀疑，从而招致斯大林的猜忌，被捕入狱；经过疲劳轰炸式的狱中审讯后，他终于精神崩溃，承认了莫须有的罪名，最后被处决。鲁巴肖夫就是基洛夫和布哈林的混合物。按照梅洛－庞蒂的理解，柯斯特勒将莫斯科审判描写成了瑜珈行者与人民委员之间的斗争，即道德上的良心自觉与政治上的马基雅维利主义之间的斗争。鲁巴肖夫在这两种抉择之间摇摆不定。最后，他所信奉的历史哲学使他招认了自己的罪行：党是不会犯错误的，相对于党所代表的无产阶级的远大目标来说，个体只是工具。

① Merleau-Ponty, *Humanism and Terror*, p.130.

在梅洛－庞蒂看来，莫斯科审判展示了政治所固有的悲剧：即行为的客观结构可能与行动者的主观意图截然相反。鲁巴肖夫或布哈林的主观意图无疑是善良的，但它无助于革命的总体目标，从客观的目的来说，甚至可能是有害的；而在到处充满斗争、无法回避暴力的政治领域中，只能借助目的本身来确证手段的合理性。这也是马克思主义的一个原则，它要求“通过一个人的所作所为，而不是通过他的意图来描述他，要根据行动的客观意义而不是其主观意义来评价这种行动。”[①] 鲁巴肖夫或布哈林的悲剧根源就在于他们的行动偏离了历史的轨道，或者说，他们误解了历史的意义，就此而言，他们的失败是必然的。搞垮他们的是那一历史阶段的必然性；或者说，历史本身就是“邪恶的”，“它诱惑人们，怂恿人们，使人们相信他们正沿着它的方向运行，然后它突然脱下伪装，事情发生了变化，并证明还有另一种可能性，被历史以这种方式抛弃而只将自己看作同犯的人们，突然发现自己原来是历史曾刺激过他们的某种罪行的教唆犯。他们不能寻找措辞，甚至没有理由推卸部分责任。”[②] 这样，通过诉诸历史将来的暧昧性以及历史本身的邪恶，梅洛－庞蒂事实上已经承认了莫斯科审判的合理性，并在某种程度上替斯大林的集权恐怖作了辩护；而在作这样的辩护时，梅洛－庞蒂依然认为马克思主义是最理想的指导理论。自由主义国家同样充满暴力，它只是用自由的原则掩盖了欺诈、暴力和说教。因此，自由主义实际上把暴力神秘化了。与此相反，马克思主

① Merleau-Ponty, *Humanism and Terror*, p.7.

② Merleau-Ponty, *Humanism and Terror*, p.40.

义没有回避暴力问题，事实上，它始终包含着暴力的恐怖因素。但是，“马克思主义的本质任务在于找到一种能随着人类未来的临近而减少的暴力。”[①] 换言之，马克思主义的暴力是革命的，它能创造出人与人之间的人道关系。

这种辩护其实是成问题的。雷蒙·阿隆后来曾对梅洛－庞蒂作出过严厉的批评。在阿隆看来，梅洛－庞蒂的根本失误在于：他把马克思主义混同于一种历史哲学，而且是唯一的历史哲学，由此他也就忽视了历史意义的多样性。这在某种程度上可以说偏离了梅洛－庞蒂作为历史出发点的生存境遇。因为从个体甚至群体偶然的生存境遇出发，是很难把某一种特定的历史知觉意义当作唯一普遍的历史意义的，更不能由此而把与之相对的其他意义视作必欲铲除的障碍。由于从一种被奉为真实的历史哲学出发，梅洛－庞蒂也就自然地把革命的暴力视为正当，这在某种程度上是重新回到了一种决定论式的历史哲学。[②] 另一方面，梅洛－庞蒂也有意无意地混淆了马克思主义的规范原则与现实中的共产主义国家（苏联）之间的差别，尽管他也认识到苏维埃政权存在的种种问题：“革命逐渐停顿下来，它保留和加强了专政机构，而放弃了在苏维埃及其政党方面无产阶级的解放，放弃了对于国家的人道控制。”[③] 但他依然有意无意地从马克思主义的理念出发为其辩护，从而把罪恶推给神秘的历史本身。

---

① Merleau-Ponty, *Humanism and Terror*, author's preface, p.xviii.

② 参雷蒙·阿隆《知识分子的鸦片》，第四、五章，吕一民、顾杭译，译林出版社，2005 年。

③ Merleau-Ponty, *Humanism and Terror*, author's preface, p.xxi.

更进一步来说，梅洛－庞蒂的失误在于，他把马克思主义神圣化了，或者说，他把马克思主义当作他的信仰了。正是从这种信仰出发，才使他从个人感情上来说更加倾向于作为马克思主义理念在现实中的化身的苏维埃政权。也是因此，尽管苏联有各种各样的问题，他依然为它辩护。当然，距离在此也起了作用，虽然苏联被人们指责为专制政府，但那是远处的、非亲历的因而显得抽象和空洞的问题，与此相反，自由主义国家中的问题却是现实的，即便微小却也是被近距离地看到、切身地体验到并因此而无比放大了的问题。正是因此，当自由主义者批评苏联政府的集权时，梅洛－庞蒂却指出，西方国家中同样存在着“赤裸裸的阶级斗争：罢工和镇压、马达加斯加屠杀、越南战争、麦卡锡主义和美国恐怖、纳粹复苏、教会势力泛滥并伪善地保护法西斯主义在其卵翼下复生”。[①] 或许哪一边都不是完全干净的，但是，苏联相比于资产阶级国家至少有一个更大的优势：革命目标。正是对这一理想目标的信仰帮助梅洛－庞蒂选择了苏联。然而，这一强意义上的信仰也反过来窒息了作为梅洛－庞蒂出发点的知觉信仰，它将原本开放的知觉意义带入了它的终结之中。一种终极的意义同时也是意义的终结。

3. 历史的多样性

无论如何，《人道主义与恐怖》的影响是巨大的。当它在1947年出版时，不但引起了雷蒙·阿隆等右翼政治人士的激烈

---

①《萨特自述》，第316页。

攻击，也在梅洛－庞蒂所属的《现代》杂志这一小阵营内引起了分歧，加缪严厉地斥责梅洛－庞蒂为审判事件作辩护，而萨特则深受鼓舞。在某种程度上，《人道主义与恐怖》一书甚至称得上是萨特的政治启蒙读物，因为正是通过这本书，萨特开始向共产党靠拢。[①] 他这样说："正是《人道主义与恐怖》一书使我作出了一项重要决定。这本小小的厚书向我展示了方法与对象，它给了我需要的动力，让我把自己从静止中解放出来。"[②]

但是，梅洛－庞蒂自己的态度却逐渐地改变了。这种转变一方面是由于《人道主义与恐怖》一书出版后受到的各种批评，另一方面也是由于他对现实局势，尤其是斯大林的政治体制有了更充分的认识。首先是苏联集中营的发现。在 1950 年 1 月的一篇文章中，梅洛－庞蒂这样说，当每二十个公民中有一个被关入集中营时，根本就不可能有社会主义，但是他仍然坚持："不管苏维埃社会现在的性质是什么，从总体上看，苏维埃社会主义共和国联盟在力量均衡中，仍站在那些反抗为我们所熟知的剥削形式的人一边。"[③] 但是，他对苏联的态度开始冷淡下来。正如萨特所说："1945 年的苏联在他看来还是模糊的，他在其中找到了'进步的信号和退步的征兆'。这个国家正从可怕的考验中出现，希望是可能的。在 1950 年，在集中营系统被揭发

---

① 在此之前，萨特对政治一向颇为冷淡，与马克思主义也相去甚远。在《现代》杂志中，梅洛－庞蒂任主编和政治编辑，但他从来不同意让自己的名字与萨特的名字一起出现在杂志的刊头栏上。正是通过梅洛－庞蒂的政论文章和书，萨特才逐渐转向了共产党。

②《萨特自述》，第 305 页。

③ Merleau-Ponty, *Signes*, p.338.

后，……‘产生整全的人’的革命目标被降低为对共产党的一种幻想。可以说就在这个时候，梅洛发现自己正处在十字路口，他仍面临着选择。”[①]

他与萨特的关系也越来越疏远，最终导致了两人的分裂。当梅洛－庞蒂逐渐远离共产主义的时候，萨特却日益靠近它。萨特后来回忆说：“我们每个人都受到了制约，但是在相反的方向上。我们慢慢积累起来的反感突然间让一个人发现了斯大林主义的恐怖，而让另一个则发现了他自己阶级的恐怖。”[②]1952年发生的李奇微（Matthew B. Ridgway）事件[③]最终成为两人分裂的爆发点，萨特写了一系列文章来支持法国共产党的运动，这些文章发表在1952年7月至1954年4月的《现代》杂志上，并且后来以《共产党人与和平》为题结集出版。梅洛－庞蒂显然是不同意萨特的立场和观点的，但他开始时并没有对这些文章发表评论。只是在1955年出版的《辩证法的历险》中，他

---

①《萨特自述》，第315页，译文据英译文有改动。英译文见 Jon Stewart (ed.), *The Debate between Sartre and Merleau-Ponty*, p.589.

②《萨特自述》，第329–330页，译文据英译文有改动。

③ 1952年5月28日，李奇微将军抵达巴黎，随后发生了一系列不寻常的事件。此前，李奇微接替了艾森豪威尔将军，任北约组织部队最高司令，由于据说美国在韩国使用了细菌武器，所以李奇微始终成为共产主义报刊攻击的目标。在巴黎，法国共产党领袖、国会议员杜克洛（Jacques Duclos）组织了声势浩大的示威游行，并为此而受到从事秘密情报活动的指控，被捕入狱。事后人们知道，杜克洛的入狱完全是出于误会或诬陷，在各国共产党及进步人士的抗议下，杜克洛不久就获得释放。参詹姆斯·施密特《梅洛－庞蒂：现象学与结构主义之间》，第113–114页，亦参《萨特自述》，第329页。

才对之作了严厉的批判。

导致梅洛－庞蒂和萨特公开决裂的引线却是一件很小的事。一个叫皮埃尔·那维勒（Pierre Naville）的马克思主义者为《现代》杂志写了一篇关于资本主义矛盾的文章，梅洛－庞蒂同样不赞成这篇文章的观点，于是在文章前面写了一个批判性的编者导言，但是，在刊发时萨特却删掉了这个导言，梅洛－庞蒂对此公开表示抗议，他辞去了在《现代》的职务，并与萨特绝交。

梅洛－庞蒂与萨特在政治立场上的分歧由来已久，这种分歧甚至已经隐含在《存在与虚无》和《知觉现象学》中了。我们前面已经讲过他们对于阶级的不同认识。事实上，他们后来的分歧也是与此有关的。萨特曾回忆这一时期他与梅洛－庞蒂的争执：

> 突然间，梅洛的话语打开了闸门。我也一样，我们投入到冗长而无益的解释之中，从一个主题跳到另一个主题，从一个讨论进入另一个讨论。有群众的自发性吗？群体能从中发现它的内聚力吗？这些模棱两可的问题时而把我们带回到政治，带回到共产党的角色，带回到罗莎·卢森堡，带回到列宁，时而又把我们带回到社会学，带回到生存本身，也就是说，带回到哲学，带回到我们的生活风格，带回到我们的“锚地”，带回到我们自身。①

萨特在此提到的两个模棱两可的问题正是他们争论的焦点。它首先涉及阶级问题。无产阶级是自发形成的还是在资产阶级的注视下形成的。梅洛－庞蒂持前一种观点，而萨特则赞

① 萨特《萨特自述》，第 336–337，译文略有改动。

同后一种观点。在萨特看来，群众只是一堆个体的聚集，它的本质“不允许他们在政治上思维和行动”，“确切地说，不能指望他们制订政策，相反，他们只是政策的工具”。[①]随之而来的是党与无产阶级的关系问题。在梅洛－庞蒂看来，政党并不是无产阶级的创造者，而只是对话中的交谈者，是无产阶级形成团体的一个纽结，或者说，是无产阶级的自我意识。与此相反，萨特认为，由于群众没有自发性，因此，无产阶级只能是通过外部力量形成，这就是政党。因此，是政党构成了无产阶级，在政党出现之前，并不存在无产阶级。在《共产党人与和平》一书中，萨特进一步指出，战后法国经济变革的结果，使得阶级差别模糊不清，破坏了无产者作为一个阶级的构成。工人们几乎没有发现自己被作为资产者的“第三者”所注视；工人和管理者的复杂等级缓和了阶级冲突。在这种状态下，党必须扮演为资产者第三者所抛弃的角色。换言之，要通过党的注视把无产者重新团聚在一起。[②]

在梅洛－庞蒂看来，萨特的政治理论并没有超出他在《存在与虚无》中的基本观点：“他的整个关于政党与无产阶级的理论都来自于他的事实哲学和意识哲学，在事实和意识之外，也来自于他的时间哲学。”[③]换言之，萨特的政党和无产阶级理论

---

① Sartre, *The Communists and Peace with a Reply to Claude Lefort*, George Braziller, 1968, p.226. 转引自詹姆斯 · 施密特《梅洛－庞蒂：现象学与结构主义之间》，第 147 页注 150。

② 詹姆斯·施密特《梅洛－庞蒂：现象学与结构主义之间》，第 117 页。

③ Merleau-Ponty, *Adventures of the Dialectic*, p.105.

仍然“停留在主体哲学内”[1]。它保留着基本的二元对立，政党与群众，无产阶级与资产阶级等，尽管萨特也常常求助于“意识和事实之间的中间地带”,即“社会世界”,但很快又反叛了它，这就使得萨特的理论看起来常常是自相矛盾的。由于缺乏中介，最终，萨特就把历史化约为个人的行动，它只是凭借着个体的意志才得以持续下去。

由政党与无产阶级而引起的争论，还把萨特和梅洛－庞蒂带回到他们的“生存本身”，带回到他们的“生活风格”，这尤其体现在他们对于“介入”的理解上。生存哲学就是一种介入哲学，这无论对于萨特还是梅洛－庞蒂都是毋庸置疑的。但在对介入的具体理解上，他们又各不相同，尤其是当面对复杂的社会历史事件时，究竟怎样的姿态才算是一种介入呢？朝鲜战争爆发后，梅洛－庞蒂开始对政治保持沉默，而由他负责的《现代》杂志的政治版块也有意地淡化政治。这也是导致萨特对梅洛－庞蒂不满的重要因素。两人公开决裂后，萨特在写给梅洛－庞蒂的一封信中，就指责梅洛－庞蒂放弃了政治介入，躲进了纯粹的哲学研究中，而缺乏对社会与现实的应有关注。梅洛－庞蒂则在他的回信中说，他从来就没有逃避对政治的介入。[2]他之对朝鲜战争保持沉默，既有暂时的原因，也有长久的原因。他进而阐述了他对介入的理解：有两种介入的方法，一种是在

① Merleau-Ponty, *Adventures of the Dialectic*, p.107.

② 萨特与梅洛－庞蒂的这几封通信 1994 年才首次发表在《文学杂志》(*Magazine Littéraire*）上，英译见 Jon Stewart (ed.), *The Debate between Sartre and Merleau-Ponty*, pp.327–354.

每一事件上都介入，这就是萨特的“持续的介入”，这种介入“有它自己的适宜性”，因为“有许多事情，它们允许人们立即对其作出判断，或不如说，甚至在它们自身中也要求这种判断，比如说，对卢森堡的审判与处决”。但是梅洛－庞蒂也强调，大多数时候，单个的事件“并不能作为一个政治活动的整体而得到评价”，因为“政治活动会改变这一事件的意义，它可能成为一种策略或一种权谋以引起人们对政策的每一点都进行判断而不是从它的结果，从它与它的对立面的关系中来加以考虑”。而且，在每一事件上都介入也就“毫无反思地拒绝了一个改正的权利”。[①] 因此，梅洛－庞蒂强调一种更审慎的介入，这就是要“在事件与总体的观点之间往返运动”，对单个事件得以发生的整体背景作更透彻的研究。[②] 而这样的研究也就离不开哲学的反思。萨特指责梅洛－庞蒂躲进哲学中以逃避政治现实，但梅洛－庞蒂却认为，哲学本身并不是脱离世界的，哲学就是在世界中的一种立场，它要求对事件采取一种审慎的态度。这种审慎的介入比起萨特的“持续的介入”来说“离政治更切近”，因为它“在事件与对事件的判断之间引入了一种距离，这种距离解除了事件的陷阱，并能使人们更清楚地看到事件的意义。”[③]

在这种审慎态度的指引下，梅洛－庞蒂认为有必要改进他

---

① Jon Stewart (ed.), *The Debate between Sartre and Merleau-Ponty*, pp.338–339.

② Jon Stewart (ed.), *The Debate between Sartre and Merleau-Ponty*, pp.340, 329–330.

③ Jon Stewart (ed.), *The Debate between Sartre and Merleau-Ponty*, pp.340–341.

在《人道主义与恐怖》中的历史观与政治立场："我们需要一种历史和精神哲学，以解决我们在这里所遇到的问题。"这就是《辩证法的历险》的出发点，在这里展开的是一系列的"取样、试探、哲学轶事、分析的开端，简言之，是在阅读、个人会面和当代的事件过程中持续不断的沉思"。①

在《辩证法的历险》的"前言"中，梅洛-庞蒂谈到我们的政治学正处在一个自由主义和历史唯物主义，或者说"知性政治学"和"理性政治学"都已经丧失名誉的时代，知性政治学只知道分立的特殊性而严格地回避总体化的趋势，与之相反，理性政治学则只知道总体化的宏大叙事而把特殊性还原为必须予以克服的否定性。"政治学，无论是知性的还是理性的，都摇摆于事实世界和价值世界、个体判断和共同行动、现在和将来之间。"②梅洛-庞蒂希望超出这种二者择一，选择一种更加开放，更加多样化的历史观。因此，他不再把马克思主义视作唯一的历史哲学或历史哲学本身，他也彻底放弃了早期受科耶夫影响而接受的历史会有一个终点的看法。在某种程度上，《辩证法的历险》中的历史观重新与《知觉现象学》中的基本立场衔接起来了。

在《知觉现象学》中，梅洛-庞蒂曾提到，存在着两种历史或历史性③，一种是动态的，可以称之为革命的历史，另一种

① Merleau-Ponty, *Adventures of the Dialectic*, p.3.

② Merleau-Ponty, *Adventures of the Dialectic*, p.6.

③ Merleau-Ponty, *Phénoménologie de la perception*, p.103;*The Prose of the World*, p.72; *Signes*, p.75.

是静态的，可以称之为习惯的历史。前者意味着冲突和斗争，它一方面破坏着既存的秩序，另一方面又创造出新的意义。后者意味着和谐与共存，它既是一种意义的积淀和制度的创建，但也陷入刻板和平庸的重复中。人类的历史就是这两种形式的交替呈现。因此，“历史既不是一种不断的创新，也不是一种不断的重复，而是既产生各种稳定的形式又砸碎它们的唯一运动。”[①] 在这两种历史中，梅洛－庞蒂认为后一种，即习惯的历史是更加普遍、也更加寻常的，而前一种，即革命的历史却是特殊的。因为在日常的社会生活中有一种相对稳定甚至刻板的历史先天性，只要社会诸力量的平衡能使同样的形式继续持存下去，历史的个体就不会尽力扮演其角色，他总是面对典型的情境，作出典型的决定。除非真正的动荡出现，并砸碎了直至那时为止还依然有效的历史范畴，否则，历史的个体不会对之作出积极的回应。这种历史的惰性可以追溯到我们身体的先天机制上，因为存在着“习惯的身体”和“当前实际的身体”的双重性，存在着“生理现象”和“心理现象”的双重性，而这种“机体及其单调的辩证法并不是外在于历史，且不能为历史所吸收的”[②]；因为也存在着一种“历史的身体”[③]，它与我们的身体是相互蕴涵的，我们在自己的身体中就已经拥有了“对历史

① Merleau-Ponty, *Phénoménologie de la perception*, p.104.

② Merleau-Ponty, *Phénoménologie de la perception*, p.104.

③ Merleau-Ponty, *Phénoménologie de la perception*, p.xiv：“如马克思所说，历史不在头脑中运行，但同样确实的是，它也不用它的脚思考。或不如说，我们所关心的既不是它的‘头’，也不是它的‘脚’，而是它的身体。”

的触摸不到的身体的最原始经验”。[①] 因此，与我们的身体一样，历史最终也显现出这种双重性。在《辩证法的历险》中，梅洛－庞蒂进而把这个观点应用到他对历史唯物主义的理解上。他接受了科尔施（Karl Korsch）的观点，认为存在着两个马克思，一个是青年马克思，他建立的是一种“辩证的”和“哲学的”马克思主义，“与革命行将到来的急剧变化时期相对应”，它“适合于高涨时期，即革命迫在眉睫之时”；另一个则是已经建立起了“科学社会主义”体系的老年马克思，他开始大谈“摧毁哲学”，把哲学“抛在一边”，这种马克思主义“在低潮时期占支配地位”，这时，“实际历史与它的内在逻辑之间出现了分歧，底层结构的重量凸现出来”。[②] 这两种马克思主义后来分别在卢卡奇的《历史与阶级意识》和列宁的《唯物论和经验批判主义》这两本书中得到表达，它也就体现为西方马克思主义与列宁主义的冲突。

青年马克思主义和老年马克思主义只是分别强调了历史运动的某一方面，在梅洛－庞蒂看来，需要把这两者综合起来。在一个既定的社会中，同时存在着“运动和惰性”，比如说，同时存在着无产阶级和资产阶级，这两者就是“作为向一般性和向人际关系的创制过渡的历史的特定结构”。[③] 因此，历史既是运动也是停滞，既是进步也是倒退，既有意义也无意义：

> 历史的意义（sens，方向）在每一步都受到脱轨的威

---

① Merleau-Ponty, *the Prose of the World*, p.83.

② Merleau-Ponty, *Adventures of the Dialectic*, p.64.

③ Merleau-Ponty, *Adventures of the Dialectic*, p.221.

> 胁，需要不断地重新解释。主流从来不会不伴有逆流或涡流。它甚至从来就不是作为一件事实给出的。它只有通过不对称、残留、转向、倒退才表现出来，它可以类比于被知觉事物的意义，类比于那些只有从特定的视点看呈现出形式，但也不绝对排除其他的知觉形式的突出形象；与其说历史有一种意义，不如说历史有的是对无意义的排除。[①]

历史既然作为这样两种因素的交替呈现，它也就不可能终结。在《人道主义与恐怖》中，梅洛－庞蒂其实已经对此有所怀疑，而现在，他却更为肯定了：无产阶级的革命即使成功，它最后也一定会蜕化变质："这是因为建立了政权的革命根本不同于作为运动的革命，确切地说，历史运动一旦成功，并作为一种制度而告终，便不再是它自身：它在自我实现的过程中'背叛'并'玷污'了自身。革命作为运动是正确的，作为统治则是错误的。"[②]

从更深的层次来说，历史的不可终结性源于处境的复杂多变。科耶夫事实上只是从抽象的人性层面来谈论历史的终结的，也就是说，在他看来，人性是可以探究穷尽的，当这种人性（欲望）的可能性被穷尽时，历史也就终结了。但在梅洛－庞蒂看来，人性恰恰是在现实的处境中生成的，而处境从来都不是确定的，所以，我们也从来就不可能彻底地探究人性："人类问题的历史解决，历史的终结，只有在人性成为一件可以被知晓的事物的情况下——在其中，只有在知识足以穷尽存在并达到实在

① Merleau-Ponty, *Adventures of the Dialectic*, p.39.

② Merleau-Ponty, *Adventures of the Dialectic*, p.207.

地包容所有曾经存在过的以及所有能够存在的人性状态的情况下——才是可以想象的。”[①]然而这是不可能的。正是因此，梅洛-庞蒂认为，我们“应该相对地看待马克思主义关于让位于历史的一种史前史的观念和关于人与人、人与自然和谐一致的真正完美社会临近的观点，因为尽管这是我们的社会批判所需要的，但是，在历史中没有注定产生这种社会的力量。人类的历史因此不是为了有一天能在其所有刻度盘上显示出同一的正午而编造出来的。社会-经济史的发展，乃至革命，与其说是向无阶级的大同社会的过渡，不如说是透过始终异型的各种文化机制来寻找一种对于多数人并非过不下去的生活。”[②]

由此也可以看出，梅洛-庞蒂否认历史的终结说到底还是坚持他的生存论立场的结果。无论是黑格尔、马克思还是科耶夫，当他们最后宣称存在一个普遍的大同社会时，都已经背离了生存主义的立场。然而，说历史没有一个终点，这是否意味着历史也不再有目的，不再有意义呢？因为正如洛维特所说，“目的”观念规定了“意义”的内涵：“一切并非天然地是其所是，而是由上帝或者人所意愿和创造出来的事物，其意义都是由其所为或者目的来规定的。一张桌子只是由于它指示着一个超出了它的物的存在的所为，它才是‘桌子’。即使是历史事件，也只有当它们指示着现实事件彼岸的一个目的时，才有意义；……只有当历史事件的终极目的清晰可见时，冒昧地陈述其意义才有可能。”[③]

---

① Merleau-Ponty, *Adventures of the Dialectic*, pp.22–23.

② Merleau-Ponty, *Signes*, pp.164–165.

③ 洛维特《世界历史与救赎历史》，第9页，李秋零、田薇译，三

因此，取消了历史的终极一维，是否会导致一种虚无主义呢？

梅洛－庞蒂似乎并不这样认为。首先，终极概念不等于目的概念，当然，任何终极性的设定都隐含着一个终极目的；而梅洛－庞蒂对历史终极的否定，只是对这样一个终极目的的否定。在梅洛－庞蒂看来，这种作为必然性而存在的终极目的的概念只能是一种人为的设定，它实际所起的只是满足一种社会批判之需的作用。然而，"这一历史的目的（τέλος）一旦被给与，每一种哲学都可能表现为对这一必然的将来的偏离、异化、抵制，或者相反地是通向它的阶段或进程。"[①] 因此，事实上存在着各种各样的目的，它们都与具体的人或具体的处境相关。其次，要区分外在目的与内在目的。历史的终极就是一种外在目的，它借用普遍历史的观念"阉割了事件的意义，使得效果历史成为无意义的"，由此也否定了个体的存在价值，否定了偶然性。在梅洛－庞蒂看来，这才是一种"带着面纱的虚无主义"[②]。因为，如果"没有这种偶然性，存在的就只有历史的幽灵。如果我们知道历史不可避免地走向何处，一个接一个的偶然事件就既不再具有重要性，也不再具有意义。"[③] 因此，否定历史的终极并不是否定历史的未来。只是这个未来是开放的，不确定的，正因为未来是不确定的，历史事件本身才产生丰富多彩的意义。历史事件的意义并不由"彼岸的一个目的"所赋予，而是内在

联书店，2002 年。

① Merleau-Ponty, *Signes*, p.162.

② 梅洛－庞蒂《哲学赞词》，第 34 页。

③ 梅洛－庞蒂《哲学赞词》，第 33 页。

于事件本身中。我们不知道历史会走向何方，但是存在着一种历史的逻辑。这种“历史的逻辑并不按照明晰的思想和个人的设计而运行。它靠的是复杂的政治及某些无名的计划，这些计划使一组个人具有某种共同的方式，如‘法西斯主义的’或者‘无产阶级的’。”[①] 历史事件的意义是超越于个体处遇自身的意义。

以上我们对梅洛－庞蒂的历史思想作了简单的介绍，从中我们始终能感受到那种介于对立二极之间的不确定态度。他的历史观既反对一种决定论，又想摆脱相对主义的干扰，既对自由主义提出了批评，又看到了马克思主义的局限，也是因此，他的观点似乎对左右两派都不讨好，在两派中都不受欢迎，以致美国学者理查德·沃林发出这样的感叹：在当代法国思想界，梅洛－庞蒂莫名其妙地变成了一个“风光不再的人物”[②]。显然，这种态度是不公正的，正如沃林所说，梅洛－庞蒂对于历史的许多看法都不应该被忽视，也“绝不会被世人所抛弃”，而且从许多方面来看，他的观点是“有先见之明的”。[③] 比如说他在《辩证法的历险》中对斯大林的批判，正发生在“斯大林主义的矛盾发展成为匈牙利悲剧性的反苏暴乱”爆发的前夜，梅洛－庞蒂的批判实际上直接预言了这种结果。[④] 在对辩证法的看法上，梅洛－庞蒂认为要淘汰的绝不是辩证法，而是那种想在历史的终结中，在永久的革命中，或者在某种自我斗争的体制中取消

① Merleau-Ponty, *Sense and Non-sense*, p.111.

② 理查德·沃林《文化批评的观念》，第 164 页，张国清译，商务印书馆，2000 年。

③ 理查德·沃林《文化批评的观念》，第 189 页。

④ 鹫田清一《梅洛－庞蒂：可逆性》，第 183 页。

这种辩证法的要求。辩证法不会被遗弃，正如实际的历史不会终结一样。

4. 存在历史与主体性

在梅洛－庞蒂早期的历史观中，他是从处境概念出发的，但处境本身却是完全偶然的东西。它事实上是不能作为最终的奠基的。因此，在后来的思想中，梅洛－庞蒂受海德格尔的影响，引进了“存在历史”的概念。

所谓存在历史，指的是人在世界中的呈现被看作是存在自身的临现，看作是存在在能感－可感结构中的分环勾连（articulation，表达）本身。身体的或肉质的实存（carnal existence）只是存在在它的爆发中所形成的特殊构型。因此，本己的身体之所以是一种自然表达的力量，只是因为存在借助它在表达自身和勾连自身。而身体在它与自然、与他人的肉质关系中所形成的意义也是存在自身意义的体现，这种意义积淀在自然世界的基础上形成了一个符号和文化的世界，随之就产生了历史性。“如果可以说时间性就是作为存在的持续临现的主体性本身，那么也必然可以说，历史性就是这种人称性的主体在存在的同一种涌现中所形成的符号和制度中的重新占有、升华和重新投入。”[①] 由于我们自然的、肉质生存的意义都是存在在其爆发中形成的，所以，人类的历史或文化的历史也是存在自身的历史，历史的生成就是存在在时间中的生成。

---

① Madison, *the Phenomenology of Merleau-Ponty,* pp.257–258.

存在的历史是一种“垂直的历史”，“垂直”在此意指时间之不同维度的同时性，换言之，过去的东西并没有过去，它依然在当下起作用，并生成新的意义。[①]在谈到哲学史时，梅洛－庞蒂说，任何一种伟大的哲学都像一个艺术作品那样，总是能够“产生一种比它所‘包含’的东西更多的思想”，总是“保留着一种在它的历史性语境之外的意义，甚至只有在这种语境之外才有意义”。[②]正是这种超越性使它跳出了特定历史语境的制约，而有了一种垂直生成的特征。由于每一种哲学都能超出自身之外，所以，各种不同的哲学才能相互跨越，相互包含。因为说到底，所有哲学家的问题都“内在于存在的问题中，他们都承认这一点，因此我们能够、我们应该在这个（存在的）视域内思考这些问题。”[③]从存在的视域来看，我们也可以说，哲学史就是存在历史的体现，“世界和存在在运动中聚集自身，而哲学是对这种存在的回响。”[④]正是因此，对梅洛－庞蒂来说，规定哲学之特质的就是一种“探究”（interrogation）：“哲学在世界之后，在自然之后，在生活之后，在思想之后到来，并且发现它们在哲学之前就已经被构成，所以哲学要探究这个预先

---

① 克罗齐的名言“一切真正的历史都是当代史”，也可以从一种垂直历史的角度来理解。也就是说，不是从当下的体验出发，把过去时代的某一事件与现实联系起来进行理解；而是反过来，原本处于历史地层中的某个事件在当下事件造成的历史缺口中突然获得了释放的机会，它像岩浆喷发一样涌现出来，给当下的历史地平面带来了新的景观。

② Merleau-Ponty, *Le visible et l'invisible*, p.253.

③ Merleau-Ponty, *Le visible et l'invisible*, p.251.

④ Merleau-Ponty, *Signes*, p.30.

存在，并且基于它与这个预先存在的关系探问自身。”① 也是在它的探究中，哲学才形成为“与存在的最终关系，才成为存在论的器官”②。

由于所有的哲学都是对“存在问题”的探究，所以我们可以说“有一种绝对，一种哲学内在于哲学史中，不过这种绝对、这种哲学并不是把所有的哲学都重新融合进一种唯一的哲学中，也不是折中主义或怀疑主义。”③ 当然，这不是说有一种把所有哲学都囊括在内的博物馆式的哲学，而是说“哲学作为整体处在每一种哲学的特定环节内，用一句著名的话来说：哲学的中心无处不在，而其边界无迹可寻。”④ 哲学史因此呈现为差异中的同一。差异指的是每一种哲学都有它自己的特色或风格，不能为任何其他哲学所取代，也不能被化约为一种无所不包的大一统哲学的某个环节；但是，这种差异性和多样性又只有相对于某种对所有哲学来说都相同的东西才能被理解，而这种同一的、绝对的东西就是存在。

哲学史的问题也有助于我们理解艺术史、文化史或社会史的发展。与哲学一样，艺术、文学也是“存在的铭写”⑤。过去时代的某部伟大的艺术作品或文学作品，从来都不可能简单地被超越，它所揭示的真理也不可能被完全地确定，更不可能被整合到另一种所谓的更大真理中。它在任何时候都是鲜活的，并

① Merleau-Ponty, *Le visible et l'invisible*, p.164.

② Merleau-Ponty, *Le visible et l'invisible*, p.162.

③ Merleau-Ponty, *Le visible et l'invisible*, p.242.

④ Merleau-Ponty, *Signes*, p.161.

⑤ Merleau-Ponty, *Le visible et l'invisible*, p.250.

总是能向那些探询它的人提供新的思想和意义。正是因此，梅洛-庞蒂说："我们既不能在绘画中，也不能在别的方面建立一种文明的等级或谈论进步，这不是由于某种命运在后面阻碍着我们，而是因为在某种意义上，第一幅画就已经径直通达了未来的尽头。"同样，"没有哪一种绘画能结束绘画，没有哪一部作品是绝对完结了自身的"，因为"每一次创造都在改变着、更替着、启示着、深化着、加强着、完善着、再创造或预先创造着其他的创造。"[①] 艺术作品的创造之所以生生不息，正源于它的本质就在于对本源性存在的探索和揭示；也由于存在在底下支托着人，所以人的行动才呈现出创造性的特征，才总是比意识所揭示的或意识所赋予它的要具有更多的意义。原始的存在是超越性得以可能的不可穷尽的源泉。

但这里还有一个问题：如果说人的历史也是存在的"铭写"，那么，这是否意味着我们又回到了梅洛-庞蒂在他早期曾经批判过的历史"决定论"或"天启论"？我们如何理解人在历史中的地位？进而言之，我们如何解释人类历史中的罪恶？

这些问题其实是在海德格尔的哲学中提出来的。许多哲学家都指出，海德格尔二战期间在政治上的失足与他的哲学思想，尤其是与他的存在历史观有关。因为在海德格尔的哲学中，"存在的目的"表现为一股不可动摇的原初力量，它所向披靡，主宰着所有人类生命的形态和特征。因此，对于人类历史的内在过程和轨迹进行有意义的分析是多余的，人只要听命于存在就行了，正如布鲁门伯格指出，一种"存在的历史"向人敞开的

---

① Merleau-Ponty, *l'Œil et l'Esprit*, p.92.

唯一自由的选择态度就是“屈服”。[①]而海德格尔自己似乎也认为，他所信奉的“国家社会主义”就是这种存在历史的体现。所以，如玻格勒尔所说的，海德格尔“从来都没有真正地”从他早期对于国家社会主义的亲近中“摆脱出来”；而哈贝马斯则更是尖锐地指出：存在历史的学说就是潜在的极权主义。[②]

如果这些是事实[③]（显然，我们既无法完全把海德格尔的“存在历史”思想与“国家社会主义”的信仰等同起来，也无法完全否认这两者之间的联系），那么，当梅洛-庞蒂从海德格尔那里借用来“存在的历史”这个观念时，是否也可能有同样的思想隐患呢？

几乎可以肯定的是，梅洛-庞蒂在运用这个词语时，他从来没有想到过“国家社会主义”之类的概念，而且他也绝对没有海德格尔的那种国家社会主义的信仰。另外可以肯定的是，在梅洛-庞蒂的哲学中，人的地位始终要比在海德格尔的哲学中高得多，即使在后期哲学中，他也依然保留了“主体”这个概念。正如他在一篇文章中所说，真实的东西一旦构成，就成为一种坚实的存在；而主体性的发现就属于这种存在之一，它就像“美洲大陆”的发现一样不可否定。在这个意义上，他还含蓄地对海德格尔提出了异议：“今天怀念巴门尼德，并试图让我们返回在自我意识形成之前的我们与存在之关系的哲学家本

① 参理查德·沃林《文化批评的观念》，第208—209页。

② 参理查德·沃林《文化批评的观念》，第209—210页。

③ 孙周兴教授曾向笔者指出，海德格尔的存在历史观主要形成于二战后的时期，因此与海德格尔任纳粹校长一事没有根本关联。但即使这样，也不能否认这种存在历史观在二战之前或二战期间已经处于酝酿之中。

人，应将他的基本本体论的见解和品味归功于这个自我意识。”①换言之，主体性已经成为我们不可能摆脱的维度性事实之一。也正是因此，梅洛－庞蒂始终没有放弃对人的关注。萨特证实了这一点。他说，梅洛－庞蒂晚期重读了海德格尔，并且对他有了更好的理解，但是，他们的道路是相互交叉的。“存在是这个德国哲学家唯一关注的东西，而尽管梅洛有时同他共享一种哲学，但梅洛的主要关注仍然是人。”②

由于依然坚持主体性思想，所以梅洛－庞蒂说，存在并不凌驾于人，相反，就像他在谈到上帝时所说的那样，存在在人之下，它只有通过人才被认识或自我认识。在某种意义上，我们可以说，存在与人是相互依托的。“人被其根本的天职所指明，就是要创立存在，而同样，存在被它的命运所规定，那就是要通过人而实现自身。”③梅洛－庞蒂从生存论转向存在论，并不是对生存论的否定，而只是要为人的向世而在寻找一个更加坚实的基础，在这个意义上，存在不是作为人的避难所，而是作为人的依托和庇护而出现的。梅洛－庞蒂确实没有把存在的历史与人类的罪恶联系起来考察过。在他那里，存在作为一种本源性的力量更多地是与人的创造性活动相关的，因此，我们也没有理由把罪恶归结为存在，正如我们不能把苦难归结为上帝一样。如果要寻找人类历史中的恶的起源，那我们还是只能在

---

① Merleau-Ponty, *Signes*, p.194.

②《萨特自述》，第 351 页，译文略有改动。

③《萨特自述》，第 351 页，译文据英译文略有改动，见 Jon Stewart (ed.), *The Debate between Sartre and Merleau-Ponty*, p.617.

人类自身寻找原因。因为梅洛-庞蒂确实说过，人“是存在的核心中的一种脆弱”[①]。尽管人是在存在的运作中产生的一种能感-可感的关联，是通向存在的“入口”，但这种关联和入口随着人的死亡也就消失了。存在自身的历史只是最初的历史，而人就是这种最初历史的产物。作为存在之产物的人依然拥有他的全部自由，正是人在他的自由和创造性活动中进一步产生出了一种更高次的真理价值，我们的哲学、绘画和人类历史就属于这更高层次的价值，这里当然也有存在本身的作用，但是更为重要的是人类活动本身。由于人天生的脆弱性，也就无法避免错误和罪恶，人类只有在创造和行动的时候同时也让存在存在（let Being be），才能对他所创造的历史负责。从这些思想中，我们看到了梅洛-庞蒂与海德格尔的差异。

① 梅洛-庞蒂《哲学赞词》，第28页，杨大春译，商务印书馆，2000年。

第四章
存在之“肉”：一种新的存在论

梅洛－庞蒂的哲学一般被分为三个时期：第一个时期以他的两篇博士论文（《行为的结构》和《知觉现象学》）为代表。在这里，梅洛－庞蒂主要寻求一个原初的出发点，借此能理解所有其他的事物。他在非反思的知觉生活中、在身体性的向世存在中找到了这个基础。对活的身体的发现使他重新构造了传统的主体概念，也相应地产生了一种新的哲学观念，即身体现象学或生存论哲学。对梅洛－庞蒂来说，哲学的使命就在于重新揭示我们的实际生存的富有意义的结构，并且使科学和理性能一再返回到这个源始的基础之上。随后，梅洛－庞蒂试图在这个基础之上把他的哲学观点广泛地应用到社会现实的诸经验领域，如艺术、伦理、政治和历史等之中去，这主要以《意义和无意义》《人道主义与恐怖》《辩证法的冒险》等著作为代表，时间上主要在1945年至50年代中期。但是，从50年代中后期开始，梅洛－庞蒂逐渐认识到他经由“知觉现象学”而开始的视角存在着缺陷，因此有必要“再一次从头开始”[①]，以便深化并重新阐明由现象学这一角度所发展出来的结果。他认为，我们必须回到一种对经验的“深度”研究，必须超出主体和世界的辩证关系来思考真理或意义的起源，以便为我们的生存奠定一个终极的基础。因此，必须实行一种跨越，即从现象学到存在论 / 本体论。[②]

对存在问题的思考占据了梅洛 - 庞蒂最后几年的哲学生活，尽管突如其来的死亡打断了他的思考，使他没能完成一部计划中的专门阐述这种新的存在论的作品，但他还是给我们留下了大量的文稿。这一时期的重要文章有：《从毛斯到列维 - 斯特劳斯》（1959）、《哲学家及其身影》（1959）、《自我形成中的柏格森》（1959）[③]、《眼与心》（1960）等，在他死后整理出版的讲课稿则有《法兰西学院课程纲要：1952—1960》（*Résumés de cours, Collège de France 1952-1960*）、《法兰西学院讲课笔记，1958—1959 及 1960—1961》（*Notes des Cours au Collège de France, 1958-1959 et 1960-1961*）、《论自然》（*La Nature: Notes Cours du Collège de France*）等，还有那部最重要的、着重阐述其新的存在论思想但可惜没有完成的遗稿《可见者与不可见者》（1964 年由克洛德·勒福尔 [Claude Lefort] 整理出版），其中包含了大量的研究笔记。从这些遗留下来的文稿来看，我们完全有理由说，尽管梅洛 - 庞蒂没有提供一部完整的存在论

① Merleau-Ponty, *Le visible et l'invisible*, p.172.

② G. B. Madison, *The Phenomenology of Merleau-Ponty*, p.327, note 12.

③ 这几篇文章都被收入了 1960 年出版的《符号》之中。

著作，但他对于这种新存在论的思考已经颇为成熟甚至可以说是完整的了。我们下面的论述主要依据《可见者与不可见者》一书，同时参照其他相关的文本，力图勾勒出这种新存在论的大致框架。

1. 从现象学到存在论

对梅洛－庞蒂来说，哲学向存在论的推进可以说是势所必然的，这除了思想自身的逻辑进路这个内在原因外，似乎还有他个人信仰方面的原因在背后推动着他。我们先来看这后一方面的因素。

梅洛－庞蒂有一次曾对萨特说，他想写一本关于他自己的小说。萨特问道，为什么不写自传呢？梅洛－庞蒂说：“还有太多未解的疑点，在小说里我可以通过想象给出答案。”①

梅洛－庞蒂最终还是没有写出他的小说。不仅如此，关于他自己的经历、他的家庭、他的私人生活等，他也几乎没有留下任何言述，在他那里既看不到“回忆的影集”，也看不到“友情的颂歌”。施皮格伯格还注意到，他的著作中甚至很少使用单数第一人称，而更多地采用“我们”这个词，他似乎有意避免使用它。②就此而言，梅洛－庞蒂可以说是一个使自己的生命或生活消融在其哲学思想中的人。但是这并不意味着梅洛－庞蒂的个人生活平淡无奇。萨特在梅洛－庞蒂死后写了一篇感人

① 《萨特自述》，第318–319页。

② 施皮格伯格《现象学运动》，第746页。

肺腑的悼念文章，回忆了他们两个人之间的曲折友谊以及共同创办并主持《现代》杂志以致最后决裂的情况。正是在这篇文章中，我们看到了一个“活的梅洛－庞蒂”（这是萨特的悼念文章的题目），一个并不只有纯粹的思想，也有幸福与失落、彷徨与选择的梅洛－庞蒂；通过萨特的叙述，我们也看到了一个其思想与经历相互影响，乃至可以相互阐释的哲学家。据此，我们也许可以更深地理解导致梅洛－庞蒂思想变化的深层因素。[①]

我们前面讲到，童年的经历影响了梅洛－庞蒂的一生，这其实也是萨特告诉我们的。童年时期梅洛－庞蒂与他母亲的亲密关系无疑为他提供了一种最为根本的“本体性安全感”[②]，正

---

① 怎么能否认现实的生活和经验对于梅洛－庞蒂的思想的影响呢？否则怎么理解如下这些兼具诗意和哲思的话语呢？他说，生活世界“是我们的生命、我们的科学、我们的哲学驻于其中的东西”（Merleau-Ponty, *Le visible et l'invisible*, p.157）。“终极的本体性力量属于经验，诸本质、本质的各种必然性、其内在的或逻辑的可能性，无论它们在精神的目光下如何地牢固和不可质疑，它们最终之所以有力量和雄辩，只是因为所有我的思想和他人的思想都被纳入了一个唯一存在的织体中。”（Merleau-Ponty, *Le visible et l'invisible*, p.148）“生活变成了观念，观念又回返生活，每个人都被卷入这团他最初只是有节制地参与其中的漩涡中，每个人都受他自己所说、别人对之作出回应的话语引导，都受他的思想（但他不再是其唯一的思考者）的引导。……正如叶脉从其肉的内部和深处支撑着叶子一样，观念是经验的肌理（la texture），是它的风格，它首先是沉默的，随后才被说出来。”（Merleau-Ponty, *Le visible et l'invisible*, p.159）

② 社会学家吉登斯指出，人的早期生活经验是我们形成“本体性安全感”（ontological security）的基础。在婴儿或儿童与看护人之间形成

如萨特所说：“最初包围着他的自然的形式就是他的母亲女神，他自己的母亲，从她眼里他看到了自己所看到的一切。她就是另一个自我，通过她，他体验到了他经常描述并促使我们通过另一个人发现我们的‘自发性’的这种‘内在的主体间性’。”[①]这种童年生活构成了梅洛－庞蒂个人历史中的“黄金时代”，它为他构造了那种“幸福的个人小天地”，也造就了他“内心的完善”，由此出发，“他形成了自己的神话及他后来称之为‘生活风格’的东西”。[②]正是随着这种完美的童年生活的无可挽回的消逝，梅洛－庞蒂才开始了对于一种新的“本体性安全感”的寻找。这种寻找同时体现在生活和思想两个层面上。他开始时曾信奉天主教，希望它能把他“重新纳入内在的统一性中”，但这种宗教并没有满足他，因为基督徒们只是在上帝中才相互亲爱。随后他遇到了马克思主义，他发现这是一种未来的无阶级的联盟，同时是一种战斗中的温暖的同志之情。[③]但是，在社会

的基本信任“可被看成是一种抵御存在焦虑的情感疫苗，这是一种保护，以抗拒未来的威胁和危险，这种保护使得个体在面对让人消沉的境遇时还能保有希望和勇气”（吉登斯《现代性与自我认同》第44页，并可参看该书第二章的相关内容，赵旭东、方文译，三联书店，1998年）。梅洛－庞蒂的童年生活与他后来的生活和思想经历之间的紧密关系为吉登斯的论述提供了一个活生生的例子。

① 萨特《萨特自述》，第291–292页，译文据英译文有所改动。英译文见 Jon Stewart(ed.), *The Debate Between Sartre and Merleau-Ponty*, p.570.

② 萨特《萨特自述》，第286页。

③ 萨特《萨特自述》，第297页。

主义国家苏联发生的一切（肃反运动、大审判、强制收容所等等）使梅洛－庞蒂的希望逐渐变成一种幻想。1950 年以后，梅洛－庞蒂在政治的介入中变得越来越审慎，而且日渐专注于学术。

在学术上，萨特认为，梅洛－庞蒂的思想经历了三个时期：第一个时期是从战前一直到《知觉现象学》的完成，该时期梅洛－庞蒂身上体现出来的“生命的统一性”令萨特感到震惊。第二个时期始于占领时期并持续到 1950 年，梅洛－庞蒂开始质问“我们时代的历史和政治”，并通过写作这种特殊的行动来理解自我的深度，理解那混合着特殊与普遍的个体的人，这其实也是梅洛－庞蒂积极参与政治现实的时期。最后一个时期是在 1953 年以后，随着他对共产主义的失望和他母亲的去世（1952 年），梅洛－庞蒂最终完全退回到了他的内在沉思之中，“他在无知无识的黑夜中，在对他称之为‘根本之物’的探询中埋葬了自己。”[①] 而一种新的存在论也正是在这种“隐退式的”沉思中逐渐诞生的。

萨特对于梅洛－庞蒂的思想分期与我们前面提到的划分基本上是一致的，只是他更强调了这种思想与梅洛－庞蒂的个人经历之间的内在相关性，尤其是他后期思想中明显的存在论转向[②]与他童年时期就形成的那种“本体性安全感”之间的因缘

① 萨特《萨特自述》，第 344 页，引文据英译文略有改动。说梅洛－庞蒂完全退回到内在沉思之中当然不准确，他在 1955 年还出版了《辩证法的历险》，一部完全属于政治反思的著作；《符号》的后半部分亦有对于政治现实的许多即时性的评论，甚至在《可见者与不可见者》中，我们也能看到他对于政治与历史的思考，如最后一则研究笔记就涉及对萨特历史观的批评（Merleau-Ponty, *Le visible et l'invisible*, p.328）

② “转向”一词或许不太恰当。许多论者都指出，在梅洛－庞蒂早

关联。如果说在梅洛－庞蒂的早期著作中，其思想与实践之间似乎还隐含着某种张力，那么，在他最后那些年隐退式的生活中，这两者已经渐渐融合在一起了。随着他的思考的深入，随着一种关于“肉”性存在的新的存在论思想的逐渐成熟，他重新找回了童年时期的那种完满性，他不再承认自己是个无神论者了。①

这种关于“肉”性存在的存在论与他早期的现象学之间有什么样的联系和差异呢？

在后来的反思中，梅洛－庞蒂认识到，现象学究其实质是一种“意识”哲学，这首先体现在它依然保留了诸如“意识”“知觉”“我思”“主体”“意向性”等意识哲学的许多基本概念。尽管在《知觉现象学》中，梅洛－庞蒂曾对这些概念进行了大力改造，但由于概念本身有它的历史积淀，有它的意义内涵，因此，这种改造不可能是彻底的。当他想要用这些旧的概念来阐述其新的思想时，也就不能不依然受制于概念自身的内涵逻辑。比如说，“沉默的我思”这个概念，在《知觉现象学》中，梅洛－庞蒂把它看作是一种身体性的反思，一种生存意识，它对于“身体－主体”这个概念的构造来说起着奠基性作用。但在1959年1月的一则工作笔记中，梅洛－庞蒂却这样写道：“我称之为‘沉默的我思’的东西是不可能的。为了有‘思想’的观念（在‘关于看到和感受到的思想’这个意义上而言），为了实行‘还原’，

期的著作，如《知觉现象学》中，就已经有一种“隐含的存在论”了。参 M. C. Dillon, *Merleau-Ponty's Ontology*, 尤其是第二章。

① 参《萨特自述》，第343页。

为了回到内在性和对……的意识，必须要有词语。正是通过词语的组合（连同词语所输入的沉淀的含义，这些含义原则上能够进入与有助于形成它们的关系不同的其他关系中），我才形成了先验的态度，我才构造了构造性意识。”[①] 也就是说，这个概念仍然是借助于语言，更确切地说，是借助于意识哲学的语言（比如说“我思”这个概念）而构造出来的，它并不是对一种原初的自然事实的阐明，而只是一种语言的人工制品。为了获得这种原本的阐明，我们需要放弃“我思”概念，进入一个真正原始蛮荒的世界，一个沉默的世界。在那里，有一种本然的意义在滋生，在流溢，但我们需要一种新的哲学形式才能思考它，这就是存在论；相应地，也就需要有一套新的词汇甚至一种新的方法。梅洛－庞蒂对此有着明晰的认识。他说：“存在论意味着各种概念的转化，这些新的概念应该取代先验主体性、主体、客体、意义等概念——对哲学的界定也包含着对哲学表达本身的一种阐明（因此是对那应用于‘素朴地’在先的东西中的方法的意识，就好像哲学仅限于反思那存在的东西），即作为前科学的科学，作为对在表达之前之所是并在后面支撑着表达的东西的表达。”[②] 由此，在梅洛－庞蒂的后期著作中，出现了许多新的术语，它们代替了意识哲学或现象学的原有概念，如“视见”（vision）取代了“知觉”，“肉质生存”（carnal existence）代替了“肉身生存”（corporeal existence），“大地”（Earth）取代了早期的“世界”，“存在”（Being）开始用大写首字母来书

① Merleau-Ponty, *Le visible et l'invisible*, pp.224–225.

② Merleau-Ponty, *Le visible et l'invisible*, p.221.

写等等。[①] 在 1959 年 12 月的一则工作笔记中，梅洛－庞蒂更是明确地说：要“用维度、关节、平面、连接点、枢轴、构型等概念取代概念、理念、精神、表象等概念”，而这样做的目的是要“对事物及其属性的习惯观念”，“对主体的逻辑观念及逻辑的内在性观念”，“对肯定的含义（诸含义的差别）、作为区分的含义”等进行批判。[②] 不过，这里提到的批判其实已经超出了知觉现象学的范围，更指向近代以来的整个哲学传统。在《可见者与不可见者》一书的前三章中，我们就可以看到这些批判的详细内容，它既指向经验主义和理智主义传统，也指向萨特的否定哲学，最后还指向胡塞尔和柏格森的直观或直觉哲学。

概念的更新只是工作的一部分，还需要对知觉现象学的根基进行重新勘察。梅洛－庞蒂认为，现象学之所以没有脱离意识哲学的框架，是因为它说到底仍然是“从‘意识’－‘客体’的区分”或者说主体－客体的区分开始的，这种区分主要体现在“意向活动－意向内容”这一结构中，尽管梅洛－庞蒂用知觉和身体取代了胡塞尔的意识概念，因此在他的著作中很少提及“意向活动－意向内容”这一结构，但他实际上是把这种结构转化为了知觉与对象、身体与世界的关系。在《知觉现象学》中，身体与世界构成了一个相互依赖、不可分割的系统：一方面，世界是身体的意向行为的关联项，它是相对于我而存在的，是随着我的诞生而诞生的。我是世界的视点和筹划，是其意义的赋予者，世界不能脱离我而存在；另一方面，本己的身体又

① G. B. Madison, *The Phenomenology of Merleau-Ponty*, p.97.

② Merleau-Ponty, *Le visible et l'invisible*, p.277.

必然地要以世界为其支撑，世界是我们生存的基础，我在世界中，并且只有通过身体进入世界才能实现自己的主体性。这个系统看起来是相对完整的，但它其实没有根基，完全是偶然的，因为“身体－世界”这一系统中的每一项都只是相对的，都已经设定了另一项并以另一项为前提，它们只是借助一种辩证关系才统一起来，但这种统一从来就不是很成功的。① 所以，为了使这一系统本身有个坚实的基础，我们必须在身体和世界这两个相对项之外找到一个作为第三维度的“非相对项”②，必须在主体性的立场之外开辟另一个场所，即一个新的存在场，并在此基础上重新看待身体与世界的关系问题。

最后，经由《知觉现象学》的努力而构造出来的“身体－主体”概念也有着根本性的缺陷。梅洛－庞蒂把胡塞尔的意识主体改造成了身体主体。这种改造当然带来了许多有益的结果，比如说它避免了胡塞尔式的“唯我论”的倾向，也避免了萨特在“自在”与“自为”之间的二元对立等等；但它也导致了一个不利的结果，这就是主体自身的地位不再稳固。在胡塞尔那里，主体性奠基于意识，而意识又具有自身奠基的明证性特点，

---

① 比如说，尽管自我是绝对的起源，世界被自我看作是它的身体性投射的相关项，“一个世界首先在我周围展现并开始为我存在”；但“客观”秩序中的某一特定事实（如大脑的损伤）却又能够扰乱甚至打断人与世界的关系，这似乎又证明了整个“意识”只不过是客观身体的一种功能（Merleau-Ponty, *Le visible et l'invisible*, p.253）。这一悖论表明，意识哲学中有关主观/客观、主体/对象，身体/心灵，知觉/意识，内在性/超越性等两两相对的概念并不能有效地说明人与世界的关系。

② Merleau-Ponty, *Signes*, p.211.

因此主体是有着严格的逻辑必然性的保证的。而一旦梅洛-庞蒂把主体性的基础从意识层面移到身体层面，这一明证性的保证就缺失了，因为从逻辑上讲，身体的存在缺乏其自身的独立性，它最终还是要借助意识的范畴才能证明自身的存在。尽管常识告诉我们，身体的存在是不言而喻的，但一旦要对这不言而喻的事实作出进一步的说明，身体的自明性就消失了，浮显出来的反倒是意识的明证性，所有关于身体的事实都是在意识之镜中呈现出来的，身体并不具有其不言而喻的独立性；即使我们说意识内在于身体，心身不可分离，因此身体也具有独立性，这仍然是基于意识明证性的一种逻辑推论。而从生存论上来讲，身体也不是独立的，因为身体在世界中存在，身体和世界不可分离，对身体的说明离不开世界。最后，从起源上来看，这一身体主体尽管相对于所有其他事件来说是最原初的、不可还原的事件，它是世界的基点，也是一种历史得以展开的起点。① 但是，这一产生其他事件的原初事件，其自身的产生却又完全是偶然，“来源不明”的。为什么会有“我”这样一个人在世界上？为什么有我和世界的这种关联？偶然性的身体为什么能成为超越性的承载？在《知觉现象学》中，梅洛-庞蒂把这一切都称作“奇迹”或“神秘”：世界和理性是“神秘的”，“这种神秘规定了它们，问题也许不在于借助某种‘解决’来消除这种神秘，

① 参 Merleau-Ponty, *Phénoménologie de la perception*, p.466：主体一旦诞生，就“有了一种新的‘环境’，世界获得了一个新的含义层。在一个孩子诞生的房子里，所有物品都改变了意义，它们开始向他期待一种依然不确定的处置，一个新的后来者出现在那里，一种或长或短的新历史刚开始被确立，一本新的登记簿被打开了”。

这种神秘处于任何解决之外。”[①] 事实上只要我们停留在现象学的立场中，这种神秘就永远无法被理解。

但正是对这一神秘的思考把我们带到了现象学的边缘，进入了存在论的领域，并最终超越了现象学的局限。如果说现象学在最终的依靠上仍然听任某种“神秘”的支配，那么，存在论就是对这一“神秘”本身的思考，就是要使这一“神秘”向我们虚怀敞开，这种神秘是存在本身的神秘。

2.“肉”的概念

上面讲到，在梅洛－庞蒂的后期哲学中出现了许多新的概念，而其中最重要、也最独特的一个概念或许就是“肉”（Chair）了。“肉”这个概念可以说是进入梅洛－庞蒂后期存在论思考的一把钥匙。那么，何谓“肉”呢？

梅洛－庞蒂说：“我们称之为肉的东西，这一内在地工作的团块，在任何哲学中都没有其名称。”[②] 这句话表明了“肉”是一个全新的概念。当然，这里的新是指内涵上的新。如果从字面上来看，chair 实在是个很普通的词，它在梅洛－庞蒂的早期著作中经常出现，在萨特的《存在与虚无》中也是个基本的概念，但它都是在其日常的意义上被使用的，指的是“肉体”，与中性的 corps（身体）有所不同的是，它更强调了 corps 中感性、肉欲的一面。但在这里，我们显然不能再将它理解或翻译为“肉

① Merleau-Ponty, *Phénoménologie de la perception*, p.xvi.

② Merleau-Ponty, *Le visible et l’invisible*, p.193.

体”或“肉身”了，这一方面是因为梅洛－庞蒂已大大拓宽了这个词的使用范围，它不单被用于描述我们的身体，也被用于描述可见的外部事物，甚至还被用于语言、历史、时间和存在等抽象概念上。说语言或时间是一种 chair，对于梅洛－庞蒂来说，这绝不是一种隐喻的说法，而是一种本质的描述；而如果我们把 chair 理解为肉体或肉身，那么对于像 chair du temps、chair du monde 甚至 chair de la Gestalt 这样的表述恐怕就只能把它们看作一种隐喻的表达了。另一方面，也是更重要的原因是，chair 这个概念已经被梅洛－庞蒂提高到本体论或存在论的高度了。正如他所说，“‘肉’是一个终极的概念”①，所以有人把它类比于海德格尔后期哲学中的 Ereignis，或把它比作中国的“道”②。但正如我们前面说过的，它其实就是海德格尔意

① Merleau-Ponty, *Le visible et l'invisible*, p.185.

② Cf. Sue L. Cataldi, *Emotion, Depth and Flesh*, p.188, note.10, State University of New York Press, 1993. 如果真要用一个中国传统思想中的概念来类比“肉”，那么更合适的可能是形神关系中的“神”。身体与肉的关系就相当于形神之间的关系。一方面，神依托于形体，“形具而神生”(《荀子·天论》)，“形者神之质，神者形之用”(范缜《神灭论》)；另一方面，神又为形体之主，按中医的说法，形由血肉所成，而神则由精气而生，但神虽“由精气而生，然所以统驭精气而为运用之主者，则又在吾心之神”(张景岳《类经 · 摄生类》)。不过更主要的是，“神”除了与“形”相关外，它还是一种超越性的力量，是天地之原，变化之道，如《易 · 系辞上》所谓：“神无方而易无体。”“阴阳不测之谓神。”“此所谓神非一般所谓鬼神之神，亦非指上帝，而只是微妙的能变性之意。宇宙万化，由粗而精，由简而赜，创新无已，层出不穷，隐显无端，奇妙莫测。非有帝天主宰使之然，亦非简单的机械作用，实有内在的微妙的动力……

义上的“存在”[①]，只是更强调了存在的肉性（肉感性、肉欲性、肉质性）特征。在这种情况下，如果我们再把 chair 译为肉体或肉身，就很难将它与其他类似的概念，如 corps、incarnation 等区分开来。正是基于这样的理由，我们还是把它翻译为“肉”，这除了能使我们把它与其他类似概念区分开来外，也保留了其原始的意义，同时还能让我们直接看到它与身体之间的感性联系。[②]

名之曰神。”（张岱年《中国哲学大纲》，第 130 页，中国社会科学出版社，1994 年）

① 在《可见者与不可见者》中，梅洛－庞蒂至少有一处明确地提到了“存在即肉”：“一个浑然未分的唯一存在即是肉”（une seul et massive adhésion à l’Être qui est la chair）（Merleau-Ponty, *Le visible et l’invisible*, p.324.）；他将肉规定为“存在的元素”（Merleau-Ponty, *Le visible et l’invisible*, p.184.）；另有一处，在反驳萨特将“存在”和“虚无”截然二分时，他提到了“存在之肉（la chair de l’être）”（Merleau-Ponty, *Le visible et l’invisible*, p.121）。此外，他还说：“世界之肉就是被看到的存在，就是一个显著地被知觉的存在。”（Merleau-Ponty, *Le visible et l’invisible*, p.304）

② 董桥有一本随笔，题作《文字是肉做的》，里面介绍这个书名时讲到：“这本书中所收的这些小品，正是我的一点观察，一点领会；走笔之时，往往动了真情，有笑声，也有泪影。人心是肉做的，我相信文字也是。Teach us to utter words that are tender and gentle. Tomorrow we may have to eat them.”（文汇出版社，第 14 页，1997 年）一般说“人心是肉做的”，形容的是人心的柔软、温柔，不过当他说文字也是肉做的时，恐怕不只是所谓的“温柔敦厚”（tender and gentle）可以形容，因为其中饱含着“真情”，交织着“笑声”和“泪影”，“肉”在此就有了饱满、有力、润泽、有神韵等含义，我们有时形容一个人的文字透彻、有力度

关键在于如何理解它。对于这样一个终极性的概念，显然我们无法对之作明确的界定，事实上梅洛-庞蒂对它的界定也很抽象。他说，传统哲学中不仅没有“肉”这个概念，甚至没有能用来说明它的其他概念，我们先来看他对于肉的描述：

> 肉并非存在微粒意义上的质料，它们以叠加或伸展的方式形成诸存在物。可见者（诸物与我的身体）也不是任何不为我所知的“心理”素材，它将由（天知道如何）实际存在着并作用于我的实际身体的事物带入存在。总而言之，它不是事实，也不是“物质”或“精神”事实的总和。它更不是对某个精神而言的表象；精神是不会被其诸表象截获的，它拒绝进入对看者来说是本质性的可见者中。肉不是质料，不是精神，不是实体。为了指称它，最好还是借助“元素”这个古老的术语——在人们用来谈论水、气、土和火的意义上，也就是说在一般之物（chose générale）的意义上，它处于通向时空性个体和理念的中途，是某种具身化的本源（principe incarné），凡在它找到某种存在片断的地方，它就把一种存在的风格引入其中。肉在这个意义上是存在的“元素”。不是事实或事实之和，然而又依附于地点（lieu）和当下（maintenant）。更进一步：它是何地（où）与何时（quand）的肇端，是事实的可能性和要求，一言以蔽之，即事实性：使事实成其为事实的东西。与此同时，也是使诸事实具有意义的东西，是使零碎的事

时也可以说“字字见肉”。

实围绕着“某物”得以自我排列的东西。[①]

肉是一种存在的元素，它就像希腊哲学家们谈到的水、气、土、火那样，是构成世界万物的始基或基质，当梅洛－庞蒂这样说的时候，他想要强调的是肉的“本源性”。作为本源，“肉”拥有一种源源不绝的生成性力量，它是一个“形塑性的介质或场所（milieu formateur）”[②],从中产生了人与物的分殊,这就是身体之肉和事物之肉，以及使它们得以共聚的世界之肉；在身体之肉与事物之肉的交感缠结中生成了语言之肉，而语言之肉又反过来覆盖到世界之肉上，并潜入身体之肉和事物之肉中，通过相互的交织，分泌或结晶出理念性的果实。肉使某物成其为某物，赋予它特有的“存在风格”，因此它“处于通向时空性个体和理念的中途”。世界之肉有着“分离性、维度性、连续性、潜在性、侵越性”[③]等特征，由此它就在与身体之肉的关系中产生了时间和空间，它依附于作为身体之肉的“此时此地”，以此为界标而肇始出“何时与何地”的事实和事件，正是因此，它“是可能性的孕育，是世界之可能性（作为此世、既单一又多样的世界的诸可能变体的世界）”。[④]

由于肉是存在的元素，所以，不单身体是由肉构成的，所有的事物，包括我们的身体居于其中的这个世界，也都是由肉构成的。“这就意味着，我的身体是用与世界（这是一个被知觉

① Merleau-Ponty, *Le visible et l’invisible*, pp.183–184.

② Merleau-Ponty, *Le visible et l’invisible*, p.193.

③ Merleau-Ponty, *Le visible et l’invisible*, p.302.

④ Merleau-Ponty, *Le visible et l’invisible*, p.304.

的世界）同样的肉做成的，还有，我的这个身体之肉也被世界所分享，它反射我的身体之肉，它侵越到身体之肉中，身体之肉也侵越到它之中（被感者同时充满了主观性和物质性），它们进入一种逾越和互换的关系之中。”[①]这个观点显然与《知觉现象学》中的基本观点形成了对照。从“现象学”的观点来看，身体和世界是相互关联的蕴涵结构，一方面身体是主体，而世界只是作为主体“投射”（project，筹划）的客体而存在；另一方面世界又是身体的根基和支撑。这样它们就构成了同一个整体结构中的两个辩证环节，既彼此区别，又相互关联，对其中一个的说明离不开另一个。然而现在，世界不再仅仅是身体的关联项，它还与身体具有同源性；既然两者都是由同样的材料，由同一种肉构成的，这说明它们共属于一个唯一的存在，一个单一的整体，它们都是肉的一部分。肉作为身体和世界的共同基础，它是内在地支撑着身体和世界这两个“相对项”的“非相对项”，是它们得以共呈现的结构和源泉。因此，肉这一概念的引入，为《知觉现象学》中的向世而在结构提供了一种本体论或存在论的基础，“身体－世界”的二元论哲学也由此被改造成一种关于肉的一元论哲学。

梅洛－庞蒂还把肉描述为一种基本的“织料（étoffe）”[②]，一种“返回自身、形成自身的织构（texture）”[③]，它自行组织并

① Merleau-Ponty, *Le visible et l'invisible*, p.302.

② 在《眼与心》中，他就说，身体和世界是“由同样的织料制成的”（Merleau-Ponty, *L' Œil et l' Esprit*, p.19）。

③ Merleau-Ponty, *Le visible et l'invisible*, p.192.

展开了一个永不完成的“织物（tissu）”，这个织物有它的“皱褶”“层次”“花饰或纹样”。借助这些隐喻性的意象，梅洛－庞蒂特别想要强调的是“肉”的构型能力和结构性特征。存在之肉这一浑然未分的团块，通过其内在的运动而分裂，产生裂隙、凹陷和洞孔，进而构孕出生命、身体和事物。这是一种原始的存在论运作。不过梅洛－庞蒂借助“肉”这个概念更想描述的是以身体为介质而形成的一种“可见者与它自身的联系”，一种“可见者在可见者之上的缠绕”，一个“非我所造、反而造就了我的循环圈”。[①] 肉“是可见者在能看的身体上的缠绕，是可触者在能触摸的身体之上的缠绕……（通过这种缠绕，）正在看和触摸的身体被看、被触摸，以至于身体作为可触者下降到了事物中，而同时，作为触摸者，它又控制了所有的事物，并通过自身团块的开裂或裂隙，把这种关系、甚至这种双重关系从自身中抽取出来（以形成思想或理念）。”[②] 或者说：“肉＝这个事实：我的身体是被动－主动的（可见者－能看者），是自在的团块和身势动作。……肉＝这个事实：我所是的可见者是能看者（目光），或它具有一种内在（这是同一回事）＋这个事实：外部可见者也被看到，亦即，它在我的身体的躯壳内有其延伸，我的身体构成了其存在的一部分。”[③]

总之，肉通过它的分裂造成了我的身体与事物的分殊，也

---

① Merleau-Ponty, *Le visible et l'invisible*, p.185.

② Merleau-Ponty, *Le visible et l'invisible*, pp.191–192，括号中的话为引者所补。

③ Merleau-Ponty, *Le visible et l'invisible*, pp.324–325.

造成了我的身体的双层性（内面－外面，能看者－可见者），它又通过它的形塑，使这分裂的两半或双层相互侵越、互换，形成一种缠绕、反卷的交互结构，进而产生更多的皱褶、间隙，而这些弥漫着浑濛气息的虚无地带在其静默中孕育着含义意向，进而催生出语言、思想和理念。“正是肉通过其开裂建立了这种丰产的否定性——否定、虚无，就是身体的一分为二，是身体的双页，彼此关联的里面和外面一个缠上了另一个——虚无毋宁是诸同一者的差异。”① 概而言之，在梅洛－庞蒂这里，肉是一种最初的基质或母体，它原始而感性，充满爱欲而富于生产，它在其静默而坚韧的持续劳作中，孕育并催生了我们居于其中的这个缤纷多姿的世界，这个作为诸世界之可能性的原世界。

当然，为了构思一种新的存在论哲学，不可能只有“肉”这唯一的概念，与它处于同等地位的概念还有“存在”“自然”“大地”“世界”等等。这些概念我们在前面或多或少都已经提到过，在此我们只是略作分析。“存在”作为最基本的概念，同肉一样，甚至比肉更加难以界定。但可以肯定的是，存在既非与纯粹虚无相对立的纯粹存在或客观存在，也非由先验意识赋予其意义的完全与其自身内在一致的理念性存在，而是内含着虚无和否

---

① Merleau-Ponty, *Le visible et l'invisible*, p.316. 我们可以看到，梅洛－庞蒂在此对于“否定和虚无”之出现的描述隐含着对萨特的一个批判，萨特把存在和虚无视作本体论上的二元事实，这两者是截然相异、不可相互化约的；但梅洛－庞蒂却认为虚无只是存在的裂隙，并被包含在存在中。对此梅洛－庞蒂在《可见者与不可见者》的第三部分“探究与辩证法”中有更详尽的讨论。

定的存在，或者说，是一个具有肉欲和感性的存在。梅洛－庞蒂一方面强调了存在的原始性，他总是用“野性的”（sauvage）和“粗朴的”（brut）这两个词来描述存在，它“不能被固定和注视，它只是远远地在”[①]；因此，我们不能直接谈论存在，而只能以间接的方式，通过感性事物，借助语言来领悟存在；在这个意义上，梅洛－庞蒂也把他的存在论称作“间接存在论”或“否定哲学”。[②]但另一方面，存在也是“被看的存在，它自我宣示，自我揭蔽，处于自我形成的过程中”。[③]它“不是在我面前，而是在我的四周，并且在某种程度上贯穿了我的”[④]；在这个意义上，存在就是原初的被知觉世界，它与世界几乎是同义的。[⑤]

自然也具有类似的意思，它是肉，充满欲望的感性母体，“对自然的分析将是一种重新发现和校正开端的方式”，就是“与事物本身相接触”[⑥]；但由于事物本身是不可真正观察的，“在任何一种观察中总是有跨行现象（enjambement），我们从来都不会达到事物本身，人们称作感性物或可感者的东西仅只是沉淀下来的不确定的侧显物。”[⑦]在这个意义上，自然本身也是难以企及的，正是因此，我们只能像精神分析那样以一种间接的方式

① Merleau-Ponty, *Le visible et l'invisible*, p.267.

② Merleau-Ponty, *Le visible et l'invisible*, p.233.

③ Merleau-Ponty, *Le visible et l'invisible*, p.125.

④ Merleau-Ponty, *Le visible et l'invisible*, p.154.

⑤ Merleau-Ponty, *Le visible et l'invisible*, p.223.

⑥ Merleau-Ponty, *Le visible et l'invisible*, p.240.

⑦ Merleau-Ponty, *Le visible et l'invisible*, p.245.

抵达它的内在，所以梅洛－庞蒂才说要对自然做一种精神分析。对此我们已在前面阐述过，此处不赘。“大地”（或译“地球”）这个概念则来自胡塞尔的文章《哥白尼学说对于流俗世界观阐释的变革：原始奠基的地球是不动的》，梅洛－庞蒂把它进一步改造成了与“存在”或“自然”同样本源性的存在论用语。[①] 在1959—1960年在法兰西学院的课程《在现象学极限处的胡塞尔》中，梅洛－庞蒂也专门阐述了这个概念：“我们生活于其中的大地，作为在其中分离出所有静止和运动的基础，已经处于静止和运动之中了；作为通过分化而从中产生出躯体（Körper）的渊薮，它并不是由躯体构成的；作为包含着所有位置的存在来说，它并不是位置；它在虚无之上包含着所有特殊的存在物，就像诺亚方舟保存了洪水中的生物一样。在大地的存在和我的身体（Leib）存在之间有一种亲缘关系，我不能严格地说大地是运动的，因为它始终与我处于相同的距离上。这种亲缘关系还扩展到了其他人身上，他们向我显现为‘他人的身体’，扩展到了动物身上，我把它们理解为我的身体性的变种，最后也扩展到了地上的物体之间，因为（比如说）当我说一块石头会‘飞’时，我就使它们进入了有生命的社会中。”[②]“大地”在此就突显了其奠基性和根源性的特征。

总之，所有这些概念都是本源性的，但同时又是具身化的，也就是说，它们并不独立于人而存在。正如当我们讲到肉的开

---

① 参《符号》中的《哲学家及其身影》一文。

② Merleau-Ponty, *Résumés de cours, Collège de France 1952–1960*, p.169.

裂时，身体已经在其中了，已经成了肉所绽裂的其中一叶；同样，当我们说到存在的运作时，人也已经在其中了，已经参与了存在的运作，并成了其中不可或缺的环节。

3. 肉之开裂与构型：以视见为例

现在我们进一步来探讨本源的存在是如何产生出存在者的。在梅洛－庞蒂这里，存在者也就是可感者、可见者或一般所谓的感性事物，它不但包括我们置身其上的自然世界，包围着我们的事物，也包括我们的语言和文化。当然，在语言和文化中还经历了感性事物的观念化作用，但这种观念化所生成的本质和理念不能完全脱离感性存在，而是反过来与之交缠在一起，由此，可感者就有了一个不可见的内面，而观念或词语亦有其某种实存的外貌。人也是一种感性存在，但它是一种特殊的感性存在，它不但可见、可触摸，而且能看、能触摸，是一种能看与可见、触摸与被触摸的交织。可感者之所以可感，是因为有一种在己的感性（sensibilité en soi），它与我们的身体之肉处于一种一体性的交感之中，只有当这种交感在我们的意识中到达一种为己的感性（sensibilité pour soi）时，它才是“感觉”（sensation）。因此，我们接下来所要做的就是从存在论的角度来描述这种感性，这种感觉的诞生，描述一个理智世界或文化世界从这感性世界的诞生。

我们已经知道，存在是处于自我运动、自我生成和自我结构化之中的。梅洛－庞蒂经常用“爆发”、“爆炸”（déflagration）、“开裂”（déhiscence）、“分离”（ségrégation）、“差异化”

（différentiation）等词语来形容存在的运动和构型。存在或“肉”通过开裂产生间隙或区分（écart），形成皱褶和窍穴，这就是最初的感性架构，最初的意义结构。这些感性架构都是肉的构型，它们已经呈现为一种“格式塔”（Gestalt），已经具有感受性了。在这个意义上，它们已经是感性物或可感者了。而能够体验或把握这些格式塔、这些可感者的则是我们的身体。“身体也是一种格式塔，它共现于每一种格式塔之中。”[①] 感觉就产生于身体之肉与不同的感性架构或格式塔的交感，产生于身体格式塔所置身于其中的“格式塔形态”中。梅洛－庞蒂如此描述视觉和触觉的诞生：

> 当一种特定的可见者、一种特定的可触者转向它是其一部分的整个可见者、可触者时，或者当它突然发现自己被它们包围时，或者在它与它们之间，通过相互的交往而形成一种自在的可见性、自在的可触性（这种可见性和可触性原本既不属于作为事实的身体，也不属于作为事实的世界）——这就像两面相对而立的镜子，它们产生出两个无穷系列的被嵌合在一起的影像，这些影像并不完全属于这两面镜子中的任何一面，因为它们中的每一面都只是反射另一面而已，这两组影像因而构成了配偶般的组合，这一组合比它们中的任何单独一组都更真实——时，就有了视看和触摸。[②]

在这段话中，梅洛－庞蒂列举了构成可见者之材料或“肉”

① Merleau-Ponty, *Le visible et l'invisible*, p.259.

② Merleau-Ponty, *Le visible et l'invisible*, p.183.

的三种“构型”，正是它们导致了视觉和触觉，简言之即一般的感觉的出现。尽管梅洛－庞蒂并没有对这三种构型作进一步的分析，但我们还是可以发现，这三种构型是各不相同的，而且似乎是逐层提升的；也就是说，它们反映了三种不同层次的视觉和触觉。下面我们不妨以视觉为例，对此作详细的分析。

在第一种构型中，我们看到作为可见者整体的某一部分开始与这一整体相对折，出现了裂隙和皱褶。这一可见者整体就是作为原始母体的世界之肉，它本是浑然一体的，在其中，人（身体之肉）与事物（事物之肉）尚处于未分化的感性浑沌状态中。而现在，这一整体却出现了皱褶，其中的一部分开始从其他部分中摆脱出来，就像图形从背景中凸现那样，或者说自然之光从黑暗之渊中涌现出来。这是存在的最初开裂，是世界的第一道光，是源初之“有”，是意义的原始呈现。这也是人的诞生，是可见世界的显现。伴随着世界之肉的这一开裂，出现了原初的视觉和触觉。触摸或感知是与世界一块儿诞生的。

在这里，我们似乎需要区分感觉和感性。在梅洛－庞蒂的文本中，经常出现如“在己的可见性”“在己的可触者”之类的表达，这是否意味着存在一种没有人的感觉呢？视觉和触摸的在己性是否表明它们可以独立于人而存在？在纯粹的事物之间也有这种视看和触摸吗？梅洛－庞蒂似乎没有走得这么远。即使在那些看起来最强调感性的在己性或一般性的地方，他其实仍在强调人（作为主体的人）的作用。比如说，在谈到事物的观看时，梅洛－庞蒂最终说的还是：“我感觉到自己被事物注视。”[①] 同样，梅洛－庞蒂也谈到了一种“可见者与它自身的关系”，“可见者在可见者之上的缠绕”，但这种关系仍然得“经由我，并通过把我构成为一个看者”才是可能的，尽管我与事物的这个“循环圈并不是由我形成的”，相反，“是这种循环圈造就了我”[②]，但我们依然无法否认人（作为主体的人）在这个循环圈中的独特地位。因此，我们可以说，在任何的视觉和触觉中，简言之，在任何的感觉发生之处，都有主体的在场。相比于感觉，感性（sensibilité）似乎是更原初、更浑沦的，它主要与肉联系在一起，因为肉作为原始的基质本身就是感性的。它具有可见性，但自身却并不能看：“世界之肉并不像我的肉那样是自我感知——它是可感的而不是能感的。……但人们最终是通过世界之肉来理解本己的身体的。世界之肉就是被看到的存在，也就是说，是一个完美地被感知的存在，正是通过它，人们才能理解知觉。”[③] 因此，在梅洛－庞蒂看来，感性是感觉的基底或底层，当然这两者事实上又是不可截然分开的。感觉总是与人（作为主体的人），尤其是人的感官区分和感官意识相关，感性却是存在之肉的特征，存在本身就具有“一般的肉身性或可见性”[④]。它也是胡塞尔所谈到的事物的视域，“一种新的存在类型，一种具有孔隙性、蕴含性或普遍性的存在，是在其面前展开视域的人被捕捉、被包含在其中的存在”；它伸展于人与视景之间，

---

① Merleau-Ponty, *Le visible et l'invisible*, p.183.

② Merleau-Ponty, *Le visible et l'invisible*, p.185.

③ Merleau-Ponty, *Le visible et l'invisible*, p.304.

④ Merleau-Ponty, *Le visible et l'invisible*, p.195.

甚至越出他的视域之外，深入他的肌肤之下，直至存在深处。[①]事物因其与人一样是由存在的肉构成的，因此也与人一样是感性的或可感的。这样，感性事物，或事物的感性状态就不再是归属于主体的主观属性，不再是其感受力的体现，相反，它被看作是存在之肉的特性或存在方式。

随着肉的最初绽裂而产生的原始感觉区分开了世界和人，但是，两者并没有分离，它们还处于一种原初的交感或共感状态中。这时的感知是一种一般的感性或在己的感觉。就人而言，他的感知可能还只是一种沉默的知觉，事物就在那儿，处于其辐散的网状整体中，我不能说出它是什么，或者它有多少个面。[②]当"我"（一个近乎无意识的我）看它时，我同样被卷入这种相互缠绕的网络中，我的目光不像是投射到外面的对象上去，而像是陷在我所置身其中的事物整体中。就此而言，不是我在看，而更像是我遭受看，也就是说，我被物体所观看。这正是许多画家的体验。安德烈·马尔尚这样说："在一片森林里，有好几次我觉得不是我在注视森林，有好几天，我觉得那些树木正在看着我，正在对我说话。"[③]其实不独画家，诗人们也常常有类似的体验。李白那首为人熟知的诗《独坐敬亭山》描绘的就是这样的经历："众鸟高飞尽，孤云独去闲。相看两不厌，唯有敬亭山。"在我们看来，李白的体验要比安德烈·马尔尚的体验更为原初，因为后者说"我觉得"树在看我，依然带有强烈的主

---

① Merleau-Ponty, *Le visible et l'invisible*, p.195.

② Merleau-Ponty, *Le visible et l'invisible*, p.322.

③ Merleau-Ponty, *L' Œil et l' Esprit*, p.31.

体性色彩，也就是说，先已有了一个我，树的“看”只是作为主体之我的一种移情式的投射。而在李白的诗中则看不出这种移情投射的色彩。这里甚至没有“我”[①]，只有高飞远去的鸟群和悠闲地飘走的孤云，我们刚刚似乎还能听到鸟声的喧哗，然后突然间就静了，空了，只有敬亭山（也许还有远远地与之相对的某个人、诗人）突兀地呈现出来，而这是在众鸟散尽，浮云远逝之后空出的那片澄澈天地中显露出来的，因而并不是有人看到了山、使山为他或向他呈现，而是山和人同时的自行显现。而那构成“两不厌”之“相看”的视觉首先也不是山与人之间的面面相对，而是在这片空出来的天和地之间所开显的静默视野，一种宇宙发生论意义上的看。由此，置身于其中的人也像那些消逝的鸟和云一样，在这片天地之间自然地萌生，或者说，“我”正因它们的消失才与那静默的山一道显现在场。人与山相对而“坐”，既彼此有别，又会心相通，陶然两忘，并没有明确的内外、主客之分。这正是最初之“视见”的特征：有分化，但还没有分离；人与物相互侵越，彼此占有。这也是诗人和画家们经常寻求的一种状态或境界。在某种意义上可以说，他们所力求回到的正是这一层次上的“视见”，这一最原始的感性和感觉，这种世界刚刚诞生的原初状态。

---

① 程抱一指出，在唐诗中常常显示出一种自觉的选择，即“有意省略人称代词”：“通过主体的隐没，或者更确切地说通过使其到场‘不言而喻’，主体将外部现象内在化。”（《中国诗画语言研究》，第 31 页，涂卫群译，江苏人民出版社，2006 年）或不如说，主体通过有意地清空自己，而使自己完全外在化，融入自然景物之中，以此开启一种宇宙发生论意义上的风景的“自行生发”。

我们可以把感性和感觉的诞生看作是网的第一次开裂，它使身体之肉从世界之肉中绽裂出来，使身体之肉与世界之肉就像图形和背景一样开始分属于不同的层次。但是，肉（存在）的运动并没有止息，它还要在身体之肉中进行再结构化的构型活动，这可以看作肉的第二次绽裂和重构。它把我的身体分而为二，在我的身体之肉中出现了凹陷和皱褶，出现了一个漩涡，一种虚无。这就是心灵或意识的诞生，一个人称性或个体性的我的诞生。如果从个体发育的角度来看，感性和感觉的产生是随着婴儿的降生就出现的，而自我意识的出现则开始于婴儿在六个月之后的镜像观照，也就是心理学上所谓的镜像阶段。事实上，镜像就是肉，就是肉的一种重新构型，婴儿在其镜像中捕捉到了关于他自己的某种本质，他开始使自己作为“显像”而与存在分离。[①]儿童通过发现自我之像，而成为一个真正意义上的人。

自我的发现也意味着我已经从可见者整体中独立出来了，但这个自我并没有因此而成为孤独的“唯我”，它依然处于其他可见者或可见者整体的包围之中。梅洛－庞蒂对此的描述是，某一特定的可见者发现自己“被”其他的可见者整体所“包围”（entouré），这意味着这一可见者从整体中的脱落已在某种程度

① Merleau-Ponty, *Le visible et l'invisible*, p.309：“肉是镜子现像，镜子是我与我的身体之关系的延伸。镜子＝事物形像（Bild）的实现，我－我的影子的关系＝一种（动词性的）成其本质（Wesen）的实现：事物之本质、存在之表皮或其‘显像’的萃取——触摸自身、看到自身就是获得关于自己的这样一种特殊萃取，即显像与存在的分裂。”

上得到实现，因而有了其自身独立性，但是它依然处于这一可见者整体中并被这一整体所包围。“被……包围”可以从双重意义上来理解，首先是作为特定可见者的身体－个体被其他的可见者－事物所包围，其次是在这种包围中形成的窍穴或虚无（意识）被身体所包围。但是这双重意义最终说来是一致的。因为唯有身体－个体从可见者整体中脱落并独立出来，它才能被这一整体所包围，才能有它自己的意识；反过来，唯有当意识出现时，这一身体－个体与其他可见者整体的分化才算最终完成。

就视看而言，这里也就有了两层视看。首先是自我对事物的注视、观看。这是一种探索性的认识活动。但它是否就像萨特说的那样是一种自为与自在之间的对立关系呢？梅洛－庞蒂并不如此认为。他说：“当我在我的手下，在我的眼前，在我身前，如其所是地重新发现现实世界时，我所发现的远不止是一个对象，而是一个我的视觉只是其一部分的存在，一种比我的活动或动作早得多的可见性。但是，这并不意味着在我和它之间有一种混合或重叠，相反，这之所以发生是因为有一种开裂把我的身体一分为二，是因为在被看者和看者，被触摸者和触摸者之间有一种交叠或侵越，以至于应该说，事物进入了我们，我们也同样进入了事物。”① 一种完全的对立只能在一种抽象的反思中才会出现，而在实际经验中，自我和事物之间总有着许多“剪不断、理还乱”的无形牵扯、交织和蓄涵关系。

还有一层视看是我对我自身的反观、回视，这是一种反思性活动的体现。在反思中，我发现我的身体一分为二，它不

① Merleau-Ponty, *Le visible et l'invisible*, pp.164–165.

仅有一个外面，也有一个内面，不仅有一个表面，也有一个潜在，一种深度。它不仅是一个可见者，被可见者包围，而且也有一个不可见的骨架和结构，被不可者所萦绕和穿透，它不仅仅是身体，还有身体的另一面，即心灵。身体由于有了这另一面，也就不再是自在，甚至不再是自在的感觉。它自身就是一个相对独立的图形和背景结构，是一种身体之肉的内在交缠（l'entrelacs），是一种能看与可见、能感与可感的交织（chiasme）。在反思式的观看中发现的不是笛卡尔式的我思主体，而是一个肉感主体。

在这里我们看到了与萨特的描述相反的过程。萨特把存在（浑然未分之物）与虚无（我思或意识）相对，认为是我思使存在虚无化，使之出现裂痕、区分，从而使物成其为物；而梅洛-庞蒂却认为，作为虚无的我思本身就是存在的裂隙。因此并不是我思或意识使存在分化，而是存在本身的开裂、构型才产生了虚无和意识，才有了独立的人称性或个体性的我。因此，我思意识并不是自身奠基的，而是源自存在的运作。是存在的运作推动了人与事物的分离，并促成意识的自主，由此就带出了身体之肉的第三种构型。

这是一种肉身间性的关系。我的身体之肉越出自身，碰到其他的与我同质的身体之肉，这是“我的同胞或我的肉中之肉”[①]；也就是说，它们是和我一样的肉质主体，具有和我一样的知觉、反思能力。“当然，我没有体验过它们的生活，它们最终是脱离我的，我也脱离他们。”但是，既然我和它们都来自同

① Merleau-Ponty, *Signes*, p.22.

一种世界之肉，都处于同一个“被知觉的世界”上，则我们不可避免地要相互遭遇，彼此面对。“我的视觉覆盖上另一个视觉，更确切地说，我的视觉和另一个视觉一起活动，它们原则上落在同一个可见者上。”[①] 当这些其他目光中的某一个突然转向我，并遇到我的目光时，会出现什么样的情景呢？对此，梅洛-庞蒂有过一番精彩的描述：

> 除了一个目光，不再有别的可注视的东西，看者和被看者恰恰是可替换的，两个目光相互胶着，没有什么能使之分心，并区分它们，因为物体已被取消，每一个目光只能与它的化身发生关系。在反思看来，在这里所具有的只是无共同尺度的两个“视点”，两个我思，每一个都可能以为自己是比赛的胜者，因为如果我思考另一个人在思考我，这毕竟只不过是我的思想之一。视觉形成了反思永远不能理解的东西：战斗有时没有胜者，思想从此以后没有所有者。我注视他人，他看到我在注视他。我看到他看到我在注视他。他看到我看到他也看到我在注视他……这样的分析是无穷无尽的。如果这是万物的尺度，那么目光将无限地从一个目光滑到另一个目光，但同时只能有一个唯一的我思。尽管反映之反映原则上是没有穷尽的，但视觉能使来自两个目光的阴暗部分相互配合，能使人们不再感到带有其各自目的论的两个意识，而是感到一个在另一个之中、单纯在世界中的两团目光。当欲望把两个“思想”推向在它们之间的这条火线，这一燃烧的表面——两个思

① Merleau-Ponty, *Signes*, p.23.

> 想就在那里寻求一种对这两者来说都是同样的实现，就像可感的世界共属于所有人那样——时，视觉就勾画出了欲望所实现的东西。[①]

我与他人这两种目光的相遇并不是如萨特所认为的那样是两种我思的竞争，其中一个将吞并另一个，相反，他人对我有一种吸引作用。在《知觉现象学》中，梅洛－庞蒂就说到，他人的身体像一个“漩涡”，“我的世界受到它的吸引并被它吞噬”。[②]但在那里，他对这种吸引作用的原因并没有给出合理的解释，而现在我们可以明白，他人的身体之所以会是“漩涡”，是因为他的身体之肉和我的身体之肉一样有一个“窍穴”（意识），它需要作为可见者的我去填充。同样，当我形成自己的意识，从其他的可见者中脱离出来时，也很容易陷入一个“沉默的或唯我论的世界”[③]，而这时，正是他人的目光将我拉出来，使我重新与可见者发生联系。通过他人的眼睛，我们又对自己变得完全可见的，我们眼中的空窍、我们背后的空洞重又被可见者所充满。在这个意义上，我们可以说，只有通过这另一种同质的目光的出现，我的意识才真正成为自我意识，因为孤独的意识依然是虚弱的，是他人的目光给了它活力，它像一面镜子那样映现并确证了我的存在。所以说，“人是人的镜子。”[④]如果没有他人，就没有自我。在这个意义上，他人不是我的敌人，

---

① Merleau-Ponty, *Signes*, p.24.

② Merleau-Ponty, *Phénoménologie de la perception*, p.406.

③ Merleau-Ponty, *Le visible et l'invisible*, p.190.

④ Merleau-Ponty, *L'Œil et l' Esprit*, p.34.

而是我的同伴，我的化身。他人的目光也不是一种褫夺性的“吞噬”，一种认识论意义上的“吃掉”[①]或“杀人”[②]，而是对我的一种邀请和支持。之所以会这样，是因为他人的身体和我的身体说到底仍是属于同一个世界之肉的“片断”，这两半原本是双生子，是亲缘存在。他人的目光与我的目光相互“交织”，彼此扶持，这意味着一种“共同作用”或“共同构成”：“我们作为同一个单一的身体而起作用”[③]，我们共同构成一个主体间的世界，一个社会的世界、文化的世界。这就是第三种“视看”的作用。

除了上面讲到的这三种形态的视看。梅洛－庞蒂还谈到了一种“第二层次的或隐喻意义上的视看，这就是理智直观或观念直观”。[④]这种直观声称能洞见到本质，而本质则被看作是致密的、未分化的、自身同一的观念事实。对这种本质的直观常常是哲学追求的至高境界。笛卡尔和胡塞尔最终所想达到的都是这样一种脱离身体的精神之看。甚至许多普通的人也都幻想有第三只眼睛，能直接看到一个人的内心或其心理表象；或者有第三只耳朵，能透过在我们身体表面发出的嗓音，直接听到其内在的声音。但在梅洛－庞蒂看来，这些都只是隐喻性的表达。纯粹的精神之看或本质直观是不可能的，这是因为，正如占据我们眼前的可见存在并不是以一种完全充实的肯定性的形式出现的，而是带着其潜在和阴影，带着指向其他侧面或其他

---

① 参萨特《胡塞尔现象学的一个基本概念：意向性》，刘国英译，收入倪梁康编《面对实事本身》，见第645页，东方出版社，2000年。

② Merleau-Ponty, *Le visible et l'invisible*, p.246.

③ Merleau-Ponty, *Le visible et l'invisible*, p.268.

④ Merleau-Ponty, *Le visible et l'invisible*, p.191.

事物的意向索引链而出现的，也就是说，它是在一个背景中呈现的；同样，“简单的本质，天然的认识”，那些我们要么完全能理解，要么根本不可能理解的本质事实也只是“思想的图形，而其背景和视域却还没有被考虑——只有当人们开始分析‘看’（Sehen）时，这些背景和视域才可以通达。”[①]这就是说，本质直观同样离不开肉眼之看，本质是在肉眼之看的基础上进行一种想象性变更之后才成其本质的。“必须以某种方式看或感觉，才有思想；我们所知的任何一种思想都发生于某种肉中。”[②]因此，并不存在那种一下子就直达事物核心的本质直观。事实上，无论是笛卡尔还是胡塞尔，他们在执行他们的精神之看时都无法抛开他们的身体。所以笛卡尔在他的理智直观中感到了某种奇特的矛盾，而胡塞尔则在他的观念直观中始终拖着模糊的阴影，被朦胧的晕圈所包围。就此而言，所谓的精神之看只是一种隐喻的或引申的表达，它建立在视觉类比的基础之上。

更重要的是，这种精神直观离不开语言，只有“当沉默的视觉落入言语中，当言语反过来通过开启一个可命名者和可言说者的场域，并根据它的真理而把自己铭刻在这个场域中，铭刻在它自己的位置上时，简言之，只有当言语改变可见世界的结构并使自己成为精神的目光”[③]时，才有所谓的精神直观。而这需要我们的身体之肉进行再一次的升华作用，从身体之肉上升到语言之肉，同时对可感世界进行一次可见性的大迁徙，从

---

① Merleau-Ponty, *Le visible et l'invisible*, p.327.

② Merleau-Ponty, *Le visible et l'invisible*, p.191.

③ Merleau-Ponty, *Le visible et l'invisible*, p.203.

身体之肉迁入语言之肉，使它在那里重新获得生命。所谓的精神或思想只是基于语言之肉而产生的一种新的形构，它把经由身体之肉所生成的含义雾霭结晶于语言之肉中，从而形成了以词语为载体的意义颗粒或意义核心。而且正如我们前面所指出的，语言之肉和身体之肉也是彼此互依，相互交织的，这两种肉由于交缠、反卷而形成了一个新的内在空间，一种不可见的深度，而一种纯粹的看、纯粹的目光就是从这内在的孔窍之中绽放出来的。一种基于语言的视看就是思考，它超越了特定的时空处境，甚至在某种程度上超越了自然的机制，它仿佛在自然的身体之上添加了一个“透明的装置，而这种装置引起了一种纯粹的或空无的面向自身在场的幻想（尽管它实际证实的只是一种特定的空无，这东西或那东西的空无）”，就好像思想能直接并即刻地理解它自身那样，这就是所谓的精神直观。由此，精神或思想就构成了“身体的另一面”,它从身体中“漫溢”出来，又“缠绕”上它。但无论如何我们都不能想象一种不被身体所“伴随”，不具有身体之“基础”的精神。

思想不仅仅涉及它与感觉、它与语言的关系，而且还涉及它与他者的关系，它正是在这些不同的关系中建立起来的。梅洛－庞蒂认为，在产生自我意识的同时，语言也就随之产生了，但是，这种语言只有经由“他人”这一环节才能发出声来。个体的语言只是沉默的语言，它比起沉默的知觉来并不具有更多的反应性的意义行为。只有当我的肉遭遇他人之肉时，一种内在的表达欲望才被激发出来，我们原始的沉默世界才能走向言说的世界，并由此进一步产生观念和思想。观念本身是不可见的，但它并不是可见者的反面，而是可见者的“内在骨架”，是它的“衬里和深度”。[①] 只有借助观念，我们也才能达到一种高阶层次上的“视见”，即理智直观或精神之看。当然观念或思想的“种子”早已隐藏在我的身体中了，他人的出现只是对我的思想的萌芽起到了一种催生作用。他人对我的看直接促发了我们的反思意识的形成，并促成了语言和交流的发展。

至此我们已经论述了多层次的视见。我们的目的当然不只是限于论述视觉本身，而是想要通过对“视见”的描述来展现一般的“感觉”是如何发生的，主体又是如何从世界中诞生的。在这个意义上，我们对于视见的论述也同样适用于其他的感觉。比如说触觉，梅洛－庞蒂甚至认为它比视看更为根本，“因为视看只是用目光来进行触摸”。[②] 他也曾同样谈到过三种不同层次的触摸体验，首先是对（事物的）光滑或粗糙表面的触摸，这是最初的一种分化体验，但是还没有明确的物我区分；其次是触摸到事物本身，如这是一张桌子，这是一块布等，这时无论对于事物，还是对于我的“身体及其空间”都已经有了“一种被动的感受”。最后是一种“垂直的触摸”，比如说当我的右手去触摸我的正在触摸事物的左手时，就有一种触摸的垂直传递。[③] 这是一种对于触摸本身的体验，因此它已经带上了明确的反思态度。而在这三种触摸之外，还有一种更高层次上的触摸，它发生在我与他人之间，比如说“握手”，这里的触摸已经不单

① Merleau-Ponty, *Le visible et l'invisible*, p.195.

② Merleau-Ponty, *Le visible et l'invisible*, p.177.

③ Merleau-Ponty, *Le visible et l'invisible*, p.176.

单是触摸本身，它还带上了一种文化和伦理的涵义。

需要注意的是，以上这些不同层次的触觉和视觉体验在我的身上是同时具有的，但在具体的视看和触摸体验中它们所达到或实现的层次又是随情境而异的，也正是这些不同的体验层次导致了“主体性”这个概念的含混性和复杂性。正如有不同层次的视见和触摸一样，也有不同层次的主体性。首先是知觉主体。“作为沉默的向 - 存在（Etre-à），它是静默的，它从属于盲目地被指认的事物本身，它只是相对于事物的差异（écart）。”[①] 知觉主体还只是一个匿名的主体，是尤利西斯意义上的“无人”，它先于任何的客体化，任何的名称规定，它刚从事物中“区分”出来，但“还没有勾画出它自己的路径”，因此它依然是“埋没在世界中的匿名者”；它还没有包含否定性，“不是一种不着之不（nichtiges Nichts），而是一个非存在之湖，是陷入场所和现时之敞开中的虚无”[②]，因此，像思维、推理、言谈等活动对它来说依然是不可能的。只有当这个沉默的主体在自身中发展起一种向世界敞开的否定性，它才成为意识主体或言说主体，沉默的世界开始喧嚣起来。主体拥有词语就像身体拥有某个地点那样，是通过一种“先行具有”（Vorhabe）而拥有的；但正如身体对空间的真正占有需要通过某种实际的动作，主体也只有在实际的言说中才真正拥有词语。言说在前语言的存在中引起了一种突变，它带来了一种能产生可操作含义的改

① Merleau-Ponty, *Le visible et l'invisible*, p.254.

② Merleau-Ponty, *Le visible et l'invisible*, p.254.

造酵素，所以梅洛－庞蒂又把这个主体称作实践主体。[①]而这个实践主体同时是一个交互主体，因为只有在与他人的互动往来中，主体才是一个真正的言说主体，才能超越特定的时空限制而进入一个语言空间中，进而成为栖居于其中的一个思维主体。“先验的主体性是一种主体间性”，梅洛－庞蒂反复吟诵的这句胡塞尔的箴言所要表明的是，只有进入到了生活世界中并与他人共存的主体才是最高的主体。

我们至此已经简略地探讨了梅洛－庞蒂的存在之思。在他这里，存在的运作体现为肉的开裂和构型。我们主要讲到了三个层面的肉：世界之肉、身体之肉和语言之肉。从逻辑上来说，这三者是有先后之分的，身体之肉是从世界之肉中分裂出来的，而语言之肉又是身体之肉的进一步开裂。但是，正如梅洛－庞蒂所说：“世界之肉不能由身体之肉来解释，或者，身体之肉也不能由否定性或居于它之中的自我来解释。这三个现象是同时的。”[②]这种同时性是我们前面所讲的垂直时间上的同时，也就是说，我同时处在世界之肉、身体之肉和语言之肉的交缠上。在这个意义上，梅洛－庞蒂所讲的存在是一种垂直的存在，世界也是一个垂直的世界。[③]

---

① Merleau-Ponty, *Le visible et l'invisible*, p.255.

② Merleau-Ponty, *Le visible et l'invisible*, p.304.

③ 肉的这三个层次自然让我们想起梅洛－庞蒂早期哲学中的“物理秩序、生命秩序和人类秩序”以及“世界－身体－心灵”的三层次结构。尽管他前后期的论域（从生存论到存在论）已有所改变，但这些三层次的思想结构却没有变化。从这里也可以看出，梅洛－庞蒂的后期思想并没有否定他的前期思想，而只是对它的进一步深入和深化。

4. 可逆性：交缠—交织

我们已经分析了多层次的视看，这些不同层次的视看却有一个共同的特征，亦即：“在所有的视看中都存在着一种根本的自恋性。”[①] 这就是说，看者被他所看的东西吸引，而他从中看到的仍然是他自己，这是因为，看者与被看者有着原初的同源关系，所以被看者就像镜子一样，把看者本己的存在也反映出来了，并由此把观看者与被观看者一道带入了更深层次的本源关系中。这种自恋其实不独视看为然，而是所有的感觉乃至语言的共性，以至于梅洛－庞蒂说，人就其本质而言就是一个自恋的人，自我是“通过含混和自恋，通过看者在所看到之物，触摸者在被触摸之物，感觉者在被感觉之物中的内在固有而得到规定的。”[②]

梅洛－庞蒂用一个更普通、更基本的词来代替自恋这个概念，这就是可逆性。他认为，任何视看或触摸若要发生，就必须具备一种基本的可逆性关系：或者是在我与事物之间，或者是在我自身中，或者是在我与他人之间。没有这样一种相互可逆的关系，感觉或知觉就是不可能的。视觉需要一种反观或回视，正如这个词的双重意义所表明的。视觉既指视力、视看、一种观看的能力和观看的行为，也指被看者、所见者、某种可见者。所以，梅洛－庞蒂说：“当我看时，视觉（正如这个词的双重意义恰当地指出的那样）必定伴生一种补充视觉或另一种视觉：我自身从外面被看到，就像另一个人在看我那样，它处于可见

① Merleau-Ponty, *Le visible et l'invisible*, p.183.

② Merleau-Ponty, *L'Œil et l'Esprit*, p.19.

者中间，并正从某一地点考虑可见者。”[①] 也就是说，在能看者与可见者之间有一种交叠，一种可逆性，只有在这个时候，才能产生视－见。触摸也是如此，这一点我们早就在前面分析过了。

可逆性不仅规定了我们的感觉，也规定了我们的身体，或者说，它是我们身体之内的基本构型。梅洛－庞蒂曾如此发问：如果设想我们的眼睛是这样构成的，它使我们身体的任何一部分都不在我们的视觉范围之内，或者，如果我们像某些动物那样，有两只长在两侧的眼睛，因而没有交叉印证的视野，在这种情形下，我们还能看到东西吗？答案是否定的，他说：“这个身体不能反观，不能自我感知，它就几乎近于顽石，它不完全由肉构成，也就不是真正的人的身体，因而也就不再有人性。……当在看者与可见者之间、触摸者与被触摸者之间、一只眼睛与另一只眼睛之间、手与手之间，有某种交叉印证时，当能感与可感的火花被点燃时，当这种不断燃烧的火花一直持续，直到身体的某种意外压倒了此前任何一种意外都不曾足以使它熄灭的时刻为止，人的身体就在那里了。”[②] 或者也可以这样说：“当某个在母体深处仅只是潜在可见的东西变成为同时对我们和对它自身来说都是可见的东西时，我们就说一个人在这一时刻诞生了。”[③]

最后，从根本上来说，可逆性是存在运作的体现。我们在前面讲过，当一只手触摸另一只手，另一只手又反过来触摸这

① Merleau-Ponty, *Le visible et l'invisible*, p.177.

② Merleau-Ponty, *L'Œil et l'Esprit*, p.20.

③ Merleau-Ponty, *L'Œil et l'Esprit*, p.32.

只手时，这种触摸与被触摸的体验绝不可能重合，两者之间始终有“一种否定性的非重合，一种远处的重合，一种间距”[①]，以至于这种触摸关系好像是发生在某个“不可触摸”的地方。[②]这一不可触摸的地方正是存在的运作空间。存在通过肉的开裂产生了存在的双翼：自然－世界、人－事物、自我－他人、身体－心灵，或者说看者－可见者、触摸者－可触摸者、说者－听者等等。这里的每一对内部都存在着间隙，也存在着一个接触面或接触点，但这个面或这个点又是不可把握，不可对象化的，正是它使两者间的互逆关系成为可能，它是存在的“枢纽”或“枢轴”。因为如果没有这个间隙，那么两者之间的区分就不再可能，看者与被看者就完全融合在一起了；反之，如果分开的两翼没有任何接触点或接触面，那它们之间也就不会有任何关系，更不会有可逆性关系。但这一间隙，这一隐秘的不可见的枢轴不属于这双翼中的任何一方，既不属于能看者，也不属于可见者（正是因此，触摸才好像发生在某个不可触摸的地方），而属于由它们所构成的整体。所以整体是包含间隙、包含着虚无和否定的整体，是差异中的同一性。这种“间隙”、这种整体中的差异对知觉来说是本质性的：为了知觉到事物，必须在我与事物之间有一种距离；为了使我的左手触摸到我的右手，触摸与被触摸之间必须有一种间隔或区分；尽管它们都是在同一种肉中，同一个身体中被体验到的。这种区分说到底是存在论差异的体现，因为在触摸与被触摸者之间的裂隙，其实就是遮蔽与去蔽、存

---

① Merleau-Ponty, *Le visible et l'invisible*, p.166.

② Merleau-Ponty, *Le visible et l'invisible*, p.307.

在与显现之间的裂隙。在梅洛－庞蒂看来，存在与显现的关系是可逆的，存在是显现的存在，显象则是存在的显现，或者说，存在产生了视见，但存在本身又是"被看到的存在"。存在与显现的交织和互逆决定了人与事物、自我与他人关系的可逆性以及各种感觉间关系的彼此可逆性。正是因此，梅洛－庞蒂把可逆性视作一种"终极的真理"①。

这种由存在论差异所规定的、包含差异于自身中的知觉观念与传统的知觉观念拉开了距离。传统的知觉观是一种自我重合的知觉，所谓的"我思故我在"，强调的就是自身体验的同一性，绝对重合性，传统认识论的主体正是以自我知觉的重合为基础的。由于自我－知觉的同一与重合才导致了我思意识坚实致密、不可渗透的实体性特征，也造成了第一人称经验的绝对优先性和内在性领域的透明性，由此进一步导致了内在和外在、意识和事物、主体与客体之间的二元区分。②而梅洛－庞蒂则一方面强调自我本身的内在裂隙，另一方面又强调人与事物，自我与他人之间的亲缘关系，这样，就在事物、自我与他人之间产生了一种模糊关系，从而消解了传统哲学中主体与客体截然两分的情况。

另一方面，我们也应该看到，可逆性并不是完全对称的。当画家说，树在看我时，树对画家的看与画家对树的看并不具

---

① Merleau-Ponty, *Le visible et l'invisible*, p.204.

② Martin C. Dillon, "Merliau-Ponty and the Reversibility Thesis", in Henry Pietersma (ed.), *Merleau-Ponty:Critical Essays*, p.81, University Press of America, 1989.

有同样的意义。因为这两种视看属于不同的层次。树看着画家，这是一种最原始意义上的观看，它类似于镜子的反射；也就是说，树像镜子一样把画家也带入镜中，带入树林的整体中，使他也成为可见的，并促使他产生一种基本的反身性。[①] 与此相反，画家对树则可以实行不同层次的看。只有在某一特定的时刻，树对画家的看与画家对树的看才可能互相趋近乃至缠结交织，并产生部分的重合，但绝不可能有完全的重合，而这一刻的来临则在这两者之间开启了一种“不可见的”深度，并使一种新的意义垂直涌现。同样，我与他人的对视，也不完全是一种对称性的可逆关系。因为这里涉及更多种不同层次的注视的可能性，既有恋人间含情脉脉的交融式的看，也有敌对双方虎视眈眈的杀人式的看；既有一种长辈对晚辈的赞许鼓励式的看，我在这种看中感受到力量，也有一种陌生人的不怀好意的打量式的看，我在这种看中感到“坐立难安”。萨特的错误就在于他忽视了这么多丰富多彩的“互视”的可能性，而只从一种纯粹我思式的对峙出发；而如果回到这多层次、多样态的视看的“交错”，那么我与他人之间的关系就不只是一种对抗的关系，也同样有甚至更多的是合作与“共建”、信任与友谊的关系。[②]

为了描述这种可逆性关系，梅洛－庞蒂还专门引入了两个新的概念，即“交缠”（l'entrelacs）和“交织”（chiasme）。

---

① Henry Pietersma (ed.), *Merleau-Ponty:Critical Essays*, p.84.

② Merleau-Ponty, *Le visible et l'invisible*, p.268：“交错（chiasma）而不是为他，这即是说，不只有我－他之间的敌对，还有我－他之间的共同起作用。我们像一个独一的身体那样起作用。”

不过对这两个概念，他并没有作出明确的区分，它们都有交错、交叉的意思，在他对它们的具体使用中似乎也看不出明显的区别。但从字面意思来看，l'entrelacs 一词更侧重于丝线的交错，在绘画和雕塑上，则指这样一些繁复地交织在一起的对称性图案，这个词刚好与梅洛－庞蒂把存在之肉的运作比作一种“织构”，认为身体与世界是由同样的“织料”构成的说法相应。但总的说来，梅洛－庞蒂在《可见者与不可见者》中实际用到这个词的地方极少，[①] 他用得更多的是 chiasme 一词 [②]。chiasme 来自古希腊字母 χ，后来成为修辞学的一个概念，指使对偶句顺序倒错的一种修辞法 [③]，它也可以用来表示“X”状的交叉关系，如神经组织的结构，染色体的结构等等；梅洛－庞蒂则把它改造成了一个具有存在论意义的概念，以此来表示主观与客观、自我与他人、触摸者与被触摸者、可见者与不可见者、能动与被动等两两相对的各项相互侵越、相互交织的存在状态。他认为交织是一种不可还原的存在论结构，它涉及的是“在存在内

---

① 这个词在《可见者与不可见者》中只出现了三次，且都是在一种引申性的意义上使用，分别为：“空间与时间的交缠”（p.157），“身体与可见者的交缠”（p.182），“人性与动物性的交缠”（p.328）。

② 梅洛－庞蒂还用到了类似的另一个词 chiasma，其中 1959 年 11 月 1 日的一则笔记就以 chiasma 为题（Merleau-Ponty, *Le visible et l'invisible*, p.268），另见 *Le visible et l'invisible*, pp.212, 252.

③ 我们在《可见者与不可见者》中就可见到这样一种具有 chiasme 风格的表达，如 p.239：Devenir nature de l'homme qui est le devenir homme de la nature（生成人的本性即自然之人的生成）。

部与存在的一种关系”[①]；而真正的哲学就在于把握这种交织，这种“使人离开自我就是回自我的东西”。[②]

在梅洛－庞蒂这里，交织一词的最基本含义体现在两个方面，一是维度的差异性，二是关系的交互性。我们先来看第一方面。

何谓维度的差异性？比如说，当我们看一个圆柱物体时，既可以从上面（垂直的方向）来看，说“这个柱状物是圆形的”，也可以从它的四面（水平的方向）来看，说“这个柱状物是四边形的”。对于一个只知道二维概念的人来说，这两个判断显然是相互矛盾的、荒谬的，但对一个正常人来说，他就能从这两个判断中构想出一个三维的、同一的圆柱物来。同一个物体可以从不同的维度显示出来，并呈现出不同的内容，反过来，我们从不同的方面（如颜色、触感、大小、坚硬度等）出发，最后抵达的仍是同一个物体。如同我们的身体，我既可以说，我拥有一个精神的身体，也可以说，我拥有一个身体的精神；身体和精神只是一种维度的差异性，而这些不同的维度是内在地相互贯通的，因为它们共属于一体。每一种感觉都可以成为一个独立的维度，尽管我们最习惯于通过视觉进入世界，但我们也可以经由触觉、听觉甚至嗅觉进入世界。在每一感觉维度中呈现的世界都各不相同，但它们有内在的交叉和彼此的侵越，也各自向其他的感觉维度借鉴了某种东西，因此，它们最终映现或通达的是同一个世界，“带着某种一致的变形的世界本

---

① Merleau-Ponty, *Le visible et l'invisible*, p.268.

② Merleau-Ponty, *Le visible et l'invisible*, P.252.

身”[①]。同样，每一个人也都是一个独立的维度，都以自己的方式与世界打交道，最后都拥有一个属于自己的世界，但它们最终都属于同一个世界。原则上，每一维度都是存在的枝丫或分叉，都可经由它而通达唯一存在的核心；每个人就其自身而言也都是存在的侧显，都拥有通向存在的入口，但实际上，可能只有久经训练、惯于探索的少数人（如画家、诗人、哲学家等）才能发现通向存在深处的秘密小径。但无论如何，在各种感觉之间，在身体与精神之间，在人与事物之间，在自我与他人之间，简言之在各种维度之间，存在着各种各样的交织，它构成了一种莱布尼茨所说的“前定和谐”，甚至是比前定和谐更正确的“真理”，因为交织“处于局部的－个别化的事实之间，它把在差异化过程中事先统一起来的整体像正面和反面那样联系在一起”；最终，“自我－世界、世界和它的各部分、我的身体的各部分的预先统一，一种分离之前、多维化之前的统一，甚至还有时间的统一……这一切都显示在可感者和可见者中。一个可感者（甚至是外在的可感者）包含了所有这一切（这即是构成所谓的综括、知觉综括的东西）。”[②]

交织的另一层含义是结对的两项之间的关系的交互性，这也许是它更重要的含义。它几乎体现在所有的二项关系中，我们可以很容易地从梅洛－庞蒂的著作中摘引许多有关这种交互关系的描述。如：

看者与可见者：“在看者与可见者之间没有重合，但它们中

① Merleau-Ponty, *Le visible et l’invisible*, p.315.

② Merleau-Ponty, *Le visible et l’invisible*, p.315.

的每一个都向另一个借用了某种东西，占有或侵越到另一个之上，与另一个相交错，与之处于一种交织关系中。”①

身体与事物：“我的身体处于众多的事物当中，它是这些事物之一。……但是，既然它观看并且自身运动，它就吸引事物环绕在它的周围，这些事物成了身体本身的一种补充，一种延伸，它们镶嵌在它的肌肉上，成为它的丰满性的一部分。”

身体与世界：“身体就挺立在世界面前，世界也挺立在身体面前，在它们之间有一种拥抱关系，还有，在这两个垂直的存在者之间没有一处边界，但有一个接触面。”②

精神与身体：“把精神界定为身体的另一面。……这另一面意味着，身体由于有了这另一面，它就不是可以用客观的词项，用自在的词项来描述它——这另一面真正地是身体的另一面，它漫溢入身体，侵越到它之中，并隐藏在它里面——同时又需要它，终止于身体中，泊息于身体中。”③

自我与他人：“我－他人的关系要被看作……互补的，其中的任何一个如果不是另一个也是如此的话就不可能维持其存在。”④

自然与文化：“在我们中的一切都是文化的（我们的生活世界是主观的，我们的知觉是文化历史的），在我们之中的一切都是自然的（甚至文化也依赖于野性存在的多形态性）。”⑤

---

① Merleau-Ponty, *Le visible et l'invisible*, p.314.

② Merleau-Ponty, *Le visible et l'invisible*, p.324.

③ Merleau-Ponty, *Le visible et l'invisible*, pp.312–313.

④ Merleau-Ponty, *Le visible et l'invisible*, p.274.

⑤ Merleau-Ponty, *Le visible et l'invisible*, pp.306–307.

思想与言语："思想和言语相互期待。它们不断地相互替代。它们互为奥援，互相刺激。任何思想都来自言语并返回言语，任何言语都在思想中产生并在思想中结束。"①

可见者与不可见者："不可见者不是可见者的对立面，可见者自身拥有一个不可见的内在骨架，不可见者是可见者的隐秘的对应物，它只呈现在可见者中。"②

这些两两成对的概念不再彼此对立，而是交互可逆的。在这里，每一交织的两项都是正面与反面、内面与外面的关系。但这两面又通过一个不可见的枢轴结合在一起，构成一个包含着双翼的整体。正是以这不可见的枢轴为转机，形成了内面与外面、反面与正面之间的隐秘过渡，一个既有开叉又有反转的相互关联的圆环。对此，梅洛-庞蒂特别用了一个"手套"的比喻来描述这种交互可逆状态：

> 可逆性：从里向外翻的手套手指——不需要在每一面都要有一个旁观者，只要我从一面出发就足以看到与正面相黏连的手套的反面了，只要我通过其中的一面就足以接触另一面了（它们是对场的一个点或一个面的双重"表呈"）。交织就是这个：可逆性。③

这个比喻带有"谜语般的色彩"，但它的基本意思还是可明白的，即是说："不存在同一性，也不存在非-同一性或非-重合，

---

① Merleau-Ponty, *Le visible et l'invisible*, p.25.

② Merleau-Ponty, *Le visible et l'invisible*, p.269.

③ Merleau-Ponty, *Le visible et l'invisible*, p.317.

只有内和外的相互翻转。”[①]

对这种两面交缠翻转，又相互贯通关系的最好说明，笔者以为还是拓扑学上谈到的神秘的莫比乌斯带（Mobius band）。荷兰画家埃舍尔对此有过许多形象的图绘，下面就是其中之一：

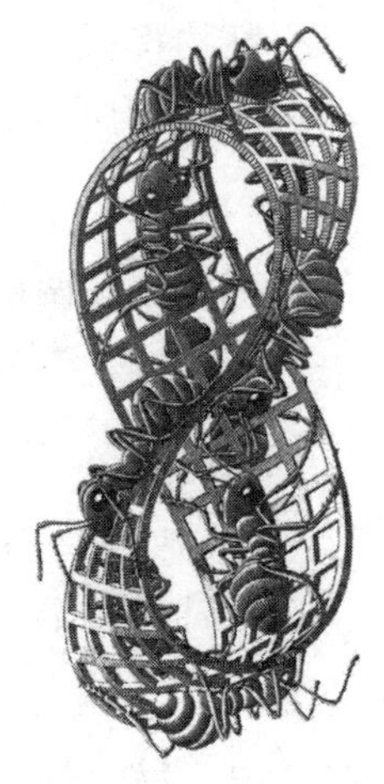

埃舍尔：莫比乌斯带（木刻画）

莫比乌斯带是指将一条丝带反转一圈被扭曲后，又将两端连在一起而形成的圆环。这个圆环的特殊之处在于，丝带的正面和反面是相间地连接在一起的，这样，一只红蚁从任一面上的任一个地方开始，都无需越界就能轻易地爬到它的反面。在这里，不但正面和反面、内面和外面是相互贯通的，而且，由这一丝带的特殊“构型”所形成的两个圆环，两个“开口”也

① Merleau-Ponty, *Le visible et l'invisible*, p.317.

不是各自孤立封闭的，而是内在地相通，向外敞开的，正是因此，红蚁才能安全地被“嵌入”其中而顺利无阻地爬行。这就像梅洛－庞蒂所说的：“否定，虚无，就是一分为二，身体的双叶，内面和外面彼此贯通。……只有通过可逆性，才有从‘自为’到为他的道路——事实上既没有作为实定的我和他人，也没有实定的主体性。只有某物将在那儿发生的两个洞穴，两个开口，两个舞台——而这两者都属于同一个世界，同一个存在的舞台。”①

我们还可以进一步发现，这些两两成对的概念并没有被囿于其自身所处的结对中，而是每一个概念都越出它所在的对子之外，延伸到其他的结对中，并与之也产生交织关系，由此而更加枝节缠蔓，错综复杂，织成了一张巨大的网络。每一个概念都处于一个网结上，它同时与多个其他的网结（概念）相联系，最后，所有的概念都融入了同一个存在的网络中：“世界就是这样一个整体，在其中，每一部分当人们就其自身来看待时，就突然打开了它的无限维度，而成了总体的部分。……每一部分都是从整体中撕扯下来的，连同它的根，但是又缠卷在整体上，并且跨越到其他的部分中。”②因此，两两成对中的“两”或“对”“不是两种行为，两种综合，而是存在的一个片段，是间距的可能性（两只眼睛，两只耳朵：这是区分的可能性，是使用区分的可能性），是差异的来临（因此处在相似的基础上，

① Merleau-Ponty, *Le visible et l'invisible*, pp.316–317.

② Merleau-Ponty, *Le visible et l'invisible*, p.271.

处在‘万物原本共在’的基础上)。”[①] 可逆性就是这种“一”与“二”的运动，既一分为二，又两两成对，既是区分和差异，又是整合与统一。原物原本共在，但它们只有通过一一分化和两两结对的运动才能显现出来。这也是肉或存在的运动。

通过对这种两两成对，既分化又交织的可逆性活动的描述，梅洛－庞蒂发展出了一种关于感性存在的感性本体论（une esthésiologie ontologique），传统哲学中感性与知性的对立由此被颠覆了。梅洛－庞蒂明确地说，要创造一种新的智性类型。[②] 它是一种感性的智性（une intelligibilité esthésiologique），而不是概念的智性。智性同样产生于肉在不同方向上的交织和关联，它本身就是一种交织和缠结，它也摆脱不了与感性的联系，事实上，感性与智性是交错弥渗在一起的。我们因此远离了那个完全摆脱感性之肉质经验的纯粹观念的世界。最终说来，感性和智性都不再是清楚明晰地透彻两分的，而是含混而模糊，有厚度不透明的，是蛮荒而质朴的，这是一种本体论上的垂直的感性智性。[③]

总之，梅洛－庞蒂的存在论思考想要揭示的是“在存在内部产生的与存在的联系”[④]，是全体各部分之间的内在分叉与潜

---

① Merleau-Ponty, *Le visible et l'invisible*, p.270.

② Merleau-Ponty, *Le visible et l'invisible*, p.322.

③ Isabel Matos Dias, “Maurice Merleau-Ponty: Une esthésiologie ontologique”, in Merleau-Ponty, *Notes de Cours sur l'origine de la géométrie de Husserl*, pp.279–280, Presses Universitaires de France, 1998.

④ Isabel Matos Dias, “Maurice Merleau-Ponty: Une esthésiologie ontologique”, in Merleau-Ponty, *Notes de Cours sur l'origine de la*

在联系，是“我之所是的这种可感存在（Être）与所有在我之中感知自己的其他存在者之间的这种不可分割的关系”①。这种预先存在的统一性，这种不可分割的深层联系，就是感性存在本身，就是肉本身，因为肉原本就是不可分割的存在，但又始终处于分化与构型的运作之中。

5. 梅洛－庞蒂的身位

在梅洛－庞蒂的后期思想中，我们可以看到，海德格尔对他的影响越来越大，这只要从他的著作中频繁地提到海德格尔的名字就可以看出。如果说在早期思考中，梅洛－庞蒂更加接近胡塞尔，并有意把海德格尔的思想往胡塞尔那里靠拢，改造或反对他的某些观点，那么，在他的后期思考中则刚好相反，他已经不再偏向胡塞尔了，而是不断地对他提出批评。他离海德格尔似乎要更近些，因为他与后者一样开始思考存在之神秘，并从后者那里借鉴了关于存在论思想的许多基本主题：如存在本身的不可把握性（我们只能远距离地瞥见存在或间接地通达存在）、存在之显（去蔽）和隐（遮蔽）的两重性、存在与语言的关系等。然而，这种借鉴仍然是一种改造，即使在看起来最接近海德格尔或与之最相似的地方，我们还是可以看到梅洛－庞蒂的独特性。比如在对存在本身的描述上，海德格尔的存在抽象玄奥，它主要是作为意义和真理的赋予者而起作用的；而

---

géométrie de Husserl, p.268.

① Merleau-Ponty, *Le visible et l'invisible*, p.309.

在梅洛－庞蒂这里，存在则被看作“一般的感性或可见性”，它更加感性和具体，更富于生气，与作为肉身性存在的人的关系也更加密切。海德格尔的存在似乎是高悬于人之上的，需要人去仰望，去寻找，去聆听；梅洛－庞蒂的存在则是在人之下的，或者说，它“在我四周，并且在某种意义上是贯穿了我的”[①]。在海德格尔那里，存在与人之间不具有梅洛－庞蒂那里的可逆性关系。更重要的是，在梅洛－庞蒂那里，人的地位比起后期海德格尔那处于“天地神人”四重结构中的人来说要显贵得多，它或许更接近于《存在与时间》中的此在；只是梅洛－庞蒂不像海德格尔那样对传统哲学中的人的形象作了一番彻底的重铸。总之，尽管梅洛－庞蒂从海德格尔那里汲取了许多东西，但他所构想的仍是一种“新的存在论”。

当然，梅洛－庞蒂同样也没有放弃对胡塞尔的进一步思考，尤其是胡塞尔在《观念II》中关于自然与身体的论述为梅洛－庞蒂构想一种“粗朴而野性的存在”提供了许多思想契机。梅洛－庞蒂认为，胡塞尔在《观念II》中已经超越了主观和客观的二元对立，走向了一个非相对项的第三维度，从而为纯粹主体与纯然之物之间的关系重新奠立了基础。这一努力最终捣毁了我们关于事物与世界的看法，并导致了对感性存在论的平反。[②]经由胡塞尔的这条道路及他所开启的生活世界，我们就能够揭示出“粗朴的或野性的存在”。此外，胡塞尔对于时间性，对作为原始奠基的大地或地球观念的阐述也是梅洛－庞蒂反复思考

① Merleau-Ponty, *Le visible et l'invisible*, p.154.

② Merleau-Ponty, *Signes*, p.212.

的主题。最后，胡塞尔在《几何学的起源》一文中对“理念性”问题的探讨把梅洛－庞蒂带到了“现象学的极限处”，也使他看到了使胡塞尔和海德格尔可能发生遭逢的接合点。胡塞尔在这篇文章中通过对几何学起源的分析，实际上探讨了理念性如何产生和发展的问题。理念性只能来自一个预先开启的感性世界，而理念的产生与新意义的增加只有通过进入一种历史，并凭藉语言——言谈与书写——的保障才有可能，正是语言使意义上升为本质，并通过概念而凝结为意义的晶体，正是语言确保了理念存在的客观性和非时间性，并反过来实现了它在感性之物中的铭写。这样，语言对胡塞尔来说就具有了一种本体论的功能。正是在这一点上，他与海德格尔殊途同归，彼此衔接了。事实上，梅洛－庞蒂也是把海德格尔的语言之思看作是对胡塞尔所开启的语言观的一种完成和实现的。胡塞尔早先的现象学包含着一种基本的困难：一方面，语言在意向分析中只是一种意识对象，另一方面，无论是还原还是变更，又都已经是语言性的了，即使是对构造的较底层次，如语言、身体、时间等的描述也已经超出了意向分析的现象学框架。而正是在这一点上，海德格尔实现了胡塞尔刚刚接近的东西：即对一种非经验的言语，对言语（Parole）本身的思考和聆听。① “为了着手理念性问题，胡塞尔的分析要发展成为海德格尔关于‘言语说’的思想。”②

① Cf. Merleau-Ponty, *Notes de Cours sur l'origine de la géométrie de Husserl*, pp.6–8, Presses Universitaires de France, 1998.

② Merleau-Ponty, *Résumés de cours, Collège de France 1952–1960*, p.168.

这样的解释显然只能看作是梅洛－庞蒂自己的一种创造性解读。但也正是在这种创造性的解读甚至误读中，梅洛－庞蒂才发展出了他自己的独特思想，并使他在20世纪的现象学运动中获得了一个不可替代的位置。他被誉为继胡塞尔和海德格尔之后的第三位经典现象学家，是“法国现象学家中的最伟大者”（利科语）。施皮格伯格在他的《现象学运动》一书中如此评价梅洛－庞蒂：

> 如果我们说，没有梅洛－庞蒂，特别是没有梅洛－庞蒂的《知觉现象学》，现象学就会如同在萨特手里日益明显地表现的那样，有更长时间仍然只不过是存在主义的工具，这大概是不会错的。更确切地说，如果没有梅洛－庞蒂，如果没有他的学术风度，现象学就很难如此迅速地取得这样的声望，是他通过他的宏大的业绩为现象学赢得了这种声望。[①]

从这些赞誉和评价中可以看出梅洛－庞蒂在整个现象学运动中所占有的重要地位，对此是毋庸置疑的。而事实上，在我们看来，梅洛－庞蒂的更为卓越之处在于，他把胡塞尔开创的现象学思考推进到了其极限处，并在那里发现了另一个更为深邃、更加原初的世界，也就是说，他从现象学出发最后又超越了现象学。如果说现象学代表着近代以来的主体哲学或意识哲学的发展巅峰，那么，梅洛－庞蒂的思考至少为我们超越并重新考量这种意识哲学提供了一个视角。因此，对梅洛－庞蒂的评价，似乎也需要把他放到一个更为宏大的哲学史的背景中来

① 施皮格伯格《现象学运动》，第783页。

考虑，下面我们简单地来考察一下他与古典思想与后现代主义之间的思想关系。

我们知道，海德格尔在他的后期思想中致力于返回到希腊思想，尤其是前苏格拉底的存在之思中。梅洛－庞蒂的存在论受海德格尔影响颇深，那么，在他那里是否也有一种返回的趋向呢？

确实，我们可以在梅洛－庞蒂的思想与古希腊思想之间找到许多的相似和联系。如被梅洛－庞蒂规定为元素的肉显然受到希腊自然哲学的启发，而经由肉的开裂所产生的存在秩序与希腊的自然秩序之间也有着相似之处。麦迪逊（Gary Brent Madison）在他的著作中还指出了更多的相似性。比如说在希腊神话中，“大地”（Earth）被看作诸神和人的共同母亲，而在梅洛－庞蒂那里的“大地”概念也具有类似的意涵。梅洛－庞蒂提到的“多形态的”“未分化的”存在与希腊神话中作为宇宙起源的“混沌”（Chaos）相似，后者同样是既是一又是多的存在。在伊奥尼亚学派中，阿那克西曼德的作为宇宙基质的“无定限”（the infinite）也可拿来与梅洛－庞蒂的“多形态的存在”概念作比较，它们都是不可界定的，都通过一种“分离”的运动而产生出世界和万物。而梅洛－庞蒂与赫拉克里特之间的相似就更明显了，他们都认为，存在就是生成，而生成是永无止境的。赫拉克里特在事物的对立面中寻找和谐，寻找隐含的逻格斯，梅洛－庞蒂同样在两极之间找到了“可逆性”的真理。梅洛－庞蒂没有把存在之思视作一种演化论，而是视作一种“可见者的宇宙论”，在这里，“不再有起源的问题，也不再有极限的问题，也不是回到第一因的事件系列的问题，而只有一种永恒存在的唯一爆发的问题。”[①] 同样，赫拉克里特的思想也不是一种宇宙演化论，而是一种宇宙论，问题不在于追溯世界的开端或它发展至今的线索，而是要揭示它当前实际的本质，一种既没有开端也没有结束的“进程”的本质。[②] 最后，梅洛－庞蒂关于存在开裂、出现“自然之光”的论述还让我们想起《圣经·创世纪》一开始的描述：“起初，神创造天地。地是空虚混沌，渊面黑暗。”这种创造或世界的涌现都是通过分化或分裂的过程而实现的（当然，在《圣经》中有一个位格神的作用），由此，原始未分化的存在分裂为二，于是就有了光与暗、昼与夜、“空气以下的水和空气以上的水”——当然这已经超出希腊思想的范畴了。

不过，尽管我们能在梅洛－庞蒂的思想与古典思想之间找到种种相似之处，但应该注意的是，梅洛－庞蒂从来没有像海德格尔那样系统而认真地去研究并阐释过某一位希腊哲人的著作，他也从来没有提出过要“返回古希腊”或“像希腊人那样去思考”的口号。因此，思想上的这种种相似仍然是表面的。[③] 当然，注意到这些相似的事实有时也确实能赋予梅洛－庞蒂的存在论以“一种对我们的认识来说还未被注意到的丰富性和深

---

① Merleau-Ponty, *Le visible et l'invisible*, p.318.

② G. B. Madison, *The Phenomenology of Merleau-Ponty*, pp.243-245.

③ 在 1948 年关于现象学的一个电视讲座中，当梅洛－庞蒂谈到古典思想时，他指的基本上是从笛卡尔以来直至法国大革命时期的思想，可参梅洛－庞蒂《知觉的世界》，尤其是该书第七讲，王士盛、周子悦译，江苏人民出版社，2019 年。

度”。[①] 至于在梅洛－庞蒂与希腊思想之间的最根本区别则或许在于他对待主体性的态度上。我们知道，梅洛－庞蒂曾明确地说过，主体概念只是现代的产物，它最早也只是在蒙田或笛卡尔那里才出现。尽管主体哲学的一些因素已经存在于古希腊哲学中，但是主体存在或规定主体概念的“否定性”特征却从来也没有处于希腊哲学的中心。而在梅洛－庞蒂的哲学中，否定性始终是一个核心的因素，在他后期的存在论思想中，他甚至还把这种否定性特征归属于存在之肉，而不仅仅是人。在他那里，人的地位从来都没有受到怀疑和贬低，即使在他后期建立的存在秩序中，人依然处于一个较为核心的位置上，尽管其主体性的色彩已经被极大地淡化了。

如果说梅洛－庞蒂从来没有采取过一种（向古典世界）回归的步伐，那么，他是否预示了某种后现代的景观呢？无疑，他与后现代主义的许多观点是有着亲缘关系的。正如一位研究者所指出的，在梅洛－庞蒂对马克思与胡塞尔的批判中，有许多内容同他死后十年间法国思想界发生的情况相似。如他摒弃了“我思”概念，他想废除“意识哲学”的种种范畴，而代之以一种以“肉”“交织”“差异化”“可逆性”等概念为核心的存在论，这种存在论的基础不是原始的“根据”，而是“扩展”和“开裂”；他还据此认为，根本的东西不是共同起源，而是分离和差异的网络系统；最后，他还批判了马克思主义趋向一个唯一目标的宏大历史观，从而诱发了一种选择性的历史观，历史被看作一系列多样化的、地方性的历史，每种历史都由它们自

① G. B. Madison, *The Phenomenology of Merleau-Ponty*, p.245.

己独特的符号基质所规定。[①]这一切看起来与后现代的基本特征何其相似乃尔！

然而，我们同样不能夸大这种相似性。因为“梅洛－庞蒂著作中的某些方面，即使在其生命的最后几年里，仍然继续依赖于他的早期研究，因而使他与自己死后才逐步引人注目的许多观点发生对立”[②]。比如说，梅洛－庞蒂是最早在法国讲授并研究索绪尔的语言学的人，几乎已经踏在了“结构主义的入口处”。他与结构主义的代表人物列维－斯特劳斯早就相识且有深交。后者在《野性的思维》一书的扉页上写着“谨以此书纪念莫里斯·梅洛－庞蒂”，在“前言”中，他又进一步解释：“近年来，某些接近梅洛－庞蒂和我本人的人不难了解，我将本书奉献给他原来是很自然的事，这本书是根据我在法兰西学院的一些讲稿很随意扩充而成的。如果他还在世，这本书无论如何也会是我们两人之间继续讨论的成果。”[③]这表明列维－斯特劳斯的思想在一定程度上是受惠于梅洛－庞蒂的，但他们两人之间的分歧也是显而易见的，这尤其体现在对待人的态度上。列维－斯特劳斯认为，“人文科学的最终目的不是去构成人，而是去分解人”，并重新将文化整合到自然之中。[④]这事实上也是结构主义的基本原则，对结构主义来说，决定性的因素不是人，

---

① 詹姆斯·施密特《梅洛－庞蒂：现象学与结构主义之间》，第230—231页。

② 詹姆斯·施密特《梅洛－庞蒂：现象学与结构主义之间》，第231页。

③ 列维－斯特劳斯《野性的思维》，第1页，李幼蒸译，商务印书馆，1997年。

④ 列维－斯特劳斯《野性的思维》，第281页。

而是结构，人是微不足道的；而梅洛－庞蒂则始终坚持并强调人的地位。正是因此，他最终也就只能处于一个“在现象学与结构主义之间”的暧昧位置上。

后现代主义的思想家和梅洛－庞蒂还共享着对同一个基本主题，即身体性的关注。但是他们的思考途径明显有别于梅洛－庞蒂，尽管两者都可以看作是对近代以来的笛卡尔式身体观所作出的反应。后现代思想家们的身体思考其实可以追溯到尼采。尼采在《权力意志》中拒绝了“灵魂假设”，并要求从身体的维度重新开始哲学。他明确地宣称：“要以肉体为准绳。……因为肉体乃是比陈旧的‘灵魂’更令人惊异的思想。”[①]而这个肉体是一个本能性的、具有生命意志和强力意志的存在，它后来又与弗洛伊德的无意识欲望联系在一起。在梅洛－庞蒂那里看不出明显受尼采影响的踪迹。但有一点他们是相似的，即对身体和生命本身的肯定。与尼采一样，梅洛－庞蒂认为“我完完全全是身体，此外无有”，所谓心灵，只不过是身体的一种机能或“工具”；与尼采一样，梅洛－庞蒂认为身体是我们在世的视点，我们避免不了由身体性所造成的认识的视角性或透视性；与尼采一样，梅洛－庞蒂认为身体有其深度，在表面的“自我”之下有一个“自身”，而这个自身有其更伟大的理性；与尼采一样，梅洛－庞蒂反对那种使生命萎缩、靠依附于某一神圣价值而苟活的生存形式。在他们看来，生存不是阴郁的，压抑的，而是一种立足于具体处境中的积极展开和主动超越，也因此，他与

① 尼采《权力意志》，第152页，张念东、凌素心译，商务印书馆，1996年。

尼采一样，认为生存与价值无关，一种好的生命不等于一种善的生命。但是，尼采似乎更强调了身体中动物性、本能性的一面，而且他反过来把这标示为一种肯定性的价值，因此，他重新确立了某种二元对抗的倾向，而这一点又发展成为后现代的身体思想的一个重要方面，即用身体来反抗灵魂，并在这种反抗中突显出身体中欲望、本能和情绪等方面的特征。如德勒兹就明确地把身体视作欲望机器，它不停地生产、创造，无处不在发挥作用，欲望产生了现实。梅洛-庞蒂后期思想中也暗含着一种欲望理论，如他说：“具有各种感官的身体同样也是一个欲望着的身体，感性学将发展成一种力必多的身体理论。”[①]但可惜他没有来得及发展出这种欲望理论。不过，我们可以想见，即使他成功地发展了这种理论，也一定是与德勒兹的观点迥异其趣的。对梅洛-庞蒂来说，欲望无论如何都只是身体的某一侧面，它尽管渗透于整个本己的身体之中，但绝不因此而取消身体主体的其他侧面。

后现代身体思考的另一方面则是对身体本身进行系谱学式的考察，揭示身体遭受压制的社会历史原因。福柯可视作这种思考的一个典范。他通过对医学实践、监狱制度、性禁忌等方面的观念史考察，揭示了身体被知识和话语所生产这一事实，而对身体的规训与生产又主要是通过划分正常与反常而得以进行的。这一点与梅洛-庞蒂在《知觉现象学》中对病态身体与正常身体的区分完全一致。但总体而言，福柯所呈现的身体历

① Merleau-Ponty, *Résumés de Cours, Collège de France 1952–1960*, p.178.

史仍只是对身体的一种外在性考察，它始终把身体作为一个有待被认识、有待被塑造的对象来看待，因而在某种程度上，它只是揭示了自笛卡尔以来的近代身体观被应用于社会政治层面后所导致的实践效果。但尽管身体一再地被各种外在的强制力量所规训和塑造，我们却还是能通过梅洛－庞蒂所发掘的本己身体的源发性力量来逃避或反抗这种外在的压制。事实上，福柯在其批判性的论述背后，同样想要恢复某一自由原始的、前话语的本己身体，而这一本源性的自然身体，正是梅洛－庞蒂竭力描述的身体，因此，在这一点上，他们又相遇了。

此外，梅洛－庞蒂对后现代的思想产生影响的地方还有很多。如福柯在评论德勒兹的《感觉的逻辑》（*Logique du sens*）一书时就指出德勒兹的观点明显是与梅洛－庞蒂相关的，但是他走向了与之相反的另一个方向："在《知觉现象学》中，机体通过原始意义网络而与世界相关，原始意义发端于事物的知觉，而按德勒兹的观点，幻象形成了物体一层不可入的、无形的表达。其形成过程既是局部解剖学的，又是无情的，由此产生某种东西，它虚假地表现为以某点为中心机体，并把事物渐增地疏远分布在它自己的周围。"[①] 而福柯自己也从梅洛－庞蒂那里得到很大的理论启发，尤其是梅洛－庞蒂后期中经常出现的主题，如"褶皱""衬里"等。正如梅洛－庞蒂希望通过肉的开裂所形成的不同层次的褶皱来超越现象学的意向性概念，福柯也同样借助"褶子"概念来与现象学和意向性决裂；正如在梅洛－庞蒂那里

① 福柯《语言、反记忆、实践》，转引自詹姆斯·施密特《梅洛－庞蒂：现象学与结构主义之间》，第 5 页，译文略有改动。

存在着不同层次的肉之构型或褶子，由此相应地形成了不同层次的主体性，福柯也同样讲到了通过褶皱而产生主体化的过程。在他那里，主要有四种褶皱，或四个主体化褶子：

> 第一个褶皱涉及被围在和用于褶子里的我们自身的肉身部分：在希腊人那里，是肉体及其快感，即阿芙洛狄亚；但在基督教徒那里将是肉体需要及其肉欲，肉欲是一种完全不同的实体方式。第二个褶皱，确切地说，是势力关系的褶子；因为这总是根据一种特殊规则，即势力关系被折叠，以成为自我关系……第三个褶皱是知识褶子或真理褶子，因为它建立了真与我们的存在、我们的存在与真理间的关系，这种关系将充当一切知识、一切认识的形式条件……第四个褶皱是外部自身的褶子，即最后一个褶子：正是它构成布朗肖称作“等待内在性”的东西，在不同方式、不灭、永恒、拯救、自由、死亡、冷淡……方面，主体对它寄予希望。这四个褶子如同作为自我关系的主体性或内在性的目的因、形式因、动力因、质料因。[①]

可以看出，福柯的主体化褶子更强调了身体与权力、身体与知识或真理之间的关系。换言之，福柯强调的不是褶子自身中的间隙、交织或可逆性等形式关系，而是褶子与褶子间的权力关系。在福柯看来，褶子间的缝隙或交织产生了一种“束缚”，一种“不可消除的敌对双方的斗争”，或一种“交织策略”，这

---

① 德勒兹《福柯 褶子》，第 110 页，于奇智、杨洁译，湖南文艺出版社，2001 年。

里正是“斗争的源泉或其可能性条件”，是“权力的策略领域”。[①] 因此，福柯可以说是把梅洛－庞蒂在存在领域内的褶皱运用到了社会历史领域中，从而超越了现象学的自我空间。

然而，尽管在梅洛－庞蒂与后现代的思想家之间有这么多论题上的相似甚至思想上的影响关系，他们的根本立场还是不一样的。比如说梅洛－庞蒂依然坚持人的地位，依然想返回一种世界的本源存在，依然相信并坚持一种真理观念等，这些都是与后现代思想格格不入的。在20世纪60年代起来的那些后现代的代表人物，如福柯、德勒兹等都对“起源”“返回”乃至“真理”这一类的字眼持激进的怀疑和批判态度。在梅洛－庞蒂寻找“基础”和“根据”的地方，他们仅仅发现了“破裂”和“转移”。德勒兹这样描述60年代以来法国思想界的基本现状：

> 冷酷而一致地摧毁了主体，极其厌恶起源、失去起源、找回起源等概念，破坏统一意识的虚伪综合，斥责一切以进步、意识以及理性的未来为名义的历史神话。[②]

正是因此，后现代主义者看起来并不怎么承认梅洛－庞蒂。在梅洛－庞蒂逝世十周年之际，一位评论者这样说：“奇怪的沉默笼罩着所谓的‘高级’知识界：梅洛－庞蒂的名字几乎从未被时髦的思想家所提起。”[③]

这当然不完全是实情。但是这也让我们看到，梅洛－庞蒂

---

① 德勒兹《福柯 褶子》，第118页。

② 德勒兹：《一位新的档案保管员》，转引自詹姆斯·施密特《梅洛－庞蒂：现象学与结构主义之间》，第5页。

③ 詹姆斯·施密特《梅洛－庞蒂：现象学与结构主义之间》，第16页注17。

在现代与后现代的思想之争中依然处境暧昧，难以归类。他对胡塞尔的批判已经使他走出了现象学或意识哲学的框架，在某种程度上也与现代性立场拉开了距离；他对本源性存在的探讨，对作为元素的“肉”的描述，对一种生成性的存在秩序的设想，与早期古希腊思想之间有着神秘的共谐，但他又没有显露出要回到古代的迹象；他的研究在许多方面都启示着后现代的论题，如身体问题，语言结构与制度创建问题，个体性与差异性问题等等，但是那些“时髦的思想家们”却似乎不愿提起他。梅洛－庞蒂暧昧地处在现代性与古典性、现代性与后现代性的交界处。

然而，这并不足以否定梅洛－庞蒂在哲学史上的地位。现在，我们之所以重新阅读他，追溯他的思想踪迹，也许是因为我们自己也已经处在了同样的一个位置上。现代与古代，现代与后现代，西方与东方，哲学与非哲学，所有这一切都是我们面临的问题，都需要我们重新加以审视，正是如此，梅洛－庞蒂对我们来说，依然是无法忽视的，因为他的反思所涉及的哲学、语言、历史、艺术等问题，都还没有丧失其现实性。他的问题依然是我们的问题。

结 语
隐喻的身体

我们已经追随梅洛－庞蒂的思想走到了终点。再回过头去，或许需要略加说明的是我们的题目。在何种意义上说身体是隐喻性的呢？

应该注意的是，这里的“隐喻”不能仅仅从修辞学的意义上来理解，即不能像亚里士多德说的那样仅仅是“借某物以喻他物”，而应从本体论 / 存在论的角度来理解；也就是说，我们之所以能修辞性地用一个事物来指代另一个事物，恰恰是因为两者是本源性地关联在一起的，而隐喻只是对世界的这种原初统一、对人与物之间的隐秘关系的把握。在梅洛－庞蒂这里，这种先定和谐、不可分割的存在就是“肉”，因此，肉就是原始的隐喻。世界万物都由肉构成，都是肉质的存在，这一点确保了物与物、人与物之间的亲缘性和相似性，也是隐喻关系得以可能的基础。

隐喻不单意味着相似性，也意味着过渡、转化和生成。从字面上来看，隐喻（métaphore）的原始含义就是“过渡”（metaphora），就是“变形”（métamorphose）。当我们读到“苍海月明珠有泪”这句诗时，我们的意象很快地从苍茫的大海过渡到朦胧的明月，又从明月过渡到散发着清冷光泽的珍珠，最后转化为哀哀欲泣的泪眸。这些看起来各不相同的事物，通过隐喻被召唤进了同一个彼此相关的场中，并在其相互转化中生成新的意义。在此，宇宙本身似乎参与了人世变迁的沧桑。不是人在流泪，而是非人的沧海和明月分享了只有人才具有的某种感伤。个人的痛苦遭际与某种非人的或异人的经验融合在了一起（“珠有泪”一语，典出于《博物志》：南海之外有鲛人，水居如鱼，泣泪成珠）。宇宙万物借助这样一种隐秘的转化而连成了一体，而在梅洛－庞蒂这里，肉也是这样一种不断地生成转化的隐喻性存在。肉构成了身体，身体升华为语言，语言命名了事物，事物又缠绕上身体，身体和事物映现了肉。肉原本就是不可分割的存在，却又始终处于分化的过程中。它就像老子的道，“道生一，一生二，二生三，三生万物。”万物原本同生共聚，但又不断地流转变化。

梅洛－庞蒂还说：“肉是一种镜像。”而镜像就是一种隐喻。镜子把我一分为二，分成的两面又相互指涉。我和我的镜像既是同一个，又是另一个。我既在我的里面，又在我的外面。镜像就是我的身体之肉，是我的“（动词性的）成其本质（Wesen）的实现”；对于事物也一样，镜子就是“事物之形象（Bild）的实现”，是“事物之本质的萃取”。[①] 人是事物的镜子，事物反过来也是人的镜像。肉就是以这样一种的隐喻方式实现一分为二，又两两成对的分化和联结过程。

---

① Merleau-Ponty, *Le visible et l'invisible*, p.309.

身体由肉构成，这就是说，身体也是隐喻性的。身体实现了肉的本质，通过身体，存在与显像相分离。身体本身就是肉的映现，或者说，它就是存在的镜像。存在如果不以身体为镜映现它自己，它就只是“自身同一的，处在黑夜中的自在存在”①。因此，肉与身体、存在与显像，就如同我与我的身影、事物与事物的形象一样，构成了一种镜像式的隐喻关系。

身体是隐喻性的，这不但意味着身体是一个自相关联的统一存在，也意味着身体并不停留于自身，身体超越自身，向世界绽出。正如西美尔所说，生命就是对生命的超越，同样，身体也总是要比身体多出一点什么。这多出的一点既是意识，也是事物，既是语言，也是历史，既是可见者，也是缠绕在我们身体中的不可见者。换言之，身体在它自身中就蕴含着一个可能的他者并且始终向他者开放，由此，身体就成了这样一个开放的场所。这其实是梅洛－庞蒂从格式塔心理学中得到的一个教益：身体超出身体，只有当它向世界和事物开放时身体才成其为身体，而事物也只有经由身体才成其为事物。

事物与身体一样，是由同样的肉构成的，因此，它们原本就是一体的，它们处于同一张世界之网中。不过，在这一网络中，身体处于核心的位置；也可以说，它是由世界射线和事物脉络所构成的网络的网结，事物之间的联系只有经由身体的纽结才得以建立。身体与事物的这种网状关联具现在我们所揭示的心灵、身体与世界的蕴涵结构中，身体总是精神化的，也总是物性化的。因此，身体从来就不是自在的身体之所是，身体

① Merleau-Ponty, *Le visible et l'invisible*, p.304.

总是与其他事物缠绕在一起,在这个意义上,也没有纯粹的事物。正如梅洛-庞蒂所说，只要身体在看，在活动，它便吸引事物环绕在它的周围，事物就成了身体本身的一个附件，或一种延伸，事物镶嵌在身体的肉之中，构成了它的丰富性的一部分。[1]由于身体超出身体，它就不可避免地与事物纠缠在一起。“它是这样一种奇异之物，它把自己的各部分当作世界的一般象征来使用，我们就以这种方式来‘经常造访’这个世界，‘理解’这个世界，并发现它的某种含义。”[2]由此，世界中的诸物就都打上了我们身体的印迹，甚至分有了身体的一部分。这一点最明显地体现在我们的语言中，维科对此有精彩的描述：

> 值得注意的是在一切语种里大部分涉及无生命的事物的表达方式都是用人体及其各部分以及用人的感觉和情欲的隐喻来形成的。例如用“首”（头）来表达顶或开始，用“额”或“肩”来表达一座山的部位，针和土豆都可以有“眼”,杯或壶都可以有“嘴”,耙、锯或梳都可以有“齿”,任何空隙或洞都可以叫做“口”,麦穗的“须”,鞋的“舌”,河的“咽喉”，地的“颈”，海的“手臂”，钟的指针叫做“手”，“心”代表中央，船帆的“腹部”，“脚”代表终点或底，果实的“肉”，岩石或矿的“脉”，“葡萄的血”代表酒,地的“腹部”,天或海的“微笑”,风“吹”,波浪“呜咽”,物体在重压下“呻吟”了，拉丁地区农民们常说田地“干渴”，“生产果实”，“让粮食肿胀”了，我们意大利乡下人

---

① Merleau-Ponty, *L'Œil et l'Esprit*, p.19.

② Merleau-Ponty, *Phénoménologie de la perception*, p.274.

> 说植物“在讲恋爱”，葡萄长得“欢”，流脂的树在“哭泣”，从任何语种里都可举出无数其他事例。这一切事例都是那条公理的后果：人在无知中就把他自己当作权衡世间一切事物的标准，在上述事例中人把自己变成整个世界了。因此，正如理性的玄学有一种教义，说人通过理解一切事物来变成一切事物，这种想象性的玄学都显示出人凭不了解一切事物而变成了一切事物。这后一个命题也许比前一个命题更真实，因为人在理解时就展开他的心智，把事物吸收进来，而人在不理解时却凭自己来造出事物，而且通过把自己变形成事物，也就变成了那些事物。①

无论是人“把事物吸收进来”还是他“把自己变形成事物”，都表明了人与事物之间的一体性关联，事物是我们身体的延伸，或者说身体是事物之间的纽结，而语言则直接保留了事物与身体之间这种隐喻性联系的最直观、最生动的证据。

身体超越身体，它不但将自己投射在自然事物上，还依据自己的形象创造一个社会的身体和政治的身体。身体与政治的关系源远流长。早在中世纪，索尔兹伯里的约翰就说过：“国家（res publica）是一个身体。”他的意思是说，一个统治者在社会中的功能就相当于脑子，他的顾问是心脏，商人是社会的胃，士兵是手，农民和佣工则是脚。②后来霍布斯更进一步将被称作

① 维科《新科学》上册，第405节，第200–201页，朱光潜译，商务印书馆，1997年。

② 理查德·桑内特《肉体与石头：西方文明中的身体与城市》，“导论”，第10–11页，黄煜文译，上海译文出版社，2011年。

"利维坦"的国家视作一个巨型人体:"号称'国民的整体'或'国家'(拉丁语为 Civitas)的这个庞然大物'利维坦'是用艺术造成的,它只是一个'人造的人';虽然它远比自然人身高力大,而是以保护自然人为其目的;在'利维坦'中,'主权'是使整体得到生命和活动的'人造的灵魂';官员和其他司法、行政人员是人造的'关节';用以紧密连接最高主权职位并推动每一关节和成员执行其任务的'赏'和'罚'是'神经',这同自然人身上的情况一样;一切个别成员的'资产'和'财富'是'实力';人民的安全是它的'事业';向它提供必要知识的顾问们是它的'记忆';'公平'和'法律'是人种过的'理智'和'意志';'和睦'是它的'健康';'动乱'是它的'疾病',而'内战'是它的'死亡'。"[①] 而自从哈维揭示了血液循环的原理之后,现代社会也日益依据这一原理来建构。城市中四通八达的道路就像遍布人体的动脉和静脉,而在其中川流不息的人群则是那自由流动的血球;市场中的劳动和商品则像身体中的血液一样流动不息,正是这种流动和循环的畅通确保了社会的活力。[②] 身体正是在它的自我超越中开启了一种身体的历史,文明的历史,以至于梅洛-庞蒂说,有一种"历史的身体",它指的是历史发展的内在"脉络"。处在特定历史阶段的一切,如政治、经济、艺术、法律等各个方面全都相互交织,构成一个有机的整体,

---

① 霍布斯《利维坦》,"引言",第 1–2 页,黎思复、黎廷弼译,商务印书馆,2009 年。

② 参理查德·桑内特《肉体与石头:西方文明中的身体与城市》第三部分。

呈现一种统一的精神或面貌。

身体的隐喻机制还被投射到不可见的维度，并使之结晶、成形。有一种时间之肉，在时间中，“现在”作为一种“自知的时间”，它就是时间的“灵魂”，而环绕着它的相对模糊的过去和将来则是它的“肉身”。我们可以通过回忆和想象性的活动，使这个时间“肉身”“灵化”，让它变得轻盈和透明。有一种语言之肉，它分泌意义，而言说（表达）就是赋予意义以形体，使之“道成肉身”；反过来，当某一语词的“身体”被一种新的意义占据时，这个语词也就被重新“赋灵”，就像获得了新的生命那样。在言说与意义之间的互相占有，互相侵越，最后形成新的构型，这就是思想的过程。

思想一旦产生，就拥有了某种实在性，就像拥有一个“身体”那样，而它反过来又要“感染”其他的思想，甚至“感染”整个哲学。在梅洛－庞蒂看来，这就是主体性概念不可消除的原因，因为它已经成了维度性的事实。同样，梅洛－庞蒂赋予了身体以维度性的地位，如此一来，一切都要经由身体，一切都具有了身体的感性和欲望特征。我们的身体一旦成为哲学思考的新维度，一旦在观念和思想的秩序中确立了一个新的核心，它也就不可能轻易地被摆脱。梅洛－庞蒂尽管在他的后期转向了一种存在论，但他探讨存在的风格明显地与海德格尔不同，这是因为他的存在作为“肉”的存在，作为“被看到的存在”，明显地打上了身体性的烙印。存在几乎具有我们身体的所有特性：它能运动，它有欲望，它是一种原初的感性，它甚至通过“交配”进行“生产”。在某种程度上，我们可以说，“肉”是一种宇宙论层面上的“身体”，身体则是存在之肉在可见世界中的形象。身体是肉的隐喻，肉是身体的隐喻，两者是一种镜像关系。

最后引用梅洛－庞蒂书中的一段话来作为我们的结语，这段话其实也是梅洛－庞蒂从胡塞尔的书中概括出来的：

> 地球是我们的思想以及我们的生命的“土壤”或“根基”。当我们将来居于其他星球时，我们当然能够移动它或搬弄它。但我们之所以能这样做，只是因为我们已经将我们的故土扩大了。我们并不能取消它。由于地球按其定义来说是独一无二的，所以任何我们新踏其上的土地立刻就变成了地球的一个行省，而地球的儿子能与之进行交流的有生命的存在也就同时变成了人——也可以说，地球人变成了一种更一般的、但仍然是同一种人的人类共同体的变种。地球是我们的时间和空间的母体：任何由时间构成的观念，都预设了我们作为肉质存在共呈在一个单一世界中的原型－历史（protohistoire）。对可能世界的任何联想都反涉到我们的视点（Welt-anschauung，世界观）。任何可能性都是我们的实在性的变体，都是实在性的有效可能性（Möglichkeit an Wirklichkeit）。①

这里的“地球”概念完全可以改换成“身体”概念。

① Merleau-Ponty, *Signes*, pp.227–228.

后　记

这篇论文总算写完了，心中也不知道是喜是悲。尽管论文的框架和主要内容很早就已经确定，成稿却很仓促。计划中想把梅洛－庞蒂放在一个更大的思想背景中来写，同时想把更多体验性的东西、“非思的”（un-thought）或“非哲学的”（non-philosophical）东西带入论文中，但或许是时间太过紧张，或许是思想有它自身的逻辑，再或许是我现在离梅洛－庞蒂还太近了些。总之，还有许多的设想没能完全实现，想来也是自己的学力有限。最终，论文成了现在这个样子。恐怕在短期之内，也只能是这个样子了。

我的导师杨大春教授指导我确定了这个选题。在这三年中，无论在学业上还是生活中，杨老师都给予了我莫大的帮助。在我的内心中，我感觉他更像是我的兄长或朋友，因为他呈现给我更多的是那一份亲切之感。

陈家琪教授始终关心着我的生活和学业。七年前，正是陈老师那精彩的现象学讲座首次把我引向了思的大门。在以后的岁月里，也正是他一直在鼓励和指引着我。如果没有他，我想我的今天已经完全是另外一个样子了。相识始于偶然，但相识之后，却渐渐成了一种必然。正如梅洛－庞蒂所说，生存就是由偶然向必然的转变。在这里，要表达出心中的那份感念是不太可能的，在某种意义上也是多余的。但如果我的这篇论文还有点什么实际意义的话，那么，它原本就是献给陈老师的。

三年前，在我硕士毕业、去就未明之际，海南的徐晓楣女士受陈老师之托，慷慨帮助了我，让我得以安心看书复习。在我离开海南之前，她又解囊相助，设宴饯行，后来还专门给我汇寄钱款。凡此种种，都令我感动不已。大恩不言谢，但愿我的这篇论文没有辜负她对我的一番帮助和期待。

最后应该提到的是我的朋友琪琪，如果没有她始终给予我的关心和帮助，我想我的论文也不可能写得这么安心。时常想起我们一起在书院里看书的情形，心中总是充满温馨。梅洛－庞蒂说，童年的幸福给了他哲学的灵感，同样，我们生活和情感的和谐也一直都是任何行动和思考的源泉，“思”总是需要回到“非思”中去，以得到“非思”的支持。

还有很多远远近近的师友和同学，我在这里无法一一提及，只能默默地向他们道声谢谢。

三年弹指而过，昔日的激情和理想也在不知不觉中化为旧梦，然后渐渐地感受到了一种所谓的心态或体验结构的转型。有某些东西在无可避免地消逝，也有某些东西在悄悄地来临。面对这篇论文，我也说不清是喜悦还是苦涩，也许这两者本来就是难分难解地交织在一起的。

以上记于 2004 年 1 月 15 日

※ ※ ※

本书原为我的博士学位论文，论文答辩时间为：2004 年 2 月 21 日；地点：浙江大学哲学系。

参加我的论文的评阅老师为：陈家琪教授，莫伟民教授，倪梁康教授，任平教授，汪堂家教授。

参加我的论文的答辩老师为：夏基松教授，庞学铨教授，杨大春教授，孙周兴教授，黄华兴教授，任平教授。

任平教授为答辩委员会主席。

诸位教授都对我的论文提出了许多颇为中肯的意见和建议，在此谨致谢意。

本书的出版得特别感谢孙周兴教授的推荐与支持。早在论文答辩前夕，孙老师就主动向我问及论文出版事宜，并慷慨允诺愿纳入他所主编的“艺术哲学”文丛；答辩完的当晚，孙老师又打电话给我，说已经与中国美院出版社联系好了，修改之后即可出版。这份厚爱既令我受宠若惊，又让我措手不及。

一时也无从改起。随后就是毕业，离校，报到，各种各样的杂事。论文的事也就拖下来了，等到真正开始改的时候，已经是七月了。正是一年中最酷热的时候，窗外骄阳似火，室内闷若蒸笼。在修改的过程中，始终被一种焦灼的氛围笼罩着。

说是修改，最后实际完成的改动其实也不多。在某种程度上，修改甚至比初写更难。因为在刚开始写、甚至还处在构思中的时候，你还面临着无数种可能性，对于同一个内容，你可以有无数种写法，每一种写法都可能会呈现出完全不同的思想景观，而且对于它们可能会通向的终点，你也还没有完全知晓，所以它们总是在诱惑着你去作进一步的思考和探索，这大概就是所谓的写作的乐趣吧。然后，你确定了其中的一条路，选择了其中的一种写法，这时，可能性就大为缩小了。但在这时仍然充满着歧路和偏差，写的时候常常会窜错路，甚至可能会闯入死胡同，就像海德格尔所说的"这些路多半突然断绝在杳无人迹处"。因此，写作就是一个冒险的过程。但当这个过程终于结束时，偶然性就走向了必然性，你对它就再也无能为力了。就像我的一个朋友对我说的，他写完论文时，感到自己已经江郎才尽了。初稿摆在那儿，它已经是一个自身独立、相对完整的文本，一个有机体，尽管许多地方可能还营养不良，发育不全，但已经有它内在的骨架和脉络，有它自己的生命和呼吸了。这也使得对它进行大幅度的修改几乎变得不可能，那就像用手术刀强行解剖一个身体那样，总是要牵动上下文的经脉，扰乱原本连贯的气息。一个完整的文本就像梅洛－庞蒂提到的"曲调整体"：当一个曲调已经形成时，只要前面的那些音符一给出，整首曲子的旋律就已被带出来了。构成曲子的每一音符单独来看，它的意义是不明确的，能够进入无限多的可能组合之中，但是，一旦它进入这个曲调中，它就得受制于前后的音符，就得为这个并不包含于它之中的曲调整体服务。或者，就像我们生命的时间节奏一样，每个人的生命从时间形式上来说都是差不多的，都是那么有限的一段时间，然而，随着我们往里填入的内容的不同，这同样的一段时间就呈现出了参差错落的质的差异。从单个生命形式来看，越到生命的后期，也就越受到现实的和必然的东西的支配，而生命的可能性也就越是相应地减少。在这一点上，海德格尔（和科耶夫）无疑比梅洛－庞蒂更加有理：生命的整体有可能在死亡之前就被我们先行领会和预先把握,个体的历史有可能在生命终结之前就先已经终结。而且,即使我们先行领会、预先把握了这一整体,也不一定会使我们的可能性有所增加。

这些都是闲话,还是先交待一下修改的情况。我一开始的写作就采取了一种较为拘谨或保守的办法,也就是比较忠实于梅洛－庞蒂的思想本身,这对于一个初学者来说也许是必要的,但也大大限制了我的自由。修改时也同样没法大作改动,只能在部分地方加点"营养",作点修饰。主要扩充了最后一章,改写了"历史"一节的主体部分,前面的部分内容也有所增补和删改。修改时主要参考了诸位评阅和答辩老师的意见,尤其是陈家琪教授给我的论文提供了较为详尽的修改意见,而我的导师杨大春教授则为我提供了许多新的资料。在此谨向诸位老师再次表达我的感谢!最初写作时参阅的有关梅洛－庞蒂的文献主要以英文为主,这次修改时对文中所引的一些关键句子重新参照法文本核对了一下。由于时间和能力上的限制,还有好多需要修改的地方事实上都没来得及修改,就只能暂时把遗憾留在心里了。

最后我还是得感谢那些这么多年来一直关心和支持着我的老师、同学和朋友们。他们是:海南大学文学院的王琢老师,广州暨南大学的范立舟老师,还有海南的周洁,广州的谭永谊、赖志凯和我家乡的葛尧斌等朋友。在浙大求学期间,常常与许丽萍、余慧元、王俊等学友闲聊随谈,受益颇多,想来甚是怀念。

当然,最应提及的还是我的父母和妹妹。对于他们,我知道我有着永久的欠负。这十几年来,父母几乎把他们那几十年来靠种水稻和养蚕而点滴积累起来的全部收入都供给了我读书;

而我又能还报他们什么呢？每次回家看到他们过早苍老的身影，心中都只有黯然自责。妹妹在某种程度上也是为了我而放弃继续考大学的打算的。她工作后，还总是从她那微薄的工资中省下钱来寄给我。而现在，当我终于稍稍能自立时，她却失业了。这整个夏天，我都能感受到笼罩在她身上的那份焦虑。这也是我的焦虑。但我又能为她做些什么呢？

在这样一个时代，哲学，又该以何种姿态来为自己辩护呢？

2004 年 8 月 15 日

于上海同济大学

再版后记

这是本近20年前的旧作，最初为我的博士论文，后来稍作修改，就寄给了中国美术学院出版社，在那里搁了好久，就在我已对它的出版不抱希望之际，它却突然出版了，只是惨不忍睹。编辑似乎没有对它做任何的校对工作，不但原有的几处笔误没有改正，还出现了许多因格式转换所导致的法语拼写错误，封面上还弄错了我的署名权，似乎我不是这本书的作者。这些都让我感到失望，所以出版之后就再也没有去翻过它。

当然，这只是表面的原因。真正的原因还是觉得自己没有写好：总觉得有许多内容该展开却没有展开，有些想写的东西却没能写出来；一方面是过于拘泥于梅洛－庞蒂的文本而没法与之拉开距离，另一方面却又觉得自己对许多基本内容的理解还不够深入，而这又或许是跟自己缺乏知识的积累，缺乏现实生活的经验有关。所以在完成博士阶段的学业之后，就很想抛开梅洛－庞蒂、现象学或意识哲学，拓展一下自己的兴趣，从那以后，我的关注重点就逐渐地转向了政治哲学方面。在好几年里，除了断断续续地做一点关于梅洛－庞蒂的翻译外，我再没有认真地去读有关梅洛－庞蒂和现象学的书籍。对于自己这本书的内容，也慢慢地淡忘了；但是关于它的坏印象却一直没有消失，甚至随着时间的流逝而愈发强烈，以致有时觉得这本书在印刷上的粗糙也许正与其内容的粗糙相称，或者说是其内容粗糙的表现。尽管其后也曾听到过有人对它的溢美之词，但我还是感到惭愧，总觉得它粗糙，草率。但尽管有这样的感觉，却还是没想过要对它进行修订。原因似乎很多：由于自己的懒散，由于兴趣重心的转移，但也未尝没有一种逃避的心思在内。曾经有一次，高宣扬老师（那时他刚从同济调到交大不久）好心地向我提及，可以重新出版我的书。但我一想到里面的问题，自己却又没有动力去改它，就没敢应承，这事也就不了了之了。

直到后来，由于参与了我的导师杨大春教授关于梅洛－庞蒂著作的翻译课题，我才算重新捡起了梅洛－庞蒂的书；一连几个学期，我带领学生读《知觉现象学》，由此重新熟悉了他的思想，并自觉有了较为深切的把握——如果没有那几年的翻译和阅读，我现在可能也没法完成对这本早已被我抛诸脑后的旧著的修订（尽管它现在依然问题很多）。

这次的修订其实也很仓促。去年 11 月初，当得知崇文书局想要重新出版我的这本旧书时，我既感意外，又很感动；这也使我下决心要修订一下它。于是一边零零碎碎地阅读相关的书籍，一边断断续续地重读我的旧稿。隔了这么多年后再次读它，就好像是重新看到了当年的自己一样。对于书中的绝大多数章节内容，我几乎已经忘了，重读的过程既是一个回忆的过程，也是一个重新认识自己和反思自己的过程。我发现我已经可以比较宽容地看待自己了：旧著中确实有很多的欠缺和疏漏，但也没有自己印象中的那般糟糕；它毕竟只是一篇普通的博士论文而已。也许是我这些年所读过的诸多博士论文或类似的研究著作使我也能宽容地看待自己了，也许是我终于也能接受自己的普通了。当然我还是希望能尽可能地对它进行修订，不管能修订到何种程度。

编辑给我留了近 4 个月的时间（从去年 11 月开始，原定于今年 2 月中旬交稿，后来又宽延到 2 月底），但出于一贯的懒散习性，我还是拖到了今年年初才真正开始动笔。而当我开始修改时，才发现我的电脑上只有最原始的底稿，已找不到当初交给出版社的那个修订稿了，于是只能在底稿的基础上对照已经出版的旧著，先输入当初修改和补充的内容，再予以斟酌修订。其间又刚好碰上期末的各种杂事，寒假春节的回乡探亲，还有最后的出国之旅，凡此种种，都使我的修订工作一再地被打断。所以实际用于修改的时间最多也就一个半月。

简单地交待一下我的修订情况：首先是注释上的，旧著在涉及梅洛－庞蒂本人的文字时，遵循英语学界的惯例，采取了简写和随文标注的形式；这次修改则统一改为脚注形式。梅洛－庞蒂的几本主要著作，如《行为的结构》《知觉现象学》《符号》等我都参与了翻译，《眼与心》《可见者与不可见者》我也几乎重译过一遍，所以这次修订，凡涉及这些书的引文我都采用了新的译文，页码也相应地改成了法文原版的页码；其他著作的引文和注释则一仍其旧。《人道主义和恐怖》与《辩证法的历险》这两本书虽然我也参与了翻译，但由于长时间没有翻看，对其内容早已生疏，再加上时间紧迫，所以关于这两本书的引文和注释都没有改动。在内容上，除了第三章几乎没什么改动外（这当然不是说这一章就比较完善了，而是因为时间和能力的限制，使我无暇也无力对它作进一步的修订了，尤其是其中关于“历史性”的那一节，可能是最令我不满的，但暂时也只能如此），其他几章都有较大程度的修改，有许多内容甚至重写了一遍。我也改正了个别关键概念的翻译（如把梅洛-庞蒂的“在世存在”改为“向世而在”，并将它与海德格尔的“在世存在”区别开来），并补充了一些注释，最终的整体篇幅亦增加了不少。不过由于完全保留了原有的章节框架，所以这种修改仍然只是枝节上的补充和论述上的完善，谈不上有多少的翻新；而且书中涉及的许多专题，如时间性、空间性、语言等，由于论题本身的艰涩和重要，本就可以作为专著来讨论的（已经有很多这样的专著出现），要在这么短小的篇幅和这么有限的时间内达到完善，本就是不可能的。所以，修改的结果只是让我更清楚地看到了本书的缺陷或者说是本人的局限。

我也删去了旧著后面所附的参考文献，因为它对于读者来说没有任何意义。关于梅洛-庞蒂的研究已经相当可观，而我实际上参考和阅读的文献都极其有限，我的旨趣素来倾向于立足于原著的理解和阐发。就此而言，我觉得自己并不算是一个合格的研究者。我的阅读和写作仍侧重于传统的原典细读体悟的方式，一本书，如果自己能够读懂，也就懒得再去看其他的二手文献了。当然，这并不否认这些研究性文献往往能给我们带来某种新奇的认识，而且我们对于原典的最初理解其实也常常是建立在某种研究性文献的理解基础之上的。所有伟大作家的基本特征本就在于，不但通过他的文字告诉我们他所看到的，也让我们透过他的文字看到更多；有生命的作品总是一再地超逾自身，以成为新的作品，如同我们的身体一样。就此而言，我对自己的最大不满亦源于对自己在读书时领悟不够、体会不深所产生的失落，以及因无法把我在读书时所感受到的丰富内涵和不尽意味用自己的话说出来而导致的沮丧。我原本希望在修订时能更多地补充一些自己的所感所思，但实际上这方面的补充非常有限。

不过对我这种个体本性的确认倒使我重新发现了现象学的亲和性或“切己性”。在此我想特别强调“还原”这个概念。这是梅洛－庞蒂最看重的一个现象学概念，在他那里，它已经不仅仅是哲学家的一种思维方式，也是人的一种实存方式。还原之所以重要，是因为它是使我们回到自身、发现自身、重新认识自身的第一步。尽管还原有各种的层次，但最终的还原应该是一种生命的还原，即通过还原，让人体认到自己作为有情生命的独特性。尽管在现象学存在主义之后的法国理论中，有一种不断地消解人、消解主体的倾向和趋势，但立足于我们当下的现实，在这样一个由权力、资本、技术的合谋构成的星球层级的系统架构中，当人工智能和生命科学最终将实现物质和精神之间的无缝对接时，当所有的人都被困在系统中而无由自主时，唯一能使我们意识到个体之不可消解的独特性的或许就是这样一种还原的态度。卢梭曾说，反思的人是一种病态的动物。他已经预感到人在脱离自然秩序（这其实也是一个系统）之后可能产生的人与其文明秩序之间的紧张，他也已经指出了“反思”（这也正是梅洛－庞蒂揭示的“还原”的基本内涵之一）所具有的非系统或反系统的特征。面对现代由权力－资本－技术的三位一体所构成的完美的“非人”系统，也许大多数人只能通过一种作为“现代神经症症状”的不断“恢复、闪回或反射运动”的“非人”姿态才得以表现为人。这可以说是一种被动的还原，尽管它也呈现出生命本身的一种自发性的抵抗；但还有一种像在哲学家和艺术家那里所展现出的主动的还原。现象学在此能告诉我们很多。如果有更多的个人以一种更自觉的方式，实行某种程度和某种方式的还原态度，也许就能给那个“完美的”系统带来更多的意外，产生更多的逃逸和脱域的可能性。

还有一个值得一提的概念是“沉默的我思”，尽管梅洛－庞蒂后来否定了它，但在我看来，它与还原其实是密不可分的，它是还原的结果。梅洛－庞蒂把它类比为生命遭到威胁的一种极限处境，从“沉默的我思”上升到“我思”，正是在困境中寻求出路的生命的挣扎，当然这首先是就意义和表达层面而言的。面对时代之普遍的无意义和荒诞，面对因主动或被动的失语所造成的普遍的无思和贫乏，如何将那些“依然喑哑无声的经验引向关于其意义（或无意义）的纯粹表达”恐怕是每一个写作者和思想者都无可回避的问题，是一种类似于“不在沉默中爆发，就在沉默中灭亡”的临界考验。在此，简短地重温一下笛卡尔本人的“历险”也许不无启示：笛卡尔的时代，是混乱的欧洲三十年战争的时代；这种混乱，说到底是源于信仰和观念上的冲突，源于刚刚萌生的自我意识在选择上的无所适从。在欧洲“最著名的学校”学了“当时人正在学的一切”后，笛卡尔却只是“越来越认识到自己的无知”，于是他决心到“世界这本大书”中去寻找知识。在九年的漫游之后，他意识到只有在“我自身里面”才能找知识的基础。于是，他找到一个远离了任何熟人的地方蛰居下来。在一种近乎癫狂的、不可思议的思想实验中，在孤独自我所坠入的虚无深渊中，通过与“最狡猾的恶魔”的面对面的直接交锋，他终于找到了“我思”的权杖，他胜出了。这是一场灵魂深处、观念领域的争战，它关乎意义和价值，但首先是关乎自我。如果说，人活着，不是单靠食物，更靠某种话语，那么，我们的“自我”所缺乏的，也正是适合于它的某种话语。就此而言，笛卡尔的处境依然是我们的处境，只是，我们依然有待于像他那样，通过一种还原的冒险去说出自己的“我思”。

如果没有家人的支持，本书的修订是不可能及时地完成的（尽管它难免还有一些不尽人意之处）；特别是我的爱人郑琪，在我投入紧张工作的那两个月中，承担了所有的家务和照看孩子的事。尤其是最后的一段时间，刚好面临着出国访学的事情，其间所有繁杂琐碎的手续（准备我们每个人的签证材料，办理银行卡，事先预定在美国这边的住房，联系孩子上学的学校等等）都是她一力操办的。刚到美国，在人生地不熟的环境下，也是她独力负责我们一家三口的每日所需。可以说，她把属于她的时间给了我，才使我得以较为顺利地完成我的修订。正像她有时开玩笑地说的，真正出来访学的似乎是我而不是她。唉，但愿这个修订稿能不负她的付出。在此，也要对我们亲爱的女儿说声抱歉，因为爸爸错过了许多与你在一起的好时光。

最后要特别感谢崇文书局的黄显深先生，是他促成了本书的修订和再版，并善意地宽延了我的修改时间，也是他负责了本书的编辑工作，订正了文中的一些错误；更重要的是，他给了我一个得以重新反思自己和认识自己的机会。尽管我们素未谋面，但他让我意识到，我们孤独的言说，只要诉诸文字，就有可能在异时异地未知的某个人那里得到反响，并由此建立一种或隐或显的联系；而这正是写作的意义，也是其独特的诱惑和危险之所在。

2023 年 4 月 20 日，于美国南本德客居之地

崇文学术文库·西方哲学

1. 靳希平　吴增定　十九世纪德国非主流哲学——现象学史前史札记
2. 倪梁康　现象学的始基：胡塞尔《逻辑研究》释要（内外编）
3. 陈荣华　海德格尔《存有与时间》阐释
4. 张尧均　隐喻的身体：梅洛-庞蒂身体现象学研究（修订版）
5. 龚卓军　身体部署：梅洛-庞蒂与现象学之后
6. 游淙祺　胡塞尔的现象学心理学 [待出]
7. 刘国英　法国现象学的踪迹：从萨特到德里达 [待出]
8. 方红庆　先验论证研究[待出]

崇文学术文库·中国哲学

1. 马积高　荀学源流
2. 康中乾　魏晋玄学史
3. 蔡仲德　《礼记·乐记》《声无哀乐论》注译与研究
4. 冯耀明　"超越内在"的迷思：从分析哲学观点看当代新儒学
5. 白　奚　稷下学研究：中国古代的思想自由与百家争鸣
6. 马积高　宋明理学与文学
7. 陈志强　晚明王学原恶论 [待出]
8. 郑家栋　现代新儒学概论（修订版）[待出]

崇文学术·逻辑

1.1 章士钊　逻辑指要
1.2 金岳霖　逻辑 [待出]
1.3 傅汎际 译义，李之藻 达辞：名理探 [待出]
1.4〔英〕耶方斯 著，王国维 译：辨学
1.5 亚里士多德 著：工具论（五篇 英文）
2.1 刘培育　中国名辩学 [待出]
2.2 胡　适　先秦名学史（英文）[待出]
2.3 梁启超　墨经校释
2.4 陈　柱　公孙龙子集解
3.1 窥　基　因明入正理论疏（金陵本）[待出]

崇文学术译丛・西方哲学

1. 〔英〕W. T. 斯退士 著，鲍训吾 译：黑格尔哲学
2. 〔法〕笛卡尔 著，关文运 译：哲学原理 方法论
3. 〔德〕康德 著，关文运 译：实践理性批判
4. 〔英〕休谟 著，周晓亮 译：人类理智研究 [待出]
5. 〔英〕休谟 著，周晓亮 译：道德原理研究 [待出]
6. 〔美〕迈克尔・哥文 著，周建漳 译：于思之际，何所发生 [待出]
7. 〔美〕迈克尔・哥文 著，周建漳 译：真理与存在 [待出]

崇文学术译丛・语言与文字

1. 〔法〕梅耶 著，岑麒祥 译：历史语言学中的比较方法
2. 〔美〕萨克斯 著，康慨 译：伟大的字母 [待出]
3. 〔法〕托里 著，曹莉 译：字母的科学与艺术 [待出]

中国古代哲学典籍丛刊

1. 〔明〕王肯堂 证义，倪梁康、许伟 校证：成唯识论证义
2. 〔唐〕杨倞 注，〔日〕久保爱 增注，张觉 校证：荀子增注 [待出]
3. 〔清〕郭庆藩 撰，黄钊 著：清本《庄子》校训析
4. 张纯一 著：墨子集解

唯识学丛书（26种）

禅解儒道丛书（8种）

徐梵澄著译选集（4种）

西方哲学经典影印（24种）

西方科学经典影印（7种）

古典语言丛书（影印版，5种）

出品：崇文书局人文学术编辑部

联系：027-87679738，mwh902@163.com

我思®

敢于运用你的理智